高等院校应用型本科会计创新人才培养规划教材
高等教育改革工程应用型本科会计系列特色教材



# 审计理论与实务

Auditing Theory and Practice

李冬辉　曲远洋 ◎ 主　编
赵丽莉　李春艳 ◎ 副主编

上海财经大学出版社

**图书在版编目(CIP)数据**

审计理论与实务/李冬辉,曲远洋主编. —上海:上海财经大学出版社,2016.7
高等院校应用型本科会计创新人才培养规划教材
高等教育改革工程应用型本科会计系列特色教材
ISBN 978-7-5642-2481-3/F·2481

Ⅰ.①审… Ⅱ.①李… ②曲… ③赵… ④李… Ⅲ.①审计学-高等学校-教材 Ⅳ.①F239.0

中国版本图书馆 CIP 数据核字(2016)第 137219 号

□ 责任编辑 顾晨溪
□ 封面设计 杨雪婷

SHENJI LILUN YU SHIWU
**审 计 理 论 与 实 务**
李冬辉 曲远洋 主 编
赵丽莉 李春艳 副主编

上海财经大学出版社出版发行
(上海市武东路 321 号乙 邮编 200434)
网 址:http://www.sufep.com
电子邮箱:webmaster @ sufep.com
全国新华书店经销
上海崇明裕安印刷厂印刷装订
2016 年 7 月第 1 版 2016 年 7 月第 1 次印刷

787mm×1092mm 1/16 19.5 印张 486 千字
印数:0 001—4 000 定价:39.00 元

# 编 委 会

# 总　序

随着全球经济的深入发展、我国经济与世界经济的进一步融合、全球经济一体化进程的进一步加快，我国在世界经济中的影响力与日俱增。与此同时，知识经济方兴未艾，会计人才在经济社会发展中的基础性、战略性、关键性作用更加凸显，会计人才的竞争已经成为国家、地区和单位间竞争的焦点之一。为了适应新的社会经济形势，作为为社会培养和输送人才的高等院校来说，更应该以培养创新型会计人才为己任，走在时代前沿，与时俱进，放眼未来，日益进取，加快教学改革，以适应未来发展的需求。

在这种形势下，如何培养合格会计人才、培养符合现代社会经济发展需要的会计人才是会计界与高等院校会计专业教学的首要任务，而符合创新人才培养的会计系列教材的编写就是保证会计教学质量、培养创新会计人才的具体措施之一。

哈尔滨金融学院是我国第一所银行院校，为全国培养了大量的优秀金融和会计人才。自2010年转为应用型本科院校以来，会计学专业一直是黑龙江省重点精品课程，会计教学是学院的重要组成部分。在加强会计专业建设上，结合应用型本科专业的建设特点，组织有经验的教学和实践能力较强的教师，在学院的大力支持下，在上海财经大学出版社的鼎力协助下，组织编写了“高等院校应用型本科会计创新人才培养规划教材”，同时作为“高等教育改革工程应用型本科会计系列特色教材”。本系列教材主要适用于普通高等院校本科，力主创新，以培养创新型会计人才为主要目标，强化会计基本技能、创新能力、实践能力和综合业务能力等方面，做了多方位尝试，具有独特的特色。主要表现在以下几个方面：

(1)本系列教材基于最新会计准则和审计准则，紧跟知识最前沿。

(2)本系列教材在知识内容安排上更加丰富、更加合理。

(3)本系列教材力求由浅入深，每个知识点都用大量例子予以解释说明，并以实际业务为依托，理论与实践相结合、知识与能力相结合、实践与实务相结合。例如，配有相关案例分析，培养学生的自学能力和解决问题能力。

(4)本系列教材均配有大量练习题，便于学生综合性地理解和掌握各个章节的内容，并可以自主练习来巩固所学知识，同时便于教师教学使用。

(5)本系列教材配有课件、教案和教学大纲，便于教师根据自身教学实际情况，参考使用，有利于教师提高教学效果。

本系列教材编委会自2015年开始，陆续编写了《基础会计》《会计学》《中级财务会计》《高级财务会计》《审计理论与实务》《财务管理》《成本会计》《管理会计》《会计信息系统》《会计软件应用》《财经基本技能》《会计模拟实训》《会计制度设计》《纳税模拟实训》《成本与管理会计》《会计报表分析》和《政府与非营利组织会计》(第二版)17本教材，突出应用型本科创新性人才培养的特色，具有可操作性强、应用性能好、立体化程度高、与实践教学有效结合的特色，并提供相应的习题集、教学课件、教学大纲和教案等丰富的教学资料，便于教师教学和学生自学使用。

本系列教材在编写过程中，由于时间和精力有限，难免存在缺点和谬误，我们恳请同行及广大读者提出批评和建议，以便于我们进一步修改和完善，为社会及广大师生服务。

本系列教材编委会

2016年7月

# 前言

《审计理论与实务》紧扣最新修订的《中华人民共和国审计法》和新发布的审计准则，系统、全面地介绍了审计学的基本理论、基本知识和基本方法等相关基础知识与审计循环，阐述了审计学的基本要求和该学科的最新进展，充分考虑到本科不同层次审计学与非审计专业的培养要求和教学特点，努力在知识结构、难易程度、语言表达等方面增强教材的可读性，具有新颖性、通用性和实用性的特点。

与同类教材相比，本教材具有下述特点：

(1)以注册会计师审计为主线，对现代审计的基本原理、审计报告等做了系统的阐述，同时兼顾了政府审计和内部审计的内容。

(2)充分体现了财政部已颁布的最新企业会计准则、注册会计师执业准则及其指南的要求。

(3)重视审计中基础知识的学习，学以致用，使学习者能尽快地熟悉和掌握审计理论。

本教材是会计学、审计学、财务管理专业的核心基础课程教材，适用于会计学、审计学、财务管理、工商管理、财政(含税收)学、金融学等本科专业学生，同时也可以作为从事会计、审计、财务管理、证券监管和银行监管、税务稽核等相关实际工作人员的理论培训和自学的参考资料，还可以作为报考注册会计师“审计”科目考试的参考教材。

本教材由哈尔滨金融学院李冬辉老师、曲远洋老师担任主编，赵丽莉、李春艳老师担任副主编。全书共十七章，各章执笔人员为：第一、二、七、八章由曲远洋编写；第三、五、六、十三章由赵丽莉编写；第四、十、十二、十六章由李春艳编写；第九、十一、十四、十五、十七章由李冬辉编写。本教材由哈尔滨金融学院副教授曲远洋老师总纂。

本教材在编写过程中得到了上海财经大学出版社的大力支持，借此表示衷心感谢。本教材在编写过程中参考和借鉴了一些最新的科研成果和相关教材，借此也向相关专家和学者表示诚挚的谢意。

由于编者水平所限，书中难免有不足之处，诚恳读者批评指正。

编　者

2016年7月

# 目　录

# 第一章 审计概论

## 学习目标

了解审计基本概念及审计主体、对象和依据等知识，掌握审计特征和职能，对审计分类和审计方法形成基础认识。

## 引导案例

**助力扶贫开发 维护群众利益**

**——古浪县15个乡镇2010～2012年财政扶贫资金使用管理情况审计纪实**

古浪县是国家扶贫开发工作重点县，财政扶贫资金量大、面广，涉及项目、实施单位数量多，审计实施难度较大。受上级指派，审计组兵分三路，先后对财政、扶贫、发改等项目实施单位的财务、项目资料进行了收集、归纳、分析。经初步审查筛选，审计组从中发现了一些审计疑点和线索，特别是发现部分乡镇在扶贫资金报账过程中，有可能存在以虚假资料报账，骗取、套取财政资金及挤占挪用等问题。

根据审计实施过程中出现的新情况，审计组重点抽查了81个扶贫村，占贫困村总数的54%；入户723户，抽查扶贫项目91个，占扶贫项目数的100%。通过调阅资料，实地查看项目实施情况，先后查出虚假资料骗取，虚列支出套取扶贫资金，虚报项目建设规模、多申领资金，部分村干部多列户头重复享受扶贫补助等问题。

与此同时，审计人员从扶贫等部门采集全县贫困人口基本信息，利用计算机审计技术，对村干部和享受扶贫资金补助人员的社会关系进行筛选，结合入户调查、询问受访村民，逐步理清、核实了部分村干部多列户头重复享受扶贫补助、非贫困户享受扶贫补助等问题。

审计组将发现的问题线索移交武威市人民检察院进行查处。在查处问题过程中，检察机关还发现其他违纪、违法行为线索并进行了查处。

最终，武威市中级人民法院对古浪县裴家营镇原党委书记、镇长等6人做出了刑事判决；套取扶贫资金问题共涉及责任人员24人，其中，立案调查并案处理1人，给予党政纪处分7人，诫勉谈话10人，批评教育6人；对个别农户一家多列户头重复享受补助的问题，古浪县纪委进行了查处，收缴了违规领取的补助款项。

针对古浪县扶贫资金管理使用中存在的问题，审计组提出了“严肃财经法规、强化制度建设；加强扶贫资金项目立项及建设管理工作；加大扶贫资金整合力度，实行精准式扶贫；健全监督机制，充分发挥监督和主管部门职责”等切实可行的审计建议。

资料来源：《中国审计报》，2015 年 6 月 30 日。

# 第一节　审计的产生与发展

## 一、审计产生的基础

自从有了社会经济管理活动，审计作为一种经济监督活动，就必然在一定意义上存在了。所不同的是，在社会发展的各个时期，由于生产力发展水平不同，社会经济管理方式不同，审计的广度、深度和形式也自然各不相同。会计中需要审核稽查的因素，并非是导致审计产生的根本原因。审计因授权管理经济活动的需要而产生，受托经济责任关系，才是审计产生的真正基础。

所谓受托经济责任，是指财产经营者接受财产所有者的委托，按照特定要求或原则经管受托经济资源和报告其经营状况的义务。受托经济责任的基本内容包括行为责任和报告责任两个方面，行为责任的主要内容是按照保全性、合法（规）性、经济性、效率性、效果性和社会性以及控制性等要求经管受托经济资源，报告责任的主要内容是按照公允性或可信性的要求编报财务报表。在受托经济责任下，财产所有者需要定期或不定期地了解其授权或委托的代理人员是否忠于职守、尽职尽责地从事管理和经营，有无徇私舞弊及提供虚假财务报告等行为，这就有必要授权或委托熟悉会计业务的人员去审查代理人员所提供的会计资料及其他管理资料，以有助于在辨明真伪、确认优劣的基础上定赏罚，由此就产生了审计关系。这三方面的关系人形成的审计关系如图 1－1 所示。

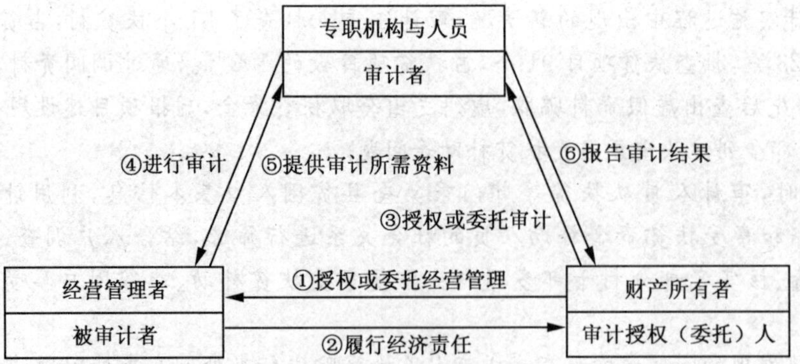


图 1－1　审计关系

## 二、西方审计的产生与发展

西方审计起源于奴隶制度下的古罗马、古希腊和古埃及等国家，这种早期的审计主要在于维护作为财产所有者——奴隶主的利益。1640 年英国发生的资产阶级民主革命，推动着各国“民主”取代“专制”的进程，使“受托责任”关系发生了根本性的变化，不再是“一人之下，万人之上”的责任关系，而是一种“主权在民”的新型责任关系，从而赋予审计以民主和现代的含义。

18世纪中叶的英国工业革命导致以所有权和管理权相分离为主要特征的股份公司大量涌现，标志着社会经济领域中股东和债权人与企业管理当局之间新型“经济责任关系”的确立，从而催生了民间领域的审计的产生和演化。以1720年英国“南海公司”舞弊案为起点，1721年查尔斯·斯耐尔出具了世界上第一份审计报告，正式揭开民间领域的审计走进现代经济社会的序幕。这种民间领域的审计主要由非官办的注册会计师实施，具有广泛和深刻的社会影响，因此又称注册会计师审计或社会审计。1844年英国议会制定公司法，以法律制度的形式明确要求企业设置监事之职行使内部审计的权力，从而初步确立了近代内部审计制度。

当经济发展的重心从英国转到美国后，注册会计师审计的发展也由英国传到美国。美国的注册会计师审计是以1748年詹姆斯·帕克向富兰克林提出的《您与哈氏账目一览表》为起点而发展的。随后，1882年美国第一个注册会计师审计组织“美国公共会计师协会”成立；1897年，全美注册会计师协会成立；1916年创立美利坚合众国会计师协会，到1957年这一民间组织改名为美国注册会计师协会（AICPA），至此美国建立了完整的现代注册会计师审计体系。总之，英式传统审计传播到美国后，自19世纪40年代起逐渐建立了一套被誉为现代审计的“三大支柱”：审计标准、会计原则和内部控制制度，使审计方法、目标、范围都发生了根本性的变化，实现了从传统审计到现代审计的转化。

从全球来看，注册会计师审计发展各阶段情况可总结为如表1—1所示。

**表1—1　注册会计师审计发展各阶段情况**

| 时间 | 阶段 | 审计对象 | 审计目的 | 审计方法 | 其他 | 报表使用人 |
|---|---|---|---|---|---|---|
| 1844年至20世纪初 | 详细审计 | 会计账目 | 查错防弊 | 对会计账目进行详细审计 | 注册会计师审计的法律地位得到了法律确认 | 股东 |
| 20世纪初至1933年 | 资产负债表审计 | 账目及资产负债表 | 判断企业信用状况 | 从详细审计转向抽样审计 | | 股东、债权人 |
| 1933年第二次世界大战 | 会计报表审计 | 以资产负债表和收益表为中心的全部会计报表及相关财务资料 | 对会计报表发表审计意见，以确定会计报表的可信性，差错防弊转为次要目的 | 测试相关的内控，广泛采用抽样审计 | 审计准则开始拟订，审计工作向标准化、规范化过渡，注册会计师资格考试制度广泛推行 | 社会公众 |
| 第二次世界大战后 | | | | 抽样审计方法得到普遍运用，制度基础审计方法得到推广，计算机辅助审计技术得到广泛采用 | 业务扩大到代理纳税、会计服务、管理咨询等领域 | |

20世纪40年代以后，跨国公司迅速崛起，使公司管理环境更加复杂。为了提高内部经济效率，管理人员和内部审计师不得不寻求更好的管理制度，从而促使现代内部审计的产生。其标志是1941年维克多·布瑞克出版了世界第一部内部审计专著《内部审计——程序的性质、职能和方法》和约翰·瑟斯顿倡导下成立的世界第一个内部审计组织“内部审计师协会”，从此瑟斯顿被称为“内部审计师协会之父”。现代“内部审计之父”是美国的劳伦·B.索耶，代表作包括《现代内部审计实务》《现代内部审计》《管理和现代内部审计》和《内部审计手册》。

## 三、我国审计的产生与发展

我国审计的产生与发展经历了一个漫长的过程。

早在西周，我国就有了审计的萌芽。当时朝廷在天官之下设有“小宰”一职，小宰之下设有“宰夫”，负责对各级官府财物收支进行稽查，有“考其出入，而定刑赏”的职权，监视群吏执行朝法。“宰夫”标志着我国国家审计的产生。

秦汉时期，是我国国家审计初步确立阶段，其标志是“上计”制度的建立和日趋完善。所谓“上计”制度，就是皇帝亲自听取和审核各级地方官吏的财政会计报告，以确定赏罚的制度。秦还设御史大夫，掌管国家政治经济监察大权，三十六郡设监察御史，形成全国性的监察系统。汉承秦制，仍由御史大夫掌管审计监督大权。

隋唐至宋时代，是封建经济的鼎盛时期，我国审计也进入日臻完善的阶段。隋刑部下设比部，使审计成为国家司法监督部门的组成部分。唐除设比部外，还将稽查职能划归御史台，使比部和最高监察机关配合。宋设审计院，成为中国“审计”一词最早的来源。这一时期，不仅有独立行使经济监察职权的专门审计机构，如比部、审计院等，同时也出现了较为完善的监察制度和专职经济监察人员。

元、明清、三代，封建经济渐趋衰败，与此相适应，国家审计也逐步衰退，专门的审计机构被撤销，户部行使审计权力，审计监督流于形式。这一时期审计停滞不前。

中华民国时期，封建帝制被推翻，审计进入了近代演进时期。1912 年北洋政府在国务院设立审计处，1914 年颁布了《审计法》，这是我国历史上第一部审计法典。1928 年国民政府成立审计院，后改为审计部，隶属监察院，并引进了西方审计制度，形成了比较完整的国家审计体系。与此同时，我国资本主义工商业有所发展，注册会计师审计应运而生。1918 年，北洋政府颁布了我国第一部注册会计师法规——《会计师暂行章程》。著名会计学家谢霖先生成为我国第一位注册会计师，他创办了中国第一家会计师事务所“正则会计师事务所”，随后在一些大城市中相继成立了会计师事务所，注册会计师审计得到了发展。但在半封建、半殖民地的旧中国，终因政治动荡、经济发展缓慢，审计工作没有长足的发展。

中华人民共和国成立后，国家没有设置独立的审计机构。20 世纪 80 年代以后，为适应改革开放和经济建设的需要，我国全面开展审计工作。1980 年恢复重建注册会计师制度，1981 年“上海会计师事务所”成立；1986 年《注册会计师条例》的发布，成为我国注册会计师制度步入法制化道路的重要标志；1988 年中国注册会计师协会成立；1993 年发布了《注册会计师法》。与此同时，我国把建立政府审计机构、实行审计监督载入 1982 年修改的《宪法》；1983 年成立了我国国家审计的最高机关——审计署，在地方设置各级审计机关；1985 年发布了《国务院关于审计工作的暂行规定》；1988 年颁发了《中华人民共和国审计条例》；1994 年发布了《中华人民共和国审计法》，并于 2006 年做了较大修订，从法律上进一步确立了国家审计的地位。2009 年 9 月 7 日审计署发布《中华人民共和国国家审计准则》(2009 年版征求意见稿)。为加强部门、单位内部经济监督和管理，我国于 1984 年在部门、单位内部成立了审计机构，实行内部审计监督制度。1985 年、1995 年、2003 年先后几次发布了《审计署关于内部审计工作的规定》，规范了我国内部审计工作，建立、健全了内部审计制度。财务审计已经逐步成为企事业单位日常性、基础性的工作，普遍加大了经济责任审计力度，积极开展了专项审计、工程项目审计、物资采购审计等形式和内容各异的经济效益审计，探索开展了企业内部控制有效性审计，加快了内部审计信息化建设。

至此，我国形成了国家审计、注册会计师审计和内部审计“三位一体”的审计监督体系，三者各司其职，在各自的领域实施审计，审计工作进入了振兴时期。审计监督体系的构建和完善，对我国的经济体制改革乃至整个国民经济的发展都起到了良好的促进作用。

从审计的产生与发展历程中我们可以看到：审计的产生与发展与经济环境密切相关，经济越发展，审计越重要。

**【例1－1・单选题】** 我国第一家社会审计组织的创办人是(　　)。

A. 潘序论　　B. 谢霖　　C. 徐永祚　　D. 奚玉书

答案：B

解析：著名会计学家谢霖先生成为我国第一位注册会计师，他创办了中国第一家会计师事务所“正则会计师事务所”。

# 第二节　审计的含义与特征

## 一、审计的含义

从审计的形成机制来看，主要涉及三方面关系人，即财产所有者、财产的经营管理者，以及专职机构和人员。其中，财产所有者一般是审计的授权人(委托人)；财产的经营管理者是被审计者；专职机构和人员是审计行为的执行者，即审计者。

在审计产生之初，审计主要从审查会计资料入手，对会计资料中反映的问题进行审查。我国古代有“听其会计”之说，西方国家的“audit”一词也有“听审”的含义。当然，审计发展至今，早已超越了查账的范畴，涉及对各项活动的经济性、效率性和效果性的查核。审计实质上是对企业会计监督的内容进行再监督，对企业会计认定的内容进行再认定。

截至目前，国际上较有影响力的关于审计的定义来自美国会计学会1972年颁布的《基本审计概念公告》，该报告中指明：“审计是指为了查明有关经济活动和经济现象的认定与所制定标准之间的一致程度，而客观地收集和评估证据，并将结果传递给有利害关系的使用者的系统过程。”

综合以上，我们对审计的定义如下，即审计是指由独立的专门机构和人员，接受委托或根据授权，依法对国家行政、事业单位和企业单位及其他组织的会计报表和其他资料及其所反映的财政、财务收支及有关经济活动的真实性、合法性、效益性进行审查并发表意见的过程。其主要回答了与审计有关的三个问题：其一是谁来审计，即审计主体；其二是审计谁的什么，即审计客体和对象；其三是审计目标及结果怎样。

## 二、审计的特征

审计的特征主要表现在以下两个方面：

### (一)独立性

独立性是审计的本质特征。

审计的独立性体现在审计关系之中。审计者作为独立的第三者，接受财产所有者的委托或授权对财产管理者执行审计。审计者的审计监督权是审计授权人或委托人(财产所有者)所赋予的,同时,审计者不参与被审计者(财产管理者)的经营管理活动,与被审计者没有任何联系。因此,审计者相对于被审计者而言,始终处于独立的地位。在民间审计中,审计者不仅独立于被审计者,还独立于审计委托人。审计独立性是保证审计结论可靠的前提和基础。

**(二)权威性**

审计的独立性,决定了它的权威性。审计者以独立的身份对被审计者依法进行审计,这保证了审计结论的公正性,也就为审计的权威性奠定了基础。

为了有效地保障审计组织独立地行使审计监督权,我国《宪法》《审计法》《注册会计师法》等法律对实行审计制度,以及国家审计机关、会计师事务所、内部审计机构的设立、职权范围、审计人员依法执行业务等都做出了明确规定,从法律上保障了审计的权威性。

## 第三节　审计的主体、对象和依据

### 一、审计的主体

审计主体是指审计行为的执行者,即审计机构和审计人员,为审计第一关系人。审计主体包括审计组织和审计人员。审计组织一般分为三类:政府审计组织、注册会计师审计组织和内部审计组织。相应地,审计人员也分为三类,即政府审计人员、注册会计师审计人员(以下均简称为注册会计师)和内部审计人员。

**(一)政府审计组织和人员**

政府审计组织也称国家审计组织。政府审计组织是代表政府行使审计监督权的行政机关。政府审计组织在我国称为国家审计机关,分为两个层次:(1)国家最高审计机关——审计署,隶属于国务院,受国务院领导,属于行政模式。它负责组织领导全国的审计工作,对国务院各部门和地方各级政府的财政收支、国家金融机构和企事业组织的财务收支进行审计监督。(2)地方审计机关。受双重领导,在业务上受上一级审计机关的领导,在其他方面受本级人民政府的领导。它负责本级审计机关范围内的审计事项,对上级审计机关和本级人民政府负责并报告工作。

我国政府审计人员属于国家公务人员,且单独设置专业技术职称:高级审计师、审计师、助理审计师,通过全国统一的职称考试获得。

**(二)注册会计师审计组织和人员**

注册会计师审计组织也称民间审计组织或社会审计组织。注册会计师审计组织是指由具有一定资格的专业人员组成,从事审计、咨询等业务的审计组织。注册会计师依法承办业务的机构是会计师事务所。我国会计师事务所有有限责任会计师事务所和合伙会计师事务所两种形式。合伙会计师事务所又分为普通合伙制与特殊普通合伙制会计师事务所。普通合伙制会计师事务所的合伙人承担无限连带责任。而在特殊普通合伙制企业中,承担的责任分为两类:(1)若是由于合伙人非故意或者非重大过失引起的损失,则全体合伙人承担无限连带责任。(2)若是由于合伙人故意或者重大过失引起的损失,则该合伙人承担无限连带责任而其余的合伙人承担有限责任,以其出资额为限。

要想成为注册会计师，必须通过注册会计师全国统一考试。在我国，一般分专业阶段考试和综合阶段考试两个阶段，专业阶段考试设“会计”“审计”“财务成本管理”“公司战略与风险管理”“经济法”“税法”6个科目，综合阶段考试设“职业能力综合测试”1个科目。参加注册会计师全国统一考试成绩合格，并从事审计业务工作2年以上的，可以向省、自治区、直辖市注册会计师协会申请注册。

**（三）内部审计组织和人员**

内部审计组织也称内部审计机构，是指本部门或本单位内部建立的审计机构。它负责执行内部审计。内部审计机构的设置主要有以下几种形式：受本单位总会计师或主管财务的副总裁领导；受本单位总裁或总经理领导；受本单位董事会领导或审计委员会领导。从审计的独立性和有效性来看，领导层次越高，内部审计工作就越有成效。

在我国，内部审计的从业人员要取得岗位资格证书。资格证书的取得采取资格认证和考试两种办法。凡具备下列条件之一者，可通过认证发给资格证书：(1)具有审计、会计、经济及相关专业中级或中级以上专业技术职称的人员；(2)具有国际注册内部审计师证书的人员；(3)具有注册会计师、造价工程师、资产评估师等相关执业证书的人员；(4)审计、会计及相关专业本科以上学历工作满2年以上，以及大专学历工作满4年以上的人员。不具备上述条件者，须参加中国内部审计协会统一组织的资格考试，考试合格者发给资格证书。资格证书的考试内容有：内部审计原理与技术；有关法律法规与内部审计准则；计算机基础知识与应用。

**【例1－2·单选题】** 下列不属于注册会计师审计特点的是（　　）。

A. 审计的独立性　　B. 审计的委托性　　C. 审计的有偿性　　D. 审计的强制性

答案：D

解析：注册会计师审计的特点包括独立性、委托性和有偿性。强制性是国家审计的特点之一。

## 二、审计的对象

审计对象或审计客体，即参与审计活动关系并享有审计权力和承担审计义务的主体所作用的对象，它是对被审计单位和审计的范围所做的理论概括。根据其定义可知，审计对象包含两层含义：一是外延上的审计实体，即被审计单位；二是内涵的审计内容或审计内容在范围上的限定。

**（一）政府审计对象**

根据我国《宪法》第91条和第109条的规定，以及《中华人民共和国审计法》的具体规定，我国国家审计对象的实体即被审计单位是指所有作为会计单位的中央和地方的各级财政部门、中央银行和国有金融机构、行政机关、国家的事业组织、国有企业、基本建设单位等。审计对象的主要内容包括上述部门的财政预算、信贷、财务收支（资产、负债、损益）和决算，以及与财政收支、财务收支有关的经济活动及其经济效益。

**（二）注册会计师审计对象**

根据《中华人民共和国注册会计师法》及有关规章的规定，我国注册会计师审计的对象主要是注册会计师审计组织，接受国家审计机关、企事业单位和个人的委托，可承办财务收支的审计查证事项、经济案件的鉴定事项、注册资金的验证和年检，以及会计、财务、税务和经济管理的咨询服务等。

(三)内部审计对象

根据《审计署关于内部审计工作的规定》,我国内部审计的对象是本部门、本单位及其所属单位的会计账目、相关资产,以及所反映的财政收支和财务收支活动。同时还包括本部门、本单位与境内外经济组织兴办合资、合作经营企业以及合作项目等的合同执行情况,投入资金、财产的经营状况及其效益。

尽管国家审计、注册会计师审计、内部审计具体的对象有所不同,但从其内容和范围上说一般均包括被审计单位的会计资料及其他有关经济资料,以及所反映的财政收支、财务收支及相关的经济活动。

## 三、审计的依据

审计依据是审计主体用来对审计客体进行判断和评价的根据,也就是审计人员对被审计事项是非曲直做出判断的准绳。审计依据一般包括下列内容:

(一)各种财经法律法规和规章制度

这类依据是指由国家立法机关制定的宪法、法律和由国家行政机关制定颁布的法令、条例、规则以及社会团体、企事业单位制定的各种规章、制度等。这类依据有着明显的层次性。第一层次包括全国人民代表大会通过并颁布的法律、全国人民代表大会常务委员会颁布的法律法规;第二层次是国务院颁布的行政法规;第三层次是中央政府各部门颁布的行政法规和各级地方政府颁布的地方性法规;第四层次是各单位内部制定的各种规章制度。

(二)国家各类经济政策

国家为实现一定历史时期的经济工作目标,会制定并发布相应的方针政策,通常表现为各种政策文件。这些方针政策是国家管理经济工作的一种行政手段,对国民经济各部门和企事业单位都有约束力,因此也构成审计依据。

(三)单位的计划、预算和经济合同

被审计单位编制的计划和预算、被审计单位与其他单位签订的经济合同等文件,也是判断和评价被审计单位经济管理活动效益性与合理性的重要依据。

(四)各种业务规范和经济技术标准

国家经济管理部门、行业组织以及企业制定的各种经济定额指标和技术标准,都可以作为判断和评价经济活动是否有效的标准。如各种原材料消耗定额、能源消耗定额、工时定额等经济指标,又如各种技术标准、产品质量标准等。

# 第四节　审计的职能和作用

## 一、审计的职能

审计具有经济监督、经济评价和经济鉴证的职能。

(一)经济监督

审计的经济监督职能是审计最基本的职能。审计的经济监督职能指的是,通过审计和监察,督促被审计单位的经济活动在规定的范围内、在正常的轨道上进行。审计工作的核心是审核检查，通过审计，了解被审计单位经济活动的真相，然后衡之以一定的标准，就能做出被审计单位经济活动是否合法、合规的结论，就能促使被审计单位的经济活动在国家允许的范围内进行。

**（二）经济评价**

审计的经济评价职能指的是，通过审核检查，评价被审计单位的经营决策、计划和方案等是否先进，内部控制系统是否健全、是否切实执行，财政收支、财务收支是否按照计划、预算和有关规定执行，各项资金的使用是否合理、有效，经济效益是否较优，会计资料是否真实、正确等。

**（三）经济鉴证**

审计的经济鉴证职能指的是，通过鉴别被审计单位经济活动和有关资料的性质，做出书面证明。注册会计师审计是体现审计鉴证职能最典型的例子。例如，会计师事务所受中外合资经营企业的委托，对投入资本进行验资后出具验资报告，对年度报告审查后出具查账报告，对解散清算事项进行审核后出具清算报告等，都具有经济鉴证的职能。又如，国家审计机关对厂长（经理）的离任经济责任审计，对承包经营的经济责任审计，以及对国家利用国际金融组织的贷款项目、联合国专门机构援建项目的审计等，也都属于审计鉴证的范围。

需要指出的是，审计的职能客观地存在于审计之中，但审计职能并非一成不变。随着社会经济的发展，审计的职能可以逐步被人们所发现、所认识。

## 二、审计的作用

审计的作用是指在审计实践中履行审计职能所产生的客观影响。审计的作用是由审计的职能所决定的。

**（一）制约作用**

制约作用是指审计工作在执行批判性的监督活动中，通过监督、鉴证和评价，制约经济活动中的各种消极因素，有助于受托经济责任者正确履行经济责任和保证社会经济的健康发展。

**（二）促进作用**

促进作用是指审计在执行指导性的监督活动中，通过监督、鉴证和评价，对被审计单位存在的问题提出改进的建议与意见，从而使其经营管理水平和状况得到改善与提高。

**【例 1—3·单选题】**　为确保抗震救灾资金和物资按要求及时到位、严格管理和合理使用，审计机关对救灾款物进行审计，体现的审计职能是（　　）。

A. 经济监督职能　　B. 经济评价职能　　C. 经济鉴证职能　　D. 经济调控职能

答案：A

解析：审计机关对救灾款物进行审计，旨在审查救灾款物管理和使用中的违规问题，以确保救灾款物的正确使用，发挥的是审计的经济监督职能。

# 第五节　审计假设

## 一、审计假设的概念

所谓审计假设，是指有关审计事物产生、发展与存在的一些尚未确知或无法正面论证的前提条件，根据客观的正常情况或发展趋势所做的合乎事理、合乎逻辑的推断或认定。也就是说，审计假设所要揭示的是审计事物的前提条件，是对审计事物的前提条件所做的合乎事理、合乎逻辑的主观推断或认定。这种推断或认定构成审计推理论证的原始命题。审计假设的概念是20世纪60年代由美国学者莫茨和夏拉夫在其成名作《审计哲理》中首次提出的。审计假设是有条件的假设而不是随意的判断，它与审计推理、审计惯例、审计准则、审计观念等相关的审计概念有着本质的区别。审计假设只是审计推理的依据，而本身不是推理的过程。审计假设受审计环境的影响，并受制于审计目标，同时又是制定审计概念、审计规范的依据。

## 二、国外审计假设主要学说

从国际上看，审计假设研究在美、英审计理论界起步较早。其代表性人物有美国的莫茨和夏拉夫，英国的汤姆·李和戴维·费林特。他们的研究分别代表三种相互联系的审计假设模式。

### (一)莫茨和夏拉夫的审计假设理论

莫茨和夏拉夫的审计假设理论是研究审计假设命题的开创者。在由他俩合著并于1961年出版的审计理论名著《审计哲理》一书中，他们第一次对审计假设问题做出了系统、深入的探讨，并提出了八项审计假设。其具体内容是：(1)财务报表和财务资料是可验证的；(2)审计师与被审计单位管理部门之间不存在不可避免的利害冲突；(3)呈报检查的财务报表和其他信息资料不存在串通舞弊和其他非常错误；(4)完善的内部控制系统可以减少错弊发生的可能性；(5)公认会计原则的一致运用可使财务状况和经营成果得到公允表达；(6)如果没有明确的反证，对被审计单位来说，过去真实的情况将来也属真实；(7)审计师完全有能力独立审查财务资料并表达意见；(8)独立审计师承担的职业责任与其职业地位相称。

莫茨和夏拉夫的这一模式具有相当的权威性，对汤姆·李和戴维·费林特以及后来的研究都具有重要影响。

### (二)汤姆·李的审计假设理论

汤姆·李发展了莫茨和夏拉夫的审计假设理论。他在1972年出版的《公司审计：概念与实务》一书中将审计假设分为三类十三项。

1. 基本依据假设

具体包括：(1)没有充分的理由信任所有的账目；(2)提高账目的可信性是审计的最基本任务；(3)审计是提高账目可信性的最佳手段；(4)通过审计，账目的可信性是可以提高或验证的；(5)股东对会计信息的可信性是不满意的。

2. 行为假设

具体包括：(1)审计师与管理部门之间的利害冲突并不妨碍审计的实施；(2)法律并不限制审计师行为；(3)审计师在精神和地位上是独立的；(4)审计师有承担任务的充分技能；(5)审计师能对其工作和意见的质量负责。

3. 功能假设

具体包括：(1)审计可能获取充分可靠的审计证据并以适当形式在合理的时间与成本范围内进行审计；(2)内部控制的存在可使账目摆脱严重错弊；(3)公认的会计概念及与企业业务相适应的会计基础，如果能得到恰当与一致的使用，审计人员就会为会计信息做出公允的审计意见。

汤姆·李的审计假设模式在英国有一定的影响。

**(三)戴维·费林特的审计假设理论**

费林特教授在其1983年出版的《审计哲学与原理导论》一书中对审计假设做了新的探索，提出了七项审计假设。

具体包括：(1)审计是以受托经济责任关系或公共责任环境的存在为首要前提；(2)受托经济责任的内涵太微妙、太复杂、太重要，以致没有审计，该种责任的解除就无法说清楚；(3)审计的本质特征在于其地位的独立和摆脱调查与报告方面的约束；(4)审计的对象内容如行为、业绩、成果、业务记录、财务状况或与此有关的事实都可以通过证据予以证实；(5)可以为行业、业绩、成果和信息质量等确立责任标准，可对行为、业绩、成果和信息质量的实际状况进行计量并与标准进行比较，计量与比较过程需要特殊的技能并做出判断；(6)被审财务和其他报表与资料的含义、重要性和目的是充分清晰的，通过审计可对其可信性做出清楚明确的表示与传达；(7)审计可以产生经济效益或社会效益。

费林特的审计假设是根据现代审计的发展，从社会的观点提出来的，一改过去仅从财务审计角度进行审计假设研究的做法，从而为建立广义的审计理论结构提供了有关的参考。

## 三、审计基本假设

在综合研究美、英学派审计假设理论的基础上，结合我国审计人员的发现，本书认为能够构成审计基本假设的内容主要体现在以下五个方面：

**(一)经济责任关系假设**

经济责任关系假设是审计产生和发展的基础，是审计存在的前提。经济责任关系是财产的所有权与经营权相分离时，在所有者与经营者之间由于受托经营管理而形成的一种委托与受托的关系。委托人为了保证自己的财产和利益，就必然要对受托人的经营管理行为进行监督，而受托人则需要将自己的经济行为及经营成果记录下来，向委托人报告以解除经济责任。由委托人亲自进行监督检查是不现实的，委托人不一定有时间、有能力，而且对受托人来说也有失公平。而由独立的第三者——审计师来进行公正、客观的评价则是最佳选择。由此产生了审计。尽管现代审计形式多样、内容丰富，但决定这些变化的内在因素仍然是经济责任。经济责任关系具有普遍性，一切审计活动都是以经济责任关系为前提的，没有经济责任关系假设，审计活动就难以存在。

**(二)可验证性假设**

可验证性假设是指经济责任可以验证，可以通过收集审计证据来确定被审计事项与既定标准之间的一致性程度。否则，要实施审计是困难的或不可能的。这一假设是针对复杂经济环境中许多事物是不可验证的而提出的。凡无法确认和验证的事物不应包括在审计之内。离开经济责任的可验证性这一假设，收集审计证据和制定审计评价依据的工作就是毫无意义的。

随着审计实践的发展，审计的范围越来越广泛，内容越来越复杂。以前莫茨和夏拉夫考虑的仅是财务审计，后来又产生了“三E”[经济(Economy)、效率(Effeciency)、效果(Effectiveness)]审计、管理审计、社会审计、内部审计等，这些审计的内容又各有其验证方法，如公认会计原则、一系列经济技术指标及优良管理的范例等。所以，无论何种经济责任关系都具有可验证性。

### (三)内控有效性假设

内控有效性假设是指健全有效的内控能消除发生错弊行为的或然性。内控是受托人建立的保证受托经济责任的履行过程与既定目标相吻合的一种有效控制机制,有助于消除舞弊行为,但不能完全杜绝舞弊行为。内控有效性是审计的前提。这是因为假如舍弃这一假设,在内控无效的情况下,错误和舞弊行为的发生就难以避免,也就不可能合理地实施审计业务。因为此时要么放弃发现舞弊行为,要么实施极为细致的检查。在后一种情况下审计成本太高,很不现实。

### (四)独立性假设

独立性假设是指审计机构和人员能够排除干扰、个人利害关系,不偏不倚地实施检查并提出客观、公正的审计报告,是审计的"灵魂"。若没有这一假设,如果审计人员在思想和行动方面受到制约,其独立性遭到破坏,那么其审计意见也就失去了社会各方面的信任,随之审计也会失去存在的社会基础。在这里,独立性包含两方面的内容:一是审计人员与受托人之间不存在必然的利害冲突;二是在审计过程中,审计人员自始至终在精神上和行为上不受干扰。独立性明确了审计存在和发展的社会基础,是公认审计标准和审计职业道德中关于审计工作独立性的基本依据。

### (五)胜任力假设

胜任力假设是指审计人员具备执业所必需的专业知识、技术、经验和职业道德,从而能胜任审计工作并能对其工作的结果承担责任。同样,如果没有这一假设,审计人员的胜任力受到质疑,那么其审计结果也将失去可信性和权威性,审计人员的责任也就无从谈起,审计的意义也将不复存在。

## 思考与实训

### 一、思考题

1. 什么是审计?简述我国国家审计产生和发展的历程。

2. 审计主体、对象和审计依据分别指的是什么?

3. 审计的特征是什么?审计的职能有哪些?

### 二、实训题

(一)判断题

1. 审计和会计是一回事。 ( )

2. 审计是社会经济发展到一定阶段的产物,是在财产所有权与经营权相分离而形成的受托经济责任关系下,基于经济监督的客观需要而产生的。 ( )

3. 西周是我国审计制度初步形成阶段,民间审计与国家审计都在那时产生。 ( )

4. 审阅业务是注册会计师的核心业务。 ( )

5. 注册会计师依法承办业务的机构是会计师事务所。 ( )

6. 审计主体的独立性是指审计机构和人员依法独立行使审计监督权,不受其他行政机关、社会团体和个人的干涉。 ( )

7. 审计监督具有兼职特点,因为审计直接参与会计行业的经济管理。 ( )

8. 审计的职能不是一成不变的，它是随着经济的发展而发展变化的。（　　）
9. 内部审计的独立性强于注册会计师审计。（　　）
10. 政府审计、注册会计师审计和内部审计各自的审计对象没有区别。（　　）

（二）单项选择题

1. 在我国，"审计"一词最早出现于（　　）。
A. 西周　B. 秦汉　C. 唐代　D. 宋代
2.（　　）是指审计的执行者。
A. 审计主体　B. 审计对象　C. 审计委托人　D. 被审计单位
3. 西方世界推动民间领域的审计走进现代经济社会的最重要的历史事件是（　　）。
A. 1720 年英国"南海公司"舞弊案　B. 1640 年英国发生的资产阶级民主革命
C. 18 世纪中叶的英国工业革命　D. 1844 年英国议会制定公司法
4.（　　）是审计主体用来对审计客体进行判断和评价的根据，也就是审计人员对被审计事项是非曲直做出判断的准绳。
A. 审计主体　B. 审计对象　C. 审计依据　D. 审计证据
5. 审计的最基本职能是（　　）。
A. 经济监督　B. 经济鉴证　C. 经济评价　D. 建设性
6.（　　）审计模式代表了现代审计发展的方向。
A. 账项基础　B. 制度基础　C. 风险基础　D. 以上都不对
7.（　　）是指在经济活动结束以后实施的审计，如财务报表审计。
A. 事前审计　B. 事中审计　C. 事后审计　D. 全面审计
8.（　　）主要监督检查各级政府及其部门的财政收支及公共资金的收支、运用情况。
A. 国家审计　B. 注册会计师审计　C. 内部审计　D. 独立审计
9. 将审计假设分为基本依据、行为和功能三类共计 13 个假设的理论，是由（　　）提出的。
A. 莫茨　B. 夏拉夫　C. 汤姆·李　D. 费林特
10.（　　）假设是审计产生和发展的基础，是审计存在的前提。
A. 经济责任关系　B. 可验证性　C. 内控有效性　D. 独立性

（三）多项选择题

1. 我国国家审计经历了萌芽、（　　）几个发展阶段。
A. 初步确立　B. 日臻完善　C. 停滞不前　D. 近代演进
2. 我国审计监督体系的组成内容包括（　　）。
A. 专项审计　B. 国家审计　C. 内部审计　D. 独立审计
3. 审计组织包括（　　）。
A. 政府审计组织　B. 内部审计组织
C. 公司经理　D. 注册会计师审计组织
4. 审计的特征有（　　）。
A. 独立性　B. 单一性　C. 权威性　D. 兼职性
5. 目前我国会计师事务所主要有（　　）等形式。
A. 独资会计师事务所　B. 合伙会计师事务所
C. 有限责任会计师事务所　D. 无限责任会计师事务所
6. 审计的职能包括（　　）。
A. 经济监督　B. 经济鉴证　C. 经济评价　D. 制约性
7. 审计的作用通常包括（　　）。
A. 监督　B. 保护　C. 制约　D. 促进

8. 注册会计师审计又称为(　　)等。

A. 民间审计　　B. 国家审计　　C. 独立审计　　D. 社会审计

9. 审计的基本假设有(　　)。

A. 经济责任关系　　B. 可验证性　　C. 内控有效性　　D. 独立性

10. 国外审计假设理论比较有代表性的主要有(　　)等的审计假设理论。

A. 莫茨和夏拉夫　　B. 契诃夫　　C. 汤姆·李　　D. 费林特

# 第二章　审计种类与方法

## 学习目标

了解并掌握审计按照不同划分标准的分类名称；掌握审计常用的方法。

## 引导案例

**挖空心思套取专项经费　天衣无缝也难过审计关**

**——浙江宁海统计局原局长王某等人套现近 80 万元被查处**

浙江省宁海县审计局派出审计组对宁海县统计局原局长王某进行任期经济责任审计时发现，该局存在从专项经费中虚增开支，套取大额现金，用于挥霍、贪污或私分的违法嫌疑，审计机关已第一时间将案件线索移送给纪检监察部门。王某于 2005 年 4 月开始担任宁海县统计局局长，这次审计的重点是王某在 2006 年 7 月至 2009 年 6 月任职期间的经济责任。审计组在审前调查中发现，王某担任局长期间的招待费开支多得出乎意料。审计组在广泛调查、掌握初步情况的基础上，确定首先把该局的会议费和招待费作为本次审计的重点。

随着审计的逐步深入，种种不正常现象和疑点渐渐多了起来。

疑点一：该局赠送给调查户的纪念品数目庞大，但未附领取纪念品人员的签字单，且都是向农贸批发市场同一个个体工商户王某购买。经侧面了解，此个体工商户王某和原局长王某是老乡带亲戚关系。

疑点二：该局的会议费和招待费多得惊人，几乎是隔三岔五有会议就餐，三天两头有客人招待。两年内会议都安排在同一家大酒店，并且经常出现同一个会议一开就是两三天，甚至更多的现象，同样有点不合常理。

审计组集中精力对该局 2007 年 1 月至 2009 年 6 月这一时间段的招待费、样本户调查纪念品以及调查劳务费三大类支出进行了细致的比对，同时经过有选择的外围调查了解，发现该局在各大饭店的就餐费、印制调查表、分发调查人员纪念品等支出中有疑似套取大额现金的迹象。

在审计过程中，审计人员运用了以下审计技术方法：

第一，观察法。审计组在广泛调查、掌握初步情况的基础上，确定首先把该局的会议费和招待费作为本次审计的重点，为审计工作找到了突破口。

第二，核对法。账账核对，审计人员把该局三年间所有的会议和招待支出明细，按照开支内容、发生时间先后顺序和发生地点频繁与否进行了详细登记和汇总，发现该局在各大饭店的就餐费、印制调查表、分发调查人员纪念品支出中有疑似套取大额现金的迹象。

第三,查询法。审计人员从侧面了解,此个体工商户王某和原局长王某是老乡带亲戚关系。此外,审计人员观察王某前后对此次事件的态度转变,并经过外围了解,抓住各个疑点。

在强大的政治攻势下,县统计局办公室主任李某坦白了用套现的方法贪污现金和拿一些本该属于个人开支的费用到单位报销的犯罪事实。

资料来源:http://www.audit.gov.cn/n1992130/n1992150/n1992546/2507787.html。

## 第一节 审计种类

### 一、审计的基本分类

#### (一)按审计主体分类

1. 政府审计

政府审计又称国家审计,是指由政府审计机关代表政府依法对各级政府及其部门、国有企业的财政收支、财务收支及公共资金的收支与运用情况所实施的审计。其突出特点表现为审计的法定权威性和强制性。

2. 注册会计师审计

注册会计师审计又称独立审计、民间审计或社会审计,是指由注册会计师及会计师事务所接受委托依法对委托人指定的被审计单位进行的审计。委托审计是注册会计师审计的显著特点,其审计意见具有法律效力和鉴证的作用。

3. 内部审计

内部审计是指由组织内部独立的审计机构对本单位及其所属单位的经营活动的真实性、合法性和效益性及内部控制的健全性与有效性进行审查和评价的一种监督活动。

#### (二)按审计内容分类

1. 财政财务审计

财政财务审计是指以被审计单位的财政收支或财务收支为审计内容,以查证财政收支、财务收支是否合法,相关的会计记录是否真实正确为目的而进行的审计。

2. 经济效益审计

经济效益审计是针对被审计单位的经营活动和管理活动实施的审计,其目的是为了进一步协调管理职能,提高生产经营活动的经济效益,并不断加强和完善内部控制。

3. 财经法纪审计

财经法纪审计是指以被审计单位严重违纪违法行为为审查内容,以保障国家与集体财产的安全完整、维护国家与集体的经济利益、保证国家财经法纪的贯彻执行为目的而进行的审计。

4. 经济责任审计

经济责任审计是审计机关对国家机关、企事业单位等负责人在任职期间应负的经济责任进行监督和评价。经济责任审计的结果可为组织人事部门、检察机关以及其他有关部门考核评价干部和企业负责人提供参考依据。

**(三)按审计技术模式分类**

1. 账项基础审计

账项基础审计是指顺着或逆着会计报表的生成过程，通过对会计账簿和凭证进行详细审阅，对会计账表之间的勾稽关系进行逐一核实，以检查是否存在会计舞弊行为或技术性措施。该审计模式适合专门的舞弊审计采用。

2. 制度基础审计

制度基础审计是从对被审计单位内部控制系统的测试和评价出发，当评价结果表明被审单位的内部控制系统健全且运行有效、值得信赖时，可以在随后对报表项目的实质性测试工作中仅抽取小部分样本进行审查；相反，则需扩大实质性测试的范围。该审计模式能够提高审计的效率，并保证抽样审计的质量。

3. 风险基础审计

风险基础审计是从对被审计单位委托审计的动机、经营环境、财务状况等方面进行全面的风险评估出发，利用审计风险模型，规划审计工作，积极运用分析性复核，力争将审计风险控制在可以接受的水平上。该审计模式代表了现代审计发展的方向。

**(四)按审计实施时间分类**

1. 事前审计

事前审计是指在经济活动开始以前实施的审计，一般对计划、预算的编制以及对经济事项的预测和决策进行的审计均属事前审计。开展事前审计，有利于被审计单位进行科学决策和管理，保证未来经济活动的有效性，避免因决策失误而遭受重大损失。一般认为，内部审计组织比较适合从事事前审计，这是由于内部审计组织熟悉本单位的活动，掌握的资料比较充分，且易于联系各种专业技术人员，有条件对各种决策、计划等方案进行事前分析比较，做出评价结论，形成改进意见。

2. 事中审计

事中审计是指在经济活动正在进行中实施的审计，一般对费用预算、经济合同正在执行的情况进行审计均属事中审计。开展事中审计，有利于及时发现运行中的问题，尽早纠正偏差，保证经济活动按预期目标合法、合理和有效地进行。

3. 事后审计

事后审计是指在经济活动结束以后实施的审计，大多数审计活动都属于事后审计。开展事后审计，有利于查实和监督经济活动的真实及合法性，有利于评价经济活动运行的效果和效益状况。

## 二、审计的其他分类

**(一)按审计主体与被审计单位的关系分类**

按审计主体与被审计单位的关系，审计可分为外部审计与内部审计。

1. 外部审计

外部审计是指由独立于被审计单位之外的审计组织实施的审计。政府审计机关和注册会计师所实施的审计都属于外部审计。外部审计强调审计组织必须独立于被审计单位。

2. 内部审计

内部审计是指由部门或单位内部审计部门所进行的审计。内部审计主要监督本单位的财务收支和经济活动。内部审计强调审计组织隶属于被审计单位。

**(二)按审计的间隔周期分类**

按审计的间隔周期,审计可分为定期审计与不定期审计。

1. 定期审计

定期审计是指审计组织按照预先规定的时间进行的审计。

2. 不定期审计

不定期审计一般都是由于特殊需要或临时任务而进行的审计。如发现某部门或单位有违反财经法纪行为而对其实施的专案审查,就属不定期审计。

**(三)按审计的范围分类**

按审计的范围,审计可分为全面审计、局部审计与专项审计。

1. 全面审计

全面审计是指对被审计单位一定时期的财政收支、财务收支及其经济活动的各个方面及其资料进行的审计。

2. 局部审计

局部审计是指针对被审计单位部分经济活动、财务收支、部分资料进行的审计。比如对某企业的长期借款的审计。

3. 专项审计

专项审计是指对被审计单位某一特定项目所进行的审计,比如对国债资金使用的审计。

**(四)按审计的执行地点分类**

按审计的执行地点,审计可分为就地审计与报送审计。

1. 就地审计

就地审计是指由审计人员直接到达被审计单位进行的现场审计。

2. 报送审计

报送审计是指由被审计单位将有关资料送达审计组织而进行的审计。

**(五)按审计是否具有强制性分类**

按审计是否具有强制性,审计可分为强制审计与委托审计。

1. 强制审计

强制审计是指审计机关根据法律规定行使的审查权而进行的审计。国家审计即属于强制审计。

2. 委托审计

委托审计是指审计机构接受委托人的委托,对被审计单位进行的审计,一般适用于注册会计师审计。

**(六)按审计是否初次实施分类**

按审计是否初次实施,审计可分为初次审计、继续审计和后续审计。

1. 初次审计

初次审计是指审计机构对被审计单位第一次进行的审计。审计人员必须对被审计单位的审计环境做出详细的预备性调查,然后据以编制审计方案。初次审计结束后形成的审计档案,应成为以后各年度继续审计的重要参考。

2. 继续审计

继续审计是指审计机构对被审计单位实施初次审计以后的各年度所进行的历次审计。

3. 后续审计

后续审计是指审计机构对被审计单位执行审计决定的情况所进行的追踪审计。实施后续审计制度有助于巩固审计成果，落实改进措施，增强审计的权威性；同时，还有助于总结审计工作经验，提高审计质量。

**(七)按审计的动机分类**

按审计的动机，审计可分为法定审计和任意审计。

1. 法定审计

法定审计是指根据国家法律规定，必须执行的带有强制性的审计。例如，我国的《外商投资企业法》《公司法》等均规定，“三资”企业或股票上市的股份公司每年必须接受中国注册会计师的审计。

2. 任意审计

任意审计是指被审计单位出于某种自身的需要，自愿要求审计机构对其实施的审计。例如，企业为了取得银行贷款，自愿聘请社会审计机构对其财务报表进行审计鉴证。

随着社会主义市场经济的不断繁荣发展和科学技术水平的不断提高，审计的种类与形式也将日益繁多。

# 第二节　审计方法

## 一、传统的财务审计方法

财务审计是指对企事业单位的资产、负债和损益的真实性和合法合规性进行审查。财务审计的对象主要是被审计单位会计资料及其他相关资料，需要大量从书面文件、单证和凭据中获取和加工信息，或者将账面信息与实物及实际发生信息进行比对。因此，其审计的方法主要划分为审查书面资料和证实客观事物两大类。

**(一)审查书面资料的技术方法**

1. 审阅法

审阅法是指检查人员对被查单位的原始凭证、记账凭证、账簿和会计报表等会计资料及其他资料进行广泛、细致的阅读和检查的一种技术检查方法。

审阅法是会计检查工作的一项基本技术方法，几乎每一项会计检查工作都运用这种方法，因为会计检查工作一般必查会计凭证、账簿、会计报表及其他有关的经济活动资料，从中可以了解被查单位会计资料的真实性、正确性及其所反映经济活动的合法性、效益性。通过审阅能够查证或发现有关错弊与问题。

(1)原始凭证的审阅

对于原始凭证的审阅，检查时主要包括以下内容：

①审阅原始凭证的合法性。重点审阅原始凭证所记载的经济业务是否符合有关法令、制度的规定。例如，采购商品是否经过采购办公室审批，报销差旅费是否超过规定的标准等。对

外来原始凭证，如购货发票和收据，还要注意审查是否属于合法会计凭证。

②审阅原始凭证的真实性。重点审查原始凭证的文字、数字是否清晰，有无刮擦、涂改的痕迹，凭证本身是否伪造。如果是复写的凭证，应审查反面复写字迹颜色是否一致；如果是某些内容有更正的凭证，应审查更正的方法是否符合规定。

③审阅原始凭证的正确性。重点审阅原始凭证所记录的数量、单价、金额等数字计算是否正确，各分项金额加总后是否等于总金额，大小写金额是否一致等。

④审阅原始凭证的完整性。重点审阅原始凭证的报销手续是否齐全，审批、转批是否符合规定，是否经有关负责人签字或盖章。

(2)记账凭证的审阅

①审阅记账凭证的编制手续。重点审阅记账凭证是否按有关规定编制，应填写的要素是否齐全，是否有有关人员的签字或印章。

②审阅记账凭证的填制要求。重点审阅记账凭证与所附原始凭证内容是否一致，金额是否相等，记账凭证上载明的所附原始凭证张数是否与原始凭证张数一致。

③审阅记账凭证的正确性。重点审阅记账凭证上会计分录的编制是否正确，应借、应贷会计科目的确定是否正确，借贷金额是否与借贷科目相对应。

(3)账簿的审阅

对账簿的审阅应注意检查账簿记录是否符合有关规定，所记入的内容与会计凭证是否相符，总分类账和明细分类账之间的有关内容是否相符，所反映的经济业务内容是否真实、正确。除此之外，还应重点审阅明细分类账，其内容如下：

①审阅明细分类账记录的合法性。重点审阅明细分类账记账的经济业务内容是否合法、合规，有无通过弄虚作假、巧立名目的手段把不应列支的费用记入费用账户。

②审阅明细分类账记录的真实性。重点审阅明细分类账摘要栏所记载的内容是否真实，有无例外情况。

③审阅明细分类账记录的正确性。重点审阅明细分类账的小计数和合计数是否与发生数相符，借、贷方的登记是否记反方向，是否登错栏次。

④审阅记账规则。重点审阅账簿启用时期初和期末余额的结转、承前页、转下页、月结和年结是否符合会计制度的规定，账簿应登记的内容是否登记齐全，错账是否按正确的方法予以更正等。

(4)报表的审阅

①审阅会计报表的填制要求。重点审阅会计报表的填制是否符合会计制度的规定，有无任意增删表列项目的情况。

②审阅会计报表的真实性。结合对账簿的审阅，重点审阅会计报表中的项目有无虚列资产、隐瞒负债等虚增或虚减金额的情况。

③审阅会计报表的正确性。重点审阅会计报表中数字计算是否正确，表与表之间有关项目的金额是否相符，表中小计数是否等于各分项之和，合计数是否等于小计数之和，总计数是否等于合计数之和等。

④审阅会计报表对应的勾稽关系。重点审阅会计报表中有关项目是否对应相符，如审阅资产负债表中资产总额是否与负债及所有者权益总额相符、固定资产净值是否等于固定资产原值减累计折旧的差额等。审阅时还要注意报表与报表之间有关项目是否一致。

(5)其他书面资料的审阅

除此之外，还需要经常审阅内部控制制度、经济合同、计划(或预算)、定额、质量检查记录、协议(或契约)等其他资料。审阅时应注意这些资料反映的内容是否真实、合法、合规、合理，必要时可与上述会计资料的审阅相联系。

2. 核对法

核对法就是把两个或两个以上相互联结的不同会计记录之间的有关数据相互验证、对比，用于确定会计记录是否正确的一种技术核查方法。采用核对法可以证实各种会计资料之间衔接是否正确，有无差错和弊端。核对法包括证证、账证、账账、账表、表表等核对内容。

(1)证证核对。证证核对是指凭证之间的核对，这是核对法最重要的环节。由于会计凭证种类很多，它的核对工作量最大，核对过程也比较复杂。证证核对包括的内容很多，其主要内容如下：

①相关原始凭证有关数据的核对。比如对支票的审核，至少应使用碳素墨水或墨汁填写，大小写金额、日期和收款人不得更改，其他内容如有更改，必须由出票人加盖预留银行的印鉴以证明。

②记账凭证与其所附原始凭证的核对。

第一，将记账凭证注明的所附原始凭证份数与所附的实际份数进行核对，检查是否相符。

第二，将记账凭证上所有的会计科目与原始凭证上所反映的业务内容进行核对。

第三，将记账凭证上所反映的金额与所附原始凭证上的金额合计数相核对，检查是否相符。

第四，将记账凭证上的制证日期与原始凭证上的日期相核对，检查有无两者相距太远的情况。

(2)账证核对。账证核对是指各种会计账簿与会计凭证之间的核对，通过账证核对可以发现并查证有无多记、少记、重记、漏记、错记等会计错弊。核对时主要包括以下内容：

①核对记账凭证是否已过入总分类账和有关明细分类账，过入的方向和金额是否一致。

②核对汇总记账凭证或科目汇总表与登入总分类账的金额是否一致。

(3)账账核对。账账核对是指各种会计账簿之间有关指标的核对。它主要包括以下内容：

①分别核对总分类账各账户的借方发生额合计数与贷方发生额合计数、期末借方余额合计数与贷方余额合计数是否相符。

②核对总分类账各账户期末余额与其所属各明细分类账余额之和是否相符。

③核对现金、银行存款日记账期末余额与其总分类账户期末余额是否相符。

④核对会计部门各种财产物资明细分类账期末余额与财产物资保管和使用部门的有关财产物资明细分类账期末余额是否相符。

⑤核对对应账户所登记的方向是否相反，金额是否相符。

(4)账表核对。账表核对是指会计账簿与会计报表之间的核对。通过有关账簿记录与会计报表有关项目的核对，查明是否严格按照账簿记录编制会计报表，有无虚构、篡改会计报表项目数字，混淆会计期间的情况，以查证会计报表的正确性和真实性。账表核对主要包括以下内容：

①核对会计报表中某些数字是否与有关总分类账的期末余额相符。

②核对会计报表中某些数字是否与有关明细分类账的期末余额相符。

③核对会计报表中某些数字是否与有关明细分类账的发生额相符。

由此可知，账表核对的重点是对账表所反映的金额进行核对，从中可发现或查证账表不符或虽相符但却不合理、不合法的会计错弊。

(5)表表核对。表表核对是指会计报表之间的核对。通过表表核对，可以检查各报表之间有无不正常关系、那些应该存在勾稽对应关系的项目是否存在，据此检查被查单位有无会计错弊。

(6)内外账务核对。内部对账指内部账账相符，外部对账其实就是与企业对账。根据国家财务会计制度的规定，任何企业和单位自成立起应在银行开设银行账户，企业的资金通过银行进行收付结转。银行作为国家金融机构，其最重要的一项职责就是保证企业资金的正常流转，同时，客观地记录下企业发生的每笔资金流转情况，并定期将企业在银行的资金流转情况打印出来，即银行对账单，以此为依据进行核对。

3. 复算法

复算法是指查账人员通过重新计算有关数据指标，以验证其是否正确可靠的查账技术方法。会计工作中存在大量的数字计算，会计人员在处理会计资料时，由于工作上的疏忽可能发生计算上的差错，这将直接影响有关数据、指标的真实性、正确性。此外，在计算中有意错计数字，也常是舞弊的重要手段之一，因此，在审计中可根据实际情况决定是否采用此种方法。

复算法内容包括对会计凭证、账簿、报表中的有关数据的合计、总计、百分比和预测分析、预算、计划等资料中有关数据的计算验证。

**(二)审查书面资料的其他方法**

1. 顺查法

顺查法是审计人员按照会计业务处理的先后顺序依次进行审查的方法。这种方法按照业务处理的顺序逐一核对、依次审查、操作简单，审查结果能够做到全面、系统、准确，但机械的审查核对费时费力，不易抓住重点，同时也不便于按照业务类别进行审查，不便于审计人员分工。由于早期的被审计单位规模较小、业务较少，被审计单位管理制度和内部控制制度较差，存在的违纪事项需要逐一查实，因此，这种方法的运用有着必要性和重要性。随着审计对象的不断复杂，对审计效率和质量有更高要求，顺查法逐渐演进为逆查法。

2. 逆查法

逆查法是按照与会计核算相反的处理程序，依次对报表、账簿、凭证的各个环节进行审查的一种方法。这种方法能从全局出发、大处着手，只审查有问题的内容，抓住实质，主攻方向明确，能够节约一定的人力、物力，提高审计效率。

3. 抽查法

抽查法，就是有选择地抽取某一段期间内某些业务或某一部分会计资料进行审查的一种审计方法。如果抽查的结果没有发现任何问题，那么其他业务和其他期间内的会计资料就可以不必进行审查；反之，如果抽查结果发现有问题，则须根据具体情况，适当扩大抽查范围；如果抽查结果发现有性质严重的问题，或者发现较多的问题，则宜改为详查法，以便把问题彻底清查出来。查账人员除了对特定业务进行详细审计，或从审计对象总体中选择有特殊重要性的项目进行全部审查外，均应采用抽查的方法进行审查。这种方法的关键在于抽取样本，故又称为抽样审计法，现代审计多用此法。

抽查法审查重点明确，如果选对目标，省时省力，具有事半功倍的效果，但如果目标和对象选择不当或缺乏代表性，往往不能发现问题，甚至前功尽弃。在财务收支审计和财经法纪审计中，抽查法往往不及详查法，因此它仍然有一定的局限性。实践中常将其与其他方法配合运用。

4. 详查法

详查法通常也称精查法或细查法，是指对被查单位一定范围内的会计凭证、会计账簿、会计报表等会计资料，以及计划、合同等其他资料进行全面、详细检查的一种会计检查方法。

详查法是会计检查方法中最彻底的一种检查方法。这种方法检查的内容全面，检查结果可靠性较高，检查面广，往往需要花费较多的时间和较多的人力，因此检查费用支出比较大。

详查法的上述特点决定了详查法一般适用于小型企业的检查工作，这是因为小型企业规模小、人员少、经济业务不多、会计核算简单、内部控制一般比较薄弱，因此从成本效益的角度考虑，小型企业比较适用实施详查法。而对于那些规模较大、经济业务繁杂的大中型企业，一般不宜采用这种方法。

**(三)证实客观事物的方法**

1. 盘存法

盘存法包括直接盘存法和间接盘存法。直接盘存法是指由审计人员亲自到现场盘点实物，以确定其实有数额的方法。间接盘存法是指审计人员通过观察盘点，借以确定实物实有数额的方法。实物盘点完毕，应填写盘存记录，由参加盘点的被审计机构的主管人员、经办人员、审计人员签章。审计人员应及时将盘点结果和处理意见记入审计工作底稿。

2. 调节法

调节法主要应用于证实财产物资账实是否相符，证实相关数据是否趋于一致。调节法的计算公式为：被查日存量＝盘点日存量＋被查日至盘点日发出量－被查日至盘点日收入量。调节法常用于财产物资和银行存款余额的调节。

3. 观察法

观察法是指审计人员亲临审计现场对被审计单位的经济管理及业务活动进行实地观察，借以查明被审计事项的事实真相的一种审计方法。它适用于观察内部控制制度的执行情况及观察经济业务的运作过程。

4. 鉴定法

鉴定法是指通过物理、化学技术鉴别等手段来确定实物资产的性能、质量和书面资料真伪的一种方法。

5. 查询法

查询法是指通过询问、调查等方式，取得必要的审计资料，以证实某些事实的审计方法。查询方法分为面询法和函询法。面询是审计人员对有关人员进行的书面或口头询问。函询是审计人员为印证被审计单位会计记录所载事项而向第三者发函询证。如果没有回函或审计人员对回函结果不满意，审计人员应实施替代审计程序，以获取必要的审计证据。

6. 函证法

函证法实际上也是一种查询法，它是指审计人员通过给有关单位和个人发函，以了解情况取得证据的一种调查方法。这种方法多用于往来款项的查证，作为认证债权债务的必要手段。对被审计单位银行、保险公司、法律顾问处和其他单位的情况，也可以采用这种办法核对认证。函证法有很强的核对性，在查证方面非常有效，是审计工作必不可少的重要一环。

7. 分析法

分析法是通过对会计资料的有关指标的观察进行推理、分解和综合，以揭示其本质和了解其构成要素的相互关系的审计方法。审计分析法按是否存在数量说明，可分为定量分析法和定性分析法。定量分析法按其分析技术，可分为比较分析法、比率分析法、因素分析法、趋势分析法等。

(1)比较分析法，是通过某一会计报表项目与其既定标准的比较，以获取审计证据的一种技术方法。它包括本期实际数与计划数、预算数与审计人员计算结果之间的比较，以及本期实际数与同业标准之间的比较等。例如，银行通过贷款的投向结构、客户结构分析，可以看出被审计银行的贷款投向、行业集中风险；对贷款期限结构进行分析，可以看出贷款的币种结构与存款的币种结构是否对称，进而得知被审计金融机构的利率风险和汇率风险。通过对资产负债的对称结构分析，可以看出被审计金融机构的负债可用量是否充分利用或过度利用，各项贷款和其他资产是否均衡、合理分布，并与负债相适应。

(2)比率分析法，是利用两个经济活动相关的数据，先计算出各种相关比率，再将这些比率与相应的参照系数进行比较，分析被审计机构的结构、效益、发展和变化情况的一种技术方法。比率分析是两个相关联的经济数据的相对比较。我们在对被审计机构进行分析性复核时，可以参照杜邦分析系统的思路来对一家金融机构整体情况进行分析评价。杜邦系统的核心是通过分解金融机构的资本收益率来分析影响金融机构盈利水平的各种因素。

(3)因素分析法，是把反映经济现象变动的总量指标分解为相互联系的若干因素，然后按顺序将其中第一个因素作为可变因素，其他因素暂时作为不变因素，依次逐项替代，以测定各个因素差异对总量指标的影响程度，从而了解总量指标的变动原因，从中发现被审计金融机构的异常变动和差异，为现场审计提供指引。

## 二、绩效审计方法

绩效审计是指审计机关对被审计单位财务收支和有关经济活动的经济性、效率性和效果性进行的审查和评价。绩效审计的原理与传统审计的原理是相同的，即搜集某一经济活动及其相关陈述事项的数据，与既定标准相比较，将结论传递给有关各方的一个系统的过程。因此，在审计程序和方法上与传统审计具有相似性。但由于绩效审计的目标主要侧重于经济性、效率性和效果性，也就决定了绩效审计有其独特的程序和方法。

客观地收集和评价证据是审计的核心。绩效审计的技术方法可以分为两大类：一是信息收集方法，二是信息分析评价技术。

### (一)信息收集方法

绩效审计中收集审计证据的方法有很多，而且在审计过程中运用非常灵活，它主要是沿用了一部分传统财务审计的方法，如核对法、函询法、盘点法、抽样法等；也有自身独特的方法，如面谈、调查问卷、案例研究、研讨会、座谈会等。而绩效审计最常用的方法是审阅法、实地观察法和访谈法。

1. 审阅法

审阅法是通过对书面文件资料进行审查、阅读而取得证据的一种方法。在绩效审计中，审计人员可以根据需要，查阅被审计单位的报表、账册、财务收支计划、内部管理制度、重要会议记录、文件合同，调阅相关的审计档案、统计资料等。对文件资料的审阅和研究，有助于审计人员掌握有用的信息和数据，但必须紧密围绕审计目标，并需要对所用文件的可靠性做出适当评估。审阅法是绩效审计中获取数据最基本、最直接也是最有效的方法。

2. 实地观察法

实地观察法是通过实地观察来取得审计证据的一种方法。审计人员可以获得实物和行为的亲历证据，判断被审计单位行为的规范性和实物的真实性。为了增强证据的可信度与说服力，在实地观察中可以同时采用录音、录像、拍照等方式来取得审计证据。实地观察法经常用于从被审计单位的工作现场或被审计事项发生的现场获取第一手资料，如调查被审计单位的经营环境、内部控制制度的遵循情况和财产物资的管理等方面。

3. 访谈法

访谈法是通过召开座谈会或个别访谈而取得证据的一种方法。访谈有多种方式，可以通过电话进行访谈，也可以面对面进行访谈，还可以通过信函、网络的方式进行访谈。这种访谈可以一对一地进行，也可以一对多、多对多地召开座谈会的形式进行。访谈的对象既可以是被审计单位的领导和干部职工，也可以是被审计单位的上级主管部门、有关监管部门、组织人事部门及其他相关部门。运用这种方法，审计人员可以在更广的范围内收集信息，拓宽审计思路，发现重点关注领域。但应注意的是，访谈获取的证据一般不能作为事实性证据的唯一证据，也就是说，访谈获取的证据还需要经过审计人员的进一步证实。

**(二)信息分析评价技术**

审计人员所取得的审计证据往往是一些原始数据，如何把一个个孤立、从表面上看没有相关意义的数据联系起来，得出我们想要的结论，这就需要运用信息分析评价的方法。信息分析评价是指对已经取得的证据，运用一定的技术方法进行再加工，形成新的证据即分析性证据并从中得出结论。信息分析评价技术因具体情况而异，既有简单的，也有需要高水平数学知识的复杂技术。审计人员在评价经济性、效率性、效果性时，除了要运用财务审计和财经审计的方法外，还要运用其他方法，如经济活动分析方法、经济预测方法、现代管理方法等。常用的有比较分析法、统计分析法、量本利分析法、成本效果分析法等。

1. 比较分析法

比较分析法是通过对不同来源的有关指标、数字、情况等内容的对比，或通过与评价标准的对比来了解情况、获取证据或进行评价的方法。在应用比较分析法时，参照的评价标准的确立很关键，标准可以是国家标准、行业标准及企业内部制定的标准，如企业制定的各种定额。将审查获取的数据、情况与既定标准进行比较，发现差异并对差异进行分析，就能有助于达到审计目标。例如，可以将实际(决算)数据与计划(预算)数据进行比较分析，也可以将不同分析期的数据进行比较。通过与参照标准的比对，可以发现企业目标的实现程度、偏差程度。

2. 统计分析法

统计分析法是解决数值问题的最好工具，如总额分析、比例分析、结构分析，了解诸如设备完好率、使用率、成新率、故障率等。统计分析在对企业效益的评价中能发挥独特的作用。统计分析的实施技术有很多，但最主要的是回归分析。回归分析是对两类或多类经济数据之间的因果关系进行分析，推导出相应回归方程，然后以此回归方程来推算自变量与因变量的变化规律。回归分析的实质是从观察数据中找出自变量与因变量之间的相关关系。

3. 量本利分析法

量本利分析法也称盈亏平衡分析法，通过计算保本点，来分析处于盈亏平衡点时的业务量水平，进而对项目的投入进行评价。当实际业务量超过盈亏平衡点时，就会有利润形成，业务量越大，获利就越多；反之则会形成亏损。

4. 成本效果分析法

成本效果分析法分析成本与效果之间的关系，以每单位效果消耗的成本来评价项目效益，寻找既定目标的最经济成本，或既定成本的最好效果。与成本收益分析不同的是，成本效果分析的成果由实物数量而非货币金额表示。在评价时有 4 种方式：一是将成本效果的比值与标准相对比；二是当成本相同或者比较固定时，可以只比较效果；三是当效果相同或者比较固定时，只比较成本；四是可以比较每单位效果变化所引起的成本变化，即比较边际成本的变化。

5. 抽样和案例分析法

在绩效审计中，由于审计资源有限，审计人员经常采用抽样调查的方法来获取审计证据。抽样调查法通过从总体中选取一定量的样本，根据对选取样本的调查来推断总体情况，获取有关被审计事项的信息。运用抽样调查方法，通常可以获取被审计事项的一般性总体信息（即一般性统计数据）。为了获取更多的深层信息，一般需要通过案例研究的方法对抽样调查的方法进行补充。通过将一般统计数据与深入的案例研究相结合，审计人员可以获取充分的抽样推断信息，从而可以得出比较准确的审计结论。

## 三、信息系统审计的一般方法

### （一）应用审计软件审计法

应用审计软件审计法是用审计软件对计算机应用系统软件功能进行审计的一种方法。这种审计软件是审计部门专门为稽查应用系统软件功能而设计的。一方面，它可以审计应用软件是否保持了当初推广时的原样而没有被修改过（例如一个程序有多少条语句，每条语句是否长短相同、字符位置相同等）。另一方面，它可以审计测试应用系统的处理过程是否正确。

### （二）"黑盒子"法

"黑盒子"法也称绕过计算机审计法。就是认为电子计算机的核算过程相当于一个"黑盒子"，不管它里面的设计流程、系统层次结构、核算子程序、处理过程怎样，而只考虑输入的数据是否能够输出我们所需要的正确结果。这种方法既是进行程序审计的一种主要方法，又是理解计算机的功能、相信其处理正确性的有效方法。在用这种方法进行计算机审计时，审计人员可以用事先准备的模拟数据进行输入和输出结果测试，以便评价程序功能的优劣。在这种审计过程中，可以预先核算出数据的核算结果，待测试完后，与程序运行结果进行比较；也可以在输出结果之后，利用输入数据来核算验证。

### （三）病毒审计测试法

病毒审计测试法即用病毒审计测试软件对计算机病毒进行审计测试的方法。这种审计测试软件是针对各种不同的计算机病毒（特殊的具有破坏性的程序）而设计的。在测试结束之后，就可以督促有关部门运用解除病毒的软件进行解毒处理。

### （四）磁道扫描法

磁道扫描法是用扫描程序对磁道进行扫描，以查出磁盘坏道的一种方法。一般的操作系统都提供了一种磁道扫描软件，计算机审计人员可借助这种扫描软件扫描出硬盘或软盘上的已有坏道，从而督促有关部门采用相应的方法对坏道进行登录处理，使数据不被存放在坏道上。

**(五)重新处理法**

重新处理法就是对于查出的问题,在数据环境双备份安全的情况下,恢复出问题以前的数据环境,重新进行核算及结账处理,目的在于检查是否有人修改过机内账务。同时可以查阅当时的数据记录和日志记录。

**(六)透视法**

透视法也称透过计算机审计法。就是充分利用计算机专业知识,充分利用各个行业计算机应用软件系统所提供的各种可知信息及可利用的功能来进行单位内部的账务以及计算机内部数据文件正确性的审计。一般的计算机软件系统都提供了丰富的维护及查询命令,一些常用命令也可以用来进行审计测试。对于应用软件系统,其表现的画面菜单选择功能,以及各种查账、轧账、记账、复核、结账、打印程序都可以提供明确的审计线索。

另外,对于审计过程中的某些问题,还可以通过在不同的机器环境下恢复数据环境并进行相同处理,检查是否是由于机器问题引起的。对于机器硬件故障的稽查,可以采用适合硬件维修维护的一些方法。

## 思考与实训

**一、思考题**

1. 按照审计主体、内容和目的,可以将审计分成哪些类别?
2. 审计证实客观事物的方法有哪些?
3. 传统财务审计的方法主要有哪些?绩效审计方法与财务审计方法有哪些相似及不同?
4. 什么是计算机审计?如何实现对计算机审计本身的审查?
5. 审计抽样过程中怎样合理确定样本规模?如何进行抽样结果的评价?

**二、实训题**

(一)判断题

1. 顺查法是审计人员按照会计业务处理的先后顺序依次进行审查的方法。（　）
2. 逆查法是按照与会计核算相反的处理顺序依次进行审查的一种方法。（　）
3. 详查法和顺查法一般结合比较紧密,两者的优缺点和适用范围也大致相同,只是审计方法的角度不同。（　）
4. 对于现金、有价证券的盘点一般采用通知盘存法。（　）
5. 采用查询法审计时,函证既可由审计人员直接收发和寄取,也可委托被审计单位代办。（　）
6. 审阅法审阅的内容很多,既包括审阅财务会计及其有关资料,又包括审阅与管理行为有关的内容。（　）
7. 询问属于审计取证的基本方法。（　）
8. 审计人员对存货的监盘结果可以证明存货所有权的归属。（　）
9. 消极函证所取得的证据比积极函证所取得的证据可靠。（　）
10. 详查法的缺点是费时费力。（　）

(二)单项选择题

1. 顺查法的起点是对(　　)进行审查分析。

A. 明细账　　B. 总账　　C. 原始凭证　　D. 记账凭证

2. 函证是指通过向有关单位发函来了解情况取得审计证据的一种方法，一般用于（　　）。

A. 货币资金审查　　B. 期间费用审查　　C. 长期资产审查　　D. 往来款项审查

3. 确定现金、有价证券、原材料和固定资产等实物实有数，应采用（　　）。

A. 盘存法　　B. 调节法　　C. 查询法　　D. 观察法

4. 下列选项中，采用检查有形资产方法的目的是（　　）。

A. 确定被审计单位以实物形态存在的资产是否具备相关所有权手续

B. 确定被审计单位以实物形态存在的资产的所有权证明是否真实

C. 确定被审计单位以实物形态存在的资产是否已经减值

D. 确定被审计单位以实物形态存在的资产是否真实存在

5. 审计人员通过现场监督被审计单位有形资产的盘点，并进行适当的抽查的取证方法是（　　）。

A. 观察　　B. 询问　　C. 函证　　D. 监盘

6. 在审计人员对被审计单位实施监盘时，进行盘点的是（　　）。

A. 审计人员　　B. 独立的第三人　　C. 被审计单位　　D. 其他单位

7. 采用监盘方法的目的是（　　）。

A. 确定被审计单位以实物形态存在的资产是否具备相关所有权手续

B. 确定被审计单位以实物形态存在的资产的所有权证明是否真实

C. 确定被审计单位以实物形态存在的资产是否已经减值

D. 确定被审计单位以实物形态存在的资产是否真实存在

8. 审计人员对被审计单位本期财务报表和上期财务报表中相同项目的数据进行比较分析，并将异常变动作为下一步审计关注的重点内容，这种审计取证方法是（　　）。

A. 计算　　B. 观察　　C. 检查　　D. 分析性复核

9. 下列审计取证方法中，所获得的审计证据可靠性较高的是（　　）。

A. 观察　　B. 函证　　C. 询问　　D. 检查记账凭证

10. 下列属于按审计范围大小对审计进行具体分类的是（　　）。

A. 抽查法　　B. 详查法　　C. 全部审计　　D. 顺查法

（三）多项选择题

1. 下列关于监盘的说法中，正确的是（　　）。

A. 监盘是指审计人员亲自盘点被审计单位的各种实物资产

B. 监盘的目的是确定被审计单位以实物形态存在的资产是否真实存在

C. 监盘可以证实资产的所有权

D. 监盘不能为权利和义务提供可靠的审计证据

2. 审计人员对存货的监盘结果可以证明存货（　　）。

A. 计价的正确性　　B. 所有权的归属　　C. 是否存在　　D. 是否毁损、短缺

3. 审阅法可用于（　　）的审核查阅。

A. 原始凭证　　B. 账簿　　C. 报表　　D. 方案

4. 下列关于函证的表述中，正确的有（　　）。

A. 函证可用于核实往来账目

B. 函证的全过程必须由审计人员进行控制

C. 与消极函证相比，积极函证获得的审计证据更可靠

D. 对于数额较大、有疑点的往来款项宜采用积极函证方法

5. 下列选项中，分析程序常用的方法有（　　）。

A. 风险分析法　　B. 比率分析法　　C. 比较分析法　　D. 趋势分析法

6. 下列关于顺查法的说法中，正确的有（　　）。

A. 审计质量高　　B. 工作量大，不利于提高审计工作效率

C. 适用于内控系统比较健全的被审计单位　　D. 适用于规模较小的被审计单位

7. 下列选项中，属于详查法的缺点的有（　　）。

A. 能够使审计质量有可靠的保证　　B. 审计成本相对较高

C. 费时费力　　D. 工作量大

8. 审计取证方法按审查经济业务和会计资料的范围大小可以分为（　　）。

A. 详查法　　B. 抽查法　　C. 顺查法　　D. 逆查法

9. 下列关于外部调查的说法中，正确的有（　　）。

A. 外部调查取得的证据可靠性较弱

B. 外部调查可分为现场调查和函证

C. 现场调查是审计人员为证明被审计单位会计资料所载事项而向其他有关单位或个人发函询证

D. 应对银行存款、借款及与金融机构往来的其他重要信息进行外部调查

# 第三章 审计准则

## 学习目标

掌握审计准则的概念和特征；了解我国审计准则的体系构成；了解我国国家审计准则；了解我国内部审计准则；了解注册会计师执业准则体系；了解鉴证业务。

## 引导案例

ABC会计师事务所正在制定业务质量控制制度，经过领导层集体研究，确立了下列重大质量控制程度：(1)合伙人的晋升与考核以业务量为主要考核指标，同时考虑遵循质量控制制度和职业道德规范的情况；(2)对员工介绍的客户，由员工所在部门经理根据收费的高低自行决定是否承接；(3)所有审计工作底稿应当在业务完成后90日内整理归档；(4)由于尚未取得上市公司审计资格，不予执行项目质量控制复核制度；(5)无论审计项目内部的分歧是否得到解决，审计项目组必须保证按时出具审计报告；(6)以每3年为一个周期，选取已完成业务进行检查，检查对象为当年度考核等级位列后3名的项目负责人。

资料来源：http://wenku.baidu.com/view/1fe6d880e53a580216fcfef8.html。

## 第一节 审计准则概述

### 一、审计准则的概念和作用

#### (一) 审计准则的概念

审计准则是审计人员执行审计工作时应遵循的行为规范，是衡量审计工作质量的标准。

(1)审计准则是审计实践经验的总结。审计准则是从理论上对审计实践的总结，是审计理论的重要组成部分。它反映了审计工作的客观规律和基本要求，同时，它又指导审计实践，成为审计工作的原则和标准。

(2)审计准则是对审计人员行为的规范和要求。它对审计人员的素质和专业资格做了明确规定，并对审计人员的审计行为予以规范和指导，指明各项审计业务应当如何去做、哪些是可以做的、哪些是不能做的、哪些必须深入地去做、哪些可以只做一般的了解。

(3)审计准则是衡量、判断审计工作质量的专业标准和依据。由于审计准则提出了审计工作应达到的质量要求，所以，衡量审计质量的优劣就有了客观尺度，即使审计与被审计双方就某些问题发生了分歧意见，也容易在这种客观尺度的基础上统一起来。

(4)审计准则是由政府审计机关或会计师职业团体制定的具有权威性的专业性文件。

综上所述，比较完整的审计准则的含义是：审计准则是由政府审计机关或会计师职业团体制定的、审计人员在执行审计业务时必须遵循的行为规范和原则，是衡量和判断审计工作质量的权威性的专业标准。

### （二）审计准则的作用

审计准则的制定与实施，使审计人员在执业过程中有了工作规范和指南，对审计质量的提高和整个审计事业的发展起着积极的促进作用。

(1)实施审计准则，可以使审计工作规范化，有助于审计工作质量的提高。审计准则中规定了审计人员的任职条件、在执业时应保持的态度、审计过程中的程序与方法，如获取审计证据的原则与方法，审计工作底稿的编制、复核、使用与管理，审计报告的编写等。只要审计人员依照准则办事，谨慎工作，工作规范化、程序化、制度化，就容易提高质量。

(2)实施审计准则，可以赢得社会公众对审计工作的信任。审计准则是权威性的审计工作专业标准，人们对审计准则是信赖的。只要审计工作是按审计准则进行的，审计工作质量就有了保障，审计结论就会是可靠的，就能取信于经济利益各方，如委托单位的股东、债权人、未来投资者、银行、税务部门等。

(3)实施审计准则，可以维护审计组织和审计人员的正当权益。审计准则规定了审计人员的职责范围，审计人员只要按照准则谨慎办事，就算尽到了职责。当审计委托人与审计人员就审计意见和审计结论发生纠纷，审计组织与审计人员受到不公正的指责和控告时，就可以援引审计准则来证明自己的意见是对的，从而免除这种指责和控告，维护自己的合法权益。

(4)实施审计准则，有利于世界各国之间的审计经验交流。目前，各国都很重视审计准则的研究，它们之间的相互交流是发展与完善审计准则的重要途径。实施审计准则，既促进了审计科研的发展，也有利于审计事业的国际化。

## 二、审计准则的特征

(1)权威性。主要是指审计准则对审计人员的行为具有普遍的约束力。权威性来源于审计准则的科学性。它不仅来源于审计实践，而且是整个审计职业界公认的惯例。权威性来源于审计职业界权威机构或政府机构对它的审定、完善、颁布和监督实施。

(2)规范性。首先，审计准则本身就属于审计规范的范畴，它是规范体系中的具体规范。其次，审计准则本身必须具有统一性、条理性及准确性。统一性要求前后内容一致，相互协调；条理性要求审计准则结构严谨，条目清晰，层次分明；准确性要求审计准则用词恰当，表达准确，易于理解，方便使用。

(3)可接受性。主要是指审计准则应当为审计人员、审计对象和广大社会公众所乐于接受。

(4)可操作性。主要是指在审计工作中，审计准则可以直接用来指导审计实践。

(5)相对稳定性。主要是指审计准则一旦确定和发布，就不能轻易改动，要保持一个相对稳定的时期。

## 第二节　中国审计准则体系

我国审计准则体系包括国家审计准则(也称政府审计准则)、内部审计准则和注册会计师执业准则。

### 一、国家审计准则

2010 年 9 月 8 日,审计署在其网站公布了新修订的《中华人民共和国国家审计准则》。新的审计准则已于 2011 年 1 月 1 日起施行。其主要结构如下:

**(一)我国审计基本准则**

审计基本准则是审计准则的总纲,是审计机关和审计人员进行审计时应当遵循的基本规范,是制定审计具体准则和审计指南的基本依据。

我国审计基本准则内容包括:总纲、审计机关和审计人员、审计计划、审计实施、审计报告、审计质量控制和责任、附则,共 7 章。

**(二)通用审计准则与专业审计准则**

通用审计准则是依据国家基本审计准则制定的,是审计机关和审计人员依法办理审计事项、出具审计报告、评价审计事项、做出审计决定时,应当遵循的一般具体规范。

专业审计准则是根据国家基本审计准则制定的,是审计机关和审计人员依法办理不同行业的审计事项时,在遵循通用审计准则的基础上,同时应遵循的特殊具体规范,如发布施行的国家建设项目审计准则等。

**(三)审计指南**

审计指南是对审计机关和审计人员办理审计事项提出的审计操作规程和方法,为审计机关和审计人员从事专门的审计工作提供可操作的指导性意见。

国家审计基本准则、通用审计准则和专业审计准则,是审计署依照《审计法》规定制定的部门规章,具有行政规章的法律效力。全国审计机关和审计人员依法开展审计工作时,必须遵照执行。

审计指南不具有行政规章的法律效力,全国审计机关和审计人员应参照执行。

### 二、内部审计准则

内部审计是与政府审计、注册会计师审计并列的三种审计类型之一。

内部审计准则是有关规范内部审计工作,提高内部审计工作的质量和效率,促进内部审计发展的准则。我国内部审计准则是依据《审计法》《审计署关于内部审计工作的规定》及相关法律法规制定的。2014 年新版《中国内部审计准则》由内部审计基本准则、内部审计具体准则、内部审计实务指南三个层次组成。

### 三、注册会计师执业准则

我国已建立起一套适应我国国情、与国际审计准则趋同的中国注册会计师执业准则体系,以满足注册会计师业务多元化发展的需要。根据《中华人民共和国注册会计师法》的有关规定，1995 年我国颁布了《中国注册会计师独立审计准则》。财政部又于 2010 年 9 月 8 日发布并于 2011 年 1 月 1 日实施了《中华人民共和国国家审计准则》(以下简称《审计准则》)，共 48 项。中国注册会计师执业准则体系由注册会计师职业道德守则统御，包括注册会计师业务准则和会计师事务所质量控制准则，如图 3－1 所示。注册会计师业务准则包括鉴证业务准则和相关服务准则，如图 3－2 所示。本节将主要介绍中国注册会计师执业准则体系。

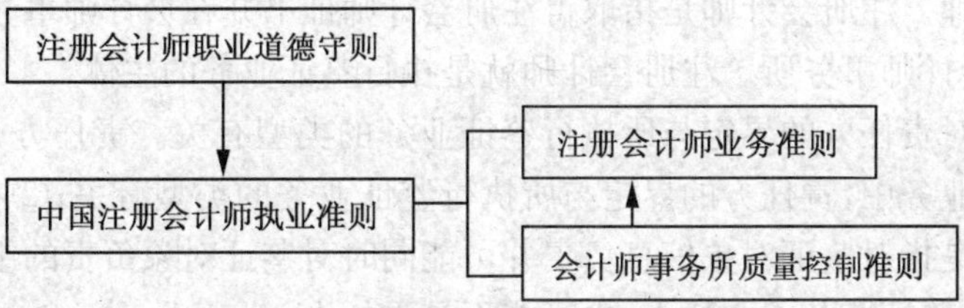


**图 3－1　注册会计师执业准则体系**

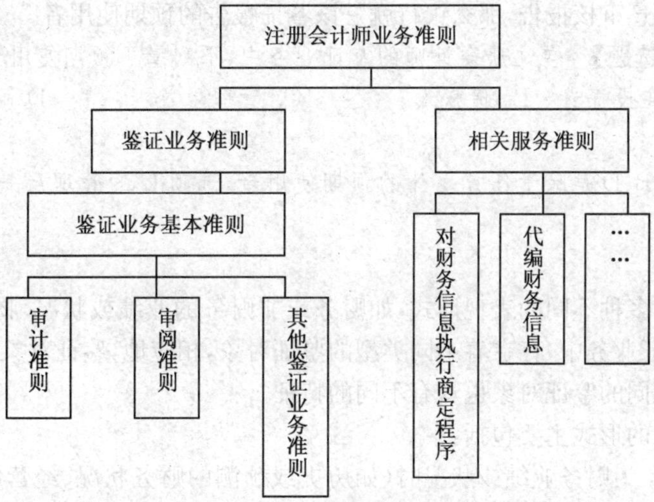


**图 3－2　注册会计师业务准则体系**

# 第三节　注册会计师执业准则体系

## 一、注册会计师业务准则的内容

注册会计师业务准则是注册会计师执行各类业务所应遵循的行业标准。

**(一)注册会计师鉴证业务**

所谓鉴证业务，是指注册会计师对鉴证对象的信息提出结论，以增强除责任方之外的预期使用者对鉴证对象信息信任程度的业务。

鉴证业务包含 5 个要素，即鉴证业务的三方关系、鉴证对象、标准、证据和鉴证报告。

1. 三方关系

三方关系分别是注册会计师、责任方和预期使用者。是否存在三方关系人是判断某项业务是否属于鉴证业务的重要标准之一。如果某项业务不存在除责任方之外的其他预期使用者，那么该业务不构成一项鉴证业务。鉴证业务还会涉及委托人，但委托人不是单独存在的一方，委托人通常是预期使用者之一，委托人也可能由责任方担任。

(1)注册会计师。注册会计师是指取得注册会计师证书并在会计师事务所执业的人员，有时也指其所在的会计师事务所。注册会计师就是执行鉴证业务的主体。

(2)责任方。对责任方的界定与所执行鉴证业务的类型有关。责任方是指下列组织或人员：①在直接报告业务中，责任方的界定与所执行鉴证业务的类型有关；②在基于责任方认定的业务中，责任方是指对鉴证对象信息负责并可能同时对鉴证对象负责的组织或人员。

责任方可能是鉴证业务的委托人，也可能不是委托人。

(3)预期使用者。预期使用者是指预期使用鉴证报告的组织或人员。责任方可能是预期使用者，但不是唯一的预期使用者。如企业向银行贷款，银行要求企业提供一份与贷款项目相关的预测性财务信息审核报告，那么银行就是该鉴证报告的预期使用者。

**【例3－1·多选题】** 在注册会计师的鉴证业务中，下列属于预期使用者的有(　　)。

A. 股东及潜在投资者　B. 债权人　C. 管理层　D. 证券交易机构

答案：ABCD

解析：选项A、B、D是除责任方之外的预期使用者，选项C的管理层是责任方，也是预期使用者。

2. 鉴证对象

鉴证对象具有多种不同的表现形式，如财务或非财务的业绩或状况、物理特征、系统与过程、行为等。在鉴证业务中，存在着不同类型的鉴证对象，相应地，鉴证对象信息也具有多种不同的形式，同样，不同的鉴证对象也具有不同的特征。

鉴证对象信息的形式主要包括：

(1)当鉴证对象为财务业绩或状况时(如历史或预测的财务状况、经营成果和现金流量)，鉴证对象信息是财务报表。

(2)当鉴证对象为非财务业绩或状况时(如企业的运营情况)，鉴证对象信息可能是反映效率或效果的关键指标。

(3)当鉴证对象为物理特征时(如设备的生产能力)，鉴证对象信息可能是有关鉴证对象物理特征的说明文件。

(4)当鉴证对象为某种系统和过程时(如企业的内部控制或信息技术系统)，鉴证对象信息可能是关于其他有效性的认定。

(5)当鉴证对象为一种行为时(如遵守法律法规的情况)，鉴证对象信息可能是对法律法规遵守情况或执行效果的声明。

适当的鉴证对象应当具备的条件包括以下几个方面：

(1)鉴证对象可以识别。

(2)不同的组织或人员对鉴证对象按照既定标准进行评价或计量的结果合理一致。

(3)注册会计师能够收集与鉴证对象有关的信息，获取充分、适当的证据，以支持其提出适当的鉴证结论。

不适当的鉴证对象可能会误导预期使用者。

3. 标准

标准即用来对鉴证对象进行评价或计量的基准。标准是鉴证业务不可或缺的一项要素。运用职业判断对鉴证对象做出评估或计量，离不开适当的标准。需要指出的是，对同一鉴证对象，进行评估或计量并不一定要选择同一个标准。如要评价消费者满意度这一鉴证对象，某些责任方或注册会计师可能会以消费者投诉的次数作为衡量标准；而另外的一些责任方或注册会计师可能会选择消费者在初始购买后3个月内重复购买的数量作为衡量标准。

(1)标准的类型。正式的规定通常是一些“既定的”标准，是由法律法规规定的，或是由政府主管部门或国家认可的专业团体依照公开、适当的程序发布的。非正式的规定通常是一些“专门制定的”标准，是针对具体的业务项目“量身定做”的，包括企业内部制定的行为准则、确定的绩效水平或商定的行为要求等。标准的类型不同，注册会计师在评价标准是否适合于具体的鉴证业务时，所关注的重点也不同。

(2)适当的标准应当具备的特征。具体包括：①相关性：相关的标准有助于得出结论，便于预期使用者做出决策；②完整性：完整的标准不应忽略业务环境中可能影响得出结论的相关因素，当涉及列报时，还包括列报的基准；③可靠性：可靠的标准能够使能力相近的注册会计师在相似的业务环境中，对鉴证对象做出合理一致的评价或计量；④中立性：中立的标准有助于得出无偏向的结论；⑤可理解性：可理解的标准有助于得出清晰、易于理解、不会产生重大歧义的结论。注册会计师基于自身的预期、判断和个人经验对鉴证对象进行的评估和计量，不构成适当的标准。

4. 证据

获取充分、适当的证据是注册会计师提出鉴证结论的基础。注册会计师应当以职业怀疑的态度计划和执行鉴证业务，获取有关鉴证对象信息是否不存在重大错报的充分、适当的证据。

职业怀疑态度是指注册会计师以质疑的思维方式评价所获取证据的有效性，并对相互矛盾的证据，以及引起对文件记录或责任方提供的信息的可靠性产生怀疑的证据保持警觉。

职业怀疑态度代表的是注册会计师执业时的一种精神状态，它有助于降低注册会计师在执业过程中可能遇到的风险。

5. 鉴证报告

注册会计师应当针对鉴证对象信息在所有重大方面是否符合适当的标准，以书面报告的形式发布能够提供一定保证程度的结论。

在基于责任方认定的业务中，注册会计师的鉴证结论可以采用下列两种表述形式：

(1)明确提及责任方认定，如“我们认为，责任方做出的‘根据××标准，内部控制在所有重大方面是有效的’这一认定是公允的”。

(2)直接提及鉴证对象和标准，如“我们认为，根据××标准，内部控制在所有重大方面是有效的”。在直接报告业务中，注册会计师应当明确提及鉴证对象和标准。注册会计师可能无法从责任方获取其对鉴证对象评价或计量的认定；即使可以获取这种认定，该认定也无法为预期使用者获取，预期使用者只能通过阅读鉴证报告获取鉴证对象信息，因此，注册会计师应当直接对鉴证对象进行评价并出具报告，明确提及鉴证对象和标准。

注册会计师不能出具无保留结论的情况包括：工作范围受到限制；责任方认定未在所有重

大方面做出公允表达；鉴证对象信息存在重大错报；标准或鉴证对象不恰当。

**(二)鉴证业务的分类**

鉴证业务按照保证程度的不同，分为合理保证的鉴证业务与有限保证的鉴证业务；按照预期使用者获取鉴证对象信息的方式不同，分为基于责任方认定的业务和直接报告业务。

**(三)鉴证业务的内容**

注册会计师鉴证业务准则分为两个层次：第一层次是起统领作用的鉴证业务基本准则，是为了规范注册会计师执行鉴证业务；第二层次分为审计准则、审阅准则和其他鉴证业务准则。

(1)审计准则是审计人员实施审计工作时应遵循的行为规范，是衡量审计工作质量的标准，是规范注册会计师执行审计业务、获取审计证据、形成审计结论、出具审计报告的专业标准，是审计执业规范体系的核心内容和重点所在。中国注册会计师审计准则分为六大类：①一般原则与责任；②风险评估以及风险的应对；③审计证据；④利用其他主体的工作；⑤审计结论与报告；⑥特殊领域。

(2)审阅准则用来规范注册会计师执行历史财务信息审阅业务时，要求注册会计师主要使用询问和分析程序，对财务报表获取有限程度的保证。

(3)其他鉴证业务准则是用来规范注册会计师执行除历史财务信息审计和审阅以外的非历史财务信息的鉴证业务。

## 二、会计师事务所质量控制准则

会计师事务所质量控制准则是规范会计师事务所执行历史财务信息审计和审阅业务、其他鉴证业务及相关服务业务时应遵守的质量控制政策和程序，是明确会计师事务所及其人员的质量控制责任的准则。

**(一)质量控制制度的目的**

会计师事务所应当根据会计师事务所质量控制准则，制定质量控制制度，以约束会计师事务所与注册会计师在执业时遵守法律法规、职业道德规范及相应的业务准则，合理保证业务质量。

(1)会计师事务所及其人员遵守法律法规、职业道德规范以及审计准则、审阅准则、其他鉴证业务准则和相关服务准则的规定。

(2)会计师事务所和项目负责人根据具体情况出具恰当的报表。

项目负责人，是指会计师事务所中负责某项业务及其执行，并代表会计师事务所在业务报告上签字的主任会计师或经授权签字的注册会计师。

**(二)质量控制制度的要素**

会计师事务所的质量控制制度应当包括针对下列七项要素而制定的政策和程序：

(1)对业务质量承担的领导责任。

(2)职业道德规范。

(3)客户关系和具体业务的接受与保持。

(4)人力资源。

(5)业务执行。

(6)业务工作底稿。

(7)监控。

会计师事务所应当将质量控制政策和程序形成书面文件，并传达到全体人员。在记录和传达时，应清楚地描述质量控制政策和程序及其拟实现的目标，包括用适当信息指明每个人都负有各自的质量责任，并被期望遵守这些政策和程序。

## 思考与实训

### 一、思考题

1. 什么是审计准则？
2. 简述审计准则的特征和作用。
3. 我国注册会计师执业准则体系具体包括哪些内容？
4. 我国国家审计准则包括哪几个部分？有哪些内容？

### 二、实训题

(一)判断题

1. 我国审计准则体系包括国家审计准则、内部审计准则和注册会计师执业准则。 (  )

2. 审计准则体系所规范的所有内容都属于法定要求，审计人员在执行审计业务和出具审计报告时，都必须遵照执行。 (  )

3. 保持合理的职业谨慎就是要求审计人员必须遵循审计准则。 (  )

4. 审计准则是用来规范注册会计师执业审计业务、获取审计证据、形成审计结论、出具审计报告的专业标准。 (  )

5. 中国注册会计师执业准则是依据《中华人民共和国审计法》制定的。 (  )

6. 鉴证业务是指注册会计师对鉴证对象信息提出结论，以增强除责任方之外的预期使用者对鉴证对象信息信任程度的业务。 (  )

7. 在鉴证业务中，责任方和预期使用者可能是同一方。 (  )

8. 审计准则为注册会计师执行审计业务提供了行为标准，而职业道德准则为注册会计师执行的各项业务符合相应的专业标准提供了保障。 (  )

9. 质量控制准则不能规范注册会计师执业审计业务。 (  )

10. 质量控制准则旨在规范会计师事务所建立并保持有关财务报表审计和审阅、其他鉴证和相关服务业务的质量控制制度。 (  )

(二)单项选择题

1. 审计准则要求审计人员应保持合理的职业谨慎，就是要求审计人员必须(  )。

A. 具备从事审计工作必要的技能和知识　　B. 保持超然独立的态度
C. 严格遵循审计准则的各项要求　　D. 谨慎小心地从事审计工作

2. 注册会计师执业准则体系的核心是(  )。

A. 审计准则　B. 审阅准则　C. 其他鉴证业务准则　D. 质量控制准则

3. 注册会计师执行的下列业务中，保证程度最高的是(  )。

A. 财务报表审计　　B. 代编财务信息
C. 财务报表审阅　　D. 对财务信息执行商定程序

4. 注册会计师审阅业务提供的是(  )保证。

A. 绝对　B. 合理　C. 有限　D. 相对

5. 下列各项业务中，属于其他鉴证业务的是(  )。

A. 历史财务信息审阅　　B. 预测性财务信息审核
C. 代编财务信息　　D. 对财务信息执行商定程序

6. 会计师事务所的基本工作就是按专业标准提供专业服务，能为事务所完成这一基本工作提供合理保证的是（　　）。

A. 职业道德教育　　B. 质量控制体系　　C. 遵循报表准则　　D. 同业检查

7. 下列对注册会计师提供的鉴证业务的理解中，不恰当的是（　　）。

A. 鉴证业务旨在增进某一鉴证对象信息的可信性
B. 鉴证业务是一种合理保证业务
C. 鉴证业务是对鉴证对象信息提出结论
D. 鉴证业务是注册会计师提供的有偿专业服务

8. 鉴证业务基本准则不包括（　　）。

A. 审阅准则　　B. 审计准则
C. 相关服务准则　　D. 其他鉴证业务准则

9. 鉴证业务的用户是（　　）。

A. 注册会计师　　B. 预期使用者　　C. 管理者　　D. 债权人

（三）多项选择题

1. 注册会计师执业准则体系包括（　　）。

A. 注册会计师业务准则　　B. 注册会计师职业道德规范
C. 会计师事务所质量控制准则　　D. 后续教育准则

2. 注册会计师业务准则体系包括（　　）。

A. 相关服务准则　　B. 注册会计师职业道德规范
C. 会计师事务所质量控制准则　　D. 鉴证业务准则

3. 我国注册会计师鉴证业务准则体系包括（　　）。

A. 相关服务准则　　B. 审计准则
C. 审阅准则　　D. 其他鉴证业务准则

4. 历史财务报表审计业务属于（　　）。

A. 合理保证的鉴证业务　　B. 有限保证的鉴证业务
C. 基于责任方认定的业务　　D. 直接报告业务

5. 注册会计师提供了某上市公司 2015 年财务报表审计业务，则下列属于预期使用者的有（　　）。

A. 股东及潜在投资者　　B. 债权人　　C. 管理层　　D. 证券交易机构

6. 下列有关鉴证业务三方关系的说法中，恰当的有（　　）。

A. 在鉴证业务中，责任方就是仅对鉴证对象负责的组织和人员
B. 责任方和预期使用者可能是同一方，也可能不是同一方
C. 某些情况下责任方也会成为预期使用者
D. 是否存在三方关系人是判断某项业务是否属于鉴证业务的重要标志之一

7. 在确定鉴证标准是否恰当时，注册会计师应当考虑的因素有（　　）。

A. 中立性　　B. 完整性　　C. 相关性　　D. 客观性

8. 注册会计师为客户提供鉴证业务的目标有（　　）。

A. 合理保证　　B. 绝对保证　　C. 消极保证　　D. 有限保证

9. 下列事项中，不符合会计师事务所承接鉴证业务的条件的有（　　）。

A. 鉴证对象适当
B. 有可能获取到足够的证据，但不一定能够保证适当
C. 注册会计师的结论以书面报告形式表述，且表述与所提供的保证程度相适应

D. 使用的标准完全由客户提供，预期使用者无法获取该标准

10. 会计师事务所制定质量控制制度是为了合理保证(　　)目标的实现。

A. 保持独立性和提高专业胜任能力

B. 评价注册会计师的执行能力

C. 会计师事务所及其人员遵守职业准则和适用的法律法规的规定

D. 会计师事务所和项目合伙人出具适合具体情况的报告

# 第四章　审计职业道德与法律责任

## 学习目标

掌握注册会计师职业道德；了解注册会计师职业道德的基本要求；理解注册会计师法律责任的成因；掌握注册会计师法律责任的种类。

## 引导案例

### 巨人零售公司审计案

巨人零售公司是美国一家大型的零售折扣商店，也是一家上市公司。由于竞争的压力，该公司在应付账款、销售退回以及进价差额的退回方面，弄虚作假，将1971年发生的250万美元的经营损失篡改为150万美元的收益。而审计该公司的塔奇·罗斯会计师事务所的有关合伙人由于屈服于客户施加的压力，在该公司的控制下对有关单位进行询证，执行并无实效的审计程序；对该公司提出的更换审计合伙人、将某位助理审计人员赶出事务所等无理要求"委曲求全"；对审计助理人员发现的公司舞弊嫌疑听之任之。更有甚者，当塔奇·罗斯会计师事务所在与巨人零售公司讨论审计中发现的问题时，巨人零售公司的有关人员当面计算各种财务指标，以能否达到预期目标作为是否接受塔奇·罗斯会计师事务所调整意见的原则。

1972年，巨人零售公司向美国证券交易委员会提交了1971年度财务报表和塔奇·罗斯会计师事务所出具的无保留意见审计报告，申请并获准发行了300万美元的普通股，还获取了1 200万美元的贷款。但1973年该公司突然宣布：由于存在潜在的会计错误，可能会影响1971年度的报告收益。大约一个月以后，塔奇·罗斯会计师事务所撤回了上述无保留意见审计报告。1973年8月，巨人零售公司向波士顿法院提交破产申请，两年后法庭宣布公司破产，该公司有关人员则被判有罪。美国证券交易委员会在经过调查后，严厉谴责了塔奇·罗斯会计师事务所，并且在联邦法院处理此事前，暂停该所负责巨人零售公司审计的合伙人执业5个月。美国证券交易委员会同时要求由独立专家中的一位陪审员，对塔奇·罗斯会计师事务所的审计程序进行一次大规模的检查，内容包括事务所的独立性以及如何接受聘约、保留客户等。

资料来源：http://www.qnr.cn/caihui/neishen/fdzq/dao/200801/22440.html。

任何职业都有自身的职业道德和执业规范，审计人员也不例外。我国注册会计师执行业务时，必须严格遵守职业道德和执业规范，以保证审计质量，增强社会公众对其工作成果的认可度。一旦不能够谨守职业道德和执业规范，就很可能形成职业风险，甚至需要承担法律责任。

## 第一节　审计职业道德

注册会计师的职业道德，是指审计人员在执业过程中应遵循的道德要求和道德标准，包括职业品德、职业纪律、专业胜任能力和职业责任等。

注册会计师为实现执业目标，必须遵守一系列前提或基本原则，这些基本原则包括诚信、独立、客观、专业胜任能力和应有的关注、保密、职业行为。

自 2010 年 7 月 1 日起施行的《中国注册会计师职业道德守则》要求中国注册会计师在执业时，应遵守下列职业道德基本原则：

### 一、诚信

诚信，是指诚实、守信，即一个人言行与内心思想一致，不虚假；能够履行与别人的约定而取得对方的信任。诚信原则要求注册会计师应当在所有的职业关系和商业关系中保持正直和诚实，秉公处事、实事求是。当注册会计师在执行业务时认为报告、报表、沟通函件或其他信息存在下列情况时，应拒绝与其发生关联：

(1)含有重大虚假或误导性陈述；

(2)含有草率提供的陈述或信息；

(3)遗漏或掩盖应当包括的信息，而遗漏或掩盖这些信息将产生误导。

如注册会计师意识到其已经与上述信息发生关联，则应采取措施消除与该信息的关联。

### 二、独立

独立是指不受外来力量控制、支配，按照一定之规行事，是注册会计师执行鉴证业务的“灵魂”。独立性，是指实质上独立和形式上独立。

**(一)实质上独立**

实质上独立就是要求注册会计师与委托人及被审计单位之间必须毫无利害关系，保持独立的精神态度和意志。例如，某注册会计师拥有被审计单位 5%的股权，即注册会计师与客户有直接经济利益关系，实质上不独立，因此注册会计师应回避。

**(二)形式上独立**

形式上独立是指在第三者面前，注册会计师与委托人及被审计单位之间保持一种独立的身份。审计机构和审计人员必须在第三者面前呈现一种独立于被审计单位的身份，即在他人看来审计机构和审计人员是独立的。一是组织上独立，是指审计机关与被审计单位没有组织上的隶属关系，审计机关单独设置；二是人员方面独立，是指审计人员必须有自主性，依法审计，公正无私，不偏不倚，不受委托人和被审计单位的干涉和影响；三是工作上独立，是指审计人员依法独立行使审计监督权，独立做出职业判断，客观公正地报告审计结果；四是经济上独立，是指审计机关与被审计单位没有财政上受制约的关系，其履行职责所必需的经费，应当列入国家预算，由政府予以保证。

独立原则通常是对注册会计师而非非执业会员提出的要求。

可能损害独立性的因素主要包括以下几个方面：

(1)自身利益威胁。例如，鉴证业务项目组成员与鉴证客户存在重要的密切商业关系时，就会形成自身利益威胁。

(2)自我评价威胁。例如，鉴证业务项目组成员现在是或最近曾是客户的董事或高级管理人员时，就会形成自我评价威胁。

(3)过度推介威胁。例如，在鉴证客户与第三方发生诉讼或纠纷，注册会计师担任该客户的辩护人时，就会形成过度推介威胁。

(4)密切关系威胁。例如，审计项目组成员与客户某成员存在直系亲属或近亲属关系，而该员工所处职位能够对业务对象产生重大影响时，就会形成密切关系威胁。

(5)外界压力威胁。例如，会计师事务所坚持不同意审计客户对某些交易的会计处理，审计客户可能不将计划中的非鉴证业务合同提供给该会计师事务所时，就会形成外界压力威胁。

**【例4—1·分析题】** A会计师事务所接受委托，承办甲商业银行2015年度财务报表审计业务，并于2015年年底与甲商业银行签订了审计业务约定书。A会计师事务所指派B和C注册会计师为该审计项目负责人。假定存在以下情况：

B注册会计师持有甲商业银行的股票100股，市值约600元。由于数额较小，B注册会计师未将该股票售出，也未予以回避。

要求：判断B注册会计师是否遇到对职业道德基本原则产生威胁的情形，并简要说明理由。

分析要点：B注册会计师遇到对职业道德基本原则产生威胁的情形。B注册会计师持有甲商业银行的股票，与甲商业银行存在直接经济利益，产生自身利益威胁的情形。

## 三、客观

注册会计师应当力求公平，不因成见或偏见、利益冲突和他人影响而损害其客观性。客观是指注册会计师对有关事项的调查、判断和意见的发表应当基于客观的立场，实事求是，不为他人所左右，也不得因个人好恶影响其分析、判断的客观性。

## 四、专业胜任能力和应有的关注

注册会计师应当具有专业知识、技能或经验，能够胜任承接的工作。注册会计师不能宣称自己拥有本不具备的专业知识或经验。专业胜任能力可分为两个独立的阶段：一是专业胜任能力的获取，二是专业胜任能力的保持。如果注册会计师没有能力提供专业服务的某些特定部分，可以向其他注册会计师、律师、精算师、工程师、地质专家、评估师等专家寻求技术建议。

注册会计师在提供专业服务时，应保持应有的职业关注。应有的关注要求注册会计师在执业过程中保持职业谨慎，以质疑的思维方式评价所获取证据的有效性，并对产生怀疑的证据保持警觉。

## 五、保密

注册会计师有义务对其在专业服务中获得的有关客户的信息予以保密。注册会计师应当始终遵守保密原则，除非有专门的信息披露授权，或具有法定或专业披露责任。

注册会计师在以下情况下可以披露客户的有关信息：

(1)法律法规允许披露，并且取得客户或雇用单位的授权。

(2)根据法律法规要求披露，包括为法律诉讼出示文件或提供证据，以及向有关监管机构报告发现的违法行为。

(3)会员有义务或权利披露且法律法规未予禁止，包括：①接受注册会计师协会或监管机构的质量检查；②答复注册会计师协会或监管机构的询问和调查；③在法律诉讼程序中维护自身的职业利益；④遵守执业准则或道德要求。

## 六、职业行为

职业行为原则要求注册会计师应当遵守相关法律法规，避免发生任何注册会计师已知悉或应当知悉的有损职业声誉的行为。如果有可能认定某一行为将对职业声誉产生负面影响，注册会计师应当避免这种行为。职业行为要求注册会计师履行对社会公众、客户和同行的责任。

### (一)对社会公众的责任

注册会计师应当遵守职业道德准则，履行相应的社会责任，维护社会公众利益。注册会计师行业作为一个肩负重大社会责任的行业，应以维护社会公众利益为根本目标。

### (二)对客户的责任

注册会计师应当在维护社会公众利益的前提下，竭诚为客户服务；注册会计师应当按照业务约定履行对客户的责任；注册会计师应当对执行业务过程中知悉的商业秘密保密，并不得利用其为自己或他人谋取利益；除有关法规允许的情形外，会计师事务所不得以或有收费形式为客户提供鉴证服务。

### (三)对同行的责任

注册会计师应当与同行保持良好的工作关系，配合同行工作；注册会计师不得诋毁同行，不得损害同行利益；会计师事务所不得雇用正在其他事务所执业的注册会计师，注册会计师不得以个人名义同时在两家或两家以上会计师事务所执业；会计师事务所不得以不正当手段与同行争揽业务。

## 七、其他相关内容

### (一)收费与佣金

会计师事务所在确定收费时，一般考虑以下因素：

(1)专业服务所需要的知识和技能；

(2)所需专业人员的水平和经验；

(3)提供专业服务所需的时间；

(4)提供专业服务所需承担的责任。

会计师事务所不得以服务成果的大小或实现特定目的来决定收取费用的高低；不得降低收费而以牺牲审计质量为代价来应对业务竞争；不得为招揽客户而向推荐方支付佣金，也不得因向第三方推荐客户而收取佣金，不得因宣传他人的产品或服务而收取佣金。

### (二)与执行鉴证业务不相容的工作

注册会计师不得从事有损于或可能有损于其独立性、客观性、公正性或职业声誉的业务或活动。

(1)有些非鉴证服务与鉴证服务是不相容的。目前,我国不允许会计师事务所为同一家上市公司同时提供编制财务报表服务和审计服务,也不允许同时提供资产评估服务和审计服务,原因是自我评价威胁可能影响注册会计师的独立性。

(2)会计师事务所的高级管理人员或员工不得担任鉴证客户的高级管理人员职务。因为存在重大经济利益威胁可能影响注册会计师的独立性。

**(三)广告、业务招揽和宣传**

(1)会计师事务所不得利用新闻媒体或以其他方式对其能力进行广告宣传,不得做诋毁同行或自我夸张、抬高自己、内容不实、容易引起误解的广告宣传,但刊登设立、合并、分立、解散、迁址、名称变更、招聘员工等信息以及注册会计师协会为会员所做的统一宣传不在此限。

(2)注册会计师在名片上可以印有姓名、专业资格、职务及其会计师事务所的地址和标识,但不得印有社会职务、专家称谓及所获荣誉等。

(3)会计师事务所和注册会计师不得采用欺诈、强迫、利诱等方式招揽业务。

(4)注册会计师执行的各项业务,均应由会计师事务所统一接受委托。注册会计师及其他有关人员不得以个人名义承接业务。

(5)会计师事务所和注册会计师不得允许其他单位和个人借用本所或本人的名义承接、执行业务。

## 第二节 注册会计师的法律责任

注册会计师的法律责任是指注册会计师或会计师事务所在履行审计职责的过程中因损害法律上的义务关系所应承担的法律后果。

### 一、注册会计师的法律责任的成因和种类

**(一)注册会计师的法律责任的成因**

注册会计师法律责任产生的原因有违约、过失和欺诈。

(1)违约。违约是指合同的一方或多方未能达到合同条款的要求。当违约给他人造成损失时,注册会计师应负违约责任。比如注册会计师未能在约定的时间内完成审计业务,或违反了为客户保密的规定。

(2)过失。过失是指在一定条件下注册会计师未能保持应有的职业怀疑态度。当过失给他人造成损失时,注册会计师应负违约责任。通常将过失按其程度不同,分为一般过失和重大过失。

①一般过失又称普通过失,是指注册会计师没有完全遵循审计准则的要求执业。比如,未对特定审计项目取得充分、适当的审计证据就出具审计报告的情况。

②重大过失是指连起码的职业谨慎都没有保持。对注册会计师而言,则是指根本没有遵循专业准则或没有按专业准则的基本要求执行审计。

(3)欺诈。欺诈又称舞弊,是指为了达到欺骗或坑害他人的目的,注册会计师明知已审计财务报表有重大错误,却在审计报告中加以虚假的陈述,发表不恰当的审计意见。作案具有不

良动机是欺诈的重要特征，也是欺诈与普通过失和重大过失的主要区别之一。下面通过表4—1来总结和对比一下注册会计师的法律责任的认定标准。

**表4—1　　注册会计师法律责任的认定标准**

| 责任种类 | 通　常 | 针对注册会计师 |
|---|---|---|
| 违约 | 合同的一方或几方未能达到合同条款的要求 | 会计师事务所在商定期间内未按照业务约定书履行责任 |
| 普通过失 | 没有保持职业上应有的合理的谨慎 | 没有完全遵循专业准则的要求 |
| 重大过失 | 连起码的职业谨慎都不保持，对业务或事务不加考虑，满不在乎 | 根本没有遵循专业准则或没有按专业准则的基本要求执行审计 |
| 欺诈 | 注册会计师舞弊，是以欺骗坑害他人为目的的一种故意的错误行为 | 为了达到欺骗他人的目的，明知委托单位的财务报表有重大错报，却加以虚假的陈述，出具无保留意见的审计报告 |

在实务中，关于注册会计师有无过失，是一般过失、重大过失还是欺诈，很难做出界定。下面列出其界定的一般规律，如图4—1所示。

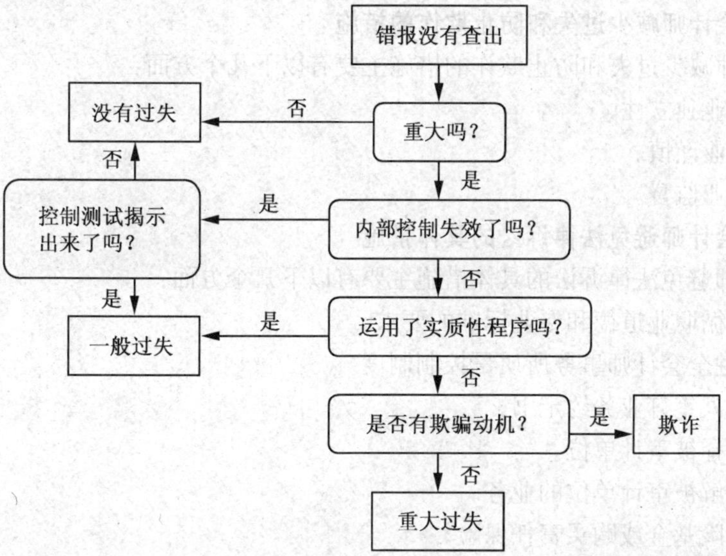


**图4—1　注册会计师没有过失、一般过失、重大过失和欺诈的界定**

**（二）注册会计师的法律责任的种类**

注册会计师的法律责任主要包括行政责任、民事责任和刑事责任。

1. 行政责任

行政责任是指审计人员违反有关部门法规的规定，并给有关各方造成经济等方面的损害后，政府主管部门或自律组织对其所追究的具有行政性质的责任。对于个人来说，追究的行政责任包括警告、暂停营业、吊销注册会计师证书等；对于审计机构而言，追究的行政责任包括警告、没收违法所得、罚款、暂停营业、撤销等。

2. 民事责任

民事责任是指审计人员或审计机构因违反合同或法定民事义务所引起的法律后果，依法承担赔偿经济损失的法律责任。主要包括赔偿经济损失、支付违约金等。

3. 刑事责任

刑事责任是指审计人员由于重大过失、欺诈行为违反了刑法，所应承担的相应的法律责任。主要包括管制、拘留、判刑、剥夺政治权利和罚金、没收财产等。一般来说，因违约和一般过失可能使审计人员负行政责任和民事责任，因重大过失和欺诈可能使审计人员负民事责任和刑事责任。

**【例 4—2・判断题】** 注册会计师明知委托单位的财务报表有重大错报，却加以虚假的陈述，出具无保留意见的审计报告，属于重大过失。（　　）

答案：×

解析：这属于注册会计师的欺诈行为。

## 二、注册会计师避免法律诉讼的措施

注册会计师的职业性质决定了注册会计师行业极易遭受法律诉讼。注册会计师要避免法律诉讼，就必须在执业时尽可能不发生过失，防止欺诈。

### (一)注册会计师减少过失和防止欺诈的措施

注册会计师减少过失和防止欺诈的措施主要有以下几个方面：

(1)增强执业独立性。

(2)保持职业谨慎。

(3)强化执业监督。

### (二)注册会计师避免法律诉讼的具体措施

注册会计师避免法律诉讼的具体措施主要有以下几个方面：

(1)严格遵循职业道德和专业标准的要求。

(2)建立、健全会计师事务所质量控制制度。

(3)与委托人签订业务约定书。

(4)审慎选择被审计单位。

(5)深入了解被审计单位的业务。

(6)提取风险基金或购买责任保险。

(7)聘请熟悉注册会计师法律责任的律师。

(8)适当地开展宣传工作，使期望差距缩小。

(9)提高从业人员的质量。

(10)招收合格的注册会计师助理人员。

## 思考与实训

### 一、思考题

1. 普通过失与重大过失有什么区别？

2. 什么是注册会计师职业道德？简述注册会计师职业道德的基本要求。

3. 如何理解独立原则？应从哪些方面保持独立性？

4. 简述注册会计师法律责任的成因。

5. 简述注册会计师法律责任的种类。

## 二、实训题

(一)判断题

1. 一般情况下,因违约可能使注册会计师承担民事责任,情节严重者应负刑事责任。( )
2. 警告不属于注册会计师或会计师事务所承担的行政责任。( )
3. 会计师事务所在任何情况下不得对外泄露审计过程中所涉及的商业秘密等有关内容。( )
4. 如果注册会计师没有完全遵循专业准则的要求执业,应当认定为普通过失。( )
5. 注册会计师要对审计业务中获取的信息保密。( )
6. 注册会计师在承接审计业务时,不能为被审计单位提供代为编制会计报表等专业服务。( )
7. 判断注册会计师是否有过失,关键是看注册会计师是否按照审计准则的要求执业。( )
8. 如果注册会计师未查出被审计单位财务报表中的错报,就应当承担法律责任。( )
9. 注册会计师即使与被审计单位的某位员工具有近亲属关系,仍可执行该客户的审计业务。( )
10. 违反保密原则是导致注册会计师承担法律责任的原因。( )

(二)单项选择题

1. 独立性不包括( )。

A. 工作上独立　　B. 组织上独立　　C. 经济上独立　　D. 行为上独立

2. 根据《中国注册会计师职业道德守则》,下列说法中正确的是( )。

A. 注册会计师在执业过程中,一定要保持实质上的独立性,但是形式上的独立性可以不需要保持

B. 注册会计师可以夸大宣传提供的服务、拥有的资质或获得的经验

C. 会计师事务所在任何情况下都不得以或有收费的形式为客户提供鉴证服务

D. 在审计过程中,注册会计师应当保持职业怀疑态度,运用专业知识、技能和经验,获取和评价审计证据

3. ( )要求注册会计师应当以勤勉尽责的态度执行鉴证业务,在执业过程中保持职业怀疑态度。

A. 独立原则　　B. 应有专注　　C. 保密原则　　D. 客观原则

4. 对注册会计师而言,如果注册会计师没有完全遵循专业准则的要求执业,应当认定为( )。

A. 普通过失　　B. 重大过失　　C. 欺诈　　D. 推定欺诈

5. 下列关于注册会计师过失的说法中,不正确的是( )。

A. 过失是指在一定条件下,缺少应具有的合理谨慎

B. 普通过失是指注册会计师没有完全遵循专业准则的要求

C. 重大过失是指注册会计师没有按专业准则的基本要求执行审计

D. 注册会计师一旦出现过失就要赔偿损失

6. A会计师事务所委派B注册会计师担任丙公司2014年度财务报表审计的项目负责人,在执业过程中,B注册会计师发现自己不熟悉丙公司的会计电算化系统,以致无法对所形成的会计信息进行正确的判断,则B注册会计师的下列做法中正确的是( )。(假设A会计师事务所中有熟悉会计电算化系统的其他注册会计师)

A. 聘请相关专家协助工作

B. 请求会计师事务所改派其他胜任的注册会计师

C. 解除业务约定

D. 出具无法表示意见的审计报告

7. 下列描述中,属于自我评价威胁导致对职业道德基本原则产生不利影响的情况是( )。

A. 被审计单位财务经理曾经是事务所审计项目组成员

B. 审计项目组成员曾经是被审计单位的出纳

C. 审计项目组成员的妻子是被审计单位的独立董事

D. 审计项目组成员担任被审计单位的辩护人

8.(　　)是指为了达到欺骗或坑害他人的目的,注册会计师明知已审计的财务报表有重大错报,却加以虚假的陈述,发表不恰当的意见。

A. 违约　　B. 一般过失　　C. 重大过失　　D. 欺诈

9. 注册会计师的下列行为中,违反职业道德守则的是(　　)。

A. 注册会计师应按照业务约定和专业准则的要求完成委托业务

B. 注册会计师应当对执行业务过程中知悉的商业秘密保密,并不得利用其为自己或他人牟取利益

C. 除有关法规允许的情形外,会计师事务所不得以或有收费形式为客户提供各种鉴证服务

D. 注册会计师可以对其能够提供的服务、拥有的资质进行夸大宣传,但不得诋毁同行

(三)多项选择题

1. 职业道德基本原则包括(　　)。

A. 诚信　　B. 客观和公正　　C. 职业谨慎　　D. 良好职业行为

2. 下列描述中,不正确的有(　　)。

A. 注册会计师在执行鉴证业务时,不得因任何利害关系影响其客观、公正的立场

B. 前任注册会计师未经被审计单位同意提供给后任注册会计师工作底稿

C. 在终止与客户或雇用单位的关系之后,会员无须对在职业关系和商业关系中获知的信息保密

D. 注册会计师接受客户赠送的别墅,这种情况属于自我评价威胁导致不利影响的情形

3. 根据注册会计师的专业胜任能力要求,注册会计师(　　)。

A. 应当保持应有的职业怀疑态度

B. 不得对未来事项可实现程度做出保证

C. 应接受后续教育

D. 不得按服务成果的大小收取各项费用

4. 下列行为中,注册会计师违反保密原则的有(　　)。

A. 与客户发生意见分歧时,诉诸媒体　　B. 接受同业复核,提供审计工作底稿

C. 向监管机构报告发现的违反法规行为　　D. 利用获知的客户信息买卖客户的股票

5. 审计的独立性表现在(　　)。

A. 组织上独立　　B. 人员上独立　　C. 执业上独立　　D. 经济上独立

6. 下列说法中,不正确的有(　　)。

A. 在任何情况下,注册会计师应当对执业过程中获知的客户信息保密

B. 在终止与客户或雇用单位的关系之后,会员仍然应当对在职业关系和商业关系中获知的信息保密,但是会员无须对其预期的客户或雇用单位的信息予以保密

C. 任何情况下,未经适当且特别授权,会员均不可向会计师事务所或雇用单位以外的第三方披露由于职业关系和商业关系获知的涉密信息

D. 会计师事务所和注册会计师不得为招揽客户而向推荐方支付佣金,但可以在不影响独立性的前提下因向第三方推荐客户而收取佣金

7. 注册会计师因为以下原因可能导致承担法律责任的有(　　)。

A. 重大过失　　B. 欺诈　　C. 行政责任　　D. 违约

8. 注册会计师的法律责任按其性质分为(　　)。

A. 民事责任　　B. 行政责任　　C. 违约责任　　D. 刑事责任

9. 下列有关注册会计师责任的提法中,正确的有(　　)。

A. 过失是指在一定条件下,注册会计师缺少应具有的合理谨慎

B. 如果注册会计师没有完全遵循专业准则的要求执行审计业务,可能构成普通过失

C. 如果注册会计师在审计过程中没有尽到应有的职业谨慎，就属于审计失败

D. 注册会计师一旦出现过失就要承担民事侵权赔偿损失

（四）综合题

1. 龙江会计师事务所接受委托，承办开发银行2014年度财务报表审计业务，并于2015年年底与开发银行签订了审计业务约定书。龙江会计师事务所指派李明和王辉两名注册会计师为该审计项目负责人。假定存在以下情况：

（1）开发银行由于财务困难，应付龙江会计师事务所2013年度审计费用100万元一直没有支付。经双方协商，龙江会计师事务所同意开发银行延期至2014年年底支付。在此期间，开发银行按银行同期贷款利率支付资金占用费。

（2）注册会计师王辉的妹妹在开发银行财务部从事会计核算工作，且是财务部负责人，注册会计师王辉未予以回避。

（3）开发银行由于财务人员短缺，2014年向龙江会计师事务所借用一名注册会计师，由该注册会计师将经会计主管审核的记账凭证录入计算机信息系统。龙江会计师事务所未将该注册会计师包括在开发银行2014年度财务报表审计项目组。

（4）由于计算机专家李先生曾在开发银行信息部工作，且参与了其现行计算机信息系统的设计，龙江会计师事务所特聘李先生协助测试开发银行的计算机信息系统。

（5）注册会计师李明妻子的弟弟担任开发银行的独立董事，注册会计师李明未予以回避。

要求：根据以上情况，分别判断龙江会计师事务所和李明、王辉两名注册会计师是否违反中国注册会计师职业道德规范的相关规定，并简要说明理由。

2. 分析下列每一事项中注册会计师为保持独立性是否应该回避，为什么？

（1）注册会计师刘贵拥有天天公司超过10%的股权，天天公司聘请刘贵审计其2014年度的财务报表。

（2）天天公司聘请注册会计师刘贵审计其2014年度的财务报表，刘贵妻子的妹妹担任天天公司的独立董事。

（3）注册会计师刘贵已经担任天天公司年度财务报表审计业务的项目经理4年了，2014年天天公司仍聘请刘贵审计其财务报表。

（4）注册会计师刘贵长期为天天公司代理记账和代编财务报表，天天公司聘请刘贵审计其2014年度的财务报表。

3. 对遵循职业道德基本原则产生不利影响可能存在多种情形或关系。请回答对职业道德基本原则产生不利影响的因素具体可以归纳为哪几类，并完成下表。

| 对职业道德基本原则产生不利影响的具体情形 | 产生不利影响的因素 |
| --- | --- |
| 审计项目组成员与审计客户进行雇用协商 | |
| 会计师事务所与鉴证业务相关的或有收费安排 | |
| 在鉴证客户与第三方发生诉讼或纠纷时，注册会计师担任该客户的辩护人 | |
| 会计师事务所编制用于生成有关记录的原始数据 | |
| 注册会计师接受客户的礼品或享受优惠待遇（价值重大） | |
| 会计师事务所为鉴证客户提供的其他服务，直接影响鉴证业务中的鉴证对象信息 | |
| 项目小组成员的妻子是客户的出纳 | |
| 会计师事务所受到客户的起诉威胁 | |
| 注册会计师被会计师事务所合伙人告知，除非同意审计客户的不恰当会计处理，否则将不被提升 | |

# 第五章 审计程序

## 学习目标

了解国家审计、注册会计师审计、内部审计在审计程序上的异同；掌握审计准备阶段、计划阶段、实施阶段、完成审计阶段的一般工作内容和步骤；能够正确认识审计程序的合理运用对于审计成败的重要作用。

## 引导案例

### 低价转让集体资产案件告破始末

2005 年 10 月，浙江省奉化市鄞州区审计局派出审计组，对某镇原党委书记王某和原镇长胡某进行书记镇长"捆绑式"审计。10 月 18 日，召开了审计进点会，会上原党委书记王某将任期内经济职责履行情况做了介绍，并对任期内"镇属集体企业——宁波兴达通讯发展有限公司(以下简称兴达公司)集体资产转让一事"做了特别说明，再三强调兴达公司集体资产转让一事由当时的工业副镇长翁某向他提出，经集体商量后决定，决策程序符合规定。

经审计发现，原先镇投资中心财会人员根据镇领导意见于 2003 年 5 月 10 日草拟过一份高桥镇投资中心(甲方)与宁波市鄞州某镇琦士喷涂厂(钱忠)(乙方)的《房屋转让协议》，规定"甲方将原兴达公司的厂房以及变压器以 115 万元价格转让给乙方"，且规定"买卖后的该房屋，根据今后形势发展，高速公路需要拓宽、该厂房必须拆建迁移时，按原买卖价进行赔偿"，但该协议未经双方法人代表签字。而 2003 年 7 月双方正式签订的另一份协议，甲方"签字"栏里并非是当时投资中心的法人代表系原镇长胡某签字，却由原工业副镇长翁某签字。正式合同签订后 2 个月，该厂房因高速公路建设拆迁可获赔偿 600 多万元，镇政府干部和群众知情后反映十分强烈。为此，审计组怀疑里面可能存在猫腻。

为了获得兴达公司资产转让造成集体资产流失的确凿证据，审计组同志延审到了绕城高速公路指挥部，根据他们提供的协议和有关账表反映：至 2005 年年底，绕城高速公路指挥所赔偿给宁波市鄞州某镇琦士喷涂厂，即兴达房产承让方，款项达 383 万余元，且另有 8 亩土地置换，按当时高桥镇土地出让市价 30 万元/亩测算，赔偿款合计将达 600 多万元。为此，低价转让集体资产问题真相大白：王某在该镇任党委书记期间，在未经资产评估、公开拍卖，未经党委集体讨论的情况下，采取变更协议主要条款手法，低价转让兴达公司集体资产，导致集体资产流失达 500 多万元。

2005 年 12 月，鄞州区审计局出具了该镇原党委书记王某任期经济责任审计结果报告，并详细反映了低价转达让集体资产问题。局领导还就此事及时向区委区政府领导做了专题汇报，并将案件线索移交给区纪委。同时，审计组还及时向区委提交了“要加强对镇‘乡’街道‘一把手’的审计监督”的审计信息，区委区政府领导对此十分重视，要求有关部门对案件线索做进一步查处。

资料来源：奉化审计官网审计案例栏目，http://www.fhsj.gov.cn/sjal_view.aspx? ContentId＝1917&CategoryId＝8。

审计作为一种独立的经济监督活动，是由各种存在着内在逻辑关系的工作所组成的一个完整的运动过程。在对任何一个审计项目的完整审计过程中，先做什么工作，后做什么工作，必须按照一定的顺序进行。

审计程序有广义和狭义两层含义。广义的审计程序是指审计机构和审计人员对审计项目从开始到结束的整个过程采取的系统性工作步骤。从广义角度看，审计程序一般包括四个阶段，即准备阶段、计划阶段、实施阶段和终结阶段，有时还包括行政复议阶段和后续审计阶段，每个阶段又分别包括若干具体工作内容。从狭义角度看，审计程序是指审计人员在实施审计的具体工作中所采取的审计方法，是审计监督活动中，审计主体和被审计单位双方必须遵循的顺序、形式和期限等。

## 第一节　审计准备阶段

### 一、国家审计准备阶段

#### （一）委派审计人员组成审计组

审计组是审计机关特派的实施审计活动的基本单位。审计事项确定以后，审计机关应根据审计事项的特点和要求，组织一定数量和质量的审计人员组成审计组。审计组在实施审计之前，应当明确审计任务，学习法规，熟悉标准。审计组应通过收集、查阅被审计单位平时上报的资料，走访有关部门，如主管部门，财税部门，工商、银行、物价等部门，听取各方面情况介绍，初步了解被审计单位的业务性质、生产经营特点、组织机构设置等。审计组实行组长负责制，其他组员在组长领导和协调下开展工作，并对分担的工作各负其责。

#### （二）签发审计通知书

审计机关签发的审计通知书是审计指令，不仅是对被审计单位进行的书面通知，而且也是审计组进驻被审计单位执行审计任务、行使国家审计监督的凭据和证件。根据《审计法》和《审计法实施条例》的规定，审计机关在实施审计 3 日前，向被审计单位送审计通知书。特殊情况下，经本级人民政府批准，审计机关可以直接持通知书实施审计。审计机关向被审计单位送达审计通知书时，应当书面要求被审计单位法定代表人和财务主要人员就与审计事项有关的会计资料的真实性、合法性做出承诺。

### 二、注册会计师审计准备阶段

#### （一）签约前的业务洽谈

在签订审计业务约定书前，会计师事务所应当委派注册会计师了解被审计单位的基本情况，初步评价审计风险。具体了解被审计单位的业务性质、经营规模和组织结构、经营情况及经营风险、以前年度接受审计情况、财务会计机构和工作组织及其他与签订业务约定书相关的基本情况。在初步了解情况、评价审计风险并充分考虑自身承受委托能力的基础上，与委托人就约定事项进行商谈，如洽谈审计的目的与范围，审计中所采用的程序与方法，完成的工作量与工作时限，要求客户提供的工作条件和配合的方法、程度，双方的权利与义务，收费标准和付费方式等。

**(二)签订审计业务约定书**

会计师事务所与被审计单位就约定事项达成一致意见后，即可接受委托，由会计师事务所和委托人双方的法定代表人或其授权的代表，正式签订审计业务约定书，并加盖委托人和会计师事务所的印章。审计业务约定书应当包括签约双方的名称、委托目的、审计范围、会计责任与审计责任、签约双方的义务、出具审计报告的时间要求、审计报告的使用责任、审计收费、审计业务约定书的有效期限、违约责任、签约时间以及签约双方认为应当约定的其他事项等内容。

**【例5—1·多选题】** 注册会计师在业务洽谈时，需要具体了解被审计单位的(　　)等具体情况。

A. 业务性质　　　　B. 经营规模

C. 组织结构　　　　D. 经营风险场所和设施

答案：ABCD

解析：注册会计师为了初步评价审计风险，需要对被审计单位的业务性质、经营规模和组织结构、经营情况以及经营风险、以前年度接受审计情况等情况进行一定了解。

### 三、内部审计准备阶段

部门、单位内部审计机构所进行的内部审计，在准备阶段的工作内容与国家审计大体相同，但审计项目的确定依据更多的是本部门、本单位实际经济情况，以及本部门、本单位领导交办的案件。内部审计人员一般熟悉本部门、本单位的内部情况，因此，可以不需要做很多的准备工作，便能迅速进入下一阶段工作。

## 第二节　审计计划阶段

### 一、国家审计计划阶段

一般地，审计计划即为审计机构或人员，为达到预期的审计目的，对审计工作或具体审计项目做出的事前安排。国家审计计划包括年度审计项目计划与具体审计工作方案两个层次。

审计机关应当根据法定的审计职责和审计管辖范围，编制年度审计项目计划。审计机关按照下列步骤编制年度审计项目计划：(1)调查审计需求，初步选择审计项目；(2)对初选审计项目进行可行性研究，确定备选审计项目及其优先顺序；(3)评估审计机关可用审计资源，确定审计项目，编制年度审计项目计划。审计机关年度审计项目计划的内容主要包括：(1)审计项目名称；(2)审计目标，即实施审计项目预期要完成的任务和结果；(3)审计范围，即审计项目涉及的具体单位、事项和所属期间；(4)审计重点；(5)审计项目组织和实施单位；(6)审计资源。

审计机关业务部门编制审计工作方案，应当根据年度审计项目计划形成过程中调查审计需求、进行可行性研究的情况，开展进一步调查，对审计目标、范围、重点和项目组织实施等进行确定。审计工作方案作为实施审计项目的具体安排，是保证审计工作取得预期效果的有效措施，也是审计机关据以检查、控制审计工作质量、进度的依据。审计工作方案是在综合已经取得的资料和掌握的情况，以及明确审计的重要问题的基础上形成的。其主要内容包括：(1)审计项目名称；(2)被审计单位名称；(3)审计目标；(4)审计方式；(5)编制依据；(6)审计的范围和内容；(7)审计要点、步骤和方法；(8)时间进度和人员分工；等等。审计工作方案的调整，应当按规定的程序进行修改，经派出审计组的审计机关主管领导同意后组织实施。

## 二、注册会计师审计计划阶段

就一次审计项目而言的，注册会计师审计计划具体包括总体审计策略和具体审计计划两个层次。

总体审计策略用于确定审计范围、时间和方向，并指导制定具体审计计划。总体审计策略的制定应当包括：(1)确定审计业务的特征，包括采用的会计准则和相关会计制度、特定行业的报告要求以及被审计单位组成部分的分布等，以界定审计范围；(2)明确审计业务的报告目标，以计划审计的时间安排和所需沟通的性质，包括提交审计报告的时间要求，预期与管理层和治理层沟通的重要日期等；(3)考虑影响审计业务的重要因素，以确定项目组工作方向，包括确定适当的重要性水平，初步识别可能存在较高的重大错报风险的领域，初步识别重要的组成部分和账户余额，评价是否需要针对内部控制的有效性获取审计证据，识别被审计单位、所处行业、财务报告要求及其他相关方面最近发生的重大变化等。

具体审计计划比总体审计策略更加详细，其内容包括为获取充分、适当的审计证据以将审计风险降至可接受的低水平，项目组成员拟实施的审计程序的性质、时间和范围。具体审计计划应当包括下列内容：(1)按照《中国注册会计师审计准则第 1211 号——了解被审计单位及其环境并评估重大错报风险》的规定，为了足够识别和评估财务报表重大错报风险，注册会计师计划实施的风险评估程序的性质、时间和范围；(2)按照《中国注册会计师审计准则第 1231 号——针对评估的重大错报风险实施的程序》的规定，针对评估的认定层次的重大错报风险，注册会计师计划实施的进一步审计程序的性质、时间和范围；(3)根据中国注册会计师审计准则(以下简称审计准则)的规定，注册会计师针对审计业务需要实施的其他审计程序。

计划审计工作并非审计业务的一个孤立阶段，而是一个持续的、不断修正的过程，贯穿整个审计业务的始终。由于未预期事项、条件的变化或在实施审计程序中获取的审计证据等原因，注册会计师应当在审计过程中对总体审计策略和具体审计计划做出必要的更新和修改。

## 三、内部审计计划阶段

单位内部审计机构编制的审计计划一般包括年度审计计划和项目审计方案。年度审计计划是对年度预期要完成的审计任务所做的工作安排，是组织年度工作计划的重要组成部分。项目审计方案是对实施具体审计项目所需要的审计内容、审计程序、人员分工、审计时间等做出的安排。内部审计机构应当在本年度编制下年度审计计划，并报经组织董事会或者最高管理层批准；审计项目负责人应当在审计项目实施前编制项目审计方案，并报经内部审计机构负责人批准。内部审计机构应当根据批准后的审计计划组织开展内部审计活动。在审计计划执行过程中，如有必要，应当按照规定的程序对审计计划进行调整。

编制年度审计计划应当结合内部审计中长期规划，在对组织风险进行评估的基础上，根据组织的风险状况、管理需要和审计资源的配置情况，确定具体审计项目及时间安排。年度审计计划应当包括下列基本内容：(1)年度审计工作目标；(2)具体审计项目及实施时间；(3)各审计项目需要的审计资源；(4)后续审计安排。

审计项目负责人应当根据被审计单位的情况，编制项目审计方案。项目审计方案应当包括下列基本内容：(1)被审计单位、项目的名称；(2)审计目标和范围；(3)审计内容和重点；(4)审计程序和方法；(5)审计组成员的组成及分工；(6)审计起止日期；(7)对专家和外部审计工作结果的利用；(8)其他有关内容。

# 第三节　审计实施阶段

## 一、国家审计实施阶段

审计实施阶段是审计组进驻被审计单位，就地审查会计凭证、会计账簿、会计报表，查阅与审计事项有关的文件、资料，检查现金、实物、有价证券，并向有关单位和人员调查，以取得证明材料的过程。在审计实施阶段，审计组需要搜集大量审计证据，编制大量审计工作底稿，从而为揭查问题、形成审计意见和整改建议提供工作基础。

### (一)获取资料，深入调查

审计组进驻被审计单位后，应向被审计单位领导说明审计的范围、内容与目的要求，争取他们的支持；约请被审计单位领导和有关部门负责人共同确定工作部署，确定与审计组的联系人和提供必要的资料等问题，听取被审计单位负责人及有关职能部门对单位情况的介绍；并采用适当方式，使单位职工了解审计目的、内容，以取得支持和协助。

审计组应获取的资料包括：被审计单位有关的规章、制度、文件、计划、合同文本；被查期间的各种审计资料、分析资料，上年度财务报表、分析资料以及以往接受各种检查、审计的资料；各种自制原始凭证的存根，未黏附在记账凭证上的各种支票、发票、收据等存根，以及银行账户、银行收账单、备查簿等相关的经济信息资料。获取的资料要当面清点，注意残缺页码，并列表登记，注明资料来源。移交与接收双方都要在移交表或调阅单上签名。

为了全面、深入地了解被审计单位业务活动的一些具体规定、手续以及内控制度的执行情况，审计组在收集资料以后，应当通过查阅资料、观察、咨询等方式了解被审计单位的有关情况，特别是了解被审计单位的各项业务处理手续，有关财务会计业务处理和现金、物资管理方面的内控制度建立完善情况和实际贯彻执行情况。目的是进一步确定审计的范围、内容重点以及有效的方法。

### (二)进行控制测试

审计组认为存在下列情形之一的，应当测试相关内部控制的有效性：(1)某项内部控制设计合理且预期运行有效，能够防止重要问题的发生；(2)仅实施实质性审查不足以为发现重要问题提供适当、充分的审计证据。审计人员决定不依赖某项内部控制的，可以对审计事项直接进行实质性审查。被审计单位规模较小、业务比较简单的，审计人员可以对审计事项直接进行实质性审查。

进行控制测试的目的是对内部控制制度的有效性进行综合评价,从中发现内部控制制度的强点和弱点,并分析原因。根据内部控制制度的强点和弱点,对审计方案进行适当调整。将审查重点放在内部控制制度的弱点上,对强点则进行一般审查,以尽可能高效、高质量地取得审计证明材料,提高审计工作效率。

**(三)实施实质性程序**

《审计法》第38条规定:“审计人员通过审查会计凭证、会计账簿、会计报表,查阅与审计事项有关的文件、资料,检查现金、实物、有价证券,向有关单位和个人以调查等方式进行审计,并取得证明材料。”根据以上规定,审计人员应做好以下各项工作:(1)检查分析会计报表。要对其外观形式进行审查,看被审计单位所编制的各种财务报表是否符合规定和要求,表页、表内项目、指标是否齐全。要审阅各报表之间的勾稽关系,以及分析各报表内相关数字间的勾稽关系。(2)审查分析各类账户。要判断容易发生差错或易于弄虚作假的账户;要审查分析各类账户记录的增减变动情况,判断业务的真实性和数据的真实性,如果材料账户的记录长期无变动,则应考察材料是否确实存在或是否能利用。要核实账户余额,包括总账和明细账,特别是结算类账户和跨期摊配账户。(3)实物盘点与资产清查。审计人员在审查分析有关书面资料后,还应对有关盘存账户所记录的内容进行实物盘点,以取得实物证据。如库存现金盘点、库存材料盘点、低值易耗品盘点、在产品盘点、产成品盘点、固定资产盘点等。如实物较多,审计人员应按可能性、必要性、重要性的原则,有选择地进行重点盘点。(4)抽查有关凭证,以确定账簿记录的真实性,以及数据所反映的经济业务是否合理、合法。(5)审计人员要对被审计单位所计算的结果进行复算,以确定是否有故意歪曲计算结果的弊端或无意造成的计算差错。(6)审计人员在审查中,发现有疑点时,可向有关单位和个人以函询或面询的方式进行调查。审计人员向有关单位和个人进行调查时,应当出示审计人员的工作证件和审计通知书副本,审计人员不少于2人。

**(四)记录审计工作过程,编制和整理审计工作底稿**

对审计中发现的问题,做出详细、准确的记录,并注明资料来源。在审计过程中,审计人员必须有详细的工作记录,以便反映出审计工作的全部过程。这些记录,有些可以直接作为正式的审计工作底稿,有些则要重新编写。审计工作底稿是审计证明材料的汇集,在汇集证明材料时,应注明证明材料的来源。审计工作底稿是撰写审计报告的基础,是检查审计工作质量的依据,也是行使复议乃至再度审计时需要审阅的重要资料。审计组长应当对审计人员的审计工作底稿进行必要的检查和复核(对审计组成员的工作质量和审计工作目标完成情况进行监督)。审计工作就是不断收集审计证据,整理分析证据,运用审计证据的过程。通过检查、复核和整理审计工作底稿,对汇集的审计证据进行认真审查。鉴定证明材料的客观性、相关性和合法性,检查审计组是否已经收集到足以证明审计事实真相的证明材料,以便及时采取补救措施,保证审计组收集的证明材料的充分性。

## 二、注册会计师审计实施阶段

**(一)实施风险评估程序**

注册会计师必须实施风险评估程序,以此作为评估财务报表层次和认定层次重大错报风险的基础。所谓风险评估程序,是指注册会计师实施了了解被审计单位及其环境并识别和评估财务报表中的错报风险的程序。风险评估程序是必要程序,了解被审计单位及其环境特别是为注册会计师在许多关键环节做出职业判断提供了重要基础。了解被审计单位及其环境实际上是一个连续和动态地收集、更新与分析信息的过程,贯穿整个审计过程的始终。

一般来说,实施风险评估程序的主要工作包括:了解被审计单位及其环境;识别和评估财务报表层次以及各类交易、账户余额、列报认定层次的重大错报风险,包括确定需要特别考虑的重大错报风险以及仅通过实施实质性程序无法应对的重大错报风险等。

**(二)实施控制测试**

注册会计师实施风险评估程序本身并不足以为发表审计意见提供充分、适当的审计证据,注册会计师还应当实施进一步审计程序,包括实施控制测试和实质性程序。当存在下列情形之一时,注册会计师应当实施控制测试:(1)在评估认定层次重大错报风险时,预期控制的运行是有效的;(2)仅实施实质性程序并不能够提供认定层次充分、适当的审计证据。

实施控制测试的目的是测试内部控制在防止、发现并纠正认定层次重大错报方面运行的有效性,从而支持或修正重大错报风险的评估结果,据以确定实质性程序的性质、时间和范围。注册会计师在审计过程中发现内部控制重大缺陷时,应当向被审计单位报告,如有需要可出具管理建议书。注册会计师主要对财务报告相关控制进行测试,然后据以确定内部控制可信赖程度。为了取得满意的测试效果,应科学安排审计抽样及抽样结果的评价。

**(三)实施实质性程序**

注册会计师针对评估的重大错报风险实施实质性程序,以发现认定层次的重大错报。实质性程序包括对各类交易、账户余额、列报的细节测试及实质性分析程序。细节测试可以选择检查、观察、询问、重新计算等具体审计程序作为细节测试的执行程序,如向债务人发函证实应收账款的存在性、监督被审计单位对存货进行盘点等,而对在一段时期内存在可预期关系的大量交易,注册会计师可以考虑实施实质性分析程序。

注册会计师实施的实质性程序应当包括下列与财务报表编制完成阶段相关的审计程序:(1)将财务报表与其所依据的会计记录相核对;(2)检查财务报表编制过程中做出的重大会计分录和其他会计调整。注册会计师对会计分录和其他会计调整检查的性质和范围,取决于被审计单位财务报告过程的性质和复杂程度以及由此产生的重大错报风险。无论评估的重大错报风险结果如何,注册会计师都应当针对所有重大的各类交易、账户余额、列报实施实质性程序。

**(四)记录审计工作,编制和复核审计工作底稿**

注册会计师需要基于审计过程中的发现,经过分析、整理并形成结论或审计建议,这一过程中要有大量的审计工作底稿的形成并辅以严格的管理制度。注册会计师编制或取得的审计工作底稿通常包括总体审计策略、具体审计计划、分析表、问题备忘录、重大事项概要、询证函回函、管理层声明书、核对表、有关重大事项的往来信件(包括电子邮件),以及对被审计单位文件记录的摘要或复印件等,这些工作底稿主要形成于审计实施阶段。编制审计工作底稿,应当包括被审计单位名称、审计项目名称、审计项目时点或期间、审计过程记录、审计标识及其说明、审计结论、索引号及页次、编制者姓名及编制日期、复核者姓名及复核日期以及其他应说明事项。审计工作底稿中由被审计单位、其他第三者提供或代为编制的资料,注册会计师除应注明资料来源外,还要在实施必要的审计程序过程中,形成相应的审计记录。

会计师事务所应当建立审计工作底稿复核制度。各复核人在复核审计工作底稿时,应做出必要的复核记录，书面表示复核意见并签名。在复核中，各复核人如发现已执行的审计程序和做出的审计记录存在问题，应指示有关人员予以答复、处理，并形成相应的审计记录。审计工作底稿的所有权属于接受委托进行审计的会计师事务所。注册会计师应对审计工作底稿进行分类整理，形成审计档案。审计档案分为永久性档案和当期档案。会计师事务所应当建立审计档案保管制度，以确保审计档案的安全、完整。会计师事务所应当建立审计工作底稿保密制度，对审计工作底稿中涉及的商业秘密保密。遇有特殊情况，如法院、检察院以及其他部门依法办案需要，以及中国注册会计师协会检查等需要，可在会计师事务所协助下查阅审计工作底稿，以及复印或摘录有关内容。

**【例5－2·单选题】** 下列各项中，属于审计实施阶段工作内容的是（　　）。

A. 签订审计业务约定书　　　　B. 对重要性标准进行初步评估

C. 初步分析审计风险　　　　　D. 控制测试

答案：D

解析：审计实施阶段主要开展风险评估程序、控制测试与实质性程序，并形成审计工作底稿。

### 三、内部审计实施阶段

与国家审计和注册会计师审计相比，内部审计的实施阶段同样包含审计证据的收集与形成审计工作底稿等工作。然而，由于内部审计人员依靠自己对本部门、本单位的了解，已经积累了对审计环境的认识，一般足以使他们于实施阶段一开始便径直着手深入地审核检查工作，即使有些一般情况需要了解，亦可与审核检查工作结合进行。对审计中发现的问题，亦可随时向有关单位和人员提出改进的建议。

在了解被审计单位及其内部控制阶段，审计人员应关注信息系统对业务活动、内部控制和风险管理的影响。内部审计人员应利用熟悉审计环境的优势条件，关注被审计单位业务活动、内部控制和风险管理中的舞弊风险，对舞弊行为进行检查和报告。内部审计人员可以运用审核、观察、监盘、访谈、调查、函证、计算和分析程序等方法，获取相关、可靠和充分的审计证据，以支持审计结论、意见和建议。内部审计人员应当在审计工作底稿中记录审计程序的执行过程、获取的审计证据，以及做出的审计结论。

内部审计人员在审计工作中应当编制审计工作底稿。在审计业务执行过程中，审计项目负责人应当加强对审计工作底稿的现场复核。内部审计人员在审计项目完成后，应当及时对审计工作底稿进行分类整理，按照审计工作底稿的相关规定进行归档、保管和使用。审计工作底稿归组织所有，由内部审计机构或者组织内部有关部门具体负责保管。内部审计机构应当建立审计工作底稿保管制度。如果内部审计机构以外的组织或者个人要求查阅审计工作底稿，必须经内部审计机构负责人或者其主管领导批准，但国家有关部门依法进行查阅的除外。

## 第四节　完成审计工作阶段

### 一、国家审计完成阶段

审计的报告阶段，也称审计的终结阶段，是审计工作的总结阶段，这一阶段的工作主要是编制审计报告，做出审计决定。

**（一）出具审计报告**

按照《审计法》第39条规定，审计组对审计事项实施审计后，应当向审计机关提出审计报告。审计组编写的审计报告应当征求被审计单位的意见，由审计组长签字后，连同被审计单位的书面意见等一同报送审计机关。

按照《审计法》及其实施条例的规定，审计机关审定审计报告阶段的主要工作有四个方面：一是审定报告，对审计事项做出评价；二是出具审计意见书；三是对违反国家规定的财政收支、财务收支行为，需要依法给予处理、处罚的，在法定职权范围内做出审计决定或者向有关主管机关提出处理、处罚意见；四是提出审计结果报告和审计工作报告。

在完成审计报告审定工作后，就要进行资料处理和审计小结工作。例如，全部归还借阅的资料，整理审计过程中形成的资料，应将永久保存的资料、长期保存的资料、短期保存的资料立卷归档，移交档案部门管理，将无保存价值的资料造册登记后销毁。

所有工作结束后，审计组应及时进行总结，以利于工作水平不断地提高。

**（二）下达审计决定并检查决定执行**

审计机关在审计组提交的审计报告审定后，要根据被审计单位违法、违纪的实际情况，对被审计单位财务收支进行评价，提出应自行纠正的事项和改进建议，出具审计意见书。对违规需处理、处罚的，做出处理、处罚决定，出具审计决定书。对违规负有直接责任的主管人员和其他直接责任人，审计机关认为应该由有关主管机关处理、处罚的，出具审计建议书。对涉嫌犯罪的，出具移送处理书，由司法机关追究其刑事责任。

审计机关在做出审计决定前，应由专门机构对审计意见、建议、决定进行复核，经复核后将审计意见、决定等向被审计单位及有关部门下达。审计机关应在收到报告日30日内下达，90日内执行。特殊情况可以延长，但应经审计机关批准。审计机关在审计决定下达后，应检查是否得到执行。如果在90日内，发现未执行，应报告人民政府或提请主管部门在法定职权范围内依法做出处理，或者向人民法院提出强制执行申请。

审计机关的审计决定送达后，被审计单位对地方审计机关做出的具体行政行为不服的，可以先向上一级审计机关或者本级人民政府申请复议；但对地方性法规规定或者本级人民政府交办的事项审计不服的，应当先向本级人民政府申请复议；对审计署做出的具体行政行为不服的，应当先向审计署申请复议。审计机关按照《行政复议条例》和其他有关法律法规的规定，办理审计复议事项。被审计单位、个人对复议决定不服的，可以依法向人民法院起诉。

审计行政复议是指审计机关在行使审计职权做出具体审计行政行为时，与作为审计行政相对人的公民、法人或其他组织发生争议，根据审计行政相对人的申请，由审计行政复议机关对引起争议的具体审计行政行为进行审查并做出裁决的活动。简单地说，审计行政复议就是审计行政复议机关根据审计行政相对人的申请，依法解决审计行政争议的活动。

## 二、注册会计师审计完成阶段

**（一）出具审计报告前必要事项**

1. 编制审计差异调整表

审计差异内容，按是否需要调整账户记录，分为核算误差（由于不正确的会计核算）和重分类误差（未按准则制度编表）；对核算误差，按重要性原则，划分为建议调整的不符事项与未调整不符事项。单笔核算误差超过所涉及财务报表项目(或账项)层次重要性水平的,视为建议调整的不符事项。确定建议调整的不符事项和重分类误差后,应以书面方式及时征求意见。

2. 评价被审计单位持续经营假设是否合理

一般地,只有当所有审计证据汇总完毕并且对财务报表按照审计师的意见进行调整之后,才能对持续经营能力做出最终评价。在对被审计单位确实存在持续经营能力问题做出评价后,审计师还必须对管理层为规避破产而提出的发展计划进行评价,并对该计划的可行性做出评估。

3. 复核或有事项和期后事项

常见的或有事项主要包括:未决诉讼或仲裁、债务担保、产品质量保证(含产品安全保证)、承诺、亏损合同、重组义务、环境污染整治等。注册会计师应当对或有事项实施必要的审计程序。特别需要指出的是,由于或有事项本质上属于不确定事项,相应地,其重大错报风险较高,需要注册会计师予以充分关注。常见的期后事项分为下列两类:一是对财务报表日已经存在的情况提供证据的事项,即对财务报表日已经存在的情况提供了新的或进一步证据的事项,这类事项影响财务报表金额,需提请被审计单位管理层调整财务报表及与之相关的披露信息。二是对财务报表日后发生的情况提供证据的事项,即表明财务报表日后发生的情况的事项。这类事项虽不影响财务报表金额,但可能影响对财务报表的正确理解,注册会计师需提请被审计单位管理层在财务报表附注中做适当披露。

4. 对重要性和审计风险进行最终的评价

注册会计师应按财务报表项目确定可能的审计差异即可能错报金额。可能错报金额由已知错报(已发现的错报),估计、推断的错报,以及通过运用分析性复核程序发现和运用其他审计程序所量化的其他估计错报三部分构成。在此基础上,注册会计师需要确定各财务报表项目可能错报总额对财务报表层次重要性水平和其他与这些错报有关的财务报表总额的影响程度。尽管注册会计师在审计计划阶段已确定了审计风险的可接受水平,随着可能错报总额的增加,财务报表可能被严重错报的风险也会增加:(1)如果注册会计师得出结论,审计风险处在一个可接受的水平,那么可以直接提出审计结果所支持的意见。(2)如果注册会计师认为审计风险不能接受,那么应追加实施额外的实质性程序或者说服被审计单位做必要调整,以便使重要错报的风险被降低到一个可接受的水平,否则应慎重考虑该审计风险对审计报告的影响。

5. 与客户沟通并获取管理层声明书

审计结束之后,审计师还应与被审计单位进行一些必要的双向沟通,沟通的内容包括财务报告审计中就审计责任进行沟通,以及审计过程中发现的已更正的重大错报、审计师针对重大会计实务和估计等质量方面的看法以及与管理层之间的分歧等审计过程中遇到的重大困难等。关于审计过程中重大发现的沟通一般以书面形式进行,关于其他事项的沟通则可以采取口头或书面的形式,不过以口头形式进行的沟通必须记录在审计记录中。沟通必须及时,以便治理层能够采取适当的措施与行动。一般来说,关于审计师责任和审计范围与时间安排的沟通大多在审计过程的早期阶段,而关于重大发现的沟通则贯穿审计整个过程。

**(二)出具审计报告**

注册会计师应当在实施必要的审计程序后,以经过核实的审计证据为依据,形成审计意见,出具审计报告。审计报告应说明审计范围、会计责任与审计责任、审计依据和已实施的主要审计程序等事项。审计报告应当说明被审计单位会计报表的编制是否符合国家有关财务会计法规的规定，在所有重大方面是否公允地反映了其财务状况、经营成果和资金变动情况，以及所采用的会计处理方法是否遵循了一贯性原则。注册会计师根据情况，出具无保留意见、保留意见、否定意见和无法表示意见审计报告时，应当明确说明理由，并在可能的情况下，指出其对会计报表反映的影响程度。

## 三、内部审计完成阶段

### （一）出具审计报告

内部审计的审计报告需由经办内部审计的审计人员提出后，征求被审计单位意见，并报送本部门、本单位领导审批。经批准的审计意见书和审计决定，送达被审计单位。被审计单位必须执行审计决定。对主要项目要进行后续审计，检查采纳审计意见后执行审计决定的情况。被审计单位对审计意见书和审计决定如有异议，可以向内部审计机构所在单位负责人提出，该负责人应当及时处理。国家审计机关派驻部门的审计机构代行所驻部门内部审计机构的职能，其做出的审计报告还应报送派出的审计机关。

### （二）后续审计

内部审计人员应进行后续审计，促进本单位对审计发现问题及时采取合理、有效的纠正措施。后续审计，是指内部审计机构检查被审计单位对审计发现的问题所采取的纠正措施是否及时、合理和有效。

内部审计机构应在规定或约定的期限内执行后续审计。内部审计机构负责人应根据被审计单位反馈意见，确定后续审计时间和人员安排，编制后续审计方案。在编制后续审计方案时应考虑原审计决定和建议的重要性、纠正措施的复杂性、落实纠正措施所需要的期限和成本、纠正措施失败可能产生的影响、被审计单位的业务安排和时间要求等，应结合实际情况的变化考虑对原决定和建议进行修订。内部审计人员应根据后续审计的执行过程和结果，向被审计单位及组织适当管理层提交后续审计报告。

## 思考与实训

### 一、思考题

1. 什么是审计程序？广义的审计程序与狭义的审计程序有何不同？
2. 说明国家审计程序各阶段的主要工作内容。
3. 说明注册会计师审计程序各阶段的主要工作内容。
4. 说明内部审计程序各阶段的主要工作内容。
5. 国家审计与注册会计师审计程序主要有哪些区别？

### 二、实训题

（一）判断题

1. 从某种意义上讲，审计过程就是收集、评价、鉴定审计证据，最后据以形成审计结论和审计意见的过程。 （ ）

2. 国家审计小组审计方案经领导批准后，应当在实施审计 5 日前，向被审计单位送达审计通知书。 （ ）

3. 内部审计过程不必包含审计计划阶段,可根据领导指派直接到现场组织实施。( )

4. 审计机关的审计决定送达后,被审计单位对审计机关做出的具体行政行为不服的,可以直接向上一级人民政府申请复议。( )

5. 内部审计人员实施的后续审计,有利于促进被审计单位对审计发现问题及时采取合理、有效的纠正措施。( )

6. 期后事项是指资产负债表日至审计报告日之间发生的事项,以及审计报告日后发生的事实。( )

7. 审计业务约定书由被审计单位与注册会计师签订。( )

8. 审计计划一经编制完成,不允许再进行修改。( )

9. 注册会计师在审计实施过程中必须实施风险评估程序。( )

10. 审计工作底稿只可以由审计人员亲自编制,不可以从被审计单位取得。( )

(二)单项选择题

1. 在( )的审计类型下,需要由被审计单位与审计组织签订审计业务约定书。

A. 国家审计　　B. 注册会计师审计

C. 内部审计　　D. 以上都不对

2. 按照审计准则规定,在审计过程中,注册会计师若发现客户内部控制存在重大缺陷,应向客户提交( )。

A. 管理建议书　　B. 审计建议书

C. 审计意见书　　D. 内部控制审核建议书

3. 审计人员形成审计结论、发表审计意见的直接依据是( )。

A. 审计计划　　B. 审计业务约定书　　C. 审计依据　　D. 审计工作底稿

4. 审计机关在审计决定下达后应检查是否得到执行,如果在 90 日内发现未执行,应报告( )在法定职权范围内依法做出处理,或者向人民法院提出强制执行申请。

A. 人民政府或提请主管部门　　B. 财政部门或税务部门

C. 上级审计机关　　D. 金融部门或证监会

5. 审计人员形成的大量业务类工作底稿,主要形成于审计过程的( )阶段。

A. 审计准备　　B. 审计计划　　C. 审计实施　　D. 审计终结

6. 下列事项中,注册会计师在审计实施阶段不是必须实施的是( )。

A. 风险评估程序　　B. 控制测试　　C. 实质性程序　　D. 收集审计证据

7. 下列有关审计计划的说法中,不正确的是( )。

A. 国家审计计划包括年度审计项目计划与具体审计工作方案两个层次

B. 就一次审计项目而言,注册会计师审计计划具体包括总体审计策略与具体审计计划两个层次

C. 内部审计机构应当在本年度编制下年度审计计划,并报经组织董事会或者最高管理层批准

D. 国家审计的审计工作方案的修改和调整,在审计项目小组内部开会意见一致后,可立即组织实施

8. 下列不属于注册会计师审计实施阶段的工作内容的是( )。

A. 编制审计计划　　B. 实施风险评估程序

C. 实施控制测试　　D. 实施实质性程序

9. 下列不属于注册会计师审计终结阶段的工作内容的是( )。

A. 编制审计差异调整表　　B. 复核或有事项和期后事项

C. 对重要性和审计风险进行最终评价　　D. 出具审计决定书

10. 根据《审计法》和《审计法实施条例》的规定,审计机关在实施审计( )日前,向被审计单位送审计通知书。

A. 2　　B. 3　　C. 5　　D. 10

(三)多项选择题

1. 广义的审计流程一般可以分为( )。

A. 准备阶段　B. 计划阶段　C. 实施阶段　D. 终结阶段

2. 注册会计师进行控制测试的目的通常包括( )。

A. 被审计单位的业务处理是否符合内部控制制度的规定

B. 确定内部控制是否可以依赖及可以依赖的程度

C. 取得审计人员赖以做出审计结论的足够审计证据

D. 对内部控制的有效性做出评价,取得高信赖程度的证据

3. 下列情况下,审计人员可不进行符合性测试,直接实施实质性测试流程的是( )。

A. 相关内部控制不存在

B. 相关内部控制存在,且得到有效运行

C. 控制测试的工作量可能大于进行控制测试所减少的实质性测试的工作量

D. 被审计单位内部控制制度健全,初步评价为较高信赖程度

4. 审计实施阶段的主要工作内容包括( )。

A. 对被审计单位内部控制的建立及遵循情况进行了解并进行控制测试

B. 根据控制测试结果修订审计计划

C. 对会计报表项目的数据进行实质性测试

D. 对所取得的证据发表审计意见

5. 下列有关审计师与被审计单位的审计沟通的说法中,正确的有( )。

A. 审计结束之后,审计师还应与被审计单位的审计进行一些必要的双向沟通

B. 所沟通的内容包括财务报告审计中就审计责任进行沟通

C. 关于审计过程中重大发现的沟通一般都以书面的形式进行

D. 以口头形式进行的沟通不必留下书面形式的审计记录

6. 审计计划的繁简程度一般取决于( )。

A. 审计人员的审计经验　B. 被审计单位的经营规模

C. 预定审计复杂程度　D. 被审计单位内部控制制度的状况

7. 对注册会计师审计而言,审计准备与计划阶段的工作一般包括( )。

A. 调查了解被审计单位的基本情况　B. 与被审计单位签订业务约定书

C. 编制审计计划　D. 撰写审计报告

8. 注册会计师在审计终结阶段的主要工作有( )。

A. 签订审计业务约定书　B. 审计期后事项

C. 汇总审计差异　D. 撰写审计报告

9. 审计人员一般需了解的被审计单位的基本情况包括( )。

A. 被审计单位的经营情况及经营风险　B. 被审计单位的组织结构和内部控制制度

C. 以前年度接受审计情况　D. 被审计单位的业务性质

10. 审计业务约定书应包括( )。

A. 签约双方的名称　B. 签约双方的义务　C. 审计收费　D. 违约责任

(四)综合题

资料:注册会计师李正在一次财务报表审计过程中,参与了以下工作事项:

(1)出具审计报告;

(2)对存货进行监盘,并形成盘点表;

(3)对存货相关内部控制执行控制测试;

(4)了解被审计单位基本情况,包括业务性质、经营风险、组织结构等;

(5)签订审计业务约定书；
(6)编制总体审计策略与具体审计计划；
(7)编制审计差异汇总表；
(8)对被审计单位应收账款进行函证，并编制函证结果汇总表；
(9)了解被审计单位存货有关内部控制。
要求：试指出以上工作事项分别属于注册会计师财务报表审计的哪个阶段。

# 第六章　审计目标

## 学习目标

了解审计目标的构成;理解审计目标与管理层认定的关系;掌握管理层认定的概念和分类。

## 引导案例

**对上市公司的会计信息说"不"**

1997 年,重庆渝港钛白粉股份有限公司(以下简称渝钛白)将实际上已于 1995 年年底就完工且投入试生产的钛白粉建设项目应付债券利息约 8 064 万元计入在建工程成本,从而使 1997 年的公司亏损额仅反映为 3 136 万元。渝钛白的总会计师给出的理由是:钛白粉工程项目很特殊,一方面,钛白粉这种化工产品不同于普通商品,对各项技术指标的要求非常严格,需要反复试生产,逐步调整质量等指标,直到生产出合格的产品才能投放市场。而试产期的产品性能不稳定,是不能投放市场的。另一方面,原料的腐蚀性强,一旦停工,原料淤积于管道、容器中,再次开工前须彻底清洗、调试设备。因此,钛白粉项目交付使用产生效益前,还有一个过渡的整改和试生产期,仍属工程建设期。也就是说,公司在 1997 年度年报中,将 8 064 万元的应付债券利息计入在建工程成本是有依据的。

注册会计师需要确定渝钛白公司对这笔借款费用的会计处理是否合理。经审计,重庆会计师事务所注册会计师认为:应付债券利息 8 064 万元应计入当期损益。因为公司钛白粉工程于 1995 年下半年就开始投产,1996 年已经具备生产能力,可以生产出合格产品。这一工程虽一度停产,但在 1997 年全年共生产 1 680 吨,这一产量尽管与设计能力 1.5 万吨还相差甚远,但主要原因是缺乏流动资金及市场暂未打开,而非工程尚未完工,该工程应认定已达到预定可使用状态。根据《企业会计准则》的规定,固定资产建成达到预定可使用状态时,为购建固定资产而发生的借款利息应当停止资本化,此后发生的借款利息应在发生时根据其发生额确认为费用,计入当期损益。

双方各执一词,重庆会计师事务所不得不发表了否定意见。

资料来源:http://www.mba163.com/glwk/cwgl/200606/55956_2.html。

# 第一节　财务报表审计总体目标与审计工作前提

## 一、财务报表审计目标

审计目标是在一定历史环境下，人们通过审计实践活动所期望达到的境地或最终结果，它包括财务报表审计目标以及与各类交易、账户余额和披露相关的审计目标两个层次。

**(一)总体目标**

审计的目的是提高财务报表预期使用者对财务报表的信赖程度。这一目的可以通过注册会计师对财务报表是否在所有重大方面按照适用的财务报告编制基础编制发表审计意见。因此，执行财务报表审计工作时，注册会计师的总体目标是：一是对财务报表整体是否不存在由于舞弊或错误导致的重大错报获取合理保证，使得注册会计师能够对财务报表是否在所有重大方面按照适用的财务报告编制基础编制发表审计意见；二是按照审计准则的规定，根据审计结果对财务报表出具审计报告，并与管理层和治理层沟通。

**(二)评价财务报表的合法性**

在评价财务报表是否按照适用的财务报告编制基础的规定编制时，注册会计师应当考虑下列内容：

(1)选择和运用的会计政策是否符合适用的财务报告编制基础，并适合于被审计单位的具体情况。

(2)管理层做出的会计估计是否合理。

(3)财务报表反映的信息是否具有相关性、可靠性、可比性和可理解性。

(4)财务报表是否做出充分披露，使财务报表使用者能够理解重大交易和事项对被审计单位财务状况、经营成果和现金流量的影响。

**(三)评价财务报表的公允性**

在评价财务报表是否做出公允反映时，注册会计师应当考虑下列内容：

(1)经管理层调整后的财务报表是否与注册会计师对被审计单位及其环境的了解一致。

(2)财务报表的列报、结构和内容是否合理。

(3)财务报表是否真实地反映了交易和事项的经济实质。

**(四)财务报表审计的作用和局限性**

财务报表审计属于鉴证业务。注册会计师作为独立的第三方，运用专业知识、技能和经验对财务报表进行审计并发表审计意见，旨在提高财务报表的可信赖程度。由于审计存在固有限制，审计工作不能对财务报表整体不存在重大错报提供绝对保证。虽然财务报表使用者可以根据财务报表和审计意见对被审计单位未来生存能力或管理层的经营效率、经营效果做出某种判断，但审计意见本身并不是对被审计单位未来生存能力或管理层经营效率、经营效果提供的保证。

**(五)目标的导向作用**

财务报表审计的目标对注册会计师的审计工作发挥着导向作用，它界定了注册会计师的责任范围，直接影响注册会计师计划和实施审计程序的性质、时间和范围，决定了注册会计师如何发表审计意见。例如,既然财务报表审计目标是对财务报表整体发表审计意见,注册会计师就可以只关注与财务报表编制和审计有关的内部控制,而不对内部控制本身发表鉴证意见。同样,注册会计师关注被审计单位的违反法规行为,是因为这些行为影响财务报表,而不是对被审计单位是否存在违反法规行为提供鉴证。

## 二、审计工作前提

法律法规可能规定了管理层和治理层与财务报告相关的责任。尽管不同国家或地区对这些责任的范围或表述方式的规定可能不尽相同,但注册会计师按照审计准则的规定执行审计工作的前提是相同的,即管理层和治理层已认可并理解其应当承担的责任。

### (一)管理层和治理层的概念

企业的所有权与经营权分离后,经营者负责企业的日常经营管理并承担受托责任。管理层通过编制财务报表反映受托责任的履行情况,治理层对管理层编制财务报表的过程实施有效的监督。

管理层是指对被审计单位经营活动的执行负有管理责任的人员。治理层是指对被审计单位战略方向和管理层履行经营管理职责负有监督责任的组织和人员。在被审计单位治理层的监督下,按照适用的会计准则和相关会计制度的规定编制财务报表是被审计单位管理层的责任。

企业的所有权与经营权分离后,经营者负责企业的日常经营管理并承担受托责任。管理者通过编制财务报表反映受托责任的履行情况。管理层作为会计工作的行为人,对编制财务报表负有直接责任。为了借助公司内部之间的权力平衡和制约关系保证财务信息的质量,公司治理结构往往要求治理层对管理层编制财务报表的过程实施有效的监督。

### (二)审计工作前提

财务报表是由被审计单位管理层在治理层的监督下编制的。管理层和治理层认可与财务报表相关的责任,是注册会计师执行审计工作的前提,构成注册会计师按照审计准则的规定执行审计工作的基础。

### (三)注册会计师的责任

按照中国注册会计师审计准则(以下简称审计准则)的规定对财务报表发表审计意见是注册会计师的责任。注册会计师作为独立的第三方,对财务报表发表审计意见,有利于提高财务报表的可信赖程度。为履行这一职责,注册会计师应当遵守职业道德规范,按照审计准则的规定计划和实施审计工作,获取充分、适当的审计证据,并根据获取的审计证据得出合理的审计结论,发表恰当的审计意见。而注册会计师通过签署审计报告来确认其责任。

### (四)管理层、治理层的责任与注册会计师责任的关系

两种责任不能相互取代。财务报表审计不能减轻被审计单位管理层和治理层的责任。管理层和治理层作为内部人员,对企业的情况更为了解,更能做出适合企业特点的会计处理决策和判断。因此,管理层和治理层理应对编制财务报表承担完全责任。尽管在审计过程中,注册会计师可能向管理层和治理层提出调整建议,甚至在不违反独立性的前提下为管理层编制财务报表提供协助,但管理层仍然对编制财务报表承担责任,并通过签署财务报表确认这一责任。

如果财务报表存在重大错报,而注册会计师通过审计没有能够发现,也不能因为财务报表

已经注册会计师审计这一事实而减轻管理层和治理层对财务报表的责任。下面通过表6－1对比一下管理层、治理层的责任与注册会计师责任的关系。

表6－1　　管理层、治理层的责任与注册会计师责任的关系

| 责任 | 含义 | 关系 | 行为 | 影响 |
|---|---|---|---|---|
| 管理层、治理层的责任 | 建立和健全本单位的内部控制制度；保护本单位的资产安全和完整；保证会计资料真实、合法和完整 | 注册会计师的审计责任不能替代、减轻和免除被审计单位管理层、治理层的责任 | 错误、舞弊和违反法规行为 | 重要性水平 |
| 注册会计师的责任 | 按照注册会计师审计准则的要求出具审计报告，对所发表的意见负责 | 被审计单位承担管理层和治理层责任不能作为减少审计测试的理由 | 违约、过失和欺诈 | 注册会计师的专业判断 |

这里的"被审计单位管理层、治理层的责任"，是指被审计单位管理层、治理层对财务报表的责任。

## 三、执行审计工作的基本要求

### (一)相关的职业道德要求

注册会计师应当遵守与财务报表审计相关的职业道德要求，包括遵守有关独立性的要求。注册会计师受到与财务报表审计相关的职业道德要求的约束。根据职业道德守则，注册会计师应当遵循的基本原则包括：(1)诚信；(2)独立性；(3)客观和公正；(4)专业胜任能力和应有的关注；(5)保密；(6)良好的职业行为。

### (二)职业判断

在计划和实施审计工作时，注册会计师应当运用职业判断。职业判断对于适当地执行审计工作是必不可少的。社会公众期望的职业判断是由具有胜任能力的注册会计师做出的。注册会计师具有的技能、知识和经验有助于形成必要的胜任能力以做出合理的判断。

### (三)审计证据和审计风险

为了获取合理保证，注册会计师应当获取充分、适当的审计证据，以将审计风险降至可接受的低水平，使其能够得出合理的结论，作为形成审计意见的基础。审计证据对于支持审计意见和审计报告是必要的。

### (四)审计的固有限制

审计的固有限制源于财务报告的性质、审计程序的性质和在合理的时间内以合理的成本完成审计的需要。

(1)财务报告的性质。管理层编制财务报表，需要根据被审计单位的事实和情况运用适当的财务报告编制基础的规定，在这一过程中需要做出判断。

(2)审计程序的性质。注册会计师获取审计证据的能力受到实务和法律上的限制。

(3)在合理的时间内以合理的成本完成审计的需要。

(4)影响审计固有限制的其他事项。

### (五)遵守审计准则

注册会计师应当按照审计准则的规定执行审计工作。审计准则作为注册会计师提供的审计服务质量的技术标准，对注册会计师在某一审计领域的责任、所需要达到的目标和核心要

求、为达到这一目标所要实现的必要审计程序做出了明确规范。注册会计师应当按照审计准则的规定执行审计工作，以保证审计工作质量，维护社会公众利益，增进社会公众对注册会计师行业的信心。

为了确保注册会计师在执行审计业务时遵守审计准则，注册会计师应当遵守会计师事务所按照有关质量控制准则要求而建立的适合于本所的质量控制制度，包括适合于审计业务的质量控制程序。

**(六)财务报表审计范围**

财务报表的审计范围是指为了实现财务报表审计目标，注册会计师根据审计准则和职业判断实施的恰当的审计程序的总和。恰当的审计程序是指审计程序的性质、时间和范围是恰当的。

注册会计师应当根据审计准则和职业判断确定审计范围。审计准则在规定注册会计师承担的责任和所要实现的目标的同时，还规定了为履行责任和实现目标所须实施的审计程序。因此，在确定拟实施的审计程序时，注册会计师应当遵守与财务报表审计相关的各项审计准则。换言之，注册会计师不能只遵守部分审计准则，而应当遵守与财务报表审计相关的所有审计准则。除非注册会计师完全遵守了与审计有关的所有准则，否则他不应声称遵守了中国注册会计师审计准则。

## 第二节　认定与具体审计目标

### 一、认定

**(一)认定的含义**

认定是指管理层对财务报表组成要素的确认、计量、列报做出的明确或隐含的表达。认定与审计目标密切相关，注册会计师的基本职责就是确定被审计单位管理层对其财务报表的认定是否恰当。保证财务报表公允反映被审计单位的财务状况和经营情况等是管理层的责任。管理层在财务报表上的认定有些是明确表达的，有些则是隐含表达的。

例如：兴华公司 2015 年 12 月 31 日部分资产负债表如下：

流动资产：

存货 ………………………………………………………………………………… 1 000 000

那么，明确的认定包括：记录的存货是存在的；记录的存货的正确余额是 1 000 000 元。

隐含的认定包括：所有应列报的存货都包括在财务报表中；记录的存货全部由本公司所拥有；存货的使用不受任何限制。

**(二)管理层认定的类别**

注册会计师对所审计期间的各类交易和事项运用的认定通常分为下列类别：

1. 与各类交易和事项相关的认定

(1)发生：记录的交易和事项已发生，且与本审计单位有关。例如，如果没有发生销售交易，但在销售账中记录了一笔销售，则已记录的销售交易是不真实的。

(2)完整性：所有应当记录的交易和事项均已记录。例如，如果发生了销售交易，但没有在销售账中记录，则已发生的销售交易被漏记了。完整性认定针对的是漏记交易(低估)。

(3)准确性：与交易和事项有关的金额及其他数据已恰当记录。例如，如果销售交易中，发出商品的数量与账单上的数量不符，或是开账单时使用了错误的销售价格，或是账单中的乘积或加总有误，或是在销售账中记录了错误的金额，则已记录的销售交易金额不正确。

(4)截止：交易和事项已记录于正确的会计期间。例如，如果本期交易推到下期，或下期交易提到本期，均属于截止认定错误。

(5)分类：交易和事项已记录于恰当的账户。例如，如果将现销记录为赊销，将出售经营性固定资产所得的收入记录为营业收入，则导致交易分类的错误。

2. 与期末账户余额相关的认定

(1)存在：记录的资产、负债和所有者权益是存在的。例如，如果不存在某客户的应收账款，在应收账款试算平衡表中却列入了对该客户的应收账款，则属于存在认定错误。

(2)权利和义务：记录的资产由本单位拥有或控制，记录的负债是本单位应当履行的偿还义务。例如，将他人寄售商品列入本单位存货中，违反了权利认定；将不属于本单位的债务记入账内，违反了义务认定。

(3)完整性：所有应当记录的资产、负债和所有者权益均已记录。例如，如果存在某客户的应收账款，在应收账款试算平衡表中却没有列入对该客户的应收账款，则属于完整性认定错误。

(4)计价和分摊：资产、负债和所有者权益以恰当的金额包括在财务报表中，与之相关的计价或分摊调整已恰当记录。例如，期末没有对应收账款计提坏账准备，致使高估应收账款金额，就属于计价和分摊认定错误。

3. 与列报和披露相关的认定

(1)发生及权利和义务：披露的交易、事项和其他情况已发生，且与本单位有关。例如，应收账款质押或出售，则需要在财务报表中列报，说明其权利受到限制。将没有发生的交易、事项，或与本单位无关的交易和事项包括在财务报表中，则违反了本项认定。

(2)完整性：所有应当包括在财务报表中的披露均已包括。如果应当披露的事项没有包括在财务报表中，则违反了完整性认定。例如，关联方和关联交易，没有在财务报表中充分披露。

(3)分类和可理解性：财务信息已被恰当地列报和描述，且披露内容表述清楚。例如，已披露存货的主要类别，将出售商品的收入列为营业收入。

(4)准确性和计价：财务信息和其他信息已公允披露，且金额恰当。例如，财务报表附注分别对原材料、在产品和产成品等存货成本核算方法做了恰当说明。

注册会计师可以按照上述分类运用认定，也可按照其他方式表述认定，但应涵盖上述所有方面。例如，注册会计师可以选择将有关交易和事项的认定与有关账户余额的认定综合运用。又如，当发生和完整性认定包含了对交易是否记录于正确会计期间的恰当考虑时，就可能不存在与交易和事项截止相关的单独认定。

## 二、具体审计目标

注册会计师了解了认定，就很容易确定每个项目的具体审计目标，并以此作为评估重大错报风险以及设计和实施进一步审计程序的基础。

**(一)与各类交易和事项相关的审计目标**

(1)发生:由发生认定推导的审计目标是确认已记录的交易是真实的。发生认定所要解决的问题是管理层是否把那些不曾发生的项目列入财务报表,它主要与财务报表组成要素的高估有关。

(2)完整性:所有应当记录的交易和事项均已记录。例如,如果发生了销售交易,但没有在销售明细账和总账中记录,则违反了该目标。

发生和完整性两者强调的是相反的关注点。发生目标针对潜在的高估,而完整性目标则针对漏记交易(低估)。

(3)准确性:与交易和事项有关的金额及其他数据是按正确金额反映的。如在销售交易中,发出商品的数量与账单上的数量不符,或是开账单时使用了错误的销售价格,或是账单中的乘积或加总有误,或是在销售明细账中记录了错误的金额,则违反了该目标。

准确性与发生、完整性之间存在区别。例如,若已记录的销售交易是不应当记录的(如发出的商品是寄销商品),则即使发票金额是准确计算的,仍违反了发生目标。又如,若已入账的销售交易是对正确发出商品的记录,但金额计算错误,则违反了准确性目标,但没有违反发生目标。在完整性与准确性之间存在同样的关系。

(4)截止:交易和事项已记录于正确的会计期间。例如,如果本期交易推到下期,或下期交易提到本期,均违反了截止目标。

(5)分类:交易和事项已记录于恰当的账户。例如,如果将现销记录为赊销,将出售经营性固定资产所得的收入记录为营业收入,则导致交易分类的错误,违反了分类的目标。

管理层认定是确定具体审计目标的基础。与各类交易和事项相关的认定与具体审计目标的关系如表 6—2 所示。

**表 6—2　　与各类交易和事项相关的认定与具体审计目标的关系**

| 名称 | 有关交易和事项的认定 | 对应的审计目标 | 针对的具体问题 |
|---|---|---|---|
| 发生 | 记录的交易和事项已发生,且与被审计单位有关 | 已记录的交易是真实的 | 财务报表要素的高估 |
| 完整性 | 所有应当记录的交易和事项均已记录 | 已发生的交易确实已经记录 | 财务报表要素的低估 |
| 准确性 | 与交易和事项有关的金额及其他数据已恰当记录 | 已记录的交易是按正确的金额反映的 | 金额计算与勾稽关系 |
| 截止 | 交易和事项已记录于正确的会计期间 | 接近资产负债表日的交易记录于恰当的期间 | 交易所属的会计期间 |
| 分类 | 交易和事项已记录于恰当的账户 | 记录的交易经过适当的分类 | 事项涉及的会计科目 |

**(二)与期末账户余额相关的审计目标**

(1)存在:记录的资产、负债和所有者权益是存在的。例如,如果不存在某客户的应收账款,在应收账款明细表中却列入了对该客户的应收账款,则违反了存在性目标。

(2)权利和义务:记录的资产由被审计单位拥有或控制,记录的负债是被审计单位应当履行的偿还义务。例如,将他人寄售商品列入被审计单位的存货中,违反了权利目标;将不属于被审计单位的债务记入账内，违反了义务目标。

(3)完整性：所有应当记录的资产、负债和所有者权益均已记录。例如，如果存在某客户的应收账款，在应收账款明细表中却没有列入对该客户的应收账款，则违反了完整性目标。

(4)计价和分摊：资产、负债和所有者权益以恰当的金额包括在财务报表中，与之相关的计价或分摊调整已恰当记录。

与期末账户余额相关的认定与具体审计目标的关系如表6—3所示。

**表6—3　　与期末账户余额相关的认定与具体审计目标的关系**

| 名　称 | 有关期末账户余额的认定 | 对应的审计目标 | 针对的具体问题 |
|---|---|---|---|
| 存在 | 记录的资产、负债和所有者权益是存在的 | 已记录的金额确实存在 | 财务报表要素的高估 |
| 完整性 | 所有应当记录的资产、负债和所有者权益均已记录 | 已存在的金额均已记录 | 财务报表要素的低估 |
| 权利和义务 | 记录的资产由被审计单位拥有或控制，记录的负债是被审计单位应当履行的偿还义务 | 资产归属于被审计单位，负债属于被审计单位的义务 | 对资产的权利与对负债的义务 |
| 计价和分摊 | 资产、负债和所有者权益以恰当的金额包括在财务报表中，与之相关的计价或分摊调整已恰当记录 | 资产、负债和所有者权益以恰当的金额包括在财务报表中，相关的计价或分摊调整已恰当记录 | 金额计算与勾稽关系 |

**(三)与列报和披露相关的审计目标**

(1)发生及权利和义务：将没有发生的交易、事项，或与被审计单位无关的交易和事项包括在财务报表中，则违反该目标。例如，复核董事会会议记录中是否记载了固定资产抵押等事项，询问管理层固定资产是否被抵押，即是对列报的权利认定的运用。如果抵押固定资产则需要在财务报表中列报，说明其权利受到限制。

(2)完整性：如果应当披露的事项没有包括在财务报表中，则违反该目标。

(3)分类和可理解性：财务信息已被恰当地列报和描述，且披露内容表述清楚。例如，检查存货的主要类别是否已披露，是否将一年内到期的长期负债列为流动负债，即是对列报的分类和可理解性认定的运用。

(4)准确性和计价：财务信息和其他信息已公允披露，且金额恰当。例如，检查财务报表附注是否分别对原材料、在产品和产成品等存货成本核算方法做了恰当说明，即是对列报的准确性和计价认定的运用。

与列报和披露相关的认定与具体审计目标的关系如表6—4所示。

**表6—4　　与列报和披露相关的认定与具体审计目标的关系**

| 名　称 | 有关列报和披露的认定 | 对应的审计目标 | 针对的具体问题 |
|---|---|---|---|
| 发生及权利和义务 | 披露的交易、事项和其他情况已发生且与被审计单位有关 | 未发生或与客户无关的交易、事项未包括在财务报表中 | 不应包括的没有包括 |
| 完整性 | 所有应当包括在财务报表中的披露均已包括 | 应当披露的事项包括在财务报表中 | 应当包括的已经包括 |

续表

| 名　称 | 有关列报和披露的认定 | 对应的审计目标 | 针对的具体问题 |
|---|---|---|---|
| 分类和可理解性 | 财务信息已被恰当地列报和描述,且披露内容表述清楚 | 财务信息已被恰当地描述且披露内容表述清楚 | 描述恰当、表达清楚 |
| 准确性和计价 | 财务信息和其他信息已公允披露,且金额恰当 | 财务信息和其他信息已公允披露且金额恰当 | 披露公允、金额准确 |

通过上述介绍可知,管理层认定是确定具体审计目标的基础。注册会计师通常将管理层认定转化为能够通过审计程序予以实现的审计目标。针对财务报表每一项目所表现出的各项认定,注册会计师相应地确定一项或多项审计目标,然后通过执行一系列审计程序获取充分、适当的审计证据以实现审计目标。管理层认定、审计目标和审计程序之间的关系举例如表6—5所示。

**表6—5　　管理层认定、审计目标和审计程序之间的关系举例**

| 管理层认定 | 审计目标 | 审计程序 |
|---|---|---|
| 存在性 | 资产负债表列示的存货存在 | 实施存货监盘程序 |
| 完整性 | 销售收入包括了所有已发货的交易 | 检查发货单和销售发票的编号以及销售明细账 |
| 准确性 | 应收账款反映的销售业务是否基于正确的价格和数量,计算是否准确 | 比较价格清单与发票上的价格、发货单与销售订购单上的数量是否一致,重新计算发票上的金额 |
| 截止 | 销售业务记录在恰当的期间 | 比较上一年度最后几天和下一年度最初几天的发货单日期与记账日期 |
| 权利和义务 | 资产负债表中的固定资产确实为公司拥有 | 查阅所有权证书、购货合同、结算单和保险单 |
| 计价和分摊 | 以净值记录应收款项 | 检查应收账款账龄分析表、评估计提的坏账准备是否充足 |

## 思考与实训

### 一、思考题

1. 什么是审计目标?
2. 简述管理层的责任。
3. 简述治理层的责任。
4. 简述注册会计师的责任。
5. 如何理解管理层、治理层的责任与注册会计师的责任之间的关系?
6. 什么是管理层认定?包含哪些内容?
7. 管理层认定与具体审计目标有什么关系?

### 二、实训题

(一)判断题

1. 财务报表审计能减轻被审计单位管理层和治理层的责任。（　　）

2. 审计目标包括总目标和具体审计目标。（　　）

3. 被审计单位管理当局在会计报表上的认定有些是明示性的，有些则是暗示性的。（　　）

4. 发生认定可能存在的问题是漏记交易(低估)。（　　）

5. 完整性认定可能存在的问题是管理层把那些不曾发生的项目记入财务报表，它主要与财务报表组成要素的低估有关。（　　）

6. 若已入账的销售交易是对正确发出商品的记录，但金额计算错误，则属于准确性认定错误。（　　）

7. 评价收益性是财务报表审计的目标。（　　）

8. 截止目标是确定交易是否已记入恰当的会计期间。（　　）

9. 注册会计师的责任是按照中国注册会计师审计准则的规定对财务报表发表审计意见。（　　）

10. 被审计单位管理层认定是对财务报表各组成要素的确认、计量、列报与披露做出的明确或隐含的表达。（　　）

(二)单项选择题

1. 作为财务报表审计目标，(　　)是指被审计单位的财务报表是否在所有重大方面公允反映其财务状况、经营成果和现金流量。

A. 合法性　　B. 公允性　　C. 一贯性　　D. 认定

2. "存在或发生"认定和"完整性"认定，分别与(　　)有关。

A. 财务报表要素的低估和高估　　B. 财务报表要素的高估和低估

C. 财务报表要素的缩小错误和夸大错误　　D. 财务报表要素的错误、舞弊和不法行为

3. 审计过程中，审计人员应围绕(　　)收集证据，对管理层的认定进行验证。

A. 审计总目标　　B. 具体审计目标　　C. 审计程序　　D. 合法性

4. 被审计单位厂房于 2014 年建造完工，已投入使用并办理了固定资产竣工决算手续，但注册会计师在审计其 2014 年财务报表的过程中发现在建造厂房的"工程成本"中有多笔生产车间工人的职工福利开支费，显然，违反被审计单位固定资产项目的(　　)认定。

A. 发生　　B. 存在　　C. 计价和分摊　　D. 完整性

5. 注册会计师在审计"应付账款"余额时，下列属于管理层明示性认定的是(　　)。

A. 存在　　B. 完整性　　C. 权利和义务　　D. 分类和可理解性

6. 下列各项中，违反了分类认定的是(　　)。

A. 把外单位寄存的商品记录在库存商品会计账簿中

B. 将已发生的销售业务不登记入账

C. 将属于本年度的接近资产负债日的交易记录于下年度

D. 将现销记录为赊销，将出售固定资产(并不是企业的日常活动)所得的收入计入主营业务收入

7. 如果被审计单位的存货存在漏记，则财务报表的(　　)认定会发生错误。

A. 完整性　　B. 存在性　　C. 分类　　D. 截止

8. H 公司将 2015 年度的主营业务收入列入 2014 年度的财务报表，则其 2014 年度财务报表存在错误的认定是(　　)。

A. 权利和义务　　B. 准确性　　C. 发生　　D. 完整性

9. 下列各项中，(　　)与收入的截止目标相关。

A. 将下年度收入列入本期　　B. 将已发生的销售业务不登记入账

C. 将利息收入列入营业收入　　D. 将未曾发生的销售登记入账

10. 下列各项中，注册会计师应主要审查收入的截止目标的是(　　)。

A. 将未曾发生的销售登记入账　　B. 将已发生的销售业务不登记入账

C. 将下年度收入列入本期　　D. 将利息收入列入营业收入

(三)多项选择题

1. 注册会计师财务报表审计目标对财务报表的(　　)发表审计意见。

A. 合法性　　B. 公允性　　C. 重大错报风险　　D. 重要性水平

2. 被审计单位已将固定资产作抵押,但未在财务报表附注中披露,则注册会计师针对该项认定的审计目标是(　　)。

A. 发生及权利和义务　　B. 分类和可理解性

C. 准确性和计价　　D. 完整性

3. 某公司 2014 年 12 月 31 日资产负债表流动资产项下列示存货 800 000 万元,则明确的认定包括(　　)。

A. 记录的存货是存在的

B. 记录的存货的正确余额是 800 000 元

C. 所有应列报的存货都包括在财务报表中了

D. 记录的存货全部由本公司所拥有且使用不受任何限制

4. 注册会计师对于被审计单位存货的分类和可理解性,应提请其做到(　　)。

A. 账簿中登记的存货均是真实存在的

B. 存货主要种类和估价基础已揭示

C. 存货项目以恰当的金额在财务报表中反映

D. 存货的抵押已作揭示

5. 注册会计师通过审计发现的下列情况中,被审计单位没有违反权利和义务认定的有(　　)。

A. 将经营租入的设备作为自有固定资产　　B. 将融资租入的设备作为自有固定资产

C. 将已经出租的专利权作为自有无形资产　　D. 将受托代销的商品作为企业的存货

6. 注册会计师对"固定资产"账户余额的认定审计时,应首先考虑验证的审计目标是(　　)。

A. 存在　　B. 计价和分摊　　C. 权利和义务　　D. 完整性

7. 与各类交易和事项相关的认定有(　　)。

A. 发生　　B. 完整性　　C. 准确性　　D. 权利和义务

8. 注册会计师在审计"应付账款"余额时,下列属于管理层暗示性认定的是(　　)。

A. 存在　　B. 完整性　　C. 权利和义务　　D. 分类和可理解性

9. 截止测试的目的主要是确定被审计单位的交易是否已记入恰当的会计期间。该程序可能与管理层对财务报表的(　　)认定相关。

A. 发生　　B. 完整性　　C. 截止　　D. 分类和可理解性

(四)综合题

1. 请根据下表中描述的内容即相关认定的含义,填列下表:

| 认　定 | 各类认定的含义 | 各类认定对应的具体审计目标 |
|---|---|---|
| 发生 | | 确认已记录的交易是真实的 |
| 截止 | 交易和事项已记录于正确的会计期间 | |
| 存在 | 记录的资产、负债和所有者权益是存在的 | |
| 权利和义务 | | 确认资产归属于被审计单位,负债属于被审计单位的义务 |
| 分类和可理解性 | 财务信息已被恰当地列报和描述,且披露内容表述清楚 | |

2. 根据内容填表。

| 财务报表审计时分别发现的事项 | 被审计单位违反的认定 |
|---|---|
| 本期交易推迟至下期记账，或者将下期应当记录的交易提前到本期记录 | |
| 期末少计提累计折旧错误 | |
| 在销售明细账中记录了并没有发生的一笔销售业务 | |
| 不存在某客户，在应收账款明细表中却列入了对该客户的应收账款 | |
| 财务报表附注没有分别对原材料、在产品和产成品等存货成本核算方法做恰当的说明 | |
| 将不属于被审计单位的债务记入账内 | |
| 将出售某经营性固定资产（并非企业的日常交易事项）所得的收入记录为主营业务收入 | |
| 没有将一年内到期的长期负债列为一年内到期的非流动负债 | |
| 发生了一项销售交易，但没有在销售明细账和总账中记录 | |
| 在销售交易中有如下情况：(1)发出商品的数量与账单上的数量不符；(2)开具账单时运用了错误的销售价格；(3)账单中的乘积或加总有误；(4)在销售明细账中记录了错误的金额 | |
| 存在对某客户的应收账款，在应收账款明细表中却没有列入对该客户的应收账款 | |
| 关联交易类型、金额没有在财务报表附注中做恰当披露 | |
| 关联方和关联交易没有在财务报表中充分披露 | |
| 将现销记录为赊销 | |

# 第七章　审计计划

## 学习目标

了解初步业务活动的目的和内容；掌握审计业务约定书；掌握总体审计策略和具体审计计划；掌握重要性和审计风险。

## 引导案例

嘉佳会计师事务所对实业发展有限责任公司进行审计。该公司成立于 2002 年 6 月，注册资本为 1 000 万元，业务范围包括物流等。至 2008 年 8 月 31 日，公司资产为 2 615 万元，负债为 243 万元，净资产为 2 443 万元。公司总经理任期为 2002 年 6 月至 2009 年 8 月，需对总经理进行任期经济责任审计。

嘉佳会计师事务所五名从业人员对此项目进行了审计，其中一人负责银行存款审计，审计时间为 2009 年 11 月 7 日至 11 月 12 日，审计收费 5 万元。

嘉佳会计师事务所出具了长式审计报告，列示了经审计确认的 2008 年 8 月 31 日的资产负债表和 2002 年 6 月至 2009 年 8 月的利润表，并对公司内部控制进行了正面评价，未对货币资金内部控制提出疑问。

审计报告出具不久，公司发现，出纳采用伪造银行对账单等手段贪污公款 80 万元，即银行存款少 80 万元，并将此情况通报嘉佳会计师事务所。

经审查审计工作底稿，发现审计人员主要进行了三个审计程序：编制了银行存款明细表，获取了银行对账单，其余额与明细账调节相符；摘录了 40 笔会计分录，无审计意见；复印了 2 张会计凭证及其原始单据，无审计意见。

嘉佳会计师事务所在自查过程中发现对实业发展有限责任公司银行存款审计的项目组织管理方面存在如下问题：审计计划阶段仅有业务约定书，没有编制审计计划，导致现场审计工作产生了重大失误。

资料来源：http://wenku.baidu.com/link? url=4VNBWemj_ktO7298LXwWhkv0NPlr6Np5rZO7Vs26b48UAh5yBOA3ufvZwFoTkpGHgBPSaKMDiTsEG5ZAdRytXW2FJSpPdYVkvHA56mWnhJW。

凡事预则立、不预则废，审计工作也不例外。计划审计工作对于注册会计师顺利完成审计工作和控制审计风险具有非常重要的意义。充分的审计计划有助于注册会计师关注重点审计领域、及时发现和解决潜在问题及恰当地组织和管理审计工作，以使审计工作更加有效。同时，充分的审计计划还可以帮助注册会计师对项目组成员进行恰当分工和指导监督，并复核其工作，还有助于协调其他注册会计师和专家的工作。

审计计划是指审计人员为了完成审计业务、达到预期的审计目的，在具体执行审计程序之前编制的工作计划。

# 第一节 初步业务活动

## 一、初步业务活动的目的和内容

### (一)初步业务活动的目的

注册会计师在计划审计工作前，需要开展初步业务活动，以实现以下三个主要目的：

(1)注册会计师已具备执行业务所需要的独立性和专业胜任能力。

(2)不存在因管理层诚信问题而影响注册会计师保持该项业务意愿的情况。

(3)与被审计单位不存在对业务约定条款的误解。

### (二)初步业务活动的内容

注册会计师在本期审计业务开始时应当开展下列初步业务活动：

1. 针对保持客户关系和具体审计业务实施相应的质量控制程序

针对保持客户关系和具体审计业务实施质量控制程序，并且根据实施相应程序的结果做出适当的决策，是注册会计师控制风险的重要环节。

2. 评价遵守职业道德规范的情况，包括评价独立性

评价遵守职业道德规范的情况也是一项非常重要的初步业务活动。职业道德规范要求项目组成员恪守独立、客观、公正的原则，保持专业胜任能力和应有的关注，并对审计过程中获知的信息保密。

由于在审计工作中情况会发生变化，注册会计师对保持客户关系及具体审计业务和评价职业道德的考虑应当贯穿审计业务的全过程。而且初始这两项活动需要安排在其他重要审计工作之前，以确保注册会计师已具备执行业务所需要的独立性和专业胜任能力，且不存在因管理层诚信问题而影响注册会计师保持该项业务意愿等情况。

**【例 7—1·单选题】** 在本期审计业务开始时，注册会计师应当开展的初步业务活动是(　　)。

A. 就审计范围与被审计单位管理层沟通　B. 获取被审计单位管理层声明书

C. 就审计责任与被审计单位治理层沟通　D. 评价项目组成员的独立性

答案：D

解析：本题考核的是初步业务活动的内容，从审计业务质量控制要求来看，业务开始时，就应当评价注册会计师的独立性和专业胜任能力，这是执行审计业务最基本的要求，也是质量控制的关键。

## 二、审计业务约定书

审计业务约定书，是指会计师事务所与被审计单位签订的，用于记录和确认审计业务的委

托与受托关系、审计目标和范围、双方的责任以及报告的格式等事项的书面协议。审计业务约定书一经双方签字认可，即具有法定约束力。会计师事务所承接任何审计业务，都应与被审计单位签订审计业务约定书。

**(一)审计业务约定书的内容**

审计业务约定书的具体内容可能因被审计单位的不同而存在差异，但应当包括下列主要内容：

(1)财务报表审计的目标；

(2)管理层对财务报表的责任；

(3)管理层编制财务报表采用的会计准则和相关会计制度；

(4)审计范围，包括指明在执行财务报表审计业务时遵守的中国注册会计师审计准则；

(5)执行审计工作的安排，包括出具审计报告的时间要求；

(6)审计报告格式和对审计结果的其他沟通形式；

(7)由于测试的性质和审计的其他固有限制，以及内部控制的固有局限性，不可避免地存在着某些重大错报可能仍然未被发现的风险；

(8)管理层为注册会计师提供必要的工作条件和协助；

(9)注册会计师不受限制地接触任何与审计有关的记录、文件和所需要的其他信息；

(10)管理层对其做出的与审计有关的声明予以书面确认；

(11)注册会计师对执业过程中获知的信息保密；

(12)审计收费，包括收费的计算基础和收费安排；

(13)违约责任及解决争议的方法；

(14)签约双方法定代表人或其授权代表的签字盖章，以及签约双方加盖的公章。

通常我们把这些内容称为审计业务约定书的必备条款。

**(二)审计业务约定书的特殊考虑**

如果情况需要，注册会计师应当考虑在审计业务约定书中列明下列内容：

(1)在某些方面对利用其他注册会计师和专家工作的安排；

(2)与审计涉及的内部审计人员和被审计单位其他员工工作的协调；

(3)预期向被审计单位提交的其他函件或报告；

(4)与治理层整体直接沟通；

(5)在首次接受审计委托时，对与前任注册会计师沟通的安排；

(6)注册会计师与被审计单位之间需要达成进一步协议的事项。

通常我们把这些内容称为审计业务约定书的约定条款。

**(三)审计业务约定书的变更**

对于连续审计，注册会计师并不需要在每一期间与客户签订新的审计业务约定书。但如果出现原约定事项或背景发生变化的情况，注册会计师应当考虑重新签订审计业务约定书。

**(四)审计业务约定书范例**

**审计业务约定书**

甲方：H股份有限公司

乙方：××会计师事务所

兹由甲方委托乙方对其2014年度财务报表进行审计，经双方协商，达成以下约定：

一、业务范围与审计目标

1. 乙方接受甲方委托，对甲方按照企业会计准则和《××会计制度》编制的 2014 年 12 月 31 日的资产负债表，2014 年度的利润表、股东权益变动表和现金流量表以及财务报表附注(以下统称财务报表)进行审计。

2. 乙方通过执行审计工作，对财务报表的下列方面发表审计意见：

(1)财务报表是否按照企业会计准则和《××会计制度》的规定编制；(2)财务报表是否在所有重大方面公允反映被审计单位的财务状况、经营成果和现金流量。

二、甲方的责任与义务

(一)甲方的责任

1. 根据《中华人民共和国会计法》及《企业财务会计报告条例》，甲方及甲方负责人有责任保证会计资料的真实性和完整性。因此，甲方管理层有责任妥善保存和提供会计记录(包括但不限于会计凭证、会计账簿及其他会计资料)，这些记录必须真实、完整地反映甲方的财务状况、经营成果和现金流量。

2. 按照企业会计准则和《××会计制度》的规定编制财务报表是甲方管理层的责任，这种责任包括：(1)设计、实施和维护与财务报表编制相关的内部控制，以使财务报表不存在由于舞弊或错误而导致的重大错报；(2)选择和运用恰当的会计政策；(3)做出合理的会计估计。

(二)甲方的义务

1. 及时为乙方的审计工作提供其所要求的全部会计资料和其他有关资料(在 2015 年×月×日之前提供审计所需的全部资料)，并保证所提供资料的真实性和完整性。

2. 确保乙方不受限制地接触任何与审计有关的记录、文件和所需的其他信息。

3. 甲方管理层对其做出的与审计有关的声明予以书面确认。

4. 为乙方派出的有关工作人员提供必要的工作条件和协助，主要事项将由乙方于外勤工作开始前提供清单。

5. 按本约定书的约定及时足额支付审计费用以及乙方人员在审计期间的交通、食宿和其他相关费用。

三、乙方的责任和义务

(一)乙方的责任

1. 乙方的责任是在实施审计工作的基础上对甲方财务报表发表审计意见。乙方按照中国注册会计师审计准则(以下简称审计准则)的规定进行审计。审计准则要求注册会计师遵守职业道德规范，计划和实施审计工作，以对财务报表是否不存在重大错报获取合理保证。

2. 审计工作涉及实施审计程序，以获取有关财务报表金额和披露的审计证据。选择的审计程序取决于乙方的判断，包括对由于舞弊或错误导致的财务报表重大错报风险的评估。在进行风险评估时，乙方考虑与财务报表编制相关的内部控制，以设计恰当的审计程序，但目的并非对内部控制的有效性发表意见。审计工作还包括评价管理层选用会计政策的恰当性和做出会计估计的合理性，以及评价财务报表的总体列报。

3. 乙方需要合理计划和实施审计工作，以使乙方能够获取充分、适当的审计证据，为甲方财务报表是否不存在重大错报获取合理保证。

4. 乙方有责任在审计报告中指明所发现的甲方在重大方面没有遵循企业会计准则和《××会计制度》编制财务报表且未按乙方的建议进行调整的事项。

5. 由于测试的性质和审计的其他固有限制，以及内部控制的固有局限性，不可避免地存在着某些重大错报在审计后可能仍然未被乙方发现的风险。

6. 在审计过程中，乙方若发现甲方内部控制存在乙方认为的重要缺陷，应向甲方提交管理建议书。但乙方在管理建议书中提出的各种事项，并不代表已全面说明所有可能存在的缺陷或已提出所有可行的改善建议。甲方在实施乙方提出的改善建议前应全面评估其影响。未经乙方书面许可，甲方不得向任何第三方提供乙方出具的管理建议书。

7. 乙方的审计不能减轻甲方及甲方管理层的责任。

（二）乙方的义务

1. 按照约定时间完成审计工作，出具审计报告。乙方应于2015年×月×日前出具审计报告。

2. 除下列情况外，乙方应当对执行业务过程中知悉的甲方信息予以保密：(1)取得甲方的授权；(2)根据法律法规的规定，为法律诉讼准备文件或提供证据，以及向监管机构报告发现的违反法规行为；(3)接受行业协会和监管机构依法进行的质量检查；(4)监管机构对乙方进行行政处罚（包括监管机构处罚前的调查、听证）以及乙方对此提起行政复议。

四、审计收费

1. 本次审计服务的收费是以乙方各级别工作人员在本次工作中所耗费的时间为基础计算的。乙方预计本次审计服务的费用总额为人民币××万元。

2. 甲方应于本约定书签署之日起×日内支付×%的审计费用，剩余款项于[审计报告草稿完成日]结清。

3. 如果由于无法预见的原因，致使乙方从事本约定书所涉及的审计服务实际时间较本约定书签订时预计的时间有明显的增加或减少时，甲、乙双方应通过协商，相应调整本约定书第四条第1项下所述的审计费用。

4. 如果由于无法预见的原因，致使乙方人员抵达甲方的工作现场后，本约定书所涉及的审计服务不再进行，甲方不得要求退还预付的审计费用；如上述情况发生于乙方人员完成现场审计工作，并离开甲方的工作现场之后，甲方应另行向乙方支付人民币×元的补偿费，该补偿费应于甲方收到乙方的收款通知之日起×日内支付。

5. 与本次审计有关的其他费用（包括交通费、食宿费等）由甲方承担。

五、审计报告和审计报告的使用

1. 乙方按《中国注册会计师审计准则第1501号——审计报告》和《中国注册会计师审计准则第1502号——非标准审计报告》规定的格式和类型出具审计报告。

2. 乙方向甲方出具审计报告一式××份。

3. 甲方在提交或对外公布审计报告时，不得修改或删节乙方出具的审计报告；不得修改或删除重要的会计数据、重要的报表附注和所做的重要说明。

六、本约定书的有效期间

本约定书自签署之日起生效，并在双方履行完毕本约定书约定的所有义务后终止。但其中第三（二）2、四、五、八、九、十项并不因本约定书终止而失效。

七、约定事项的变更

如果出现不可预见的情况，影响审计工作如期完成，或需要提前出具审计报告时，甲、乙双方均可要求变更约定事项，但应及时通知对方，并由双方协商解决。

八、终止条款

1. 如果根据乙方的职业道德及其他有关专业职责、适用的法律法规或其他任何法定的要求，乙方认为已不适宜继续为甲方提供本约定书约定的审计服务时，乙方可以采取向甲方提出合理通知的方式终止履行本约定书。

2. 在终止业务约定的情况下，乙方有权就其于本约定书终止之日前对约定的审计服务基础上所做的工作收取合理的审计费用。

九、违约责任

甲、乙双方按照《中华人民共和国合同法》的规定承担违约责任。

十、适用法律和争议解决

本约定书的所有方面均应适用中华人民共和国法律进行解释并受其约束。本约定书履行地为乙方出具审计报告所在地，因本约定书所引起的或与本约定书有关的任何纠纷或争议（包括关于本约定书条款的存在、效力或终止，或无效之后果），双方选择第____种解决方式：

(1)向有管辖权的人民法院提起诉讼；

(2)提交××仲裁委员会仲裁。

十一、双方对其他有关事项的约定

本约定书一式两份，甲、乙方各执一份，具有同等法律效力。

甲方：H股份有限公司（盖章）　　乙方：××会计师事务所（盖章）

授权代表：（签章）　　授权代表：（签章）

二〇一五年×月×日　　二〇一五年×月×日

## 第二节 总体审计策略和具体审计计划

审计计划分为总体审计策略和具体审计计划。

### 一、总体审计策略

总体审计策略用以确定审计范围、时间和方向，并指导制定具体审计计划。在制定总体审计策略时，注册会计师应考虑以下主要事项：

**（一）审计范围**

在确定审计范围时，注册会计师需要考虑下列事项：

(1)编制财务报表适用的会计准则和相关会计制度；

(2)特定行业的报告要求，如某些行业的监管部门要求提交的报告；

(3)预期的审计工作涵盖范围，包括被审计单位各组成部分的数量及所在地点；

(4)内部审计工作的可利用性及内部审计工作的拟依赖程度；

(5)信息技术对审计程序的影响，包括数据的可获得性和预期使用计算机辅助审计技术的情况；

(6)与被审计单位提供其他服务的会计师事务所人员讨论可能影响审计的事项；

(7)被审计单位的人员和相关数据的可利用性。

**(二)报告目标、时间安排及所需沟通**

在确定报告目标、时间安排及所需沟通时,注册会计师需要考虑下列事项:

(1)被审计单位的财务报告时间表;

(2)与管理层和治理层就审计工作的性质、范围和时间所举行的会议的组织工作;

(3)与管理层讨论在整个审计过程中通报审计工作进展及审计结果的预期方式;

(4)项目组成员之间预期沟通的性质和时间安排,包括项目组会议的性质和时间安排及复核工作的时间安排;

(5)提交审计报告的时间要求。

**(三)审计方向**

在确定审计方向时,注册会计师需要注意以下事项:

(1)确定适当的重要性水平;

(2)重大错报风险较高的审计领域;

(3)评估财务报表层次的重大错报风险对指导、监督和复核的影响;

(4)项目组成员的选择(在必要时包括项目质量控制复核人员)和工作分工,包括向重大错报风险较高的审计领域分派具有适当经验的人员;

(5)项目预算,包括考虑向重大错报风险可能较高的审计领域分配适当的工作时间;

(6)对内部控制重要性的重视程度;

(7)会计准则及会计制度的变化;

(8)重大行业发展状况,如行业法规变化和新的报告规定;

(9)其他重大变化,如影响被审计单位的法律环境的变化。

**(四)审计资源**

在确定审计资源时,注册会计师需要注意下列事项:

(1)向具体审计领域调配的资源,包括向高风险领域分派有适当经验的项目组成员,就复杂的问题利用专家工作等;

(2)向具体审计领域分配资源的数量,包括安排到重要存货存放地观察存货盘点的项目组成员的数量,对其他注册会计师工作的复核范围,对高风险领域安排的审计时间预算等;

(3)何时调配这些资源,包括是在期中审计阶段还是在关键的截止日期调配资源等;

(4)如何管理、指导、监督这些资源的利用,包括预期何时召开项目组预备会和总结会,预期项目负责人和经理如何进行复核,是否需要实施项目质量控制复核等。

总体审计策略的详略程度应当随被审计单位的规模及该项审计业务的复杂程度的不同而变化。在小型被审计单位审计中,全部审计工作可能由一个很小的审计项目组执行,项目组成员间容易沟通和协调,总体审计策略可以相对简单。

**【例 7—2·单选题】** 总体审计策略的详细程度取决于(　　)。

A. 初步业务活动的结果

B. 审计业务的特征

C. 为被审计单位提供其他服务时所获得的经验

D. 被审计单位规模及该项审计业务的负责程度

答案:D

解析:注册会计师主要根据审计单位规模和业务复杂程度来制定总体审计策略,故选项 D

正确。

### (五)总体审计策略范例

## 总体审计策略目录

1. 审计工作范围(见表 7—1)。
2. 重要性(见表 7—2)。
3. 报告目标、时间安排及所需沟通(见表 7—3)。
4. 人员安排(见表 7—4)。
5. 对专家或有关人士工作的利用(如适用)(见表 7—5)。

**总体审计策略参考格式**

| | |
|---|---|
| 被审计单位：________ | 索引号：________ |
| 项目：________ | 财务报表截止日/期间：________ |
| 编制：________ | 复核：________ |
| 日期：________ | 日期：________ |

**表 7—1　　审计范围**

| | |
|---|---|
| 报告要求 | |
| 适用的会计准则或制度 | 企业会计准则及会计制度 |
| 适用的审计准则 | 中国注册会计师审计准则 |
| 与财务报告相关的行业特别规定 | [如监管机构发布的有关信息披露法规、特定行业主管部门发布的与财务报告相关的法规等] |
| 需审计的集团内组成部分的数量及所在地点 | |
| 需要阅读的含有已审计财务报表文件中的其他信息 | [如上市公司年报] |
| 制定审计策略需考虑的其他事项 | [如单独出具报告的子公司范围等] |

**表 7—2　　重要性**

| 重要性 | 确定方法 |
|---|---|
| [按照《中国注册会计师审计准则第 1221 号——重要性》确定] | |

**表 7—3　　报告目标、时间安排及所需沟通**

| | |
|---|---|
| (1)对外报告 | 时间 |
| | |
| (2)执行审计时间安排 | 时间 |
| [期中审计，包括： | |
| 一、制定总体审计策略及具体审计计划 | |
| 二、制定具体审计计划 | |
| 一　……] | |

续表

| | |
|---|---|
| [期末审计,包括: | |
| 一　监盘 | |
| 一　……] | |
| (3)所需沟通 | 时间 |
| [与管理层及治理层的会议] | |
| [项目组会议(包括预备会和总结会)] | |
| [与专家或有关人士的沟通] | |
| [与其他注册会计师沟通] | |
| [与前任注册会计师沟通] | |
| [……] | |

表 7—4　　人员安排

| 职　位 | 姓　名 | 主要职责 |
|---|---|---|
| | | |

表 7—5　　对专家或有关人士工作的利用(如适用)

| |
|---|
| 对内部审计工作的利用<br>… |
| 对其他注册会计师工作的利用<br>… |
| 对专家工作的利用<br>… |

## 二、具体审计计划

注册会计师应当为审计工作制定具体审计计划。具体审计计划是依据总体审计策略制定的,比总体审计策略更加详细,其内容包括为获取充分、适当的审计证据以将审计风险降至可接受的水平,项目组成员拟实施的审计程序的性质、时间和范围。

可以说,为获取充分、适当的审计证据而确定审计程序的性质、时间和范围的决策,是具体审计计划的核心。具体审计计划包括风险评估程序、计划实施的进一步审计程序和其他审计程序。

### (一)风险评估程序

具体审计计划应当包括按照《中国注册会计师审计准则第 1211 号——了解被审计单位及其环境并评估重大错报风险》的规定,为了足够识别和评估财务报表重大错报风险,注册会计师计划实施的风险评估程序的性质、时间和范围。

### (二)计划实施的进一步审计程序

针对评估的认定层次的重大错报风险,注册会计师应当计划实施进一步审计程序的性质、时间和范围。进一步审计程序包括控制测试和实质性程序。

通常,注册会计师计划的进一步审计程序可以分为进一步审计程序的总体方案和拟实施的具体审计程序两个层次。进一步审计程序的总体方案主要是指注册会计师针对各类交易、账户余额和列报决定采用的总体方案。具体审计程序则是对进一步审计程序的总体方案的延伸和细化。在实务中,注册会计师通常单独编制一套包括具体程序的"进一步审计程序表"来体现,待具体实施审计程序时,注册会计师将基于所计划的具体审计计划,进一步记录所实施的审计程序及结果,并最终形成有关进一步审计程序的审计工作底稿。

**(三)其他审计程序**

具体审计计划应当包括根据审计准则的规定,注册会计师针对审计业务需要实施的其他审计程序。包括上述进一步程序的计划中没有涵盖的、根据其他审计准则的要求注册会计师应当执行的既定程序。

**(四)审计过程中对计划的更改**

计划审计工作并非审计业务的一个孤立阶段,而是一个持续的、不断修正的过程,贯穿整个审计业务的始终。注册会计师应当在审计过程中对总体审计策略和具体审计计划做出必要的更新和修改。

**(五)指导、监督与复核**

对项目组成员工作的指导、监督与复核的性质、时间和范围主要取决于下列因素:

(1)被审计单位的规模和复杂程度;

(2)审计领域;

(3)重大错报风险;

(4)执行审计工作的项目组成员的素质和专业胜任能力。

下面通过表7—6对总体审计策略与具体审计计划的内容及关系进行详细比较。

**表7—6　　总体审计策略与具体审计计划的比较**

| 项 目 | 总体审计策略 | 具体审计计划 |
|---|---|---|
| 内容 | 总体审计策略用以确定审计范围、时间和方向,并指导制定具体审计计划 | 风险评估程序<br>计划实施的进一步审计程序<br>计划其他审计程序 |
| 关系 | 确定重要性水平;评估重大错报风险 | 风险评估程序 |
| | 存在较高的重大错报风险 | 计划实施的进一步审计程序 |

**(六)具体审计计划范例(见表7—7)**

**表7—7　　具体审计计划**

| |
|---|
| 1. 风险评估程序 |
| (1)一般风险评估程序 |
| (2)针对特别项目的程序 |
| 2. 了解被审计单位及其环境 |
| (1)行业状况、法律环境与监管环境及其他外部因素 |
| (2)被审计单位的性质 |
| (3)会计政策的选择和运用 |

续表

| |
|---|
| (4)目标、战略及相关经营风险<br>(5)财务业绩的衡量和评价 |
| 3. 了解内部控制<br>(1)控制环境<br>(2)被审计单位的风险评估过程<br>(3)信息系统与沟通<br>(4)控制活动<br>(5)对控制的监督 |
| 4. 对风险评估及审计计划的讨论 |
| 5. 评估的重大错报风险<br>(1)评估的财务报表层次的重大错报风险<br>(2)评估的认定层次的重大错报风险 |
| 6. 计划的进一步审计程序<br>(1)重要账户或列报的计划总体方案<br>(2)计算机辅助审计技术的应用 |
| 7. 其他程序 |

# 第三节　审计重要性和审计风险

## 一、审计重要性

审计重要性是审计学的一个基本概念，对它的运用贯穿整个审计过程。

**(一)重要性的含义**

重要性取决于在具体环境下对错报金额和性质的判断。如果一项错报单独或连同其他错报可能影响财务报表使用者依据财务报表做出的经济决策，则该项错报是重大的。

为了更清楚地理解重要性的概念，需要注意把握以下几点：

(1)判断一项错报重要与否，应视其对财务报表使用者依据财务报表做出经济决策的影响程度而定。如果财务报表中的某项错报足以改变或影响财务报表使用者的相关决策，则该项错报就是重要的，否则就不重要。

(2)重要性受到错报的性质或数量的影响，或者受到两者的共同影响。首先，所谓数量方面是指错报的金额大小。一般而言，金额大的错报比金额小的错报更重要。仅从数量角度考虑，重要性水平只是提供了一个门槛或临界点。在该门槛或临界点之上的错报就是重要的；反之，则该错报不重要。其次，所谓性质方面是指错报的性质。在有些情况下，某些金额的错报从数量上看并不重要，但从性质上考虑，则可能是重要的。对于某些财务报表披露的错报，难以从数量上判断是否重要，则应从性质上考虑其是否重要。

(3)判断一个事项对财务报表使用者是否重大，是将使用者作为一个群体对共同性的财务信息的需求来考虑的。没有考虑错报对个别特定使用者可能产生的影响，因为个别特定使用者的需求可能不同。

(4)重要性的确定离不开具体环境。由于不同的被审计单位面临不同的环境，不同的报表使用者有着不同的信息需求，因此注册会计师确定的重要性也不相同。某一金额的错报对某被审计单位的财务报表来说是重要的，而对另一个被审计单位的财务报表来说可能不重要。例如，10 万元的错误对于一个小规模的企业来说可能是重要的，而对一个大规模企业来说则可能是不重要的。

(5)对重要性的评估需要运用职业判断。影响重要性的因素很多，注册会计师应当根据被审计单位面临的环境，并综合考虑其他因素，合理确定重要性水平。不同的注册会计师在确定同一被审计单位财务报表层次和认定层次的重要性水平时，得出的结果可能不同。主要是因为对影响重要性的各因素的判断存在差异。因此，注册会计师需要运用职业判断来合理评估重要性。

**(二)重要性水平的确定**

在计划审计工作时，注册会计师应当确定一个可接受的重要性水平，以发现在金额上重大的错报。注册会计师在确定计划的重要性水平时，需要考虑对审计单位环境的了解、审计的目标、财务报表各项目的性质及其相互关系、财务报表项目的金额及其波动幅度。同时，还应从数量和性质两个方面合理确定重要性水平。

1. 从数量方面考虑重要性

注册会计师应当考虑财务报表层次和各类交易、账户余额、列报认定层次的重要性。

(1)财务报表层次的重要性水平

财务报表层次的重要性水平即总体重要性水平。财务报表的累计错报金额超过这一重要性水平，就可能造成财务报表使用者的判断失误，应当认为是重要的；反之，则认为错报金额不重要。

注册会计师通常先选择一个恰当的基准(被审计单位规模越大，这个比率要求越小)，再选用适当的百分比乘以该基准，从而得出财务报表层次的重要性水平。

**报表层重要性水平** ＝恰当的基准×恰当的百分比(%)

恰当的基准 → 可作为基准的项目

恰当的百分比(%) → 参考指标

当同一时期各个财务报表的重要性水平不相同时，应取最低的作为财务报表层次的重要性水平。实务中用来判断重要性水平的参考数值如表 7－8 所示。

**表 7－8　　判断重要性水平的参考数值**

| | 指　标 | 比　例 |
|---|---|---|
| 1 | 税前净利润 | 5%～10% |
| 2 | 资产总额 | 0.5%～1% |
| 3 | 净资产 | 1% |
| 4 | 营业收入 | 0.5%～1% |

(2)各类交易、账户余额、列报认定层次的重要性水平

财务报表的信息来源于各账户和交易，因此，还需要确定账户与交易层次的重要性水平，这一层次的重要性水平也称为“可容忍错报”。可容忍错报的确定以注册会计师对财务报表层次重要性水平的初步评估为基础。它是在不导致财务报表存在重大错报的情况下，注册会计师对各类交易、账户余额、列报确定的可接受的最大错报。低于这一水平的错报是可容忍的；反之，高于这一水平的错报是不可接受的。

在确定各类交易、账户余额、列报认定层次的重要性水平时，注册会计师应当考虑以下主要因素：①各类交易、账户余额、列报的性质及错报的可能性；②各类交易、账户余额、列报的重要性水平与财务报表层次重要性水平的关系。

2. 从性质方面考虑重要性

在某些情况下，金额相对较少的错报可能会对财务报表产生重大影响。构成重要性的因素包括以下几个方面：

(1)对财务报表使用者需求的感知；

(2)获利能力趋势；

(3)因没有遵守贷款契约、合同约定、法规条款和法定的或常规的报告要求而产生错报的影响；

(4)关联方关系；

(5)通过一个账户处理大量的、复杂的和相同性质的个别交易；

(6)可能的违法行为、违约和利益冲突；

(7)个别极其重大但不同的错报抵消产生的影响。

**(三)评价错报的影响**

1. 尚未更正错报的汇总数

尚未更正错报的汇总数包括已经识别的具体错报和推断误差，分别说明如下：

(1)已经识别的具体错报。已经识别的具体错报是指注册会计师在审计过程中发现的、能够准确计量的错报，包括下列两类：

①对事实的错报。这类错报产生于被审计单位收集和处理数据的错误，对事实的忽略或误解，或故意舞弊行为。例如，注册会计师在审计测试中发现最近购入存货的实际价值为20 000元，但账面记录的金额却为15 000元。因此，存货和应付账款分别被低估了5 000元，这里被低估的5 000元就是已识别的对事实的具体错报。

②涉及主观决策的错报。这类错报产生于两种情况：一是管理层和注册会计师对会计估计值的判断差异，例如，由于包含在财务报表中的管理层做出的估计值超出了注册会计师确定的一个合理范围，导致出现判断差异；二是管理层和注册会计师对选择和运用会计政策的判断差异，由于注册会计师认为管理层选用会计政策造成错报，管理层却认为选用会计政策适当，导致出现判断差异。

(2)推断误差。也称“可能误差”，是注册会计师对不能明确、具体地识别的其他错报的最佳估计数。推断误差通常包括下列内容：

①通过测试样本估计出的总体的错报减去在测试中发现的已经识别的具体错报。例如，应收账款年末余额为2 000万元，注册会计师抽查10%样本发现金额有100万元的高估，高估

部分为账面金额的 20%，据此注册会计师推断总体的错报金额为 400 万元(2 000×20%)，那么上述 100 万元就是已识别的具体错报，其余 300 万元即为推断误差。

②通过实质性分析程序推断出的估计错报。例如，注册会计师根据客户的预算资料及行业趋势要素，对客户年度销售费用独立做出估计，并与客户账面金额比较，发现两者间有 50% 的差异；考虑到估计的精确性有限，注册会计师根据经验认为 10%的差异通常是可接受的，而剩余 40%的差异需要有合理解释并取得佐证性证据；假定注册会计师对其中的 10%的差异无法得到合理解释或不能取得佐证，则该部分差异金额即为推断误差。

2. 评价尚未更正错报的汇总数的影响

注册会计师应当评估在审计过程中已识别但尚未更正错报的汇总数是否重大。

注册会计师需要在出具审计报告之前，评估尚未更正错报单独或累积的影响是否重大。在评估时，注册会计师应当从特定的某类交易、账户余额及列报认定层次和财务报表层次考虑这些错报的金额和性质，以及这些错报发生的特定环境。

注册会计师在评估未更正错报是否重大时，不仅需要考虑每项错报对财务报表的单独影响，而且需要考虑所有错报对财务报表的累积影响及其形成原因，尤其是一些金额较小的错报，虽然单个看起来并不重大，但是其累计数却可能对财务报表产生重大的影响。为全面地评价错报的影响，注册会计师应将审计过程中已识别的具体错报和推断误差进行汇总。

尚未更正错报与财务报表层次重要性水平相比，可能出现以下两种情况：

(1)尚未更正错报的汇总数低于重要性水平(并且特定项目的尚未更正错报也低于考虑其性质所设定的更低的重要性水平，下同)。如果尚未更正错报汇总数低于重要性水平，对财务报表的影响不重大，注册会计师可以发表无保留意见的审计报告。

(2)尚未更正错报的汇总数超过或接近重要性水平。如果尚未更正错报汇总数超过了重要性水平，对财务报表的影响可能是重大的，注册会计师应当考虑通过扩大审计程序的范围或要求管理层调整财务报表降低审计风险。在任何情况下，注册会计师都应当要求管理层就已识别的错报调整财务报表。如果管理层拒绝调整财务报表，并且扩大审计程序范围的结果不能使注册会计师认为尚未更正错报的汇总数不重大，注册会计师应当考虑出具非无保留意见的审计报告。

如果已识别但尚未更正错报的汇总数接近重要性水平，注册会计师应当考虑该汇总数连同尚未发现的错报是否可能超过重要性水平，并考虑通过实施追加的审计程序，或要求管理层调整财务报表降低审计风险。

为了便于记忆，我们对上述内容进行总结，如表 7—9 所示。

**表 7—9　　尚未更正错报汇总不同情况应采取的措施**

| 尚未更正错报汇总 | 措　施 |
| --- | --- |
| 低于重要性水平 | 注册会计师可以发表无保留意见的审计报告 |
| 超过重要性水平 | 注册会计师应当考虑通过扩大审计程序的范围或要求管理层调整财务报表降低审计风险 |
| 接近重要性水平 | 通过实施追加的审计程序，或要求管理层调整财务报表降低审计风险 |

**【例 7—3・单选题】** 下列有关审计重要性的表述中，错误的是(　　)。

A. 在考虑一项错报是否重要时，既要考虑错报的金额，又要考虑错报的性质

B. 重要性的确定离不开职业判断

C. 如果一项错报单独或连同其他错报可能影响财务报表使用者依据财务报表做出的经济决策，则该项错报是重要的

D. 重要性一旦确定，就不能修改

答案：D

解析：注册会计师应当根据尚未更正的错报来决定是否建议管理层调整。尚未更正的错报包括已识别尚未更正的错报和推断的错误，所以选项D错误。

## 二、审计风险

在执行审计业务时，注册会计师应当考虑重要性与审计风险的关系。

审计风险是指财务报表存在重大错报，而注册会计师发表不恰当审计意见的可能性。审计业务是一种保证程度高的鉴证业务，可接受的审计风险应当足够低，以使注册会计师能够合理保证所审计财务报表不含有重大错报。审计风险取决于重大错报风险和检查风险。

### (一)重大错报风险

重大错报风险是指财务报表在审计前存在重大错报的可能性。注册会计师应从两个层次考虑重大错报风险。

1. 财务报表层次重大错报风险

财务报表层次的重大错报风险与财务报表整体存在广泛联系，可能影响多项认定。财务报表层次重大错报很可能来源于薄弱的控制环境，难以限于某类交易、账户余额、列报与披露，审计人员应当采取总体应对措施。如经济危机、管理层缺乏诚信、治理层形同虚设等，可能引发舞弊风险，与财务报表整体相关。

2. 各类交易、账户余额、列报认定层次重大错报风险

认定层次的重大错报风险与特定的各类交易、账户余额、列报与披露相关。如被审计单位存在复杂的联营或合资，这一事项表明“长期股权投资”账户的认定可能存在重大错报风险。

认定层次的重大错报风险又可进一步细分为固有风险和控制风险。

(1)固有风险。固有风险是指假设不存在相关的内部控制，某一认定发生重大错报的可能性，无论该错报是单独考虑，还是连同其他错报构成重大错报。例如，会计人员在记录金额过程中多写或少写了一个零。

(2)控制风险。控制风险是指某项认定发生了重大错报，无论该错报是单独考虑，还是连同其他错报构成重大错报，而该错报没有被企业的内部控制及时防止、发现和纠正的可能性。例如，记录的金额多写了一个零却没有被复核人员所发现。控制风险取决于与财务报表编制有关的内部控制的设计和运行的有效性。由于控制的固有局限性，某种程序的控制风险始终存在。

需要说明的是，由于固有风险和控制风险不可分割地交织在一起，有时无法单独进行评估，本教材通常不再单独提到固有风险和控制风险，而只是将这两者合并称为“重大错报风险”。但这并不意味着，注册会计师不可以单独对固有风险和控制风险进行评估，相反，注册会计师既可以对两者进行单独评估，也可以对两者进行合并评估。

### (二)检查风险

检查风险是指某一认定存在错报，该错报单独或连同其他错报是重大的，但审计人员没有

发现各种错报的可能性。例如，记录的金额多写了一个零，复核没有发现、纠正，审计也未能检查出来。检查风险取决于审计程序设计的合理性和执行的有效性。由于注册会计师通常并不对所有的交易、账户余额和列报进行检查，以及其他原因，检查风险不可能降低为零。

其他原因包括注册会计师可能选择了不恰当的审计程序、审计过程执行不当，或者错误解读了审计结论。这些因素可以通过适当计划、在项目组成员之间进行恰当的职责分配、保持职业怀疑态度以及监督、指导和复核助理人员所执行的审计工作得以解决。下面通过表7—10对固有风险、控制风险与检查风险进行比较。

**表 7—10　固有风险、控制风险、检查风险的对比**

| 类　别 | 固有风险 | 控制风险 | 检查风险 |
|---|---|---|---|
| 概念 | 又称内在风险 | 又称制度风险 | 又称测试风险 |
| 特征 | 注册会计师无法控制，但可评估 | | 注册会计师可控制 |

### (三)检查风险与重大错报风险的反向关系及运用

1. 检查风险与重大错报风险的反向关系

在既定的审计风险水平下，可接受的检查风险水平与认定层次重大错报风险的评估结果成反向关系。评估的重大错报风险越高，可接受的检查风险越低；评估的重大错报风险越低，可接受的检查风险越高。具体如图 7—1 所示。

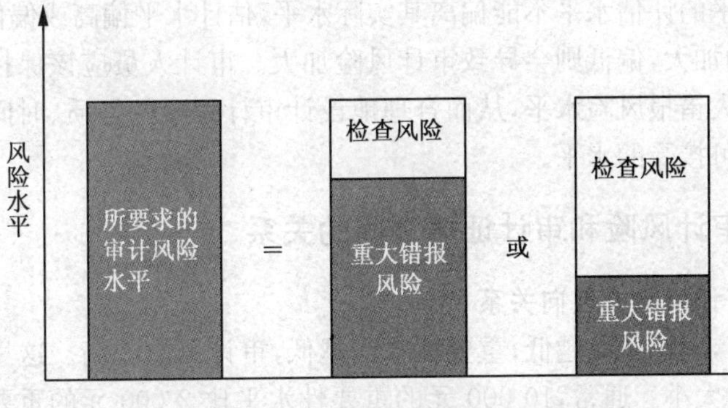


**图 7—1　检查风险与重大错报风险的反向关系**

检查风险与重大错报风险的反向关系用模型表示如下：

$$审计风险=重大错报风险\times检查风险=固有风险\times控制风险\times检查风险$$

这个模型也就是审计风险模型。实务中，注册会计师不一定用绝对数量表示这些风险水平，而选用“高”“中”“低”等文字描述。

2. 运用

(1)在计划阶段，运用审计风险模型确定可接受的检查风险水平。

$$可接受的检查风险水平=\frac{可接受的审计风险}{重大错报风险}$$

(2)在终结阶段，运用审计风险模型评估实际审计风险水平，并将实际审计风险水平与可接受的审计风险水平相比较，若前者高出后者，就需要重新确定审计范围，调整审计程序，或者重新考虑准备发表的审计意见类型。审计风险模型的这种运用延续于整个审计过程。审计风险各要素之间存在如表7—11所示的变动关系。

表7—11　　审计风险各要素之间的变动关系及与审计证据之间的关系

| 审计人员对报表层次重大错报风险的评估 | 审计人员对认定层次重大错报风险的评估 | | | 审计证据需要的数量 |
|---|---|---|---|---|
| | 高 | 中 | 低 | |
| | 审计人员可接受的检查风险 | | | |
| 高 | 最低 | 较低 | 中等 | 多 |
| 中 | 较低 | 中等 | 较高 | 中 |
| 低 | 中等 | 较高 | 最高 | 少 |

从表7—11中可以看出,在既定的审计风险水平下,可接受的检查风险水平与重大错报风险的评估结果成反向关系。

(1)评估的重大错报风险越高,可接受的检查风险越低,为此必须扩大审计程序的范围,获取更多的审计证据,从而降低检查风险实际水平,以将实际审计风险控制在可接受的水平,确保审计效果。

(2)评估的重大错报风险越低,可接受的检查风险越高,则可适当缩小审计程序的范围,获取较少的审计证据,以提高审计效率。

(3)审计人员对重大错报风险估计水平同所需审计证据的数量之间成同向关系。也就是说,重大错报风险水平的评估水平不能偏离其实际水平,估计水平偏高或偏低都是不利的。偏高会导致审计成本的加大,偏低则会导致审计风险加大。审计人员应该保持应有的职业怀疑态度,合理地估计重大错报风险水平,从而合理地设计审计程序的性质、时间和范围并有效执行,将检查风险降到可接受的水平。

## 三、重要性与审计风险和审计证据之间的关系

### (一)重要性与审计风险成反向关系

重要性水平越高,审计风险越低;重要性水平越低,审计风险越高。这里所说的重要性水平高低指的是金额的大小。通常,10 000元的重要性水平比2 000元的重要性水平高。在理解两者之间的关系时,必须注意,重要性水平是注册会计师从财务报表使用者的角度进行判断的结果。如果重要性水平是10 000元,则意味着低于10 000元的错报不会影响财务报表使用者的决策,此时注册会计师需要通过执行有关审计程序合理保证能发现高于10 000元的错报。如果重要性水平是2 000元,则金额在2 000元以上的错报就会影响财务报表使用者的决策,此时注册会计师需要通过执行有关审计程序合理保证能发现金额在2 000元以上的错报。显然,重要性水平为2 000元时审计不出这样的重大错报的可能性即审计风险,要比重要性水平为10 000元时的审计风险高。重要性与审计风险的关系如表7—12所示。

表7—12　　重要性与审计风险的关系

| 审计证据的实际量→实际审计重要性水平→实际审计风险水平 | | |
|---|---|---|
| 不变 | 低 | 高 |
| 不变 | 高 | 低 |

**(二)重要性与审计证据成反向关系**

重要性水平越低,应获取的审计证据越多。例如,为合理保证"存货"账户的错报不超过20 000元所需收集的审计证据比为了合理保证该账户错报不超过 200 000 元所需收集的审计证据要多。在理解这一关系时,必须注意,重要性水平不同于重要的审计项目。审计项目越重要,所需收集的审计证据越多。例如,占资产总额 40%的审计项目比占资产总额 10%的审计项目需要更多的审计证据。

重要性与审计风险和审计证据的关系如图 7-2 所示。

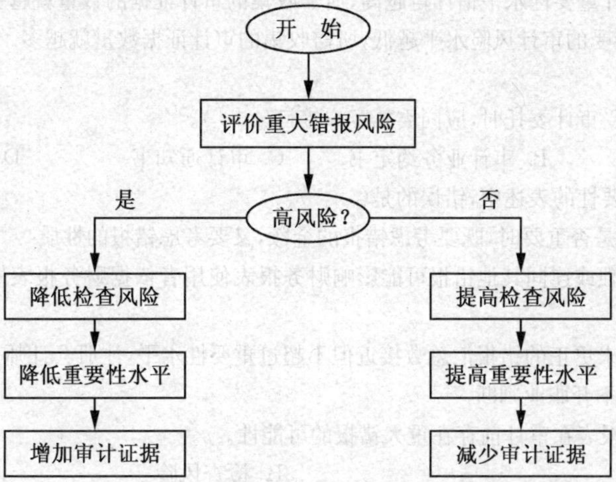


**图 7-2　重要性、审计风险和审计证据三者之间的关系**

值得注意的是,注册会计师不能通过不合理地人为调高重要性水平,降低审计风险。因为重要性是依据重要性概念中所述的判断标准确定的,而不是由主观期望的审计风险水平决定的。

## 思考与实训

### 一、思考题

1. 什么是审计计划?
2. 签订审计业务约定书前应做哪些准备工作?
3. 什么是审计业务约定书?简要表述哪些是必备条款,哪些是约定条款。
4. 总体审计策略包括哪些内容?
5. 具体审计计划包括哪些主要内容?
6. 什么是审计重要性?如何评估财务报表层次的重要性水平?
7. 什么是审计风险?其构成要素有哪些?各自存在什么关系?
8. 试分析审计重要性、审计风险与审计证据之间的关系。

### 二、实训题

(一)判断题

1. 审计计划在执行中可以在适当条件下进行修改。　(　　)

2. 审计业务约定书适用于单位内部审计人员执行的内部业务。（　　）

3. 审计业务约定书是由注册会计师与委托人签订的书面协议。（　　）

4. 注册会计师可以同被审计单位就总体审计策略进行沟通，并协调工作，因此，审计计划可以由注册会计师同被审计单位共同编制。（　　）

5. 理解和应用重要性需要站在被审计单位管理层的视角去判断。（　　）

6. 即使同一位注册会计师，在不同时间确定的同一被审计单位的重要性也可能是不同的。（　　）

7. 审计重要性是客观存在的，因此，注册会计师不应当运用职业判断来合理确定重要性水平。（　　）

8. 注册会计师可以人为地适当调高重要性水平，以降低审计风险。（　　）

9. 注册会计师对审计重要性水平估计得越高，所需收集的审计证据的数量就越少。（　　）

10. 注册会计师可接受的审计风险水平越低，所需收集的审计证据数量就越多。（　　）

(二)单项选择题

1. 会计师事务所接受审计委托时，应同委托客户签订（　　）。

A. 审计准则　　B. 审计业务约定书　　C. 审计通知书　　D. 审计报告

2. 下列有关审计重要性的表述中，错误的是（　　）。

A. 在考虑一项错报是否重要时，既要考虑错报的金额，又要考虑错报的性质

B. 如果一项错报单独或连同其他错报可能影响财务报表使用者依据财务报表做出的经济决策，则该项错报是重要的

C. 如果已识别但尚未更正的错报汇总数接近但不超过重要性水平，注册会计师无须要求管理层调整

D. 重要性的确定离不开职业判断

3.（　　）是指财务报表在审计前存在重大错报的可能性。

A. 审计风险　　B. 检查风险

C. 重大错报风险　　D. 被审计单位经营风险

4. 注册会计师对重大错报风险的估计水平与所需审计证据数量之间（　　）。

A. 呈同向变动　　B. 呈反向变动　　C. 呈比例变化　　D. 不存在关系

5. 在财务报表重大错报风险的评估过程中，注册会计师识别的重大错报风险与财务报表整体广泛相关，进而影响多项认定，则属于（　　）的重大错报风险。

A. 某类交易、账户余额的认定层次　　B. 财务报表层次

C. 认定层次　　D. 列报层次

6. 如果同一期间不同财务报表的审计重要性水平不同，作为财务报表层次的重要性水平，注册会计师应取其（　　）。

A. 最高者　　B. 最低者　　C. 平均数　　D. 加权平均数

7. 注册会计师通过设计的审计程序未能检查出财务报表中存在重大错误的可能性是（　　）。

A. 固有风险　　B. 重大错报风险　　C. 经营风险　　D. 检查风险

8. 在审计风险一定条件下，重大错报风险与检查风险之间（　　）。

A. 呈同向变动　　B. 呈反向变动

C. 有时有关系，有时无关系　　D. 不存在关系

9. 如果某一审计项目可接受的审计风险为5%，重大错报风险为76%，则可接受的检查风险应为（　　）。

A. 12%　　B. 6.6%　　C. 8.92%　　D. 13%

10. 重要性水平与审计证据的关系是（　　）。

A. 审计项目越重要，所需的证据越少　　B. 重要性水平与所需证据没有关系

C. 重要性水平与所需证据成正比　　D. 重要性水平越低，所需证据就越多

(三)多项选择题

1. 总体审计策略的内容包括(　　)。

A. 向具体审计领域调配的资源　　B. 向具体审计领域分配资源的数量

C. 何时调配这些资源　　D. 如何管理、指导、监督这些资源的利用

2. 具体审计计划应包括(　　)。

A. 风险评估程序　　B. 计划实施的进一步审计程序

C. 计划其他审计程序　　D. 及时签订或修改审计业务约定书

3. 下列对重要性概念的理解中,正确的有(　　)。

A. 判断一个事项对财务报表使用者是否重大,是将使用者作为一个群体对共同性的财务信息的需求来考虑的

B. 判断一项错报重要与否,应视其对财务报表使用者依据财务报表做出经济决策的影响程度而定

C. 重要性的确定离不开具体环境

D. 对重要性的评估需要运用职业判断

4. 可以用作确定财务报表层次重要性水平基准的指标有(　　)。

A. 总资产　　B. 总负债　　C. 销售收入　　D. 净利润

5. 确定计划重要性水平时应考虑(　　)。

A. 对被审计单位及环境的了解　　B. 审计目标

C. 财务报表各项目性质及相互关系　　D. 财务报表项目的金额及波动幅度

6. 注册会计师应考虑两个层次的重大错报风险,即(　　)。

A. 财务报表层次　　B. 认定层次　　C. 账簿层次　　D. 凭证层次

7. 审计人员不能控制的风险有(　　)。

A. 固有风险　　B. 检查风险　　C. 控制风险　　D. 重大错报风险

8. 审计风险的构成要素包括(　　)。

A. 重大错报风险　　B. 检查风险　　C. 审计重要性　　D. 合理保证

9. 下列关于审计风险的说法中,正确的有(　　)。

A. 审计人员确实遵循了执业准则,但却提出了错误的审计意见的可能性

B. 会计报表存在重大错报,审计人员审计后发表不恰当审计意见的可能性

C. 审计风险与审计重要性存在反向关系

D. 重大错报风险或检查风险水平越高,审计风险水平也越高

10. 对于特定的被审计单位而言,审计风险和审计证据的关系可以表述为(　　)。

A. 要求的审计风险越低,所需的审计证据数量就越多

B. 要求的检查风险越高,所需的审计证据数量就越少

C. 评估的重大错报风险越低,所需的审计证据数量就越少

D. 评估的重大错报风险越高,所需的审计证据数量就越多

(四)综合题

1. 某注册会计师在评估被审计单位的审计风险时,分别设计了以下四种情况(见下表),以帮助决定可接受的检查风险水平:

| 风险类别 | 情况一 | 情况二 | 情况三 | 情况四 |
|---|---|---|---|---|
| 可接受的审计风险 | 5% | 3% | 2% | 4% |
| 重大错报风险 | 30% | 100% | 40% | 100% |

请回答:

(1)上述四种情况下的可接受检查风险水平分别是多少?

(2)哪种情况需要注册会计师获取最多的审计证据?为什么?

2. A 和 B 注册会计师对甲股份有限公司 2015 年度财务报表进行审计,其未经审计的有关会计的报表项目金额如下表所示(单位:人民币万元):

| 会计报表项目名称 | 金　额 |
|---|---|
| 资产总计 | 190 000 |
| 股东权益合计 | 87 000 |
| 主营业务收入 | 230 000 |
| 利润总额 | 38 000 |
| 净利润 | 24 200 |

要求:

(1)如以资产总额、净资产、主营业务收入和净利润作为判断基础,采用固定比率法,并假定资产总额、净资产、主营业务收入和利润总额的固定百分比数值分别为 0.5%、1%、0.5%和 5%,请代 A 和 B 注册会计师计算确定甲公司 2015 年度财务报表层次的重要性水平(请列示计算过程)。

(2)简要说明重要性水平与审计风险之间的关系。

3. 红达会计师事务所为了提高业务质量,委派了项目经理、注册会计师刘某对业务人员进行“审计重要性”的后续教育。刘某准备就以下问题进行讲授。请代注册会计师刘某回答下列问题:

(1)什么是审计重要性水平?

(2)注册会计师如何合理确定重要性水平?

(3)审计重要性与审计风险、审计证据之间关系如何?

# 第八章　审计证据与审计工作底稿

## 学习目标

掌握审计证据的含义和种类，掌握各类证据与具体审计目标的关系；掌握审计证据的基本特征；掌握获取审计证据的程序；了解审计工作底稿的定义；了解审计工作底稿的编制要求和性质；掌握审计工作底稿的格式、内容和范围；掌握审计工作底稿的归档要求。

## 引导案例

1999年6月，受浙江省委组织部的委托，浙江省审计厅担纲受命，组织精兵强将对朱承岭实施领导干部任期经济责任审计。审计组进驻省供销社后，立即紧锣密鼓地开展工作。

审计工作刚开始，干扰和困难就接踵而至。首先是账务杂。省供销社这些年资金往来数量多、金额大，各类账册林林总总，各种凭证眼花缭乱，审计核查烦琐复杂。其次是取证难。省供销社的经营业务单位多在异地，分布于深圳、海南、北京、上海各处，且许多属私营企业，不易取证。浙江省审计厅陈正兴厅长亲自部署，要求审计人员一要坚决，二要慎重，三要重证据，用客观事实说话。

“满陇桂雨”工程是杭州西湖“新十景”的一个旅游景点项目，从某房地产公司提供给调查组的资料反映，开发“满陇桂雨”项目前期费用总支出达7 223万元，该公司实际占用省供销社投入该项目资金已达6 995万元。审计组沿着资金走向，从账户入手发现疑点，从票据入手追根溯源，从外围入手顺藤摸瓜，深入剖析有疑点的资金往来账户。一方面通过银行核查，绝不放过任何蛛丝马迹；另一方面走村串户，深入偏僻的满觉陇村调查取证。经过紧张艰苦的内查外调，审计组取得了确凿的证据，结果表明，仅该项目存在差额就达3 575万元。

………

2000年10月，浙江省多家媒体相继报道了一条重要消息：浙江省供销合作社原主任、浙江省兴合集团总裁朱承岭涉嫌经济犯罪，已被移送检察机关立案。这是一个涉案金额巨大的经济犯罪案件，由此牵出的原杭州市副市长叶某某等要员纷纷落网。一时间，这个消息在杭城的大街小巷不胫而走，甚至成为网上BBS的热门话题。广大群众为我们党和政府反腐败斗争的又一重大胜利额手称庆，为浙江省“反腐卫士”挖出的“大蛀虫”拍手称快。此时此刻，直接参与这次反贪行动的审计人员深感欣慰，历时数月的审计调查取证工作终于显现成效。浙江审计人在没有硝烟的“反贪战线”上，用卓越的智慧和胆识创下了又一个成功战例，不辱使命地履行了党和人民赋予的神圣职责。

资料来源:http://www.iaudit.cn/Article/ShowArticle.asp? ArticleID=155。

## 第一节 审计证据

审计是凭证据“说话”的,因此,收集和评价审计证据是注册会计师得出审计结论、支撑审计意见的基础,也是整个审计工作的核心。

### 一、审计证据的概念和种类

#### (一)审计证据的概念

审计证据是指注册会计师为了得出审计结论、形成审计意见而使用的所有信息,包括财务报表依据的会计记录中含有的信息和其他信息。审计证据的内容如图8—1所示。

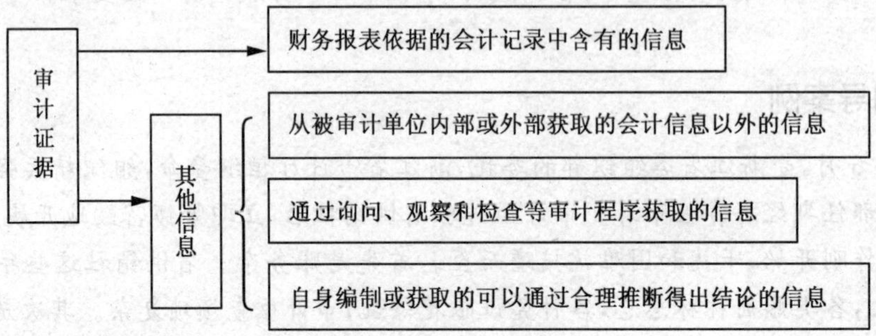


图8—1 审计证据的内容

1. 会计记录

会计记录是编制财务报表的基础,是注册会计师执行财务报表审计业务所获取的审计证据的最重要组成部分。主要包括:原始凭证、记账凭证、总分类账和明细分类账、未在记账凭证中反映的对财务报表的其他调整、手工计算表和电子计算表等。

2. 其他信息

其他信息是注册会计师从被审计单位内部或外部获取的会计记录以外的信息。主要包括:会计记录、内部控制手册、询证函的回函、分析师的报告、与竞争者的比较数据等。

图8—1中会计记录和其他信息共同构成了审计证据,两者缺一不可。如果没有前者,审计工作无法进行;如果没有后者,可能无法识别重大错报风险。依据会计记录编制财务报表是被审计单位管理层的责任,审计人员应当测试会计记录以获取审计证据。如果会计记录中含有的信息本身不足以提供充分的审计证据作为对财务报表发表审计意见的基础,审计人员还应当获取用作审计证据的其他信息。

只有将两者结合在一起,才能将审计风险降至可接受的低水平,为注册会计师发表审计意见提供合理的保证。

#### (二)审计证据的种类

1. 按审计证据的形式分类

(1)实物证据

实物证据又称物证,是审计人员通过实地观察、检查等方法确定某些实物资产存在性的证据。通常对现金、有价证券、存货、固定资产等的审计需要实物证据。在审计实务中,实物证据一般是以各类盘点表的形式加以记录的。

通常实物证据被认为是最可靠的证据,具有很强的证明力。但实物证据也有一定的局限性。它仅适用于资产负债表中的部分资产项目,有些资产如应收账款、银行存款等,无法找到实物证据。而且有些资产即使通过实地观察、清点,也很难证明实物证据是否真实。

(2)书面证据

书面证据又称文件证据,是指审计人员获取的各种以书面记录为形式的证据。书面证据是审计证据的主要组成部分。它包括审计人员从被审计单位、其他单位取得或审计人员自己编制的各种以书面记录为形式的证据,如各种原始凭证、会计记录(记账凭证、会计账簿和各种明细表等)、各种会议记录和文件、各种合同、报告及函件等。

书面证据的可靠性取决于两个因素。首先取决于证据本身是否易于涂改和伪造。若易于涂改和改造,则可靠性差,审计人员在执行审计的过程中应格外注意。其次取决于证据的来源。一般来说,来自企业外部直接交给审计人员的证据,可靠性最高;来自企业内部但送给外部背书或加工的证据,因受外部组织的严格审查,可靠性居第二;来自企业外部但为企业掌握的证据以及来自企业内部的证据,其可靠性则分居第三、第四位。

(3)口头证据

口头证据又称文件证据或陈述证据,是指被审计单位的人员或其他有关人员对审计人员的询问做口头答复所形成的证据。口头证据通常要形成书面记录,必要时应让被询问者签字确认。

口头证据并不能独立证明被审计事项的真相,但往往能够提供重要的审计线索,从而有利于对一些问题进行深入的调查研究,可以作为实物证据和书面证据的补充和旁证。

(4)环境证据

环境证据是指对被审计单位产生影响的各种情况。如:

①被审计单位内部控制状况

如果被审计单位的内部控制健全、有效,并得到一贯遵守,就可以提高其所提供的资料的可靠程度,相应地,审计人员收集的其他审计证据就可适当减少。如果被审计单位内部控制制度较弱,注册会计师就必须获取更多数量的其他审计证据以支持审计结论。

②被审计单位管理人员的素质

被审计单位管理人员素质的高低在很大程度上将影响其所提供资料的可信赖程度。被审计单位管理人员的素质越高,其所提供的证据发生差错的可能性就越小,注册会计师就可以获取较少的其他审计证据;否则,就需获取更多的其他审计证据。

③被审计单位的管理条件和管理水平

被审计单位各种管理条件的优劣和管理水平的高低会对被审计单位所提供资料的可靠程度产生很大的影响。如果被审计单位管理条件较好和管理水平较高,其所提供的证据发生差错的可能性就越小,注册会计师就可以获取较少的其他审计证据;否则,就需更多地获取其他审计证据。

④外部环境

如行业状况，市场供求与竞争，监管环境，环保要求等。

环境证据也不属于基本证据，但它有助于审计人员了解被审计单位的状况及环境，在审计中也是不可缺少的证据。

2. 按审计证据的来源分类

(1)内部证据

内部证据是指由被审计单位内部编制和提供的审计证据，其证明力较弱。包括两个层次：

①被审计单位产生并经其处理、保存的证据。如被审计单位自制的原始凭证、记账凭证、账簿、试算平衡表、汇总表、管理层声明书、重要的计划、合同、会议记录等其他有关书面资料。

②由被审计单位产生但经过外部单位处理或保存的证据。如被审计单位签发的支票、开出的收据和销货发票等。由于这些证据经过外部单位加工或审核，提高了可靠性，比单纯的内部证据的证明力强。

(2)外部证据

外部证据是指由被审计单位以外的单位或人士所编制的书面证据，其证明力较强。它又可以分为三类：

①由审计人员直接编制的审计证据，如审计人员通过分析性复核所做的各种分析表、计算表等。

②产生于被审计单位外部并由其直接交给审计人员的审计证据，如应收账款函证的回函、被审计单位律师的证明函件、银行回函、保险公司的证明等。

③由被审计单位人员处理或保存的证据，如银行对账单、购货发票等。这类产生于外部的证据具有较强的证明力，但经被审计单位过手后，就有可能被处置不当或被修改，因而降低了其可靠程度。

3. 按审计证据的重要性分类

(1)基本证据

基本证据又称主要证据，是指对应证实的事物具有直接证明力的重要的原始证据。如对于财务报表来说，总分类账是其编制的基本依据，因而也是证明其是否正确的基本证据。实物证据和书面证据都属于基本证据。

(2)辅助证据

辅助证据又称补充证据，是指能佐证或支持基本证据或能证明应证实的事项有关细节和侧面的证据，这种证据对基本证据起补充、强化作用。口头证据和环境证据都属于辅助证据。

## 二、审计证据的特征

审计证据要具有较强的证明力，就必须具有充分性和适当性两个特征。

### (一)审计证据的充分性

审计证据的充分性是对审计证据数量的衡量，影响因素如下：

(1)与注册会计师确定的样本量有关。例如，对某个审计项目实施某一选定的审计程序，从1 000个样本中获得的证据要比从500个样本中获得的证据更充分。

(2)注册会计师需要获取的审计证据的数量受重大错报风险评估和审计证据质量的影响。错报风险越大，需要的审计证据数量可能越多；审计证据质量越高，需要的审计证据数量可能越少。

例如,注册会计师对某个生产手机的公司进行审计,经过分析认为,受被审计单位行业性质的影响,存货陈旧的可能性相当高,存货计价的错报可能性就比较大。为此,注册会计师在审计中,就要选取更多的存货样本进行测试,以确定存货陈旧的程度,从而确认存货的价值是否被高估。

**(二)审计证据的适当性**

审计证据的适当性是对审计证据质量的衡量,包括相关性和可靠性两层含义。

1. 审计证据的相关性

审计证据的相关性是指用作审计证据的信息与审计程序的目的和所考虑的相关认定之间的逻辑联系。用作审计证据的信息的相关性可能受测试方向的影响。例如,如果某审计程序的目的是测试应付账款的计价高估,则测试已记录的应付账款可能是相关的审计程序。另一方面,如果某审计程序的目的是测试应付账款的计价低估,则测试已记录的应付账款不是相关的审计程序,相关的审计程序可能是测试期后支出、未支付发票、供应商结算单以及发票未到的收货报告单等。

2. 审计证据的可靠性

审计证据的可靠性是指审计证据的可信度。例如,注册会计师亲自检查存货所获得的证据,就比被审计单位管理层提供给注册会计师的存货数据更可靠。审计证据的可靠性取决于审计证据的来源和性质,并取决于取证环境的影响。参考标准如下:

(1)外部证据比从其他来源获取的审计证据更可靠;

(2)以文件、记录形式存在的审计证据比口头形式的审计证据更可靠;

(3)直接获取的审计证据比间接获取或推论得出的审计证据更可靠;

(4)内部控制有效时内部生成的审计证据比内部控制薄弱时内部生成的审计证据更可靠;

(5)从原件获取的审计证据比从传真或复印件获取的审计证据更可靠。

**(三)充分性和适当性的关系**

充分性和适当性是审计证据的两个重要特征,两者缺一不可,只有充分且适当的审计证据才是有证明力的。注册会计师需要获取的审计证据的数量也受审计证据质量的影响。审计证据质量越高,需要的审计证据可能越少。也就是说,审计证据的适当性会影响审计证据的充分性。需要注意的是,尽管审计证据的充分性和适当性相关,但如果审计证据的质量存在缺陷,那么注册会计师仅靠获取更多的审计证据可能无法弥补其质量的缺陷。例如,被审计单位内部控制健全时生成的审计证据更可靠,注册会计师只需获取适量的审计证据,就可以为发表审计意见提供合理的基础。所以审计证据并不是越多越好。

**(四)评价充分性和可靠性时的特殊考虑**

(1)对文件记录可靠性的考虑。审计工作通常不涉及鉴定文件记录的真伪,注册会计师也不是鉴定文件记录真伪的专家,但应当考虑用作审计证据的信息的可靠性,并考虑与这些信息生成和维护相关控制的有效性。

(2)使用被审计单位生成信息时的考虑。注册会计师为获取可靠的审计证据,实施审计程序时使用的被审计单位生成的信息需要足够完整和准确。

(3)证据相互矛盾时的考虑。如果针对某项认定从不同来源获取的审计证据或获取的不同性质的审计证据能够相互印证,与该项认定相关的审计证据则具有更强的说服力。如果从不同来源获取的审计证据或获取的不同性质的审计证据不一致，表明某项审计证据可能不可靠，注册会计师应当追加必要的审计程序。

(4)获取审计证据时对成本的考虑。注册会计师可以考虑获取审计证据的成本与所获取信息的有用性之间的关系，但不应以获取审计证据的困难和成本为由减少不可替代的审计证据。在保证获取充分、适当的审计证据的前提下，控制审计成本也是会计师事务所增强竞争能力和获利能力所必需的。

## 三、获取审计证据的审计程序

### (一)检查

检查是指注册会计师对被审计单位内部或外部生成的，以纸质、电子或其他介质形式存在的记录和文件进行审查，或对资产进行实物审查。检查记录或文件可以提供可靠程度不同的审计证据，审计证据的可靠性取决于记录或文件的性质和来源，而在检查内部记录或文件时，其可靠性则取决于生成该记录或文件的内部控制的有效性。将检查用作控制测试的一个例子，是检查记录以获取关于授权的审计证据。

检查有形资产可为其存在提供可靠的审计证据，但不一定能够为权利和义务或计价等认定提供可靠的审计证据。对个别存货项目进行的检查，可与存货监盘一同实施。

### (二)观察

观察是指注册会计师查看相关人员正在从事的活动或执行的程序。例如，对客户执行的存货盘点或控制活动进行观察。观察提供的审计证据仅限于观察发生的时点，并且在相关人员已知被观察时，相关人员从事活动或执行程序可能与日常的做法不同，从而影响注册会计师对真实情况的了解。因此，注册会计师有必要获取其他类型的佐证证据。

### (三)询问

询问是指注册会计师以书面或口头方式，向被审计单位内部或外部的知情人员获取财务信息和非财务信息，并对答复进行评价的过程。

知情人员对询问的答复可能为注册会计师提供尚未获悉的信息或佐证证据，也可能提供与已获悉信息存在重大差异的信息；注册会计师应当根据询问结果考虑修改审计程序或实施追加的审计程序。

询问本身不足以发现认定层次存在的重大错报，也不足以测试内部控制运行的有效性，注册会计师还应当实施其他审计程序获取充分、适当的审计证据。

### (四)函证

1. 函证的含义

函证是指注册会计师为了获取影响财务报表或相关披露认定的项目的信息，通过直接来自第三方对有关信息和现存状况的声明，获取和评价审计证据的过程。通过函证获取的证据可靠性较高，因此，函证是受到高度重视并经常被使用的一种重要程序。例如，对应收账款余额或银行存款的函证。

2. 函证决策

注册会计师应当确定是否有必要实施函证以获取认定层次的充分、适当的审计证据。在做出决策时，注册会计师应当考虑以下两个因素：

(1)评估的认定层次重大错报风险

评估的认定层次重大错报风险水平越高，注册会计师对通过实质性程序获取的审计证据的相关性和可靠性的要求越高。因此，随着评估的认定层次重大错报风险的增高，注册会计师就要设计实质性程序获取更加相关和可靠的审计证据，或者更具说服力的审计证据。在这种情况下，函证程序的运用对于提供充分、适当的审计证据可能是有效的。反之，评估的认定层次重大错报风险水平越低，注册会计师需要从实质性程序中获取的审计证据的相关性和可靠性的要求越低。

(2)通过实施其他审计程序获取的审计证据

针对同一项认定，可从不同来源获取审计证据或获取不同性质的审计证据。这里的其他审计程序是指函证审计程序以外的其他审计程序。

3. 函证的内容

(1)函证银行存款、借款(包括零余额账户和在本期内注销的账户)及与金融机构往来的其他重要信息(见表8—1)。

**表8—1　　函证项目与函证内容**

| 函证项目 | 函证内容 |
|---|---|
| 银行存款、借款及与金融机构往来的其他重要信息 | 了解实际存在的银行存款余额、借款余额以及抵押、质押及担保情况 |
| 零余额账户 | 银行存款或借款 |
| 在本期内注销的账户 | 银行存款或借款 |

(2)可以实施函证的其他项目。

注册会计师也可以根据具体情况和实际需要对下列内容(包括但并不限于)实施函证：交易性金融资产；应收票据；其他应收款；应付账款；预收账款；预付账款；保证、抵押或质押；由其他单位代为保管、加工或销售的存货等。

可见，函证通常适用于账户余额及其组成部分，但不一定限于这些项目。例如，为确认合同条款没有发生变动及变化细节，注册会计师可以函证被审计单位与第三方签订的合同条款，注册会计师还可以向第三方函证是否存在影响被审计单位收入确认的背后协议或某项重大交易的细节。

4. 函证程序实施的范围

注册会计师根据对被审计单位的了解、评估的重大错报风险以及所测试总体的特征等确定从总体中选取特定项目进行测试。选取的特定项目包括以下几个方面：

(1)金额较大的项目；

(2)账龄较长的项目；

(3)交易频繁但期末余额较小的项目；

(4)重大关联方交易；

(5)重大或异常的交易；

(6)可能存在争议以及产生重大弊端或错误的交易。

5. 函证的时间和方式

注册会计师通常以资产负债表日为截止日，在资产负债表日后适当时间内实施函证。如果重大错报风险评估为低水平，注册会计师可选择资产负债表日前适当日期为截止日实施函证，并对所函证项目自该截止日起至资产负债表日止发生的变动实施实质性程序。

函证分为积极式函证和消极式函证两种。

(1)积极式函证。积极式函证也称肯定式函证，是指对于印证事项，无论是否相符，都要求被询证单位或个人在限定的时间内回函。

(2)消极式函证。消极式函证也称否定式函证，是指对于印证事项，在不相符的情况下，才要求被询证单位或个人在限定的时间内回函。当同时存在下列情况时，注册会计师可考虑采用消极式函证的方式：①涉及大量余额较小的账户；②没有理由相信被询证者不认真对待函证；③重大错报风险评估为低水平；④预期不存在大量的错误。

在实务中，注册会计师可采用积极的或消极的函证方式实施函证，也可将两种方式结合使用。

6. 其他有关实施函证的注意事项

注册会计师应当对函证实施过程进行有效控制，以及对函证实施结果进行评价，对不符事项要给予关注和处理。

**(五)重新计算**

重新计算是指注册会计师以人工方式或使用计算机辅助审计技术，对记录或文件中的数据计算的准确性进行核对。例如，计算销售发票和存货的总金额，加总日记账和明细账，检查折旧费用和预付费用的计算，检查应纳税额的计算等。

**(六)重新执行**

重新执行是指注册会计师以人工方式或使用计算机辅助审计技术，重新独立执行作为被审计单位内部控制组成部分的程序或控制。例如，注册会计师利用被审计单位的银行存款日记账和银行对账单，重新编制银行存款余额调节表，并与被审计单位编制的银行存款余额调节表进行核对。

**(七)分析程序**

分析程序是指注册会计师通过研究不同财务数据之间以及财务数据与非财务数据之间的内在关系，对财务信息做出评价。分析程序还包括调查识别出的、与其他相关信息不一致或与预期数据严重偏离的波动和关系。关于分析程序的运用见表 8－2。

**表 8－2　　分析程序的运用**

| 过　程 | 要　求 |
|---|---|
| 风险评估过程 | 强制使用 |
| 进一步审计程序 | 任意选择 |
| 完成审计工作 | 强制使用 |
| 分析程序可贯穿财务报表审计的全过程，目的在于发现异常情况 | |
| 具体方法：趋势分析法、比率分析法、合理性测试法和回归分析法等 | |

**【例 8－1・分析题】** 注册会计师姚铭对 A 公司 2015 年会计报表进行审计，获得了以下相关数据(见表 8－3)；2014 年数据已经会计师事务所审计。

要求：为确定重大审计领域，注册会计师姚铭拟实施分析程序，请对资料进行分析，指出利润表中的异常波动项目，并写出分析过程；对表 8－4 进行分析后，指出需重大审计的销售费用项目，并写出分析过程。

表 8—3　　　　A 公司 2015 年度利润表和 2014 年度利润表　　　　单位：万元

| 项　目 | 2015 年度（未审数） | 2014 年度（已审数） |
|---|---|---|
| 一、营业收入 | 58 000 | 41 000 |
| 减：营业成本 | 40 000 | 33 000 |
| 营业税金及附加 | 1 000 | 900 |
| 销售费用 | 4 000 | 3 200 |
| 管理费用 | (5 000) | 2 000 |
| 财务费用 | 1 000 | 900 |
| 资产减值损失 | | |
| 加：投资收益 | 5 000 | 2 000 |
| 公允价值变动损益 | | |
| 二、营业利润 | 22 000 | 3 000 |
| 加：营业外收入 | 1 000 | 1 500 |
| 减：营业外支出 | 2 000 | 2 000 |
| 三：利润总额 | 21 000 | 2 500 |
| 减：所得税费用（25%） | 3 000 | 700 |
| 四、净利润 | 18 000 | 1 800 |

表 8—4　　　　A 公司 2015 年度及 2014 年度销售费用明细　　　　单位：万元

| 项　目 | 2015 年度（未审数） | 2014 年度（已审数） |
|---|---|---|
| 广告费用 | 1 400 | 1 200 |
| 产品质量保证 | 500 | — |
| 运输费用 | 1 100 | 1 000 |
| 工资 | 1 000 | 1 000 |
| 合　计 | 4 000 | 3 200 |

分析要点：(1)利润表中的异常波动项目：营业收入、营业成本、管理费用、投资收益、所得税费用。报表显示，营业收入比上年增加了 17 000 万元（58 000－41 000），增幅为 41.26%（17 000÷41 000）；营业成本增加了 7 000 万元，增幅为 21.21%；2015 年毛利率为 31.03%（18 000÷58 000）；2014 年毛利率为 19.51%（8 000÷41 000）；所以营业收入和营业成本异常。收入在增加，而管理费用在 2015 年冲销过多，是最异常的项目；投资收益比上年增加了 3 000万元，增幅为 150%；所得税费用比上年增加了 2 300 万元，增幅为 328.57%，且计算的所得税税率为 14.29%（3 000÷21 000），与给出的所得税税率 25% 相差较大。而注册会计师了解到，A 公司 2015 年度的经营形势、管理及组织结构上与上年度比较未发生重大变化（与收入费用等有关），且未发生重大重组行为（与投资收益有关），这些项目波动的幅度较大，应认为异

常。(2)需重点审计的销售费用项目：产品质量保证费用。由于产品质量保证费用一般按销售额的百分比提取，2014 年的营业收入为 41 000 万元，没有质量保证费用，而 2015 年的营业收入为 58 000 万元，却增加了质量保证费用 500 万元，应重点审计，检查是否存在人为调节费用的情况。

上述审计程序单独或组合起来，可以作为风险评估程序、控制测试和实施程序。

审计程序与审计证据的关系如图 8－2 所示。

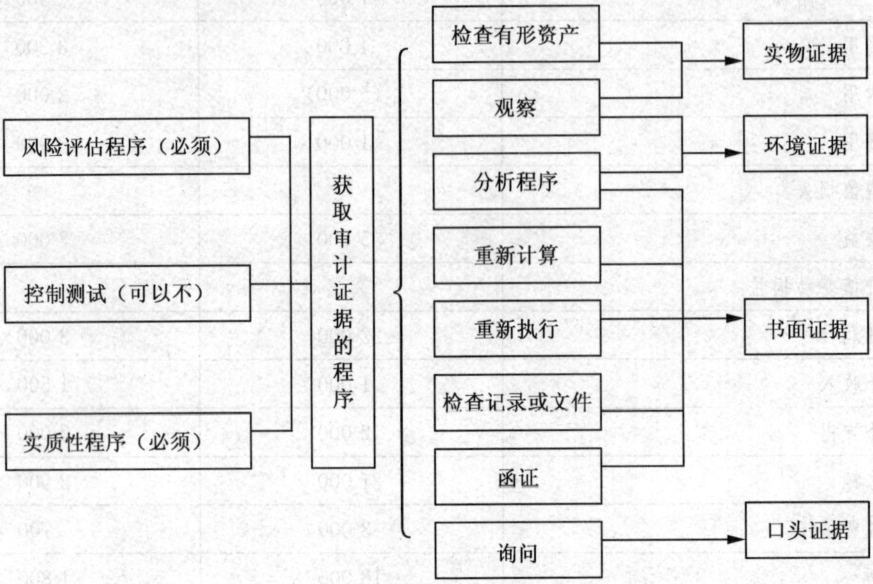


**图 8－2　审计程序与审计证据的关系**

如图 8－2 所示，审计程序同审计证据并不是一一对应的关系，一种审计程序可以产生多种审计证据，而要获得一种审计证据也可选用多种审计程序。

## 四、审计证据的综合

### (一)审计证据整理与分析的方法

审计人员应对收集到的分散的原始状态的审计证据按一定的方法进行加工整理，使其成为充分、适当的审计证据，以便形成恰当的审计意见。

一般情况下，审计证据整理的方法如下：

(1)分类。分类是将各个审计证据按其证明力或按其与认定的关系进行分类排序。一般情况下，首先将审计证据按每一会计报表项目进行分类；其次，再按每一个审计目标将审计证据进行再次分类；最后再将其按与审计目标的关系或证明力的强弱进行排序。

(2)计算。按照一定的方法对数据方面的审计证据进行计算，得出新的审计证据。

(3)比较。比较包括两个方面：一方面，要将各种审计证据进行反复比较，从中分析出被审计单位经济业务的变动趋势及其特征；另一方面，还要与审计目标进行比较，判断其是否符合要求，是否需要补充收集审计证据。

(4)小结。小结是指审计证据在分类、计算和比较的基础上，注册会计师对审计证据进行归纳、总结,得出具有说服力的局部审计结论。

(5)综合。综合是指注册会计师对各类审计证据及其所形成的局部审计结论进行综合分析,最终形成整体的审计意见。

**(二)审计证据整理与分析应注意的问题**

1. 审计证据的取舍

注册会计师不可能将所获取的全部审计证据都反映到审计报告中,因此在编写审计报告之前,必须对反映不同内容的审计证据做适当的取舍,选择那些具有代表性的、典型的审计证据在审计报告中加以反映。其取舍标准如下:

(1)金额大小。对于金额较大、足以对被审计单位的财务状况或经营成果的反映产生重大影响的证据,应当作为重要证据保留。

(2)问题性质的严重程度。金额虽不大,但揭示的问题性质较严重,则应作为重要的审计证据。

2. 分清事实的现象与本质

在审计实务中,常常会遇到收集的审计证据所反映的情况只是一种表象,如果注册会计师的经验不够或者没有保持应有的职业怀疑态度,就很容易被表象所迷惑而看不清事实的真相,当然也就不可能得出正确的审计结论。

3. 排除伪证

所谓伪证,是审计证据的提供者出于某种动机而伪造的证据或提供的假证。如不排除伪证,注册会计师就无法得出正确的审计结论。

# 第二节 审计工作底稿

审计工作底稿是指注册会计师对制定的审计计划、实施的审计程序、获取的相关审计证据,以及得出的审计结论做出的记录。审计工作底稿是审计证据的载体,具有法律效力,是注册会计师在审计过程中形成的审计工作记录和获取的资料。它形成于审计过程,也反映整个审计过程。

## 一、审计工作底稿的性质

**(一)审计工作底稿存在的形式**

审计工作底稿可以纸质、电子或其他介质的形式存在。

**(二)审计工作底稿包括的内容**

审计工作底稿通常包括总体审计策略、具体审计计划、分析表、问题备忘录、重大事项概要、询证函回函、管理层声明书、核对表、有关重大事项的往来信件(包括电子邮件),以及对被审计单位文件记录的摘要或复印件等。

此外,审计工作底稿通常还包括业务约定书、管理建议书、项目组内部或项目组与被审计单位举行的会议记录、与其他人士(如其他注册会计师、律师、专家等)的沟通文件及错报汇总表等。

## 二、审计工作底稿的要素

注册会计师编制的审计工作底稿，应当使得未曾接触该项审计工作的有经验的专业人士清楚了解：按照审计准则的规定实施的审计程序的性质、时间和范围；实施审计程序的结果和获取的审计证据；就重大事项得出的结论。

**(一)审计工作底稿的要素**

1. 审计工作底稿的标题。

2. 审计过程记录。审计过程记录包括以下三个方面：

(1)记录实施审计程序的性质、时间和范围。

(2)记录特定项目或事项的识别特征。根据这一识别特征，可以从总体中找到该项目或事项。

(3)重大事项，是指会对整个审计工作和审计结论产生重大影响的事项。通常包括以下内容：

①引起特别风险的事项；

②实施审计程序的结果，该结果表明财务信息可能存在重大错报，或需要修正以前对重大错报风险的评估和针对这些风险拟采取的应对措施；

③导致注册会计师难以实施必要审计程序的情形；

④导致出具非标准审计报告的事项。

3. 审计结论。

注册会计师恰当地记录审计结论非常重要，注册会计师需要根据所执行的审计程序及获取的审计证据得出结论，并以此作为对财务报表形成审计意见的基础。在记录审计结论时需注意，应在审计工作底稿中记录审计程序和审计证据是否足以支持所得出并记录的审计结论。

4. 审计标识及其说明。

审计标识是注册会计师为了便于表达审计含义而采用的符号。为便于他人理解，注册会计师应在审计工作底稿中说明各种标识所代表的含义，审计标识应前后一致。

常用的审计标识如下：

| | |
|---|---|
| Λ | 纵加核对 |
| < | 横加核对 |
| B | 与上年结转数核对一致 |
| T | 与原始凭证核对一致 |
| G | 与总分类账核对一致 |
| S | 与明细分类账核对一致 |
| T/B | 与试算平衡表核对一致 |
| C | 已发询证函 |
| C\ | 已收回询证函 |

5. 索引号及编号。

在实务中，注册会计师可以按照所记录的审计工作的内容层次进行编号。例如，固定资产汇总表的编号为C1，按类别列示的固定资产明细表的编号为C1－1，以及列示单个固定资产原值及累计折旧的明细表编号，包括房屋建筑物(编号为C1－1－1)、机器设备(编号为C1－1－2)、运输工具(编号为C1—1—3)及其他设备(编号为C1—1—4)。

相互引用时,需要在审计工作底稿中交叉注明索引号。

下面举例说明不同审计工作底稿之间的相互索引,使相关审计工作底稿之间保持清晰的勾稽关系。具体如表8—5固定资产汇总表工作底稿、表8—6固定资产明细表工作底稿所示。

**表8—5　　固定资产汇总表(工作底稿索引号:C1)(节选)**

| 工作底稿索引号 | 固定资产 | 20×5年12月31日 | 20×4年12月31日 |
|---|---|---|---|
| C1—1 | 原值 | ×××G | ××× |
| C1—1 | 累计折旧 | ×××G | ××× |
| | 净值 | ×××　T/B　∧ | ×××　B　∧ |

**表8—6　　固定资产明细表(工作底稿索引号:C1—1)(节选)**

| 工作底稿索引号 | 固定资产 | 期初余额 | 本期增加 | 本期减少 | 期末余额 |
|---|---|---|---|---|---|
| | 原值 | | | | |
| C1—1—1 | 1. 房屋建筑物 | ××× | | ××× | ×××　S |
| C1—1—2 | 2. 机器设备 | ××× | ××× | | ×××　S |
| C1—1—3 | 3. 运输工具 | ××× | | | ×××　S |
| C1—1—4 | 4. 其他设备 | ××× | | | ×××　S |
| | 小　计 | ×××B∧ | ×××　∧ | ×××　∧ | ×××<C1　∧ |
| | | | | | |
| | 累计折旧 | | | | |
| C1—1—1 | 1. 房屋建筑物 | ××× | | | ×××　S |
| C1—1—2 | 2. 机器设备 | ××× | ××× | | ×××　S |
| C1—1—3 | 3. 运输工具 | ××× | | | ×××　S |
| C1—1—4 | 4. 其他设备 | ××× | | | ×××　S |
| | 小　计 | ×××B∧ | ×××　∧ | ×××　∧ | ×××<C1　∧ |
| | 净　值 | ×××B∧ | | | ×××　C1 |

6. 编制者及编制日期。

7. 复核者姓名及复核日期。

8. 其他应说明事项。

**(二)编制审计工作底稿的基本要求**

注册会计师编制的审计工作底稿,应当使未曾接触该项审计工作的有经验的专业人士清楚地了解以下内容:

(1)按照审计准则和相关法律法规的规定实施的审计程序的性质、时间安排和范围。

(2)实施审计程序的结果和获取的审计证据。

(3)审计中遇到的重大事项和得出的结论,以及在得出结论时做出的重大职业判断。

有经验的专业人士，是指会计师事务所内部或外部的具有审计实务经验，并且对以上方面有合理了解的人士。

## 三、审计工作底稿的复核

审计工作底稿的复核制度就是会计师事务所对有关复核人级别、复核程序与要点、复核人职责等做出的明文规定。

**（一）项目组成员实施的复核**

《中国注册会计师审计准则第 1121 号——历史财务信息审计的质量控制》规定，由项目组内经验较多的人员（包括项目负责人）复核经验较少人员的工作时，复核人员应当考虑以下内容：

（1）审计工作是否已按照法律法规、职业道德规范和审计准则的规定执行；

（2）重大事项是否已提请进一步考虑；

（3）相关事项是否已进行适当咨询，由此形成的结论是否得到记录和执行；

（4）是否需要修改已执行审计工作的性质、时间和范围；

（5）已执行的审计工作是否支持形成的结论，并已得到适当记录；

（6）获取的审计证据是否充分、适当，足以支持审计报告；

（7）审计程序的目标是否已经实现。

为了监督审计业务的进程，并考虑助理人员是否具备足够的专业技能和胜任能力，以执行分派的审计工作，了解审计指令及按照总体审计策略和具体审计计划执行工作，有必要对执行业务的助理人员进行适当的督导和复核。

复核人员应当知悉并解决重大的会计和审计问题，考虑其重要程度并适当修改总体审计策略和具体审计计划。此外，项目组成员与客户的专业判断分歧应当得到解决，必要时，应考虑寻求恰当的咨询。

对工作底稿实施的复核必须留下证据，一般由复核者在相关审计工作底稿上签名并署明日期。

**（二）项目质量控制复核**

《中国注册会计师审计准则第 1121 号——历史财务信息审计的质量控制》规定，注册会计师在出具审计报告前，会计师事务所应当指定专门的机构或人员对审计项目执行的审计实施项目质量控制复核。

项目负责人有责任采取以下措施：

（1）确定会计师事务所已委派项目质量控制复核人员；

（2）与项目质量控制复核人员讨论在审计过程中遇到的重大事项，包括项目质量控制复核中识别的重大事项；

（3）在项目质量控制复核完成后，才能出具审计报告。

项目质量控制复核应当包括客观评价下列事项：

（1）项目组做出的重大判断；

（2）在准备审计报告时得出的结论。

会计师事务所采用制衡制度，以确保委派独立的、有经验的审计人员作为其所熟悉行业的项目质量控制复核人员。复核范围取决于审计项目的复杂程度以及未能根据具体情况出具审计报告的风险。

项目质量控制复核与项目组内部复核在内容和目的等方面具有一定的相似性，但存在以下主要区别：

（1）复核主体不同。项目组内部复核是项目组内部成员实施的复核，包括项目负责人实施的复核；项目质量控制复核则是会计师事务所挑选不参与该业务的人员独立地对特定业务实施的复核。后者的独立性和客观性高于前者。

（2）复核对象不同。对每项审计业务都应当进行项目组内部复核；而会计师事务所只对特定业务才实施独立的项目质量控制复核。如对上市公司财务报表审计，就必须进行项目质量控制复核，原因在于上市公司财务报表涉及社会公众利益的范围广泛，审计一旦出现问题，社会经济影响比较重大。

（3）复核要求不同。对每项审计业务实施项目组内部复核的内容比较广泛；会计师事务所对特定业务实施项目质量控制复核的重点，是客观评价项目组做出的重大判断和在准备审计报告时形成的结论。

## 四、审计工作底稿的管理

### （一）审计工作底稿的所有权

审计工作底稿的所有权属于会计师事务所。

### （二）审计工作底稿的归档和保管期限

注册会计师应当按照会计师事务所质量控制政策和程序的规定，及时将审计工作底稿归整为最终审计档案。审计工作底稿的归档期限为审计报告日后60天内。如果注册会计师未能完成审计业务，审计工作底稿的归档期限为审计业务中止后的60天内。

会计师事务所应当自审计报告日起，对审计工作底稿至少保存10年。如果注册会计师未能完成审计业务，会计师事务所应当自审计业务中止日起，对审计工作底稿至少保存10年。

### （三）审计档案的结构

对每项具体审计业务，注册会计师应当将审计工作底稿归整为审计档案。在实务中，审计档案可以分为永久性档案和当期档案。

1. 永久性档案

永久性档案是指那些记录内容相对稳定，具有长期使用价值，并对以后审计工作具有重要影响和直接作用的审计档案，应当永久保存。具体分为以下几类：

（1）审计项目管理。如被审计单位地址、主要联系人、职位、电话；审计业务约定书原件；参与审计的注册会计师或专家的姓名和地址；各期审计档案清单等。

（2）被审计单位背景资料。如被审计单位的组织结构、业务介绍、关联方资料、历史发展资料、董事会成员清单等。

（3）法律事项资料。如批准证书、营业执照、章程、验资报告、重要资产所有权或使用权的证明文件复印件等。

2. 当期档案

当期档案是指那些记录内容经常变化，主要供当期审计使用和下期使用的审计档案，主要由业务类工作底稿组成。例如，总体审计策略和具体审计计划。

以某会计师事务所为例，当期档案清单包括下列内容：

(1)沟通和报告相关工作底稿

①审计报告和经审计的财务报表；

②与主审注册会计师的沟通和报告；

③与治理层、管理层的沟通和报告；

④管理建议书；

⑤其他。

(2)审计完成阶段工作底稿

①审计工作完成核对表；

②管理层声明书原件；

③有关列报的工作底稿；

④重大事项摘要；

⑤其他。

(3)审计计划阶段工作底稿

①总体审计策略和具体审计计划；

②对内部审计职能的评价；

③预备会会议纪要；

④其他。

**(四)审计工作底稿归档后的变动**

在完成最终审计档案的归整工作后，注册会计师不应在规定的保存期限届满前删除或废弃任何性质的审计工作底稿。

删除、废弃或修改审计工作底稿需满足以下条件：

(1)注册会计师已实施了必要的审计程序，取得了充分、适当的审计证据并得出了恰当的审计结论，但审计工作底稿的记录不够充分。

(2)审计报告日后，发现例外情况要求注册会计师实施新的或追加审计程序，或导致注册会计师得出新的结论。

(3)变动审计工作底稿时的记录要求。

在完成最终审计档案的归整工作后，如果发现有必要修改现有审计工作底稿或增加新的审计工作底稿，无论修改或增加的性质如何，注册会计师均应当记录下列事项：

①修改或增加审计工作底稿的理由；

②修改或增加审计工作底稿的时间和人员，以及复核的时间和人员。

**(五)审计工作底稿范例**

**实质性分析程序工作底稿**

被审计单位名称：H公司

财务报表期间：[截至××年×月×日止]

审计项目名称：应收账款

| | 签名 | 日期 | 索引号 |
|---|---|---|---|
| 编制人 | | | |
| 复核人[如项目负责人] | | | 页次 |
| 项目质量控制复核人 | | | |

1. 实质性分析程序的目标

| 实质性分析程序的目标 | 进一步审计程序索引号 |
| --- | --- |
| [审计目标:坏账准备的计价和分摊,管理费用——坏账的准确性] | [L1 第 4.2 部分] |
| | |
| 重大错报风险评估结果 | [高] |

2. 分析程序

预期

[该公司前两年的应收账款周转天数分别是 55 天和 60 天。通过询问销售部门负责人,获知本期提供给客户的信用条件没有变化,均为 60 天。因此,预期本期的应收账款周转天数为 60 天。]

可接受的差异额

[基于重要性水平和计划的保证水平,确定可接受的差异额为:应收账款周转天数与预期值相差 6 天。]

| 项　目 | 本　期 | 预期值 | 差　异 | 可接受的差异额 |
| --- | --- | --- | --- | --- |
| [应收账款周转天数] | [70 天] | [60 天] | [10 天] | [6 天] |

3. 对偏离预期数据的重大波动或关系实施的审计程序

| 发现的偏离预期数据的重大波动或关系及实施的审计程序 |
| --- |
| [应收账款周转天数的重大波动主要原因是:A 公司为扩大销售吸引了一批新的客户,部分新客户的应收账款账龄超过了 A 公司提供的还款期。管理层已对这些客户的资信状况进行了跟进了解,这些新客户多为房地产企业,资金周转周期较长。通过检查这些新客户的资信状况资料,没有发现重大的支付能力异常情况。] |

4. 结论

[基于以上的分析程序,应收账款的实际周转情况与预期数据之间没有重大异常情况。]

## 思考与实训

### 一、思考题

1. 什么是审计证据?
2. 什么是实物证据、书面证据、口头证据、环境证据?
3. 简述审计证据的特征和种类。
4. 简述获取审计证据的程序。
5. 简述审计证据整理与分析的方法。
6. 什么是审计工作底稿?

7. 简述审计工作底稿的复核过程。

8. 如何区分永久性档案和当期档案？

9. 简述审计工作底稿的归档和保管期限。

## 二、实训题

(一)判断题

1. 审计证据既包括财务报表依据的会计记录中含有的信息，也包含其他信息。 ( )

2. 注册会计师 L 在对 Z 企业进行年报审计时，直接根据存货的收、发、结存的会计记录计算出来的存货的账面价值确认资产负债表中的存货项目。 ( )

3. 实物证据可以证明资产的存在性，但不可以证实资产的所有权的归属。 ( )

4. 如果审计证据不可靠，审计证据数量多也不能起到证明作用。 ( )

5. 审计证据要满足充分性，因此审计证据数量越多越好。 ( )

6. 函证应由注册会计师直接发出。 ( )

7. 重新执行是指注册会计师查看相关人员正在从事的活动或执行的程序。 ( )

8. 审计工作底稿是审计证据的载体，具有法律效力。 ( )

9. 审计工作底稿的资料大多来自被审计单位，因此，审计工作底稿是注册会计师和被审计单位共同享有的。 ( )

10. 审计工作底稿必须有编制人和复核人签章。 ( )

(二)单项选择题

1. 收集(　　)是审计工作的核心。

A. 审计证据　　B. 审计工作底稿　　C. 审计计划　　D. 审计依据

2. 在确定审计证据的数量时，下列表述中错误的是(　　)。

A. 错报风险越大，需要的审计证据可能越多

B. 审计证据质量越高，需要的审计证据可能越少

C. 审计证据的质量存在缺陷，可能无法通过获取更多的审计证据予以弥补

D. 通过调高重要性水平，可以降低所需获取的审计证据的数量

3. 将审计证据划分为内部证据和外部证据的依据是(　　)。

A. 审计证据的作用　　B. 审计证据的形态

C. 审计证据的关系　　D. 审计证据的来源

4. 属于内部证据的是(　　)。

A. 火车票　　B. 购货发票　　C. 函证信回函　　D. 材料出库单

5. 下列关于审计证据的充分性和适当性的说法中，不正确的是(　　)。

A. 审计证据的充分性是对审计证据数量的衡量

B. 审计证据的适当性是对审计证据质量的衡量

C. 错报风险越大，需要的审计证据可能越多

D. 审计证据的数量可以弥补质量上的不足

6. 在确定审计证据的可靠性时，下列表述中错误的是(　　)。

A. 以电子形式存在的审计证据比口头形式的审计证据更可靠

B. 从外部独立来源获取的审计证据比从其他来源获取的审计证据更可靠

C. 从复印件获取的审计证据比从传真件获取的审计证据更可靠

D. 直接获取的审计证据比推论得出的审计证据更可靠

7. 函证的所有权归(　　)所有。

A. 注册会计师　　B. 会计师事务所

C. 被审计单位　　D. 被审计单位的管理层

8. 注册会计师对被审计单位重要的比率或趋势进行分析以获取审计证据的方法属于(　　)。

A. 计算　　B. 检查　　C. 分析程序　　D. 比较

9. 注册会计师获取的下列以文件记录形式的证据中，证明力最强的是(　　)。

A. 银行存款函证回函　　B. 购货发票

C. 产品入库单　　D. 应收账款明细账

10. 甲会计师事务所于 2015 年 2 月 15 日对 A 公司 2014 年度财务报表完成了审计工作并出具了审计报告，该审计报告副本作为审计档案应(　　)。

A. 至少保存至 2015 年 2 月 15 日　　B. 至少保存至 2025 年 2 月 15 日

C. 至少保存至 2024 年 2 月 15 日　　D. 长期保存

(三)多项选择题

1. 审计证据最基本的分类是按其形态分为(　　)。

A. 实物证据　　B. 书面证据　　C. 口头证据　　D. 环境证据

2. 实物证据有时无法证明(　　)。

A. 实物资产的价值　　B. 实物资产是否存在

C. 实物资产是否抵押　　D. 实物资产是否为被审计单位所有

3. 下列各项审计证据中，属于来自被审计单位内部证据的有(　　)。

A. 被审计单位已对外报送的财务报表　　B. 被审计单位提供的银行对账单

C. 被审计单位律师关于未决诉讼的声明书　　D. 被审计单位管理层声明书

4. 审计证据的质量特征有(　　)。

A. 客观性　　B. 相关性　　C. 充分性　　D. 可靠性

5. 可以运用(　　)获取书面证据。

A. 存在性　　B. 计算　　C. 分析程序　　D. 函证

6. 审计证据的可靠性受(　　)的影响。

A. 证据的性质　　B. 获取证据的环境

C. 证据的来源　　D. 被审计单位的业务性质

7. 可以实施函证的项目有(　　)。

A. 应收票据　　B. 其他应收款　　C. 预付账款　　D. 应付账款

8. 通常情况下，注册会计师需要对(　　)实施函证。

A. 金额较小的项目

B. 账龄较长的项目

C. 可能存在争议以及产生重大舞弊或错误的交易

D. 重大或异常的交易

9. 下列各项中，属于永久性档案的是(　　)。

A. 被审计单位背景资料　　B. 审计完成阶段工作底稿

C. 法律事项资料　　D. 审计计划阶段工作底稿

10. 注册会计师确定是否有必要实施函证以获取认定层次的充分、适当的审计证据应当考虑的因素有(　　)。

A. 评估的财务报表层次重大错报风险　　B. 评估的认定层次重大错报风险

C. 被审计单位的经营环境　　D. 实施其他审计程序获取的审计证据

(四)综合题

1. 注册会计师在对某企业现金业务进行审查时，发现出纳员在审计期间有一张未经批准而私自借出现金的白条，金额合计为 6 000 元，经过盘点证明白条所列现金 6 000 元确实不在库。注册会计师由此认定该出纳员挪用库存现金 6 000 元，该出纳员也承认这一事实。请指出该审计事项中的审计证据有哪些？各属何种证据？运用了哪些审计程序？

2. 注册会计师在对昌盛公司进行审计时，发现该公司内部控制制度具有严重缺陷，与管理层沟通相关问题时，眼神飘忽不定，逻辑混乱。在此情况下，注册会计师能否依赖下列证据：

(1)销货发票副本；

(2)监盘客户的存货(不涉及检查相关的所有权凭证)；

(3)外部律师提供的声明书；

(4)管理层声明书；

(5)会计记录。

# 第九章　内部控制与评审

## 学习目标

掌握内部控制的概念；掌握内部控制的要素和内涵；熟悉控制测试、实质性程序的性质、时间和范围含义。

## 引导案例

### 郑州亚细亚的兴衰

亚细亚商场曾取得过几个“全国第一”：全国商场中第一个设立“迎宾小姐”“电梯小姐”，第一个设立琴台，第一个创立自己的仪仗队，第一个在中央电视台做广告。当年的亚细亚以其在经营和管理上的创新创造了一个平凡而奇特的现象——“亚细亚现象”。

1993 年，当国外连锁经营的理念刚刚传入中国时，亚细亚闻风而动，决心大举发展连锁霸业。它先是成立了郑州亚细亚集团股份有限公司，后又由王遂舟领衔，组建了专门的零售业管理公司——亚细亚商业经营总公司。它的触角伸向了全国各地的省会以上级城市，飞快地组织选项和筹备，平均每 4 个月开业一家大型连锁店。亚细亚在河南省内和全国如北京、上海、广州、成都、西安等城市共建立和购买连锁网点 15 家。其中，省内 6 家均以“亚细亚”命名，省外 9 家均以“仟村百货”命名。这家自有资本总额不过 4 000 万元的企业却进行着一场投资将近 20 亿元的超级大扩张。随着北京店、上海店、广州店的相继开张，从表面上看亚细亚“帝国版图”的“疆域”似乎在一天一天地延伸着，可是，没有人会料想到，正在奔跑着的这条通往“中国零售连锁帝国”的康庄大道竟是一条失败之路。一个让人震惊的事实是，亚细亚所有的连锁分店，开业之日即亏损之时，惨状竟无一例外。1996 年，郑州亚细亚集团统计了各地连锁店经营情况：北京一天的销售额只有七八十万元，上海只有三四十万元；省内几家店每月亏损 400 万元，北京、上海、广州每月的亏损达 2 000 万元。当时，各个分店的货款其实已极度缺乏，根本无法达到使供货商满意的程度。1996 年年末，暴风雨终于倾盆而至。这年 11 月，天津亚细亚商厦倒闭，商品被哄抢一空。此时，亚细亚河南公司还依靠强大的惯性运行着：各分店礼仪队员每天按时升旗、上操，经理们仍然每天在门口列队迎接第一批入场的顾客。郑州中心店每天都在闹市区的高音喇叭做广告：“亚细亚，河南人的骄傲！郑州人的荣光！”声调铿锵，异常刺耳。10 月 26 日，亚细亚五彩购物广场开业。当天的销售额只有 100 多万元，以致购物广场不敢对外公布这个数字。1997 年 3 月 5 日，随着王遂舟的离职，亚细亚先后有数位总经理上任企图挽救败局。然而败局已定，亚细亚这艘郑州的“商界航母”终于沉没了。

资料来源:http://blog.sina.com.cn/s/blog_4927faf201008zpm.html。

## 第一节 内部控制概述

### 一、内部控制系统

#### (一)内部控制的含义

内部控制是被审计单位为了合理保证财务报告的可靠性、经营的效率和效果以及对法律法规的遵守,由治理层、管理层和其他人员设计和执行的政策和程序。可以从以下几方面理解内部控制:

1. 内部控制的目标是合理保证:(1)财务报告的可靠性,这一目标与管理层履行财务报告编制责任密切相关;(2)经营的效率和效果,即经济有效地使用企业资源,以最优方式实现企业的目标;(3)遵守适用的法律法规的要求,即在法律法规的框架下从事经营活动。

2. 设计和实施内部控制的责任主体是治理层、管理层和其他人员,组织中的每一个人都对内部控制负有责任。

3. 实现内部控制目标的手段是设计和执行控制政策及程序。

#### (二)内部控制的要素

2008 年,中国财政部、证监会、审计署、银监会、保监会联合发布了《企业内部控制基本规范》,该规范在 2010 年进行了补充和更新,其中提出内部控制的要素有五大类:控制环境、风险评估、控制活动、信息与沟通、监督。内部控制要素及其关系如图 9—1 所示。

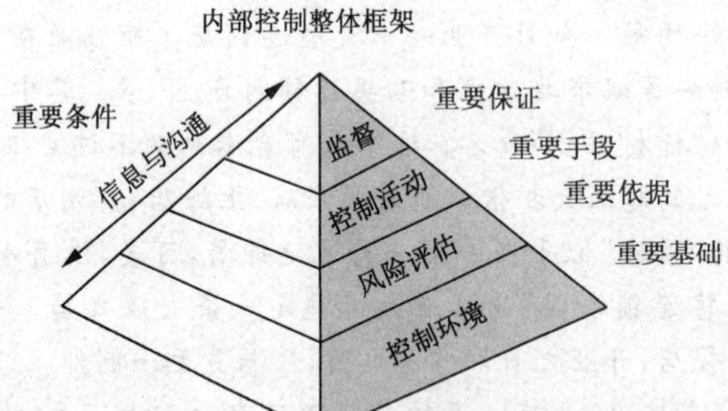


图 9—1 内部控制要素及其关系

内部控制的内容,归根结底是由基本要素组成的。这些要素及其构成方式,决定着内部控制的内容与形式。

1. 控制环境

控制环境提供企业纪律与架构,塑造企业文化,并影响企业员工的控制意识,是所有其他内部控制组成要素的基础。控制环境的因素具体包括:诚信的原则和道德价值观、评定员工的能力、董事会和审计委员会、管理哲学和经营风格、组织结构、责任的分配与授权、人力资源政策及实务。

2. 风险评估

每个企业都面临来自内部和外部的不同风险，这些风险都必须加以评估。评估风险的先决条件是制定目标。风险评估就是分析和辨认实现所定目标可能发生的风险。具体包括：目标、风险、环境变化后的管理等。

3. 控制活动

控制活动，是确保管理阶层的指令得以执行的政策及程序，如核准、授权、验证、调节、复核营业绩效、保障资产安全及职务分工等。控制活动在企业内的各个阶层和职能之间都会出现，这主要包括：高层经理人员对企业绩效进行分析、直接部门管理、对信息处理的控制、实体控制、绩效指标的比较、分工。

4. 信息与沟通

企业在其经营过程中，需按某种形式辨识、取得确切的信息，并进行沟通，以使员工能够履行其责任。信息系统不仅处理企业内部所产生的信息，同时也处理与外部的事项、活动及环境等有关的信息。企业所有员工必须从最高管理阶层清楚地获取承担控制责任的信息，而且必须有向上级部门沟通重要信息的方法，并与客户、供应商、政府主管机关和股东等做有效的沟通。

5. 监督

内部控制系统需要被监督。监督是由适当的人员，在适当及时的基础下，评估控制的设计和运作情况的过程。监督活动由持续监督、个别评估所组成，其可确保企业内部控制能持续有效地运作。具体包括：持续的监督活动、个别评估、报告缺陷。

**（三）内部控制的局限性**

内部控制无论如何有效，都只能为被审计单位实现财务报告目标提供合理保证。内部控制实现目标的可能性受其固有限制的影响。这些限制包括以下内容：

(1)在决策时人为判断可能出现错误和因人为失误而导致内部控制失效。例如，控制的设计和修改可能存在失误。同样地，控制的运行可能无效，例如，由于负责复核信息的人员不了解复核的目的或没有采取适当的措施，内部控制生成的信息（如例外报告）没有得到有效使用。

(2)控制可能由于两个或更多的人员串通或管理层不当地凌驾于内部控制之上而被规避。例如，管理层可能与客户签订“背后协议”，修改标准的销售合同条款和条件，从而导致不适当的收入确认。又如，软件中的编辑控制旨在识别和报告超过赊销信用额度的交易，但这一控制可能被凌驾或不能得到执行。

此外，如果被审计单位内部行使控制职能的人员素质不适应岗位要求，也会影响内部控制功能的正常发挥。被审计单位实施内部控制的成本效益问题也会影响其效能，当实施某项控制成本大于控制效果而发生损失时，就没有必要设置控制环节或控制措施。内部控制一般都是针对经常而重复发生的业务设置的，如果出现不经常发生或未预计到的业务，原有控制就可能不适用。

**（四）内部控制的表述**

审计人员对被审计单位内部控制的调查结果，应该以书面形式记录或描述出来。常用的方法有文字说明法、调查表法和流程图法。

1. 文字说明法：将被审计单位内部控制的调查结果，以简洁的文字加以叙述的方法。

优点:(1)可以对调查对象做出比较深入和具体的描述;(2)使用范围广泛、不受企业类型的限制。

缺点:(1)难以用简明的语言描述内部控制系统的细节;(2)对于规模较大、内部控制较为复杂的企业,用文字说明势必显得冗长、头绪繁多,不便从总体上对内部控制系统做出全面评价;(3)如果对某项控制环节表述不清,则很容易引发对某些控制内容产生误解。

2. 调查表法:审计人员利用事先设计好的标准化格式的调查表来反映被审计单位内部控制状况的方法。

优点:(1)调查范围明确,问题突出,容易发现被审计单位内部控制系统中存在的缺陷和薄弱环节;(2)设计合理的调查表,可广泛适用于同类型企业,从而减少审计工作量;(3)调查表可由若干人分别同时回答,有助于保证调查效果。

缺点:(1)反映问题不全面,仅限于被调查事项的范围;(2)调查表仅要求做出是或否的回答,难以反映被审计单位事项的具体情况和存在问题的程度;(3)标准格式的调查表缺乏弹性,难以适用于各类型企业,尤其是小型企业或特殊行业的企业,往往会因不适用的回答太多而影响调查效果。

3. 流程图法:用特定的符号和图形来描述某项业务的整个处理过程,将凭证和记录的产生、传递、检查、保存及其相互关系,用图解的形式直观地表达出来的方法。

优点:(1)可以将各项业务活动的职责分工、授权批准和复核验证等项控制措施与功能完整地显示出来,并且形象直观,能够突出现有的控制点,有助于审计人员全面了解内部控制系统的运行情况,及时识别系统中的不足之处;(2)便于随时根据业务控制程序的变化对流程图做出修改。

缺点:(1)由于缺少文字说明,较复杂的业务不易理解;(2)绘制流程图需要一定的技术,尤其是较复杂的业务,绘制难度更大。

**【例 9—1·分析题】** 某公司现金收支内部控制的文字表述。

某公司收入现金,先由出纳审核有关凭证,并填写收款收据,收妥现金后,编制记账凭证,并登记现金日记账,而后将此凭证交给会计用以登记相关账目。每日收到的现金于当天由出纳送出银行。

支出现金,先由出纳审核支出款项的原始凭证,然后填制付款记账凭证,并于款项付出后在原始凭证上加盖“付讫”戳记。出纳根据付款记账凭证登记现金日记账,而后将记账凭证交会计登记相关账目。

## 二、内部控制与审计的关系

注册会计师在进行审计时,首先要研究与评价被审计单位的内部控制制度。

(1)注册会计师在执行审计任务时,不论被审计单位规模大小,都应当对相关的内部控制制度进行充分的了解。

(2)注册会计师应根据其对被审计单位内部控制制度的了解,确定是否进行符合性测试以及将要执行的符合性测试的性质、时间和范围。

(3)对被审计单位内部控制的了解和测试,并非审计工作的全部内容。

# 第二节　内部控制的测试与评价

## 一、对内部控制的了解

### (一)对内部控制了解的定位和深度

注册会计师需要了解和评价的内部控制只是与财务报表审计相关的内部控制,并非被审计单位所有的内部控制。与审计相关的控制,主要是被审计单位为实现财务报告可靠性目标设计和实施的控制。

对内部控制了解的深度,是指在了解被审计单位及其环境时对内部控制了解的程度。包括评价控制的设计,并确定其是否得到执行,但不包括对控制是否得到一贯执行的测试。

### (二)了解控制环境

控制环境是指对企业控制的建立和实施有重大影响的因素的统称。控制环境包括治理职能和管理职能,以及治理层和管理层对内部控制及其重要性的态度、认识和措施。控制环境设定了被审计单位的内部控制基调,影响员工对内部控制的认识和态度。良好的控制环境是实施有效内部控制的基础。实际上,在审计业务承接阶段,注册会计师就需要对控制环境做出初步了解和评价。

注册会计师应当了解被审计单位对诚信和道德价值观念的沟通与落实;对胜任能力的重视;治理层的参与程度;管理层的理念和经营风格;组织结构及职权与责任的分配及人力资源政策与实务等状况。

### (三)了解风险评估过程

被审计单位的风险评估过程包括识别与财务报告相关的经营风险,以及针对这些风险所采取的措施。

可能产生风险的事项和情形包括下列内容:

(1)监管和经营环境的变化。监管和经营环境的变化会导致竞争压力的变化以及重大的相关风险。

(2)新员工的加入。新员工可能对内部控制有不同的认识和关注点。

(3)新信息系统的使用或对原系统进行升级。信息系统的重大变化会改变与内部控制相关的风险。

(4)业务快速发展。快速的业务扩张可能会使内部控制难以应对,从而增加内部控制失效的可能性。

(5)新技术。将新技术运用于生产过程和信息系统可能改变与内部控制相关的风险。

(6)新生产型号、产品和业务活动。进入新的业务领域和发生新的交易可能带来新的与内部控制相关的风险。

(7)企业重组。重组可能带来裁员以及管理职责的重新划分,将影响与内部控制相关的风险。

(8)发展海外经营。海外扩张或收购会带来新的并且往往是特别的风险,进而可能影响内部控制,如外币交易的风险。

(9)新的会计准则。采用新的或变化了的会计准则可能会增大财务报告发生重大错报的风险。

注册会计师应当了解被审计单位的风险评估过程和结果,了解被审计单位的风险评估过程和结果有助于注册会计师识别财务报表的重大错报风险。

**(四)了解信息系统与沟通**

与财务报告相关的信息系统,包括用以生成、记录、处理和报告交易、事项和情况,对相关资产、负债和所有者权益履行经营管理责任的程序和记录。与财务报告相关的信息系统所生成信息的质量,对管理层能否做出恰当的经营管理决策以及编制可靠的财务报告具有重大影响。

与财务报告相关的沟通包括使员工了解各自在与财务报告有关的内部控制方面的角色和职责,员工之间的工作联系,以及向适当级别的管理层报告例外事项的方式。

注册会计师应当了解与财务报告相关的信息系统及与财务报告相关的沟通情况。

**(五)了解控制活动**

控制活动是指有助于确保管理层的指令得以执行的政策和程序。包括与授权、业绩评价、信息处理、实物控制和职责分离等相关的活动。

(1)授权。注册会计师应当了解与授权有关的控制活动,包括一般授权和特别授权。授权的目的在于保证交易在管理层授权范围内进行。一般授权是指管理层制定的要求组织内部遵守的普遍适用于某类交易或活动的政策。特别授权是指管理层针对特定类别的交易或活动逐一设置的授权,如重大资本支出和股票发行等。

(2)业绩评价。注册会计师应当了解与业绩评价有关的控制活动,主要包括被审计单位分析评价实际业绩与预算(或预测、前期业绩)的差异,综合分析财务数据与经营数据的内在关系,将内部数据与外部信息来源相比较,评价职能部门、分支机构或项目活动的业绩,以及对发现的异常差异或关系采取必要的调查与纠正措施。

(3)信息处理(凭证和记录)。注册会计师应当了解与信息处理有关的控制活动,包括信息技术的一般控制和应用控制。被审计单位通常执行各种措施,检查各种类型信息处理环境下的交易的准确性、完整性和授权。信息处理控制可以是人工的、自动化的,或是基于自动流程的人工控制。信息处理控制分为两类,即信息技术的一般控制和应用控制。

(4)实物控制。注册会计师应当了解实物控制,主要包括了解对资产和记录采取适当的安全保护措施,对访问计算机程序和数据文件设置授权,以及定期盘点并将盘点记录与会计记录相核对。例如,现金、有价证券和存货的定期盘点控制。实物控制的效果影响资产的安全,从而对财务报表的可靠性及审计产生影响。

(5)职责分离。注册会计师应当了解职责分离,主要包括了解被审计单位如何将交易授权、交易记录以及资产保管等职责分配给不同员工,以防范同一员工在履行多项职责时可能发生的舞弊或错误。

**(六)了解对控制的监督**

对控制的监督是指被审计单位评价内部控制在一段时间内运行有效性的过程,该过程包括及时评价控制的设计和运行,以及根据情况的变化采取必要纠正措施。例如,管理层对是否定期编制银行存款余额调节表进行复核,内部审计人员评价销售人员是否遵守公司关于销售合同条款的政策。

**(七)在整体层面了解内部控制**

在整体层面对被审计单位内部控制的了解和评估，通常由项目组中对被审计单位比较了解且较有经验的成员负责，同时需要项目组其他成员的参与和配合。注册会计师可以考虑将询问被审计单位人员、观察特定控制的应用、检查文件和报告以及执行穿行测试等风险评估程序相结合，以获取审计证据。在了解内部控制的各构成要素时，注册会计师应当对被审计单位整体层面的内部控制的设计进行评价，并确定其是否得到执行。这一评价过程需要大量职业判断。注册会计师应当将对被审计单位整体层面内部控制各要素的了解要点和实施的风险评估程序及其结果等形成审计工作记录。

**(八)在业务流程层面了解内部控制**

在初步计划审计工作时，注册会计师需要确定在被审计单位财务报表中可能存在重大错报风险的重大账户及其相关认定。为实现此目的，通常采取下列步骤：

(1)确定被审计单位的重要业务流程和重要交易类别。在实务中，将被审计单位的整个经营活动划分为几个重要的业务循环，有助于注册会计师更有效地了解和评估重要业务流程及相关控制。通常，对制造业企业，可以划分为销售与收款循环、采购与付款循环、生产与存货循环、人力资源与工薪循环、投资与筹资循环等。

(2)了解重要交易流程，并记录获得的了解。在确定重要的业务流程和交易类别后，注册会计师便可着手了解每一类重要交易在自动化或人工系统中生成、记录、处理及在财务报表中报告的程序，即重要交易流程，并综合运用文字说明、流程图等方法记录获得的了解。这是确定在哪个环节或哪些环节可能发生错报的基础。

(3)确定可能发生错报的环节。注册会计师需要确认和了解错报在什么环节发生，即确定被审计单位应在哪些环节设置控制，以防止或发现并纠正各重要业务流程可能发生的错报。注册会计师所关注的控制，是那些能通过防止错报的发生，或者通过发现和纠正已有错报，从而确保每个流程中业务活动的具体流程能够顺利运转的人工或自动化控制程序。

(4)识别和了解相关控制。通过对被审计单位的了解，包括在被审计单位整体层面对内部控制各要素的了解，以及在上述程序中对重要业务流程的了解，注册会计师可以确定是否有必要了解在业务流程层面的控制。

如果注册会计师计划对业务流程层面的有关控制进行了解和评价，在了解业务流程中容易发生错报的环节后，注册会计师应当确定：①被审计单位是否建立了有效的控制，防止或发现并纠正这些错报；②被审计单位是否遗漏了必要的控制；③是否识别了可以最有效测试的控制。

(5)执行穿行测试，证实对交易流程和相关控制的了解。

(6)进行初步评价和风险评估。

在识别和了解控制后，注册会计师要对内部控制进行初步评价。根据上述执行的程序和获取的审计证据，注册会计师需要评价控制的设计并确定其是否得到执行。

注册会计师对控制的初步评价结论可能是：①内部控制设计合理(即单独或连同其他控制能够有效防止或发现并纠正重大错报)，并得到执行；②控制本身的设计是合理的，但没有得到执行；③控制本身的设计就是无效的或缺乏必要的控制。

(7)对财务报告流程的了解。

## 二、内部控制的测试

### (一)执行控制测试

1. 控制测试的性质的含义

控制测试的性质是指控制测试所使用的审计程序的类型及其组合。

计划从控制测试中获取的保证水平是决定控制测试性质的主要因素之一。注册会计师应当选择适当类型的审计程序以获取有关控制运行有效性的保证。在计划和实施控制测试时，对控制有效性的信赖程度越高，注册会计师应当获取越有说服力的审计证据。当拟实施的进一步审计程序主要以控制测试为主，尤其是仅实施实质性程序无法或不能获取充分、适当的审计证据时，注册会计师应当获取有关控制运行有效性的更高的保证水平。

虽然控制测试与了解内部控制的目的不同，但两者采用审计程序的类型通常相同，包括询问、观察、检查和重新执行。

(1)询问。注册会计师可以适当询问被审计单位的员工，获取与内部控制运行情况相关的信息。例如，询问信息系统管理人员有无未经授权接触计算机硬件和软件，向负责复核银行存款余额调节表的人员询问如何进行复核，包括复核的要点是什么、发现不符事项如何处理等。然而，仅仅通过询问不能为控制运行的有效性提供充分的证据，注册会计师通常需要印证被询问者的答复，如向其他人员询问和检查执行控制时所使用的报告、手册或其他文件等。因此，虽然询问是一种有用的手段，但它必须与其他测试手段结合使用才能发挥作用。在询问过程中，注册会计师应当保持职业怀疑。

(2)观察。观察是测试不留下书面记录的控制(如职责分离)的运行情况的有效方法。例如，观察存货盘点控制的执行情况。观察也可运用于实物控制，如查看仓库门是否锁好，或空白支票是否妥善保管。通常情况下，注册会计师通过观察直接获取的证据比间接获取的证据更可靠。但是，注册会计师还要考虑其所观察到的控制在注册会计师不在场时可能未被执行的情况。

(3)检查。对运行情况留有书面证据的控制，检查非常适用。书面说明、复核时留下的记号，或其他记录在偏差报告中的标志，都可以被当作控制运行情况的证据。例如，检查销售发票是否有复核人员签字，检查销售发票是否附有客户订购单和出库单等。

(4)重新执行。通常只有当询问、观察和检查程序结合在一起仍无法获得充分的证据时，注册会计师才会考虑通过重新执行来证实控制是否有效运行。例如，为了合理保证计价认定的准确性，被审计单位的一项控制是由复核人员核对销售发票上的价格与统一价格单上的价格是否一致。但是，要检查复核人员有没有认真执行核对，仅仅检查复核人员是否在相关文件上签字是不够的，注册会计师还需要自己选取一部分销售发票进行核对，这就是重新执行程序。如果需要进行大量的重新执行，注册会计师就要考虑通过实施控制测试以缩小实质性程序的范围是否有效。

询问本身并不足以测试控制运行的有效性。因此，注册会计师需要将询问与其他审计程序结合使用。而观察提供的证据仅限于观察发生的时点，因此，将询问与检查或重新执行结合使用，可能比仅实施询问和观察获取更高水平的保证。例如，被审计单位针对处理收到的邮政汇款单设计和执行了相关的内部控制，注册会计师通过询问和观察程序往往不足以测试此类控制的运行有效性，还需要检查能够证明此类控制在所审计期间的其他时段有效运行的文件和凭证，以获取充分、适当的审计证据。

**(二)内部控制与控制测试的区别和联系**

1. 区别

内部控制与控制测试的区别如表 9—1 所示。

表 9—1　内部控制与控制测试的区别

| 区别 | 功能性测试(了解内部控制) | 控制测试 |
| --- | --- | --- |
| 目的不同 | (1)评价控制的设计<br>(2)确定控制是否得到执行 | 测试控制运行的有效性 |
| 重点不同 | 控制得到执行 | 测试控制运行的有效性 |
| 过程不同 | 风险评估程序时：<br>(1)只需抽取少量的交易进行检查<br>(2)观察某几个时点 | 进一步审计程序时：<br>(1)需要抽取足够数量的交易进行检查<br>(2)对多个不同时点进行观察 |
| 要求不同 | 必要程序 | 必要时或决定测试时实施 |
| 性质不同 | (1)询问被审计单位的人员<br>(2)观察特定控制的运用<br>(3)检查文件和报告<br>(4)穿行测试 | (1)询问以获取与内部控制运行情况相关的信息<br>(2)观察以获取控制(如职责分离)的运行情况<br>(3)检查以获取控制的运行情况<br>(4)穿行测试<br>(5)重新执行 |

2. 联系

(1)功能测试为遵循测试提供了标准。

(2)双重证据。在获得了解内部控制的证据时，可能提供有关控制运行有效性(控制测试)的审计证据。

(3)双重目的。注册会计师可以考虑在评价控制设计和获取其得到执行的审计证据的同时测试控制运行的有效性，以提高审计效率。

## 三、内部控制的评价

**(一)内部控制评价**

内部控制评价，是指企业董事会或类似权力机构对内部控制的有效性进行全面评价，形成评价结论，出具评价报告的过程。对于这一定义，可从以下三个角度进行理解：

1. 内部控制评价的主体是董事会或类似权力机构

内部控制评价的主体是董事会或类似的权力机构，是指董事会或类似的权力机构是内部控制设计和运行的责任主体。董事会可指定审计委员会来承担对内部控制评价的组织、领导、监督职责，并通过授权内部审计部门或独立的内部控制评价机构执行内部控制评价的具体工作，但董事会仍对内部控制评价承担最终的责任，对内部控制评价报告的真实性负责。对内部控制的设计和运行的有效性进行自我评价并对外披露是管理层解除受托责任的一种方式，董事会可以聘请会计师事务所对其内部控制的有效性进行审计，但其承担的责任不能因此减轻或消除。

2. 内部控制评价的对象是内部控制的有效性

内部控制评价的对象是内部控制的有效性。所谓内部控制的有效性，是指企业建立与实施内部控制对实现控制目标提供合理保证的程度。

从控制过程的角度来看,内部控制的有效性可分为内部控制设计的有效性和内部控制运行的有效性。内部控制设计的有效性是指为实现控制目标所必需的内部控制程序都存在并且设计恰当,能够为控制目标的实现提供合理保证;内部控制运行的有效性是指在内部控制设计有效的前提下,内部控制能够按照设计的内部控制程序正确地执行,从而为控制目标的实现提供合理保证。内部控制运行的有效性离不开设计的有效性,如果内部控制在设计上存在漏洞,即使这些内部控制制度能够得到一贯的执行,那么也不能认为其运行是有效的。

从控制目标的角度来看,内部控制的有效性可分为合规目标内部控制的有效性、资产目标内部控制的有效性、报告目标内部控制的有效性、经营目标内部控制的有效性、战略目标内部控制的有效性。其中,合规目标内部控制的有效性是指相关的内部控制能够合理保证企业遵循国家相关法律法规,不进行违法活动或违规交易;资产目标内部控制的有效性是指相关的内部控制能够合理保证资产的安全与完整,防止资产流失;报告目标内部控制的有效性是指相关的内部控制能够防止、发现并纠正财务报告的重大错报;经营目标内部控制的有效性是指相关的内部控制能够合理保证经营活动的效率和效果及时为董事会和经理层所了解或控制;战略目标内部控制的有效性是指相关的内部控制能够合理保证董事会和经理层及时了解战略定位的合理性、实现程度,并适时进行战略调整。

评价内部控制设计的有效性,可以考虑以下三个方面:一是内部控制的设计是否做到以内部控制的基本原理为前提,以《企业内部控制基本规范》及其配套指引为依据;二是内部控制的设计是否覆盖了所有关键的业务与环节,对董事会、监事会、经理层和员工具有普遍的约束力;三是内部控制的设计是否与企业自身的经营特点、业务模式以及风险管理要求相匹配。评价内部控制运行的有效性,也可以从三个方面进行考察:一是相关控制在评价期内是如何运行的;二是相关控制是否得到了持续一致的运行;三是实施控制的人员是否具备必要的权限和能力。

需要说明的是,由于受内部控制固有局限(如评价人员的职业判断、成本效益原则)的影响,内部控制评价只能为内部控制目标的实现提供合理保证,而不能提供绝对保证。

3. 内部控制评价是一个过程

内部控制评价是一个过程,是指内部控制评价要遵照一定的流程来进行。内部控制评价工作不是一蹴而就的,它是一个涵盖计划、实施、编报等多个阶段,包含多个步骤的动态过程。

**(二)内部控制评价的内容**

内部控制评价的对象是内部控制的有效性,而内部控制的有效性,是企业建立与实施内部控制对实现控制目标提供合理保证的程度。内部控制的目标包括合规目标、资产目标、报告目标、经营目标和战略目标。因此,内部控制评价的内容应是对以上五个目标的内控有效性进行全面评价。具体地说,内部控制评价应紧紧围绕内部环境、风险评估、控制活动、信息与沟通、内部监督五个要素进行。

1. 内部环境评价

企业组织开展内部环境评价,应当以组织架构、发展战略、人力资源、企业文化、社会责任等应用指引为依据。其中,组织架构评价可以重点从组织架构的设计和运行等方面进行;发展战略评价可以重点从发展战略的制定合理性、有效实施和适当调整三方面进行;人力资源评价应当重点从企业人力资源引进结构合理性、开发机制、激励约束机制等方面进行;企业文化评价应从建设和评估两方面进行;社会责任可以从安全生产、产品质量、环境保护与资源节约、促进就业、员工权益保护等方面进行。

2. 风险评估评价

企业组织开展风险评估评价，应当以《企业内部控制基本规范》有关风险评估的要求，以及各项应用指引中所列主要风险为依据，结合本企业的内部控制制度，对日常经营管理过程中的目标设定、风险识别、风险分析、应对策略等进行认定和评价。

3. 控制活动评价

企业组织开展控制活动评价，应当以《企业内部控制基本规范》和各项应用指引中的控制措施为依据，结合本企业的内部控制制度，对相关控制措施的设计和运行情况进行认定和评价。

4. 信息与沟通评价

企业组织开展信息与沟通评价，应当以内部信息传递、财务报告、信息系统等相关指引为依据，结合本企业的内部控制制度，对信息收集、处理和传递的及时性，反舞弊机制的健全性，财务报告的真实性，信息系统的安全性，以及利用信息系统实施内部控制的有效性进行认定和评价。

5. 内部监督评价

企业组织开展内部监督评价，应当以《企业内部控制基本规范》有关内部监督的要求，以及各项应用指引中有关日常管控的规定为依据，结合本企业的内部控制制度，对于内部监督机制的有效性进行认定和评价，重点关注监事会、审计委员会、内部审计机构等是否在内部控制设计和运行中有效发挥监督作用。

具体的内部控制评价内容可通过设计内部控制评价指标体系来确定，评价指标是对内部控制要素的进一步细化，评价指标可以有多个层级，大体可分为核心评价指标和具体评价指标两大类，企业可根据其实际情况进行细分。具体的评价内容确定之后，内部控制评价工作应形成工作底稿，详细记录企业执行评价工作的内容，包括评价要素、评价指标、评价标准、评价和测试的方法、主要风险点、采取的控制措施、有关证据资料以及认定结果等。工作底稿可以通过一系列评价表格加以实现，通过对每个要素核心指标的分别分解、评价，最终汇总出评价结果。

**(三)内部控制评价原则**

企业实施内部控制评价至少应当遵循下列原则：

(1)全面性原则。评价工作应当包括内部控制的设计与运行，涵盖企业及其所属单位的各种业务和事项。

(2)重要性原则。评价工作应当在全面评价的基础上，关注重要业务单位、重大业务事项和高风险领域。

(3)客观性原则。评价工作应当准确地揭示经营管理的风险状况，如实反映内部控制设计与运行的有效性。

**(四)内部控制评价方法**

从内部控制评价本身以及目前的发展情况来看，主要存在详细评价法和风险基础评价法两种。

1. 详细评价法

在《企业内部控制——整合框架》中，全国反虚假财务报告委员会下属的发起人委员会

(The Committee of Sponsoring Organizations of The Treadway Commission,COSO)指出,确定某一内部控制系统是否有效是一种在评估五个要素是否存在以及是否有效发挥作用基础上的主观判断,这些要素也是有效内部控制的标准。COSO还指出,认定一个主体的企业风险管理是否有效,是在对八个构成要素是否存在和有效运行进行评估的基础之上所做的判断,构成要素也是判定企业风险管理有效性的标准。在美国证券交易委员会2003年6月通过的实施SOX法案404节的规则(SEC,2003)以及后来发布的管理层评价指南中,都强调内部控制评价的程序必须足以既能评价财务报告内部控制的设计,又能测试运行的有效性。因此,遵循这个思路,很多企业和事务所都曾经采用过详细评价法。这种方法的基本思路是:以内部控制框架或标准为参照物,根据内部控制框架的构成要素是否存在评价内部控制的设计有效性,测试内部控制的运行有效性,最后综合设计和运行的评价对内部控制的有效性做出总体评价,评估内部控制目标实现的风险,判断是否存在重大漏洞,确定内部控制是否有效。

2. 风险基础评价法

企业内部控制的另一种思路和方法不是从控制到风险,而是从风险到控制,即从内部控制相关目标实现的风险到内部控制。首先,要评估相关目标实现的风险;其次,识别和确定企业充分应对这些风险的内部控制是否存在,即评价内部控制的设计应对相关目标实现风险的有效性;再次,识别和确定内部控制运行有效性的证据,评价现有的控制是否得到了有效的运行;最后,对控制缺陷进行评估,判定是否构成实质性漏洞,确定内部控制是否有效。对于不同的目标来说,目标风险的含义、内部控制重大漏洞的含义是不相同的,在评价每一类目标时都需要做具体设定。

(1)个别访问法

个别访问法主要用于了解公司内部控制的现状,在企业层面评价及业务层面评价的了解阶段经常使用。访问前应根据内部控制评价需求形成访谈提纲,撰写访问纪要,记录访问的内容。为了保证访谈结果的真实性,应尽量访谈不同岗位的人员以获得更可靠的证据。如分别访问人力资源部主管和基层员工,公司是否建立了员工培训长效机制、培训是否能满足员工和业务岗位需要等。

(2)调查问卷法

调查问卷法主要用于企业层面评价。调查问卷应尽量扩大对象范围,包括企业各个层级员工,应注意事先保密性,题目尽量简单易答(如答案只需为“是”“否”“有”“没有”等)。比如你对企业的核心价值观是否认同、你对企业未来的发展是否有信心等。

(3)穿行测试法

穿行测试法是指在内部控制流程中任意选取一笔交易作为样本,追踪该交易从最初起源直到最终在财务报告或其他经营管理报告中反映出来的过程,即该流程从起点到终点的全过程,以此了解控制措施设计的有效性,并识别出关键控制点。如针对销售交易,选取一批订单,追踪从订单处理——核准信用状况及赊销条款——填写订单并准备发货——编制货运单据——订单运送/递送追踪至客户或由客户提货——开具销售发票——复核发票的准确性并邮寄/送至客户——生成销售明细账——汇总销售明细账,并过账至总账和应收账款明细账等交易的整个流程,考虑之前对相关控制的了解是否正确和完整,并确定相关控制是否得到执行。

(4)抽样法

抽样法分为随机抽样和其他抽样。随机抽样是指按随机原则从样本库中抽取一定数量的样本;其他抽样是指人工任意选取或按某一特定标准从样本库中抽取一定数量的样本。使用抽样法时首先要确定样本库的完整性,即样本库应包含符合控制测试的所有样本;其次要确定所抽取样本的充分性,即样本的数量应当能检验所测试的控制点的有效性;最后要确定所抽取样本的适当性,即获取的证据应当与所测试控制点的设计和运行相关,并能可靠地反映控制的实际运行情况。

(5)实地查验法

实地查验法主要针对业务层面控制,它通过使用统一的测试工作表,与实际的业务、财务单证进行核对的方法进行控制测试,如实地盘点某种存货。

(6)比较分析法

比较分析法是指通过数据分析,识别评价关注点的方法。数据分析可以与历史数据、行业(公司)标准数据或行业最优数据等进行比较。比如针对具体客户的应收账款周转率进行横向或纵向比较,分析存在异常的应收客户款,进而对这些客户的赊销管理控制进行检查。

(7)专题讨论法

专题讨论法主要是集合有关专业人员就内部控制执行情况或控制问题进行分析,既可以是控制评价的手段,也可以是形成缺陷整改方案的途径。对于同时涉及财务、业务、信息技术等方面的控制缺陷,往往需要由内部控制管理部门组织召开专题讨论会议,综合内部各机构、各方面的意见,研究确定缺陷整改方案。

在实际评价工作中,以上这些方法可以配合使用。此外,还可以使用观察、检查、重新执行等方法,也可以利用信息系统开发检查方法,或利用实际工作和检查测试经验。对于企业通过系统采用自动控制、预防控制的,应在方法上注意与人工控制、发现性控制的区别。

## 第三节 内部控制审计

### 一、内部控制审计概述

内部控制审计,是指会计师事务所接受委托,对特定基准日内部控制设计与运行的有效性进行审计。内部控制审计的过程,包括确认和评价企业控制设计和控制运行缺陷和缺陷等级、分析缺陷形成原因、提出改进内部控制建议等。建立健全和有效实施内部控制、评价内部控制的有效性是企业董事会的责任。按照《企业内部控制审计指引》的要求,在实施审计工作的基础上对内部控制的有效性发表审计意见,是注册会计师的责任。

### 二、内部控制审计特征

注册会计师具有独立性和专业性,通过引进注册会计师审计这种第三方鉴证的形式实施企业内部控制审计,可以有效查找其内部控制中存在的重大风险、薄弱环节和突出问题,能够起到对企业贯彻《企业内部控制基本规范》和《企业内部控制配套指引》的有效督促作用,能够有效约束被审计单位内部控制规范实施过程中的错误和舞弊的出现,从而在促进企业加强内部管理的同时,也降低了企业会计报表使用者利用企业会计报表进行经济决策的风险水平。

内部控制审计除了具备独立性、权威性等审计的一般特征之外，还具有以下三方面突出特征：

**(一)与财务报表审计的关联性**

企业的内部控制通常被认为是企业财务报表编制的环境因素和形成机制，因此在财务报表审计中所获取的证据能够为内部控制审计所利用，同时，现代意义上的财务报表审计也离不开对企业内部控制的了解和测试，以控制审计风险和提高审计效率。在这个意义上，内部控制审计与财务报表审计可以进行整合。另外，受投资者需求、注册会计师专业胜任能力和成本效益等因素的影响，注册会计师应主要关注与财务报表相关的内部控制，也即将审计重点确定为财务报告内部控制，同时，要对内部控制审计过程中注意到的非财务报告内部控制的重大缺陷，在内部控制审计报告中增加"非财务报告内部控制重大缺陷描述段"予以披露。

**(二)审计范围的扩展性和审计时间的延伸性**

内部控制审计的范围是指为实现内部控制审计目标，注册会计师根据审计准则和职业判断实施的恰当的审计程序的总和。恰当的审计程序是指审计程序的性质、时间和范围是恰当的。企业内部控制体系覆盖企业经营和管理的方方面面，使企业内部控制审计的范围具有扩展性。企业内部控制是否存在缺陷尤其是重大缺陷，需要通过一段时期的持续和一贯的表现来验证，注册会计师在对特定基准日内部控制的有效性发表意见前，需要获取内部控制在一段足够长的时间有效运行的证据，注册会计师可以针对拟了解和测试的控制的性质和重要程度来考虑审计范围。

**(三)内部控制审计的局限性**

由于内部控制存在固有限制，存在不能防止和发现错报的可能性，并由于情况变化可能导致内部控制变得不恰当，或对控制政策和程序遵循的程度降低，因此，根据内部控制审计结果推测未来内部控制的有效性具有一定风险。另外，内部控制审计工作不能对被审计单位内部控制整体不存在重大缺陷提供绝对保证。

## 三、内部控制审计程序

注册会计师可以单独进行内部控制审计，也可将内部控制审计与财务报表审计整合进行，即整合审计。在整合审计中，注册会计师应当对内部控制设计与运行的有效性进行测试，以同时实现下列目标：(1)获取充分、适当的证据，支持其在内部控制审计中对内部控制有效性发表的意见；(2)获取充分、适当的证据，支持其在财务报表审计中对控制风险的评估结果。内部控制审计程序主要包括以下内容：

**(一)计划审计工作**

在计划审计工作时，注册会计师应当评价下列事项对内部控制、财务报表以及审计工作的影响：

(1)与企业相关的风险；

(2)相关法律法规和行业概况；

(3)企业组织结构、经营特点和资本结构等相关重要事项；

(4)企业内部控制最近发生变化的程度；

(5)与企业沟通过的内部控制缺陷；

(6)重要性、风险等与确定内部控制重大缺陷相关的因素；

(7)对内部控制有效性的初步判断；

(8)可获取的、与内部控制有效性相关的证据的类型和范围。

注册会计师应当对企业内部控制自我评价工作进行评估，判断是否利用企业内部审计人员、内部控制评价人员和其他相关人员的工作以及可利用的程度，相应减少可能本应由注册会计师执行的工作。注册会计师利用企业内部审计人员、内部控制评价人员和其他相关人员的工作，应当对其专业胜任能力和客观性进行充分评价。与某项控制相关的风险越高，可利用程度就越低，注册会计师应当更多地对该项控制亲自进行测试。注册会计师应当对发表的审计意见独立承担责任，其责任不因为利用企业内部审计人员、内部控制评价人员和其他相关人员的工作而减轻。

注册会计师应当以风险评估为基础，选择拟测试的控制，确定测试所需收集的证据。内部控制的特定领域存在重大缺陷的风险越高，给予该领域的审计关注就越多。注册会计师必须实施风险评估程序，以此作为评估财务报表层次和认定层次重大错报风险的基础。

**(二)实施审计工作**

注册会计师可以将企业层面与业务层面的控制的测试结合进行。注册会计师测试企业层面的控制，应当把握重要性原则，至少应关注下列内容：

(1)与内部环境相关的控制；

(2)针对董事会、经理层凌驾于控制之上的风险而设计的控制；

(3)企业的风险评估过程；

(4)对内部信息传递和财务报告流程的控制；

(5)对控制有效性的内部监督和自我评价。

注册会计师测试业务层面控制，可以应用业务循环审计法的思路，应当把握重要性原则，结合企业实际、企业内部控制各项应用指引的要求和企业层面控制的测试情况，重点对企业生产经营活动中的重要业务与事项的控制进行测试。注册会计师在测试企业层面控制和业务层面控制时，应当评价内部控制是否足以应对舞弊风险。

**(三)评价控制缺陷**

注册会计师应当评价其识别的各项内部控制缺陷的严重程度，以确定这些缺陷单独或组合起来，是否构成重大缺陷。

**(四)完成审计工作**

在审计终结阶段，注册会计师应取得经企业签署的各类书面声明；就已识别的内部控制重大缺陷和重要缺陷以书面形式与董事会和经理层沟通；完成对审计工作底稿的质量控制复核；形成审计意见并出具内部控制审计报告。

## 四、内部控制审计报告要素

注册会计师在完成内部控制审计工作后，应当出具内部控制审计报告。标准内部控制审计报告应当包括下列要素：

(1)标题。审计报告的标题应当统一规范为“内部控制审计报告”。

(2)收件人。即注册会计师按照业务约定书的要求致送内部控制审计报告的对象，一般是指审计业务的委托人。审计报告应当载明收件人的全称。

(3)引言段。即内部控制审计报告中用于描述已审计财务报告内部控制的段落。应当说明被审计单位的名称和财务报告内部控制已经过审计，并包括下列内容：

①指出按照《企业内部控制审计指引》和中国注册会计师执业准则进行审计；

②指明财务报表的日期和涵盖的期间。

(4)企业对内部控制的责任段。即内部控制审计报告中用于描述管理层对财务报告内部控制的责任的段落。这种责任即设计、实施和维护与财务报表编制相关的内部控制，以使财务报表不存在由于舞弊或错误而导致的重大错报。

(5)注册会计师的责任段。即内部控制审计报告中用于描述注册会计师责任的段落。注册会计师的责任段应当说明下列内容：

①注册会计师的责任是在实施审计工作的基础上，对财务报告内部控制的有效性发表审计意见，注册会计师按照中国注册会计师审计准则的规定执行了审计工作。中国注册会计师审计准则要求注册会计师遵守职业道德规范，计划和实施审计工作以对财务报告内部控制的重大缺陷进行说明。

②对注意到的非财务报告内部控制的重大缺陷进行披露。

③注册会计师相信已获取的审计证据是充分、适当的，为其发表审计意见提供了基础。

(6)内部控制固有局限性的说明段。即内部控制审计报告中对内部控制存在固有局限性进行说明的段落。内部控制具有固有局限性，存在不能防止和发现错报的可能性。此外，由于情况的变化可能导致内部控制变得不恰当，或对控制政策和程序遵循的程度降低，根据内部控制审计结果推测未来内部控制的有效性具有一定风险。

(7)财务报告内部控制审计意见段。即内部控制审计报告中用于描述注册会计师对财务报告内部控制发表意见的段落。审计意见段应当说明，财务报告内部控制是否按照《企业内部控制基本规范》和相关规定在所有重大方面保持了有效的财务报告内部控制，包括设计和运行方面的有效性。

(8)非财务报告内部控制重大缺陷描述段。即内部控制审计报告中用于描述注册会计师注意到的非财务报告内部控制重大缺陷情况的段落。在内部控制审计过程中，注册会计师对于注意到的被审计单位非财务报告内部控制存在重大缺陷，应当描述该缺陷的性质及其对实现相关控制目标的影响程度，以及就该重大缺陷提醒报告使用者注意相关风险。

(9)注册会计师的签名和盖章。内部控制审计报告应当由两名具备相关业务资格的注册会计师签名和盖章并经会计师事务所盖章方为有效。注册会计师在审计报告上签名并盖章，有利于明确法律责任。

(10)会计师事务所的名称、地址及盖章。内部控制审计报告应当载明事务所的名称和地址，并加盖事务所公章。

(11)报告日期。内部控制审计报告应当注明报告日期。内部控制审计报告的日期不应早于注册会计师获取充分、适当的审计证据(包括管理层认可对财务报表的责任且已批准财务报表的证据)，并在此基础上对财务报表形成审计意见的日期。

## 五、内部控制审计报告意见类型及情形

企业内部控制审计报告有四种意见类型，分别是无保留意见的内部控制审计报告、带强调事项段的无保留意见的内部控制审计报告、否定意见的内部控制审计报告和无法表示意见的内部控制审计报告。其中，无保留意见的内部控制审计报告属于标准内部控制审计报告，带强

调事项段的无保留意见的内部控制审计报告、否定意见的内部控制审计报告和无法表示意见的内部控制审计报告属于非标准内部控制审计报告。

**(一)出具无保留意见的内部控制审计报告情形**

符合下列所有条件的,注册会计师应当对财务报告内部控制出具无保留意见的内部控制审计报告:

(1)企业按照《企业内部控制基本规范》《企业内部控制应用指引》《企业内部控制评价指引》以及企业自身内部控制制度的要求,在所有重大方面保持了有效的内部控制。

(2)注册会计师已经按照《企业内部控制审计指引》的要求计划和实施审计工作,在审计过程中未受到限制。

**(二)出具带强调事项段的无保留意见的内部控制审计报告情形**

注册会计师认为财务报告内部控制虽不存在重大缺陷,但仍有一项或者多项重大事项需要提请内部控制审计报告使用者注意的,应当在内部控制审计报告中增加强调事项段予以说明。

注册会计师应当在强调事项段中指明,该段内容仅用于提醒内部控制审计报告使用者关注,并不影响对财务报告内部控制发表的审计意见。

**(三)出具否定意见的内部控制审计报告的情形**

注册会计师认为财务报告内部控制存在一项或多项重大缺陷的,除非审计范围受到限制,应当对财务报告内部控制发表否定意见。注册会计师出具否定意见的内部控制审计报告,还应当包括下列内容:

(1)重大缺陷的定义。

(2)重大缺陷的性质及其对财务报告内部控制的影响程度。

**(四)出具无法表示意见的内部控制审计报告的情形**

注册会计师审计范围受到限制的,应当解除业务约定或出具无法表示意见的内部控制审计报告,并就审计范围受到限制的情况,以书面形式与董事会进行沟通。审计范围受到限制的有下列情形:

(1)客观环境造成的限制。在客观环境造成限制的情况下,注册会计师应当考虑是否可能实施替代审计程序,以获取充分、适当的审计证据。

(2)管理层造成的限制。在管理层造成限制的情况下,注册会计师应当提请管理层放弃限制。如果管理层不配合,注册会计师应当考虑这一事项对风险评估的影响以及是否可能实施替代审计程序,以获取充分、适当的审计证据。

注册会计师在出具无法表示意见的内部控制审计报告时,应当在内部控制审计报告中指明审计范围受到限制,无法对内部控制的有效性发表意见。

注册会计师不能确定期后事项对内部控制有效性的影响程度的,应当出具无法表示意见的内部控制审计报告。

**(五)内部控制审计报告的参考格式**

1. 标准内部控制审计报告

**内部控制审计报告**

××股份有限公司全体股东：

按照《企业内部控制审计指引》及中国注册会计师执业准则的相关要求，我们审计了××股份有限公司(以下简称××公司)××年×月×日的财务报告内部控制的有效性。

一、企业对内部控制的责任

按照《企业内部控制基本规范》《企业内部控制应用指引》《企业内部控制评价指引》的规定，建立健全和有效实施内部控制，并评价其有效性是企业董事会的责任。

二、注册会计师的责任

我们的责任是在实施审计工作的基础上，对财务报告内部控制的有效性发表审计意见，并对注意到的非财务报告内部控制的重大缺陷进行披露。

三、内部控制的固有局限性

内部控制具有固有局限性，存在不能防止和发现错报的可能性。此外，由于情况的变化可能导致内部控制变得不恰当，或对控制政策和程序遵循的程度降低，根据内部控制审计结果推测未来内部控制的有效性具有一定风险。

四、财务报告内部控制审计意见

我们认为，××公司按照《企业内部控制基本规范》和相关规定在所有重大方面保持了有效的财务报告内部控制。

五、非财务报告内部控制的重大缺陷

在内部控制审计过程中，我们注意到××公司的非财务报告内部控制存在重大缺陷[描述该缺陷的性质及其对实现相关控制目标的影响程度]。由于存在上述重大缺陷，我们提醒本报告使用者注意相关风险。需要指出的是，我们并不对××公司的非财务报告内部控制发表意见或提供保证。本段内容不影响对财务报告内部控制有效性发表的审计意见。

××会计师事务所(盖章)　　　　中国注册会计师：×××(签名并盖章)

中国注册会计师：×××(签名并盖章)

中国××市　　　　××年×月×日

2. 带强调事项段的无保留意见内部控制审计报告

**内部控制审计报告**

××股份有限公司全体股东：

按照《企业内部控制审计指引》及中国注册会计师执业准则的相关要求，我们审计了××股份有限公司(以下简称××公司)××年×月×日的财务报告内部控制的有效性。[“一、企业对内部控制的责任”至“五、非财务报告内部控制的重大缺陷”参见标准内部控制审计报告相关段落表述。]

六、强调事项

我们提醒内部控制审计报告使用者关注，(描述强调事项的性质及其对内部控制的重大影响)。本段内容不影响已对财务报告内部控制发表的审计意见。

××会计师事务所(盖章)　　　　中国注册会计师：×××(签名并盖章)

中国注册会计师：×××(签名并盖章)

中国××市　　　　××年×月×日

3. 否定意见内部控制审计报告

**内部控制审计报告**

××股份有限公司全体股东：

按照《企业内部控制审计指引》及中国注册会计师执业准则的相关要求，我们审计了××股份有限公司(以下简称××公司)××年×月×日的财务报告内部控制的有效性。

[“一、企业对内部控制的责任”至“三、内部控制的固有局限性”参见标准内部控制审计报告相关段落表述。]

四、导致否定意见的事项

重大缺陷，是指一个或多个控制缺陷的组合，可能导致企业严重偏离控制目标。

[指出注册会计师已识别出的重大缺陷，并说明重大缺陷的性质及其对财务报告内部控制的影响程度。]

有效的内部控制能够为财务报告及相关信息的真实完整提供合理保证，而上述重大缺陷使××公司内部控制失去这一功能。

五、财务报告内部控制审计意见

我们认为，由于存在上述重大缺陷及其对实现控制目标的影响，××公司未能按照《企业内部控制基本规范》和相关规定在所有重大方面保持有效的财务报告内部控制。

六、非财务报告内部控制的重大缺陷

[参见标准内部控制审计报告相关段落表述。]

××会计师事务所(盖章)　　　　中国注册会计师：×××(签名并盖章)

　　　　　　　　　　　　　　　中国注册会计师：×××(签名并盖章)

中国××市　　　　　　　　　　　　××年×月×日

4. 无法表示意见内部控制审计报告

**内部控制审计报告**

××股份有限公司全体股东：

我们接受委托，对××股份有限公司(以下简称××公司)××年×月×日的财务报告内部控制进行审计。

[删除注册会计师的责任段，“一、企业对内部控制的责任”和“二、内部控制的固有局限性”参见标准内部控制审计报告相关段落表述。]

三、导致无法表示意见的事项

[描述审计范围受到限制的具体情况。]

四、财务报告内部控制审计意见

由于审计范围受到上述限制，我们未能实施必要的审计程序以获取发表意见所需的充分、适当证据，因此，我们无法对××公司财务报告内部控制的有效性发表意见。

五、识别的财务报告内部控制重大缺陷

(如在审计范围受到限制前，执行有限程序未能识别出重大缺陷，则应删除本段)重大缺陷，是指一个或多个控制缺陷的组合，可能导致企业严重偏离控制目标。

尽管我们无法对××公司财务报告内部控制的有效性发表意见，但在我们实施的有限程序的过程中，发现了以下重大缺陷。

[指出注册会计师已识别出的重大缺陷，并说明重大缺陷的性质及其对财务报告内部控制的影响程度。]

有效的内部控制能够为财务报告及相关信息的真实完整提供合理保证，而上述重大缺陷使××公司内部控制失去这一功能。

六、非财务报告内部控制的重大缺陷

[参见标准内部控制审计报告相关段落表述。]

××会计师事务所(盖章)　　　　中国注册会计师：×××(签名并盖章)

中国注册会计师：×××(签名并盖章)

中国××市　　　　××年×月×日

## 思考与实训

### 一、思考题

1. 什么是内部控制？内部控制包括哪几方面要素？

2. 企业内部控制审计的特征有哪些？如何理解这些特征？

3. 内部控制审计报告有哪几种意见类型？出具无保留意见的内部控制审计报告应具备哪些条件？出具否定意见的内部控制审计报告应具备哪些条件？

### 二、实训题

(一)判断题

1. 财务报告审计是为了提高财务报告的可信度，重在审计"过程"，而内部控制审计是对保证企业财务报告质量的内在机制的审计，重在审计"结果"。 (　　)

2. 内部控制存在固有局限性，无论如何设计和执行，都不能对财务报告的可靠性提供绝对保证。 (　　)

3. 将存货放入加锁的仓库并由称职的保管员来管理，这属于职责分工控制。 (　　)

4. 注册会计师应当了解被审计单位的内部控制。 (　　)

5. 被审计单位建立授权控制的目的在于保证交易在管理层授权范围内进行。 (　　)

6. 在自上而下的审计方法下执行内部控制审计，如果识别并选取了能够充分应对重大错报风险的控制，则需要再测试针对同样认定的其他控制。 (　　)

7. 与某项控制相关的风险越高，注册会计师应当越多地亲自对该项控制进行测试。 (　　)

8. 注册会计师应当对发表的审计意见独立承担责任，其责任因为利用企业内部审计人员、内部控制评价人员和其他相关人员的工作而减轻。 (　　)

9. 注册会计师在对被审计单位内部控制的有效性发表意见时，不应在内部控制审计报告中提及服务机构。 (　　)

10. 实现内部控制目标的手段是设计和执行控制政策及程序。 (　　)

(二)单项选择题

1. 下列选项中，不属于内部控制的目标的是(　　)。

A. 保证业务活动按照适当地授权进行

B. 保证对资产和记录的接触、处理均经适当地授权

C. 保证账面资产与实物资产的定期核对相符

D. 提高业务处理的效率

2. 在一个设计适当的内部控制结构中，同一职工可以负责(　　)。

A. 接受和保管支票，并批准注销客户应收账款

B. 审核付款凭证，同时签发支票

C. 保管现金，编制银行存款余额调节表

D. 签发支票，同时保管原始凭证

3. 下列描述内部控制制度的方法中，各国审计界普遍采用的方法是(　　)。

A. 文字说明法　　B. 调查表法　　C. 流程图法　　D. 问卷法

4. 评审内部控制制度，确定其健全性和遵循程度，是改善管理制度的重要手段。从这个意义上说，内部控制制度的评审属于(　　)范畴。

A. 财经法纪审计　　B. 业务经营审计　　C. 管理审计　　D. 财政财务审计

5. 一般情况下，符合性测试的范围和数量取决于(　　)。

A. 对内部控制的初步评价结果　　B. 审计人员对企业内部控制制度的了解

C. 实质性测试的范围和数量　　D. 审计人员职业判断

6. (　　)奠定了被审计单位的内部控制基调，影响员工对内部控制的认识和态度。

A. 控制活动　　B. 控制监督　　C. 控制环境　　D. 控制检查

7. 下列不属于控制活动的是(　　)。

A. 授权　　B. 实物控制　　C. 对控制的监督　　D. 职责分离

8. 管理层针对特定类别的交易或活动逐一设置的授权是(　　)。

A. 一般授权　　B. 特殊授权

C. 信息技术应用控制　　D. 信息技术一般控制

9. 无论内部控制如何设计和执行，只能对财务报告的可靠性提供合理保证，其原因是(　　)。

A. 建立和维护内部控制是被审计单位管理层的职责

B. 内部控制的成本不应超过预期带来的收益

C. 在决策时人为判断可能出现错误

D. 对资产和记录采取适当的安全保护措施是被审计单位管理层应当履行的管理责任

10. 控制测试是为了确定(　　)而实施的审计测试。

A. 财务报表认定是否正确　　B. 内部控制执行的有效性

C. 内部控制是否得到执行　　D. 内部控制设计的合理性

(三)多项选择题

1. 内部控制制度的作用表现在(　　)。

A. 保护资产的安全和完整　　B. 保护会计及其他信息资料的真实可靠

C. 有利于实现企业的经营方针和经营目标　　D. 提高业务处理的工作效率

2. 必须分工的不相容职责包括(　　)。

A. 经济业务的授权批准与该项经济业务的执行　　B. 执行某项经济业务与审核该项业务

C. 执行某项经济业务与记录该项业务　　D. 保管某项资产与记录该项资产

3. 内部控制制度评审的目的是(　　)。

A. 确定审计的重点和抽样的规模　　B. 健全内部控制制度，改善管理

C. 出具管理建议书　　D. 确定内部符合性测试的重点

4. 下列情况中，审计人员可不进行符合性测试，而直接实施实质性测试程序的是(　　)。

A. 相关内部控制不存在

B. 相关内部控制虽然存在，但审计人员通过了解发现其并未有效运行

C. 符合性测试的工作量可能大于进行符合性测试所减少的实质性测试的工作量

D. 企业管理人员不配合审计工作

5. 下列观点中，正确的有(　　)。

A. 建立、健全内部控制是被审计单位管理层的责任

B. 建立内部控制在于消除一切错弊的发生

C. 内部控制存在固有的局限性

D. 建立、健全被审计单位内部控制是注册会计师的责任

6. 下列属于内部控制要素的有(　　)。

A. 控制环境　　B. 风险评估过程　　C. 控制活动　　D. 信息与沟通

7. 企业对控制有效性的内部监督和自我评价可以在企业层面上实施，也可以在业务流程层面上实施，包括(　　)。

A. 对运行报告的复核和核对　　B. 与外部人士的沟通

C. 对其他未参与控制执行人员的监控活动　　D. 将信息系统记录数据与实物资产进行核对

8. 注册会计师在了解被审计单位的内部控制时，需要了解被审计单位的控制活动主要包括(　　)。

A. 风险评估　　B. 授权和业绩评价

C. 实物控制　　D. 职责分离

9. 制度基础审计的基本内容主要包括(　　)。

A. 检查和评价会计控制制度、管理控制制度和内部审计制度的合理性、适应性与有效性

B. 确定经营活动及业务处理同方针政策、计划程序、手续规定的相符程度

C. 确定单位财务会计资料及其他经济资料的真实性、完整性与可靠性

D. 鉴定对各种资源获取、保护、使用控制的适当性

10. 流程图法的缺点有(　　)。

A. 由于缺少文字说明，较复杂的业务不易理解

B. 绘制流程图需要一定的技术，尤其是较复杂的业务，绘制难度更大

C. 反映问题不全面，仅限于被调查事项的范围

D. 标准格式的调查表缺乏弹性，难以适用于各类型企业

(四)综合题

1. 远东贸易公司就员工职责分工问题寻求咨询服务。该公司有三位员工，他们必须分担下列工作：(1)记录并保管总账；(2)记录并保管应付账款明细账；(3)记录并保管应收账款明细账；(4)记录货币资金日记账；(5)保管、填写支票；(6)发出销货退回及折让的贷项通知单；(7)调节银行存款日记账与银行存款对账单；(8)保管并送存现金收入。

上述工作中，除(6)、(7)两项工作量较小外，其余各项工作量大体相当。

要求：假如这三位员工都具备相当的能力，而且只需要他们做上述所列的工作。请根据上述资料，说明应如何将这八项工作分配给三位员工，才能达到内部控制制度的要求。

2. 行洪公司是一家中小型贸易企业，在一次审计中发现出纳员张行有以下舞弊行为：从公司收发室截取了客户甲公司给公司的分期付款的5 600元支票，存入了由他负责的公司零用金银行存款户中。

然后，在该存款户中以支付劳务费为由开了一张以自己为收款人的5 600元支票，签名后从银行中兑取了现金。

在与客户对账时，张行将“应收账款——甲公司”账户余额扣减5 600元后作为对账金额发给甲公司对账单，表示5 600元已经收到。

12天后，张行编制了一笔会计分录，借记“银行存款”账户，贷记“应收账款——甲公司”账户5 600元，将“应收账款——甲公司”账户调整到正确余额，但银行存款账面余额却比银行对账单多列了5 600元。

月底，在编制银行存款余额调节表时，张行在调节表上虚列了两笔未达账项(企业已收款，银行未办理收款账项)，将银行存款余额调节表调平。

要求：就上述情况分析行洪公司内部控制制度中存在的重要缺陷，并提出进一步改进的建议。

3. 乙单位仓库保管员负责登记存货明细账，以便对仓库中的所有存货项目的收、发、存进行永续记录。当收到验收部门送交的存货和验收单后，根据验收单登记存货领料单。平时，谁领取原材料，都可以填写领料单，仓库保管员根据领料单发出原材料。辅助材料的用量很少，因此领用时，没有要求使用领料单。材料结余后，自行保管，无须通知仓库。如果仓库保管员有时间，偶尔也会对存货进行实地盘点。

要求：你认为以上描述的内部控制有什么弱点？简要说明缺陷可能导致的弊端。

# 第十章　风险基础审计

### 学习目标

掌握风险基础审计的概念；掌握风险基础审计的特征；掌握风险基础审计与制度基础审计的不同；了解风险基础审计的程序；理解风险基础审计的方法。

### 引导案例

法国兴业银行(以下简称法兴银行)创建于拿破仑时代，历经两次世界大战，是法国经济的支柱之一。2008 年 1 月，被权证市场交易员科维尔拖入 49 亿欧元的亏损境地。法兴银行一直以全球风险监控出色著称，尤其是在股权衍生品方面。该银行连续五年被《风险》杂志评为第一或第二。全球知名的英国《银行家》杂志更授予法兴银行 2007 年度股权衍生品最佳奖。

……

《“绿色革命”总结报告》表明，从 2006 年 6 月到 2008 年 1 月，法兴银行的大多数风险控制系统自动对科维尔的各种交易 75 次拉响警报，其中，2007 年高达 67 次，这些警报出现在运营、股权衍生品、柜台交易、中央系统管理等 28 个部门和 11 个风险控制系统。这 11 个风险控制系统几乎是法兴银行后台监控系统的全部，涉及经纪、交易、流量、传输、授权、收益数据分析、市场风险等各个流程环节。直到 2008 年 1 月连续三次警报的最后一次——法兴银行因次贷危机被迫收紧对一家大银行客户的贷款时，才发现科维尔盗用客户的账户，骗局才最终败露。

资料来源：http://www. doc88. com/p－781388576715. html。

风险基础审计是一种有别于账项基础审计和制度基础审计的审计模式。它以量化的风险水平为重点，在确定的风险水平基础上，决定实质性测试的程度和范围。

## 第一节　风险基础审计概述

### 一、风险基础审计模式产生的背景

制度基础审计模式在现代审计工作中的广泛运用中确实展现了其高效准确的优点，但也存在着重大的技术缺陷。因为,制度基础审计模式是建立在被审计单位管理层与注册会计师之间的"无利害关系假设"基础上,即假设被审计单位管理层和注册会计师都希望建立能防止和揭露差错和舞弊的内部控制制度,这无异于将防止和揭露差错舞弊的主要责任由注册会计师转移给了被审计单位。这种把"查错防弊"的手段主要寄托在诚信的公司管理当局所设计和执行的内部控制制度上的"愿望",可以说是制度基础审计模式的最大弱点,并且导致了严重的后果。

20 世纪后半期,由于企业管理舞弊的普遍出现,使得制度基础审计的缺陷逐渐暴露出来。一方面,众多的世纪诉讼案件表明,内部控制制度存在着固有的局限性:即使是设计最完美的内部控制制度,也可能因为执行人员的粗心大意、判断失误等原因造成控制失效;内部控制是针对过去的大量交易而设立的,它可能因环境改变而控制效果下降,无法自动地针对未来做出防范;更重要的是,内部控制制度可能因员工的串通舞弊而形同虚设,特别是内部控制无法制约最高管理层的行为,他们可以很轻松地超越控制的限制。另一方面,被审计单位管理层的确存在着提供虚假会计报表的驱动,随着企业组织形式和经济业务的复杂化,这种舞弊的驱动更强。例如,公司集团内部的众多关联方交易,融资、投资方式和经营方式的创新,企业内部激励方式的创新等,使得可供企业管理层舞弊造假的空间和手法都扩大了。如果企业管理层存在舞弊造假行为,他们会利用其掌握的内部控制制定权与操作权,刻意地掩盖其舞弊造假的迹象,蒙蔽和利用注册会计师,使他们在审计报告中出具错误的审计意见,成为其舞弊造假行为的"替罪羊"。一旦被审计单位的高级管理人员串通舞弊,或最高管理层超越控制而蓄意造假,从表面上看内部控制依然存在并良好运行,但实际上内部控制所要求的相互制约不仅已经不复存在,而且有可能做到掩盖舞弊造假迹象。此时,检查内部控制制度往往无法发现这种刻意隐瞒的舞弊造假行为。正是基于这种管理舞弊的盛行,风险基础审计模式应运而生,审计思维就是要跳出账簿、跳出内控,根据现代财务舞弊的特点,进入以查找管理舞弊为核心的风险基础审计模式,这已是历史潮流,不可抵挡。

## 二、风险基础审计的概念

风险基础审计是从对被审单位委托审计的动机、经营环境、财务状况等方面进行全面的风险评估出发,利用审计风险模型,规划审计工作,积极运用分析性复核,力争将审计风险控制在可以接受的水平上。它是在制度基础审计的基础上发展起来的。该审计模式代表了现代审计发展的方向。这一模式最显著的特点是,将客户置于一个大的经济环境中,运用立体观察的理论来判断影响因素,从企业所处的商业环境、条件到经营方式和管理机制等构成控制结构的内、外部各个方面来分析评估审计的风险水平,并把客户的经营风险植入本身的风险评价中。此外还有一个特点就是,明确确认为审计测试选择一个样本、企业开展业务的商业环境、对报表余额的真实性和公允性给予审计评价等都可能存在风险,并把这种意识贯穿审计的全过程,从而在审计过程中把重点放在审计风险的评估上,并通过各种审计程序的设计和执行,把审计风险降低到注册会计师可以接受的水平。

## 三、风险基础审计的特征

(1)风险基础审计通过对被审计单位风险的评价,有利于寻找高风险的审计项目,从而集中力量最大限度地降低检查风险,最终使审计风险降到可接受的水平。

(2)风险基础审计提供了一种既能保证审计效果、又能提高审计效率的全新思路。

(3)风险基础审计通过审计风险模型,把风险量化,最终决定抽样的样本量。

## 四、风险基础审计与制度基础审计的区别

风险基础审计与制度基础审计有许多共同点,其中最大的共同之处是,它们都建立在评价被审计单位内部控制系统的基础之上,从这个意义上讲,它们可以归为一类。但是,两者也存在很多不同之处。

### (一)指导思想不同

账表基础审计、制度基础审计和风险基础审计分别产生于不同的历史时期,这既是审计实践的一种历史性进步和发展,又能折射出它们所处时代的社会环境。账表基础审计可以说是实证主义思想在审计领域中的应用,制度基础审计产生于系统理论建立和发展的时期,因此,系统理论实际上构成了制度基础审计的指导思想。风险基础审计产生于20世纪80年代末期,当时审计风险正处于急剧增加时期,因此在社会上存在一种倾向,认为既然投资者愿意付出巨额审计费用,而不是自己承担由于经理们贪污舞弊造成的损失,实际上就是将审计费用视为一种保险费用,如果审计人员因失职未检出财务报表重大错报,他们有责任赔偿因失职而造成的损失,从而实现了分担风险的目的。同时,审计人员因审计风险的增加,力求减少风险、规避风险,必须运用风险理论来指导审计工作,这就产生了风险基础审计。

### (二)审计侧重点不同

制度基础审计以内部控制系统的评价为基础,据以确定审计的重点、范围和方法。风险基础审计是以评价内、外部环境下的审计风险为基础,据以确定审计的重点、范围和方法。风险基础审计实际上并没有离开对内部控制系统的评价,只是风险基础审计不限于此,而是将评价范围扩大到生产经营等外部环境中。即使对内部控制的评价也不局限于内部控制系统本身的强弱,而是从风险可能性大小的角度进行评价。所以,风险基础审计实际上也是以内部控制为基础的,只是换了个角度去进行审核。

### (三)对内部控制系统的理解不同

在制度基础审计中,使用内部控制概念,包括内部会计控制和内部管理控制两个方面,其中财务审计一般注重评价内部会计控制,而管理审计注重评价内部管理控制。在风险基础审计中,内部控制系统变为内部控制框架。1988年的内部控制框架概念由控制环境、会计系统和控制程序三个要素组成。1992年进一步将其分为控制环境、风险评估、控制活动、信息与沟通和监督五个要素。与内部控制系统不同,内部控制框架概念强调控制环境和控制风险的评价,评价范围和重点都发生了重大变化。

### (四)审计程序不同

制度基础审计和风险基础审计都由很多步骤组成。由于它们都要评价内部控制系统或内部控制框架,因此它们之间有许多共同点。主要区别是出发点不同,制度基础审计是从了解和评价内部控制系统开始的,而风险基础审计主要是从分析程序和发现重大错报风险开始的,并以审计风险为线索,运用审计风险模式指导整个审计工作。

### (五)审计资源分配不同

制度基础审计由于没有进行系统的审计风险分析,容易导致审计资源在审计领域的不恰当分配,进而影响审计工作的效率。风险基础审计则不然,由于它从风险分析开始,能够把主

要精力放在容易发生重大错报的领域，减少了不容易出现重大错报领域的工作，从而能在保证审计效果的前提下提高审计工作效率。

**(六)审计方法不同**

风险基础审计广泛采用分析程序的审计技术和方法。这既是一种审计技术和方法，也是一种审计证据。分析程序研究财务报表的整体合理性，找出其中存在的异常现象，从而为进一步审计提供依据，而且它的审计成本很低，因此成为现代审计的首选方法，在审计计划、实施和报告阶段都能使用。在制度基础审计中，分析程序则较少使用。

## 第二节 风险基础审计的基本程序

风险基础审计的特点表明，审计程序的设计和执行恰当与否，对审计风险的控制有着重要的意义。恰当的审计程序有助于审计工作循序渐进、有条不紊地达到审计目的。在实务中，为了使审计工作做得更为细致，并能关注审计重要领域，风险基础审计的程序可分为以下五个阶段：

### 一、调查

通过调查、了解、分析、评估等方法执行一般规划并确认重要的审计领域，识别重要的风险领域。目的是评估固有风险，确认重要的审计范围。一般在审计计划开始时进行。具体内容为：明确客户服务及其他规划目标；取得或更新对客户业务与产业的了解；执行全面控制环境的评估；对重大性做初步判断；决定要审查的重要账户；确认影响这些账户的资料来源；编制审计计划。

### 二、了解评估

了解和评估重要的资料来源。目的是寻找并确定控制弱点。一般在期中审计时进行。具体内容是：确认重要的估计和资料过程；对各项过程取得了解；考虑何处可能出错；确认与评估相关的控制。

### 三、执行初步评估

执行初步风险评估，即固有风险和控制风险的联合。目的是通过风险评估，选择可靠的、有效益的、有效果的审计查核程序。即首先考虑固有风险，再对控制风险做出初步评估。在对控制有效或无效做出判断时，主要是对客户管理意识、控制措施及控制品质、控制程序设计本身是否严密，分工分职是否良好做出判断。如果有效，则进一步对可依赖程度和发生重大审计错误的可能性做出判断。在此基础上再评估审计发生错误的可能性，并确定审计查核方法。这主要在审计中期完成。具体内容包括：确认重要的作业和交易；了解重要交易的流程，绘制流程图；研究判断错误可能发生的所在：一要辨认流程中的关键环节，二要把控制目标与流程中的重要环节串联，三要确认交易流程中可能发生的错误，辨认及了解预防控制及侦测控制，初步评估控制风险。

### 四、拟定

拟定与执行审计计划，通过实施审计获取审计证据。具体内容如下：根据评估做出的不同的风险程度，为每一类重要认定拟定不同的查核方法；拟定审计程序以供控制测试及实质性测试之用；执行内部控制测试；根据测试结果最终评估控制风险；根据所确定的检查风险水平的高低，执行实质性测试。

### 五、执行全面评估

做出审计报告，即执行全面评估，将审计结论形成书面文件。

以上五个阶段中，前三个阶段主要通过了解、观察、分析、评估来确定审计的范围和重点，选择适当的审计程序和方法。做到仗未打，已有八分胜券，这也是风险基础审计模式的精髓。由此可以看出，虽然风险基础审计与制度基础审计在许多程序上有着相同之处，但风险基础审计是将客户置于一个大的经济环境中，从企业所处的商业环境、条件到经营方式和管理机制等内、外两个方面来分析评估，全方位地判断影响因素。

## 第三节　风险基础审计的方法

风险基础审计这一方法模式得以产生并被越来越多的会计师事务所用于审计实践中，说明风险基础审计是行之有效的，能满足注册会计师降低审计成本的需要和缩小期望差。以下具体讨论五种基本方法。

### 一、审计风险评估

风险基础审计是以审计风险评估为中心的，审计风险的评估贯穿审计整个过程。注册会计师希望在公布已审计会计报表的结论之前将审计风险降到最低，以维持其结论的正确性。进行审计时，注册会计师最关键的是要按审计程序执行，以便把审计风险降到最低。审计程序的性质很重要，对于特定的账户，确认使用适当的审计程序工作效率会更高。在不同条件下选择不同审计程序，可采用以下两种方法：(1)确保项目的固有属性和内部控制结构，为使错误评估会计报表的风险最低而设计审计程序；(2)为直接证实一个项目，可以使注册会计师有确切把握将该领域的重大错报查出而设计审计程序。注册会计师可以同时使用以上两种审计程序。审计风险是固有风险、控制风险和检查风险的结合。注册会计师不能改变固有风险。为了完成审计，注册会计师必须减少其他两种风险。注册会计师若了解控制环境、会计制度及控制程序，并能检查其效能，则可获得控制风险估计水平减少的证据。若证据显示有效，则控制风险可减低；若控制有问题，则控制风险相应增高；若想减少检查风险，可通过有效地检查账户余额项目或其他程序来实现。

### 二、分析性测试

分析性测试是以财务资料及非财务资料之间的表面关系或可预测的关系，评估财务信息，分析财务信息的合理性。使用分析性测试的前提条件是公司的账户要基本可靠。这种方法能够较全面地分析比较，它要以当年余额与全年预算做比较；以毛利率或其他财务比率与去年相比；要与同行业相比。所以，使用这种方法能收到多方面的效果：它取代其他实质性测试的功效，它所揭示出来的差异，可起到“红旗”的作用，引起注册会计师的注意；辅助审计结论；提高审计效率；降低审计风险。分析性测试与审计各个阶段密切相关，在审计计划阶段，进行内部控制测试时，不可缺少地要用到分析性测试，如审计调查时对会计报表的初步了解，利用一些指标的分析可帮助注册会计师评价审计风险的程度，提高注册会计师对企业经营业务的理解和识别风险区域。在审计实施进程中，首先要对全部账户进行广泛的分析性测试，以缩小详细测试的范围。在审计报告阶段，结束审计之前，注册会计师应对会计报表的总体内容做最后的分析，以发现那些具体抽查中未予发现的问题。利用分析性测试可发现“可能”存在的重大舞弊或差错，可发现一些异常情况，然后通过对这些异常情况的查证，就能“合理地保证”会计报表不被严重歪曲，“合理地保证”揭露重大舞弊或差错。

分析性测试的有效性是由分析方法的基本原理决定的，通过研究财务数据或非财务数据之间存在的相互关系来判断数据本身的正确性和正常性。例如，根据会计复式记账的原理，就能判断出销售收入和应收账款的发生额是否正常，如果销售收入很高，而应收账款借方发生额较低，则其中必定存在问题，或账务处理的差错或蓄意舞弊。因此与其他方法相比，它根据各种数据中的相互关系，通过比率分析、趋势分析等各种指标更能发现异常情况。分析性测试所使用的分析方法可从简单的比较方法到复杂的数理统计方法，它所使用的分析指标可以是绝对数指标，如单位成本比较分析、年销售额比较分析等，也可以是相对数指标，如销售利润率、投入产出率等。所有分析性测试，包括账面的余额或比率与预期指标进行比较，而预期指标则根据数据之间的相互关系以及注册会计师对客户及其所在行业的熟悉程度来决定。决定预期指标的信息一般包括：(1)当前的可比财务信息(考虑本期已知的变化)；(2)预见的成果，例如从中期或年末数据中推知的预见数；(3)当期财务信息要素之间的相互关系；(4)有关客户同行业的信息；(5)财务信息与非财务信息之间的相互关系；等等。

## 三、控制测试

控制测试是在对内部控制结构了解的基础上，为了确定内部控制结构政策和程序的设计和执行是否有效(即效果好坏)而实施的审计程序。目的在于通过对内部控制要素进行评价以确定控制风险。控制测试的产生与内部控制结构概念的建立以及对符合性测试的重新认识有关。“内部控制结构”取代原来的“内部控制制度”并不是在玩弄名词游戏，而是现代审计环境影响的结果。从审计的角度来看，一个企业的内部控制结构由控制环境、会计制度和控制程序三个要素组成。现代审计对内部控制的研究和评价范围已不再像以前那样只限于内部会计控制，它已发展到了对控制环境的审查，以便于控制风险的确定，特别是要评价那些对财务报告的真实性有重大影响的重大差错或非法行为失控的风险。对内部控制要素进行控制测试的程序有以下四种：(1)“询问”客户负责执行某项工作职责的有关人员；(2)“观察”客户工作人员实际履行这项工作职责的实际情况；(3)“审查”反映这项工作职责履行情况的凭证和报告；(4)“重新执行”这项控制。控制测试的范围取决于期望的估计控制风险实际水平。注册会计师如果要求较低的估计控制风险水平，则无论是从测试控制的数量来说，还是从每项控制测试的范围来说，都要采用较大的样本量来执行审查、观察和重做等程序。

## 四、交易业务实质性测试

交易业务实质性测试涉及会计系统特定种类交易的处理，通常针对主要交易类别而言。目的是决定客户的会计交易是否经过恰当的审批，在日记账中是否正确记录和汇总，是否正确地过入明细分类账和总分类账。交易业务实质性测试主要关注账户的借、贷方发生的金额。无论是在期中还是在期末执行，都必须在余额细节测试前实施。因为交易业务的实质性测试通常和余额细节测试的计划同时进行。从理论上讲，如果早期已经测试了期初余额，通过资产负债表账户余额的细节测试来间接测试主要交易类别是可行的。无论交易业务的类别测试是控制测试、实质性测试或是双重目的测试，注册会计师的基本目标都是相同的，即对特定种类交易处理的可靠性和真实性提供合理保证，以减少余额细节测试。

交易业务实质性测试的基本做法通常要考虑控制程序，即：(1)确定交易业务流程的四大环节，即交易发生→原始单据→日记账及明细账→总账。(2)记录编制交易流程图：要辨明重要环节；辨明重要路径中的其他环节；绘制流程图。流程图的编制通常与控制测试一致，所以有时又称为双重目的的测试。(3)确认可能错误的步骤：辨认交易流程中的重要环节；把控制目标和流程重要环节串联；确认交易流程中可能发生的错误。这可与控制测试同时进行。(4)确认账户测试的性质、时间和范围。基于对内部控制要素的了解，注册会计师应确认是否存在为实现控制目标提供合理保证的内部控制政策和程序。如果存在，则注册会计师为测试这些功能所设计的测试通常与控制测试一起进行。如果不存在这些测试，则将进行余额细节测试。

## 五、余额细节测试

余额细节测试是直接获得有关账户余额的证据，而不是从构成余额的单个借贷发生项目取得证据。它为余额真实性、恰当性提供合理保证，或确认出其中的货币性误差。注册会计师的最终目标是对由账户余额组成的会计报表发表意见。无论采取什么策略，注册会计师都要广泛使用余额细节测试。在小型企业的审计中，许多注册会计师几乎完全单独依靠余额的直接测试。比如，注册会计师可向银行函证银行存款余额，也可向客户函证应收账款余额。注册会计师还可以通过审查固定资产的余额、观察客户存货盘点和执行期末存货价格测试来获取有关余额的证据。

余额细节测试不同于交易业务实质性测试。余额细节测试涉及交易类别，如收取现金，并且可能是实质性测试、控制测试或双重目的的测试。账户余额和交易是相关的，注册会计师需要对账户余额和交易类别的审计程序做出协调。在设计具体项目的余额细节测试时，其性质、时间和范围要考虑的因素是：会计报表的项目和审计目标的性质；项目余额的重要性水平；项目余额的审计风险水平；审计测试的效率。另外，由于企业经营产生的风险，会对审计产生影响，所以经营风险也是注册会计师必须考虑的因素之一。显然，风险基础审计所涉及的范围要比制度基础审计所涉及的宽，也更符合现代审计所处的社会环境。

## 思考与实训

### 一、思考题

1. 什么是风险基础审计？

2. 风险基础审计的特征有哪些？

3. 风险基础审计与制度基础审计有什么不同？

## 二、实训题

(一)判断题

1. 风险基础审计广泛采用分析程序的审计技术和方法。（　　）

2. 制度基础审计是在风险基础审计基础上产生的。（　　）

3. 风险基础审计模式是基于管理舞弊的盛行应运而生的。（　　）

4. 风险基础审计是在账项基础审计基础上应运而生的。（　　）

5. 风险基础审计通过对被审计单位风险的评价，有利于寻找高风险的审计项目。（　　）

6. 风险基础审计与制度基础审计没有共同点。（　　）

7. 执行初步风险评估，即固有风险和控制风险的联合。目的是通过风险评估，选择可靠的、有效益的、有效果的审计查核程序。（　　）

8. 利用分析性测试可发现"可能"存在的重大舞弊或差错，可发现一些异常情况，然后通过对这些异常情况的查证，就能"合理地保证"会计报表不被严重歪曲。（　　）

9. 交易业务实质性测试涉及会计系统特定种类交易的处理，通常针对主要交易类别而言。（　　）

10. "内部控制结构"取代原来的"内部控制制度"并不是在玩弄名词游戏，而是现代审计环境影响的结果。（　　）

(二)单项选择题

1. 对内部控制要素进行控制测试的程序不包括（　　）。

A. 询问　　B. 重新执行　　C. 审查　　D. 分析程序

2. 一个企业的内部控制结构由控制环境、（　　）和控制程序三个要素组成。

A. 会计制度　　B. 实物控制　　C. 控制监督　　D. 控制执行

3. 下列关于风险基础审计特征的描述中，不正确的是（　　）。

A. 风险基础审计通过对被审计单位风险的评价，有利于寻找高风险的审计项目，从而集中力量最大限度地降低检查风险，最终使审计风险降到可接受的水平

B. 风险基础审计提供了一种既能保证审计效果、又能提高审计效率的全新思路

C. 风险基础审计通过审计风险模型，把风险量化，最终来决定抽样的样本量

D. 风险基础审计有四种方法

4. 风险基础审计是在（　　）基础上产生的。

A. 报表基础审计　　B. 账项基础审计　　C. 制度基础审计　　D. 系统导向审计

5. 风险基础审计是以评价内、外部环境下的（　　）为基础。

A. 审计风险　　B. 固有风险　　C. 控制风险　　D. 检查风险

6. 风险基础审计实际上也是以（　　）为基础的。

A. 经营环境　　B. 外部环境　　C. 内部环境　　D. 内部控制

7. 风险基础审计从（　　）开始，能够把主要精力放在容易发生重大错报的领域，减少了不容易出现重大错报领域的工作，从而能在保证审计效果的前提下提高审计工作效率。

A. 风险分析　　B. 风险控制　　C. 审计风险　　D. 内部控制

8. 风险基础审计广泛采用（　　）的审计技术和方法。

A. 分析程序　　B. 重新执行　　C. 穿行测试　　D. 内部控制

9. 执行初步风险评估，即（　　）和控制风险的联合。

A. 固有风险　　B. 重大错报风险　　C. 检查风险　　D. 审计风险

10. 风险基础审计通过各种审计程序的设计和执行，把审计风险降低到注册会计师（　　）的水平。

A. 可靠　　B. 运行　　C. 允许　　D. 可以接受

(三)多项选择题

1. 由于审计环境的变化,注册会计师的审计方法一直随着审计环境的变化而变化,审计方法包括(　　)。

A. 报表基础审计　　B. 制度基础审计　　C. 风险基础审计　　D. 账项基础审计

2. 风险基础审计与制度基础审计的区别包括(　　)。

A. 指导思想不同　　B. 审计侧重点不同

C. 对内部控制系统的理解不同　　D. 审计程序不同

3. 风险基础审计的基本程序包括(　　)。

A. 调查　　B. 了解评估　　C. 执行初步评估　　D. 执行全面评估

4. 风险基础审计的方法有(　　)。

A. 审计风险评估　　B. 分析性测试

C. 控制测试　　D. 交易业务实质性测试

5. 对内部控制要素进行控制测试的程序有(　　)。

A. 询问　　B. 重新执行　　C. 审查　　D. 观察

6. 决定预期指标的信息一般包括(　　)。

A. 当前的可比财务信息　　B. 预见的成果

C. 当期财务信息要素之间的相互关系　　D. 财务信息与非财务信息之间的相互关系

7. 交易业务实质性测试的基本做法通常要考虑控制程序,即(　　)。

A. 确定交易业务流程的四大环节　　B. 记录编制交易流程图

C. 确认可能错误的步骤　　D. 确认账户测试的性质、时间和范围

8. 下列关于风险基础审计的表述中,正确的是(　　)。

A. 风险基础审计是以评价内、外部环境下的审计风险为基础

B. 风险基础审计也对内部控制系统进行评价

C. 风险基础审计将评价范围扩大到了生产经营等外部环境中

D. 在风险基础审计中,内部控制框架变为内部控制系统

9. 风险基础审计研究判断错误可能发生的所在有(　　)。

A. 辨认流程中的关键环节

B. 把控制目标与流程中的重要环节串联

C. 确认交易流程中可能发生的错误

D. 辨认及了解预防控制及侦测控制,初步评估控制风险

# 第十一章　审计抽样

## 学习目标

了解审计抽样的概念及作用；理解统计抽样与非统计抽样的含义与区别；掌握属性抽样与变量抽样的含义与区别；掌握样本的设计、选取及抽样结果的评价；理解与应用属性抽样；理解变量抽样的应用。

## 引导案例

### 美国法尔莫公司审计案例

一、公司简介

从孩提时代开始，米奇·莫纳斯就喜欢几乎所有的运动，尤其是篮球。但是因天资及身高所限，他没有机会到职业球队打球。然而，莫纳斯确实拥有一个所有顶级球员共有的特征，那就是他有一种无法抑制的求胜欲望。

莫纳斯把他无穷的精力从球场上转移到他的董事长办公室里。他首先设法获得了位于(美)俄亥俄州阳土敦市的一家药店，在随后的十年中他又收购了另外299家药店，从而组建了全国连锁的法尔莫公司。其所实施的策略就是他所谓的"强力购买"，即通过提供大比例折扣来销售商品。

二、造假始末

先将所有的损失归入一个所谓的"水桶账户"，然后再将该账户的金额通过虚增存货的方式重新分配到公司的数百家成员药店中。他们仿造购货发票，制造增加存货并减少销售成本的虚假记账凭证，确认购货却不同时确认负债，多计或加倍计算存货的数量。财务部门之所以可以隐瞒存货短缺，是因为注册会计师只对300家药店中的4家进行存货监盘，而且他们会提前数月通知法尔莫公司他们将检查哪些药店。管理人员随之将那4家药店堆满实物存货，而把那些虚增的部分分配到其余的296家药店。如果不考虑其会计造假，法尔莫公司实际已濒临破产。

三、惩处

这项审计失败使会计师事务所在民事诉讼中损失了3亿美元。财务总监被判33个月的监禁，莫纳斯本人则被判入狱5年。

资料来源：http://www.doc88.com/p—636427206863.html。

# 第一节　审计抽样概述

## 一、审计抽样技术概述

### (一)审计抽样技术的含义

审计抽样技术是指注册会计师对某类交易或账户余额中低于百分之百的项目实施审计程序,使所有抽样单元都有被选取的机会。这使注册会计师能够获取和评价与被选取项目的某些特征有关的审计证据,以形成或帮助形成对从中抽取样本的总体的结论。

审计抽样技术必须符合三个基本特征:(1)对某类交易或账户余额中低于百分之百的项目实施审计程序;(2)所有抽样单元都有被选取的机会;(3)审计测试的目的是为了评价该账户余额或交易类型的某一特征。

### (二)审计抽样技术的基本分类

在对某类交易或账户余额使用审计抽样时,注册会计师可以使用统计抽样方法,也可以使用非统计抽样方法。统计抽样是指同时具备下列特征的抽样方法:(1)随机选取样本;(2)运用概率论评价样本结果,包括计量抽样风险。统计抽样的样本必须具有这两个特征,不同时具备上述两个特征的抽样方法为非统计抽样。在审计中,注册会计师应当根据具体情况并运用职业判断,确定使用统计抽样或非统计抽样方法,以最有效率地获取审计证据。

1. 非统计抽样

非统计抽样是指审计人员运用专业经验,进行主观判断,从特定审计对象总体中抽取部分样本进行审查,并以样本的审查结果来推断总体特征的抽样审计方法。

非统计抽样方法先后出现过任意抽样和判断抽样两种方法。在任意抽样法下,审计人员对于抽样的规模、技术和内容等均无规律可循,只是任意抽取样本,故其审查结果缺乏科学性和可靠性。代之而来的是判断抽样审计方法,它是审计人员根据其经验判断,有重点、有针对性地从总体中抽取一些样本进行审查测试,并以样本的测试结果来推断总体特征的一种审计抽样方法。这种方法克服了任意抽样法的缺点,但是由于判断抽样法只凭审计人员的经验和主观判断,因此,审计过程中审计人员的主观因素仍然对审计结果和质量构成决定性影响。

2. 统计抽样

统计抽样方法也称随机抽样方法,是指审计人员遵循随机原则,从审计对象总体中抽取一部分样本进行审查,然后根据样本的审查结果来推断总体特征的一种审计抽样方法。统计抽样的优点在于具有较强的科学性和准确性,具体包括:

(1)统计抽样能够科学地确定抽取样本的规模。

(2)统计抽样中总体各项目被抽中的机会是均等的,可以防止主观臆断。

(3)统计抽样能计算抽样误差在预先给定的范围内其概率有多大,并根据抽样推断的要求,把这种误差控制在预先给定的范围之内。

(4)统计抽样便于促使审计工作规范化。

注册会计师在统计抽样与非统计抽样方法之间进行选择时主要考虑成本效益。不管是统计抽样还是非统计抽样,两种方法都要求注册会计师在设计、实施和评价样本时运用职业判断。另外,对选取的样本项目实施的审计程序通常也与使用的抽样方法无关。那种认为统计抽样能够减少审计过程中的专业判断或可以取代专业判断的观点是错误的。在实际工作中,应该把统计抽样法和非统计抽样法结合起来运用,以求收到较好的审计效果。统计抽样与非统计抽样的比较如表11—1所示。

表11—1　　统计抽样与非统计抽样的比较

| 比较内容 | 统计抽样 | 非统计抽样 |
|---|---|---|
| 优点 | (1)客观地计量和精确地控制抽样风险<br>(2)高效设计样本<br>(3)衡量已获得的审计证据的充分性<br>(4)能定量评价样本的结果 | (1)操作简单,使用成本低<br>(2)适合定性分析 |
| 缺点 | (1)增加培训注册会计师的成本<br>(2)有时单个样本项目不符合统计要求 | 无法量化抽样风险 |
| 相同点 | (1)在设计、实施和评价样本时都离不开职业判断<br>(2)都是通过样本中发现的错报或偏差率推断总体的特征<br>(3)运用得当都可以收集充分和适当的审计证据<br>(4)通过扩大样本量来降低抽样风险 | |

### (三)审计抽样技术的适用情形

注册会计师获取审计证据时可能使用三种目的的审计程序:风险评估、控制测试和实质性程序。

风险评估程序通常不涉及审计抽样技术。其原因是:一方面,注册会计师实施风险评估程序的目的是了解被审计单位及其环境,识别和评估重大错报风险,而不需要对总体取得结论性证据。另一方面,风险评估程序实施的范围较为广泛,获取的信息具有较强的主观色彩,因此通常不涉及使用审计抽样。

当控制的运行留下轨迹时,注册会计师可以考虑使用审计抽样实施控制测试。对于未留下运行轨迹的控制,注册会计师通常实施询问、观察等审计程序,以获取有关控制运行有效性的审计证据,此时不涉及审计抽样。

实质性程序包括对各类交易、账户余额、列报的细节测试,以及实质性分析程序。在实施细节测试时,注册会计师可以使用审计抽样获取审计证据,以验证有关财务报表金额的一项或多项认定(如应收账款的存在性),或对某些金额做出独立估计(如陈旧存货的价值)。在实施实质性分析程序时,注册会计师不宜使用审计抽样技术。

## 二、审计抽样技术与其他选取测试项目的方法的关系

在设计审计程序时,注册会计师应当使用适当的方法选取测试项目,以获取充分、适当的审计证据,实现审计程序的目标。注册会计师选取测试项目时可以使用的方法,包括选取全部项目、选取特定项目和审计抽样。注册会计师可以根据具体情况,单独或综合使用选取测试项目的方法。

### (一)选取全部项目

实施细节测试时,在某些情况下,基于重要性水平或风险的考虑,注册会计师可能认为需要测试总体中的全部项目。当存在下列情形之一时,注册会计师应当考虑选取全部项目进行

测试:(1)总体由少量的大额项目构成;(2)存在特别风险且其他方法未提供充分、适当的审计证据,如存在特别风险的项目主要包括:管理层高度参与的或错报可能性较大的交易事项或账户余额,非常规的交易事项或账户余额(特别是与关联方有关的交易或余额),长期不变的账户余额,可疑的或非正常的项目,或明显不规范的项目,以前发生过错误的项目,期末人为调整的项目;(3)由于信息系统自动执行的计算或其他程序具有重复性,对全部项目进行检查符合成本效益原则,如注册会计师可运用计算机辅助审计技术选取全部项目进行测试。

**(二)选取特定项目**

根据对被审计单位的了解、评估的重大错报风险以及所测试总体的特征等,注册会计师可以确定从总体中选取特定项目进行测试。选取的特定项目可能包括:(1)大额或关键项目;(2)超过限定金额的全部项目;(3)被用于获取某些信息的项目;(4)被用于测试控制活动的项目。

选取特定项目时,注册会计师只对审计对象总体中的部分项目进行测试。注册会计师通常按照覆盖率或风险因素选取测试项目,或将这两种方法结合使用。选取特定项目实施检查,通常是获取审计证据的有效手段,但并不构成审计抽样。对按照这种方法所选取的项目实施审计程序的结果,不能推断至整个总体。审计抽样是要根据审计目标及环境要求做出科学的抽样决策,并严格按照规定的程序和抽样方法进行。

**(三)审计抽样**

在选取了特定项目之后,注册会计师应当根据总体剩余部分的重大性,考虑是否需要针对剩余项目实施审计抽样。对被选取的项目,注册会计师对其进行百分之百测试。对于剩余的项目,注册会计师则考虑是否需要针对其获取充分、适当的审计证据。如果认为剩余项目总体不重要,注册会计师可能认为没有必要进行测试,因而不对其实施任何审计程序,否则,注册会计师通常对剩余项目实施审计程序,包括实施分析程序和细节测试。

## 三、审计抽样的风险

在获取审计证据时,注册会计师应当运用职业判断,评估重大错报风险,并设计进一步审计程序,以确保将审计风险降至可接受的低水平。使用审计抽样时,存在两方面的不确定性因素:其一因素直接与抽样相关,称为抽样风险;另一因素却与抽样无关,称为非抽样风险。审计风险可能受到抽样风险和非抽样风险的影响。抽样风险和非抽样风险通过影响重大错报风险的评估和检查风险的确定而影响审计风险。

**(一)抽样风险**

抽样风险是指注册会计师根据样本得出的结论,可能不同于对整个总体实施与样本相同的审计程序得出的结论的风险。

1. 控制测试时的抽样风险

控制测试中的抽样风险包括信赖过度风险和信赖不足风险。

(1)信赖过度风险,是指推断的控制有效性高于其实际有效性的风险。信赖过度风险与审计的效果有关。如果注册会计师评估的控制有效性高于其实际有效性,从而导致评估的重大错报风险水平偏低,注册会计师可能不适当地减少从实质性程序中获取的证据,因此审计的有效性下降。例如,实施控制测试时,注册会计师在 100 个样本项目中发现 2 个偏差,样本偏差率为 2%,并由此认为控制运行有效。但实际上,该总体的实际偏差率为 8%,注册会计师本该做出控制未有效运行的结论。所以，对于注册会计师而言，信赖过度风险容易导致注册会计师发表不恰当的审计意见，因而更应予以关注。

(2)信赖不足风险，是指推断的控制有效性低于其实际有效性的风险。信赖不足风险与审计的效率有关。当注册会计师评估的控制有效性低于其实际有效性时，评估的重大错报风险水平高于实际水平，注册会计师可能会增加不必要的实质性程序。例如，实施控制测试时，注册会计师在 100 个样本项目中发现 8 个偏差，样本偏差率为 8%，并由此认为控制未有效运行，注册会计师将执行更多的实质性程序。但实际上，该总体的实际偏差率为 2%，注册会计师本该做出控制有效运行的结论，少执行一些实质性程序。在这种情况下，可能导致审计效率降低。

2. 实质性细节测试时的抽样风险

(1)误受风险，是指注册会计师推断某一重大错报不存在而实际上存在的风险。如果账面金额实际上存在重大错报而注册会计师认为其不存在重大错报，注册会计师通常会停止对该账面金额继续进行测试，并根据样本结果得出账面金额无重大错报的结论。与信赖过度风险类似，误受风险影响审计效果，容易导致注册会计师发表不恰当的审计意见，因此注册会计师更应予以关注。

(2)误拒风险，是指注册会计师推断某一重大错报存在而实际上不存在的风险。如果账面金额不存在重大错报而注册会计师认为其存在重大错报，注册会计师会扩大细节测试的范围并考虑获取其他审计证据，最终注册会计师会得出恰当的结论。在这种情况下，审计效率可能降低。

信赖过度风险与误受风险很可能导致注册会计师得出不恰当的审计结论，影响审计效果；信赖不足风险与误拒风险会导致注册会计师执行额外的审计测试，降低审计效率。

只要使用审计抽样，抽样风险就会存在。抽样风险与样本规模呈反方向变动关系：样本规模越小，抽样风险越大；样本风险越大，抽样风险越小。无论是控制测试还是细节测试，注册会计师都可以通过扩大样本规模降低抽样风险。如果对总体中的所有项目都实施检查，就不存在抽样风险，此时审计风险完全由非抽样风险产生。

**(二)非抽样风险**

非抽样风险是指注册会计师由于任何与抽样无关的原因而得出错误结论的风险。可能导致非抽样风险的原因主要有下列内容：

(1)选择的总体不适合于测试目标；

(2)未能适当地定义控制偏差或错报，导致注册会计师未能发现样本中存在的偏差或错报；

(3)选择了不适合于实现特定目标的审计程序；

(4)未能适当地评价审计发现的情况。

非抽样风险对审计工作的效率和效果都有一定影响。

非抽样风险不能量化，但注册会计师应制定适当的审计计划，保持应有的职业怀疑态度，坚持质量控制标准，以降低非抽样风险。抽样风险、非抽样风险对审计工作的影响如表 11—2 所示。

表 11－2　　抽样风险、非抽样风险对审计工作的影响

| 审计测试 | 抽样风险种类 | 对审计工作的影响 |
|---|---|---|
| 控制测试 | 信赖过度风险 | 效果 |
| | 信赖不足风险 | 效率 |
| 实质性测试 | 误受风险 | 效果 |
| | 误拒风险 | 效率 |

# 第二节　样本的设计与选取

## 一、样本的设计

注册会计师在控制测试和实质性细节测试中使用审计抽样方法，主要分为三个阶段进行。第一阶段是样本的设计阶段，旨在根据测试的目标和抽样总体，制定选取样本的计划。第二阶段是选取样本阶段，旨在按照适当的方法从相应的抽样总体中选取所需的样本，并对其实施检查，以确定是否存在误差。第三阶段是抽样结果评价阶段，旨在根据对误差的性质和原因的分析，将样本结果推断至总体，形成对总体的结论。

在设计审计样本时，注册会计师应当考虑审计程序的目标和抽样总体的属性。也就是说，注册会计师首先应考虑拟实现的具体目标，并根据目标和总体的特点确定能够最好地实现该目标的审计程序组合，以及如何在实施审计程序时运用审计抽样。审计抽样中样本设计阶段的工作主要包括以下几个步骤：

### (一)确定测试目标

一般而言，控制测试是为了获取关于某项控制的设计或运行是否有效的证据，而细节测试的目的是确定某类交易或账户余额的金额是否正确，获取与存在的错报有关的证据。

### (二)定义总体与抽样单元

1. 总体

审计对象总体是注册会计师为形成审计结论，所审计的经济业务及有关会计或其他资料的全部项目。它可以包括构成某类交易或账户余额的所有项目，也可以只包括某类交易或账户余额中的部分项目。因此，注册会计师应当确保总体的适当性和完整性。

2. 抽样单元

抽样单元是构成审计对象总体的个别项目。注册会计师应当根据审计目的和被审计单元的实际情况确定抽样单元，抽样单元可能是一个账户余额、一笔交易或交易中的一项记录。

在定义抽样单元时，应使其与审计测试目标保持一致。在控制测试中，抽样单元通常是能够提供控制运行证据的文件资料，而在细节测试中，抽样单元可能是一个账户余额、一笔交易或交易中的一项记录，甚至每个货币单元。

3. 分层

如果总体项目存在重大的变异性，注册会计师可以考虑将总体分层。分层，是指将某一总

体划分为若干具有相似特征的级次总体的过程。分层可以降低每一层中项目的变异性，从而在抽样风险没有成比例增加的前提下减小样本规模，提高审计效率。

分层时，必须注意以下几点：总体中的每一抽样单元必须属于一个层次，并且只属于这一层次；必须有事先能够确定的、具体的、有形的差别来区分不同的层次；必须能够事先确定每一层次中抽样单位的准确数字。

在实施细节测试时，注册会计师通常根据金额对总体进行分层。

**(三)定义误差构成条件**

注册会计师必须事先准确定义构成误差的条件，否则执行审计程序时就没有识别误差的标准。在控制测试中，误差是指控制偏差，注册会计师要仔细定义所要测试的控制及可能出现偏差的情况；在细节测试中，误差是指错报，注册会计师要确定哪些情况构成错报。

注册会计师定义误差构成条件时要考虑审计程序的目标。清楚地了解误差构成条件，对于确保在推断误差时将且仅将所有与审计目标相关的条件包括在内至关重要。

**(四)确定审计程序**

注册会计师必须确定能够最好地实现测试目标的审计程序组合。例如，如果注册会计师的审计目标是通过测试某一阶段的适当授权证实交易的有效性，审计程序就是检查特定人员已在某文件上签字以示授权的书面证据。注册会计师预计样本中每一张该文件上都有适当的签名。

## 二、样本的选取

**(一)确定样本规模**

样本规模是指从总体中选取样本项目的数量。在审计抽样中，如果样本规模过小，就不能反映出审计对象总体的特征，就无法获取充分的审计证据，其审计结论的可靠性就会受到影响，甚至可能得出错误的审计结论；相反，如果样本规模过大，则会增加审计工作量，加大审计成本，降低审计效率，就会失去审计抽样的意义。表11－3列示了审计抽样中影响样本规模的因素，并分别说明了这些影响因素在控制测试和细节测试中的表现形式。

表11－3 影响样本规模的因素

| 影响因素 | 控制测试 | 细节测试 | 与样本规模的关系 |
|---|---|---|---|
| 可接受的抽样风险 | 可接受的信赖过度风险 | 可接受的误受风险 | 反向变动 |
| 可容忍误差 | 可容忍偏差率 | 可容忍错报 | 反向变动 |
| 预计总体误差 | 预计总体偏差率 | 预计总体错报 | 同向变动 |
| 总体变异性 | — | 总体变异性 | 同向变动 |
| 总体规模 | 总体规模 | 总体规模 | 影响很小 |

使用统计抽样方法时，审计人员必须对影响样本规模的因素进行量化，并利用根据统计公式开发的专门的计算机程序或专门的样本量表来确定样本规模。在非统计抽样中，审计人员可以只对影响样本规模的因素进行定性的估计，并运用职业判断确定样本规模。

**(二)选取样本**

样本选取的方法有很多种，注册会计师应结合审计对象的具体情况选用恰当的方法。常用的样本选取的方法有任意选样法、判断选样法和随机选样法等。在实际工作中，它们往往被结合起来使用。在选取样本项目时，审计人员都应当使总体中的每个抽样单元都有被选取的机会。

任意选样即在所有被审查的资料中，任意选取一部分作为样本进行审查的一种方法。判断选样即审计人员根据审计项目的具体情况，结合自身的实际经验和观察能力，通过主观判断，有重点、有选择地从总体中选取一部分样本进行审查的一种方法。

随机选样主要是根据随机原则，任意地从总体中选取部分样本。然后，根据样本的特性，运用数理统计方法对总体进行推断，以得出一个与总体特性相吻合或相接近的审计结论的一种方法。随机选样的方法又可具体划分为随机数表法或计算机辅助审计技术选样、系统随机选样、分组随机选样等。

1. 随机数表法或计算机辅助审计技术选样

随机数表法或计算机辅助审计技术选样又称随机数选样。使用随机数选样需以总体中的每一项目都有不同的编号为前提。注册会计师可以使用计算机生成的随机数，如电子表格程序、随机数码生成程序、通用审计软件程序等计算机程序产生的随机数，也可以使用随机数表获得所需的随机数。

随机数是一组从长期来看出现概率相同的数码，且不会产生可识别的模式。随机数表也称乱数表，它是由随机生成的由 0～9 共 10 个数字所组成的数表，每个数字在表中出现的次数是大致相同的，它们出现在表上的顺序是随机的。表 11－4 就是 5 位随机数表的一部分。

表 11－4　　5 位随机数表(部分)

| 列＼行 | 1 | 2 | 3 | 4 | 5 | 6 | 7 | 8 | 9 | 10 |
|---|---|---|---|---|---|---|---|---|---|---|
| 1 | 32 044 | 69 037 | 29 655 | 92 114 | 81 034 | 40 582 | 1 584 | 77 184 | 85 762 | 46 505 |
| 2 | 23 821 | 96 070 | 82 592 | 81 642 | 8 971 | 7 411 | 9 037 | 81 530 | 56 195 | 98 425 |
| 3 | 82 383 | 94 987 | 66 441 | 28 677 | 95 961 | 78 346 | 37 916 | 9 416 | 42 438 | 48 432 |
| 4 | 68 310 | 21 792 | 71 635 | 86 089 | 38 157 | 95 620 | 96 718 | 79 554 | 50 209 | 17 705 |
| 5 | 94 856 | 76 940 | 22 165 | 1 414 | 1 413 | 37 231 | 5 509 | 37 489 | 56 459 | 52 983 |
| 6 | 95 000 | 61 958 | 83 430 | 98 250 | 70 030 | 5 436 | 74 814 | 45 978 | 9 277 | 13 827 |
| 7 | 20 764 | 64 638 | 11 359 | 32 556 | 89 822 | 2 713 | 81 293 | 52 970 | 25 080 | 33 555 |
| 8 | 71 401 | 17 964 | 50 940 | 95 753 | 34 905 | 93 566 | 36 318 | 79 530 | 51 105 | 26 952 |
| 9 | 38 464 | 75 707 | 16 750 | 61 371 | 1 523 | 69 205 | 32 122 | 3 436 | 14 489 | 2 086 |
| 10 | 594 42 | 59 247 | 74 955 | 82 835 | 98 378 | 83 513 | 47 870 | 20 795 | 1 352 | 89 906 |

应用随机数表选样的步骤如下：

第一步：对总体项目进行编号，建立总体中的项目与表中数字的一一对应关系。编号可利用总体项目中原有的某些编号，如凭证号、支票号、发票号等。

【例 11－1・案例】 由 40 页、每页 50 行组成的应收账款明细表，可采用 4 位数字编号，前两位数字由 01～40 的整数组成，表示该记录在明细表中的页数，后两位数字由 01～50 的整数组成，表示该记录的行次。这样，编号 0534 表示第 5 页第 34 行的记录。

第二步：确定连续选取随机数的方法。即从随机数表中选择一个随机起点和一个选号路线，一经选定就不得改变。从随机数表中任选一行或任何一栏开始，按照一定的方向(上、下、左、右均可)依次查找，符合总体项目编号要求的数字，即为选中的号码，与此号码相对应的总体项目即为选取的样本项目，一直到选足所需的样本量为止。

**【例 11－2·案例】** 承例 11－1，从前述应收账款明细表的 2 000 个记录中选择 10 个样本，总体编号规则如前所述，即前两位数字不能超过 40，后两位数字不能超过 50。如从表 11－4第一行第一列开始，使用前 4 位随机数，逐行向右查找，则选中的样本为编号 3204、0741、0903、0941、3815、2216、0141、3723、0550、3748 的 10 个记录。

随机数表法不仅使总体中每个抽样单元被选取的概率相等，而且使相同数量的抽样单元组成的每种组合被选取的概率相等。这种方法在统计抽样和非统计抽样中均适用。

2. 系统随机选样

系统随机选样也称等距随机选样，此方法首先根据总体容量与样本规模计算出选样间隔数(或等距数)。然后，在第一个间隔内选取随机起始点。以后，在每一个选样间隔内，依次序、同比例地抽取样本项目。

假定样本容量为 500，样本规模为 50，选样间隔数为 10，则等距系列为(1－10)(11－20)(21－30)(31－40)(41－50)…然后，在第一个等距系列(1－10)中随机报取一数，假定抽取其中间数 5，则以后在每一个选样间隔中，即等距离地抽取其样本项目为 15、25、35、45…这些样本项目即可组成等距随机选样样本。由于各个号码之间的距离是相等的，所以，也称等距随机选样。

系统随机选样要求总体特征必须分布均匀，这样抽取的样本才有代表性。

**【例 11－3·案例】** 从 5 000 张凭证中选择样本，采用等距抽样，样本量为 200。

首先，计算间隔数：

5 000/200＝25

其次，确定随机起点，每隔 25 张凭证选取一张，共选择 200 张为样本。如 350 为第一张(抽样起点)，则往下的顺序为 325、300、275…往上的顺序为 375、400、425…

3. 分组随机选样

分组随机选样也称为分层随机选样，是指按一定标准，如按金额大小、数量多少等，将总体(全部样本)分成若干组(层次)，然后，在各组中，按照不同要求，运用各种随机选样方法(如简单随机选样、等距随机选样等)，抽取一定数量的样本项目进行综合分析。根据分析结果，对总体做出审计结论。

假设将销货凭证按照金额大小分为三组，采用不同选样方法抽取样本，如表 11－5 所示。

**表 11－5**　　**采用分层随机选择法抽取样本情况表**

| 组别(层次) | 分组标准(凭证金额) | 凭证数量(张) | 抽查率 | 抽取样本数量 | 抽样方法 |
|---|---|---|---|---|---|
| 1 | 3 000 元以上 | 100 | 100% | 100 | 全部审查 |
| 2 | 1 000～3 000 元 | 1 000 | 20% | 200 | 系统随机抽样 |
| 3 | 1 000 元以下 | 500 | 10% | 50 | 简单随机抽样 |

根据以上各组(层次)抽取样本的结果进行综合分析,做出总体判断。

随机选样可具体划分为许多种类,上述方法是其中比较常用的基本方法。随机选样法根据随机原则抽取样本,不受注册会计师的主观意识和偏见的影响,这是它的优点。缺点是有一定的机遇性,容易使审计结果失误,影响审计工作质量。

**(三)对样本实施审计程序**

注册会计师应当针对选取的每个项目,实施适合于具体审计目标的审计程序。对选取的样本项目实施审计程序旨在发现并记录样本中存在的误差。

如果选取的项目不适合实施审计程序,注册会计师通常使用替代项目。例如,注册会计师在测试付款是否得到授权时选取的付款单据中可能包括一张空白的付款单。如果注册会计师确信该空白付款单是合理的且不构成误差,可以适当选择一个替代项目进行检查。

## 三、抽样结果的评价

注册会计师在对样本实施必要的审计后,需要对抽样结果进行评价。其具体程序和内容是:分析样本误差;推断总体误差;重估抽样风险;形成审计结论。

**(一)分析样本误差**

注册会计师应当调查识别出所有偏差或错报的性质和原因,并评价其对审计程序的目的和审计的其他方面可能产生的影响。无论是统计抽样还是非统计抽样,对样本结果的定性评估和定量评估一样重要。即使样本的统计评价结果在可以接受的范围内,注册会计师也应对样本中的所有误差进行定性分析。

**(二)推断总体误差**

分析样本误差后,注册会计师应根据抽样中发现的误差采用适当的方法,推断审计对象总体误差。当总体划分为几个层次时,应先对每一层次做个别的推断,然后将推断结果加以汇总。

**(三)重估抽样风险**

注册会计师在进行控制测试时,如果认为抽样结果无法达到其对所测试的内部控制的预期信赖程度,则应考虑增加样本量或修改实质性测试程序。在实质性测试中运用审计抽样推断总体误差后,应将总体误差同可容忍误差进行比较,并将抽样结果同其他有关审计程序中所获得的证据相比较。如果推断的总体误差超过可容忍误差,经重估后的抽样风险不能接受,应增加样本量或执行替代审计程序。如果推断的总体误差接近可容忍误差,应考虑是否增加样本量或执行替代审计程序。

**(四)形成审计结论**

注册会计师在抽样结果评价的基础上,应根据所取得的证据,确定审计证据是否足以证实某一审计对象总体的特征,从而得出审计结论。

# 第三节　审计抽样在控制测试中的应用

## 一、属性抽样的概念

属性抽样是指在精确度和可靠程度一定的条件下,为了测定总体特征的发生频率而采用的一种方法。属性抽样是为了了解总体的质量特征,其抽样的结果只有是或否两种。审计中,控制测试常应用属性抽样法。在控制测试中,注册会计师只要求做出总体某种属性的发生率是多少的结论,而不必做出总体错误数额大小的估计。

## 二、属性抽样的具体应用

控制测试的目的是测试内部控制是否有效运行,结果只有有效和无效两种,因此常使用属性抽样法。用于控制测试的属性抽样法通常有固定样本量抽样、“停—走”抽样、发现抽样三种抽样方法。

### (一)固定样本量抽样

1. 样本设计阶段

(1)确定测试目标。实施控制测试的目标是提供关于控制运行有效性的审计证据,以支持计划的重大错报风险评估水平。例如,注册会计师拟测试客户 2015 年度外购存货的“验收手续”这一控制是否有效执行,可把具体目标定为检查存货验收单和购货发票是否相符。

(2)定义总体和抽样单元。总体应与特定的审计目标相关,并具有完整性。如前例,可将抽样总体确定为 2015 年度的所有购货发票。抽样单元是构成总体的个体项目。注册会计师应根据所测试的控制定义抽样单元。接前例,抽样单元可被定义为每一张购货发票。

(3)定义误差。在控制测试中,误差是指控制偏差,即控制失效的事件。注册会计师要根据对内部控制的理解,确定哪些特征能够显示所测试控制的运行情况,然后据此定义控制偏差。接前例,若发现下列情况之一,即可界定为一个偏差:①发票未附验收单据;②发票附有不属于它本身的验收单据;③发票与验收单据记载的数量不符。

(4)定义测试期间。注册会计师通常在期中实施控制测试。由于期中测试获取的证据只与控制截止期中测试时点的运行有关,注册会计师需要确定如何获取关于剩余期间的证据。接前例,客户前 10 个月取得了 1 000 张发票,注册会计师可以根据客户的经营周期估计,剩下两个月还会取得 250 张发票,因此,前 1 000 个样本项目在期中审计时进行检查,剩余的样本项目将在期末审计时进行检查。

2. 选取样本阶段

(1)影响样本规模的因素

在控制测试中,影响样本规模的因素如下:

①可接受的信赖过度风险。在实施控制测试时,注册会计师主要关注抽样风险中的信赖过度风险。可接受的信赖过度风险与样本规模呈反向变动。控制测试中选取的样本旨在提供关于控制运行有效性的证据。由于控制测试是控制是否有效运行的主要证据来源,因此,可接受的信赖过度风险应确定在相对较低的水平上。

②可容忍偏差率。在确定可容忍偏差率时,注册会计师应考虑计划评估的控制有效性。计划评估的控制有效性越低,注册会计师确定的可容忍偏差率通常越高,所需的样本规模就越小。一个很高的可容忍偏差率通常意味着控制的运行不会大大降低相关实质性程序的程度。在这种情况下,由于注册会计师预期控制运行的有效性很低,特定的控制测试可能不需要进行。反之,如果注册会计师在评估认定层次重大错报风险时预期控制的运行是有效的,注册会计师必须实施控制测试。表 11－6 列示了在实务中可容忍偏差率与计划评估的控制有效性之间的关系。

表 11－6　　可容忍偏差率与计划评估的控制有效性之间的关系

| 计划评估的控制有效性 | 可容忍偏差率（近似值，%） |
| --- | --- |
| 高 | 3～7 |
| 中 | 6～12 |
| 低 | 11～20 |
| 最低 | 不进行控制测试 |

③预计总体偏差率。在实施控制测试时，注册会计师通常根据对相关控制的设计和执行情况的了解，或根据从总体中抽取少量项目进行检查的结果，对拟测试总体的预计误差率进行评估。注册会计师可以根据上年测试结果和控制环境等因素对预计总体偏差率进行估计。考虑上年测试结果时，应考虑被审计单位内部控制和人员的变化。

④总体规模。在使用统计抽样时，注册会计师应当对影响样本规模的因素进行量化。

(2)确定样本规模

在控制测试中，可以建立基于泊松分布的统计模型，使用统计公式计算样本容量。样本量的计算公式如下：

$$\text{样本量}(n)=\frac{\text{可接受的信赖过度风险系数}(R)}{\text{可容忍偏差率}(TR)}$$

其中，"可接受的信赖过度风险系数($R$)"取决于特定的信赖过度风险和预期将出现偏差的个数。控制测试中常用的风险系数如表 11－7 所示。

表 11－7　　控制测试中常用的风险系数

| 样本中发现偏差的数量 | 信赖过度风险 | |
| --- | --- | --- |
| | 5% | 10% |
| 0 | 3.0 | 2.3 |
| 1 | 4.8 | 3.9 |
| 2 | 6.3 | 5.3 |
| 3 | 7.8 | 6.7 |
| 4 | 9.2 | 8.0 |
| 5 | 10.5 | 9.3 |
| 6 | 11.9 | 10.6 |
| 7 | 13.2 | 11.8 |
| 8 | 14.5 | 13.0 |
| 9 | 15.7 | 14.2 |
| 10 | 17.0 | 15.4 |

**【例 11－4·案例】**　假设注册会计师确定的可接受信赖过度风险为 10%，可容忍偏差率为 7%，并预期至多发现一例偏差。根据偏差 1，信赖过度风险 10%，从表 11－7 中查出风险系数 $R$ 为 3.9。

因此所需的样本量为：

$n=3.9/0.07=56$

**【例 11－5·案例】** 例 11－4 中，根据可接受信赖过度风险 10%，预期的偏差 1，可容忍偏差率为 7%，预计总体偏差率为 1.75%，则查表 11－8，两者交叉处为 55，即所需的样本规模为 55。这与用公式法计算的样本量 56 相近。

**表 11－8　控制测试中统计抽样样本规模——信赖过度风险 10%(括号内是可接受的偏差数)**

| 预计总体偏差率(%) | 可容忍偏差率 | | | | | | | | | | |
|---|---|---|---|---|---|---|---|---|---|---|---|
| | 2% | 3% | 4% | 5% | 6% | 7% | 8% | 9% | 10% | 15% | 20% |
| 0.00 | 114(0) | 76(0) | 57(0) | 45(0) | 38(0) | 32(0) | 28(0) | 25(0) | 22(0) | 15(0) | 11(0) |
| 0.25 | 194(1) | 129(1) | 96(1) | 77(1) | 64(1) | 55(1) | 48(1) | 42(1) | 38(1) | 25(1) | 18(1) |
| 0.50 | 194(1) | 129(1) | 96(1) | 77(1) | 64(1) | 55(1) | 48(1) | 42(1) | 38(1) | 25(1) | 18(1) |
| 0.75 | 265(2) | 129(1) | 96(1) | 77(1) | 64(1) | 55(1) | 48(1) | 42(1) | 38(1) | 25(1) | 18(1) |
| 1.00 | * | 176(2) | 96(1) | 77(1) | 64(1) | 55(1) | 48(1) | 42(1) | 38(1) | 25(1) | 18(1) |
| 1.25 | * | 221(3) | 132(2) | 77(1) | 64(1) | 55(1) | 48(1) | 42(1) | 38(1) | 25(1) | 18(1) |
| 1.50 | * | * | 132(2) | 105(2) | 64(1) | 55(1) | 48(1) | 42(1) | 38(1) | 25(1) | 18(1) |
| 1.75 | * | * | 166(3) | 105(2) | 88(2) | 55(1) | 48(1) | 42(1) | 38(1) | 25(1) | 18(1) |
| 2.00 | * | * | 198(4) | 132(3) | 88(2) | 75(2) | 48(1) | 42(1) | 38(1) | 25(1) | 18(1) |
| 2.25 | * | * | * | 132(3) | 88(2) | 75(2) | 65(2) | 42(2) | 38(2) | 25(1) | 18(1) |
| 2.50 | * | * | * | 158(4) | 110(3) | 75(2) | 65(2) | 58(2) | 38(2) | 25(1) | 18(1) |
| 2.75 | * | * | * | 209(6) | 132(4) | 94(3) | 65(2) | 58(2) | 52(2) | 25(1) | 18(1) |
| 3.00 | * | * | * | * | 132(4) | 94(3) | 65(2) | 58(2) | 52(2) | 25(1) | 18(1) |
| 3.25 | * | * | * | * | 153(5) | 113(4) | 82(3) | 58(2) | 52(2) | 25(1) | 18(1) |
| 3.50 | * | * | * | * | 194(7) | 113(4) | 82(3) | 73(3) | 52(2) | 25(1) | 18(1) |
| 3.75 | * | * | * | * | * | 131(5) | 98(4) | 73(3) | 52(2) | 25(1) | 18(1) |
| 4.00 | * | * | * | * | * | 149(6) | 98(4) | 73(3) | 65(3) | 25(1) | 18(1) |
| 5.00 | * | * | * | * | * | * | 160(8) | 115(6) | 78(4) | 34(2) | 18(1) |
| 6.00 | * | * | * | * | * | * | * | 182(11) | 116(7) | 43(3) | 25(2) |
| 7.00 | * | * | * | * | * | * | * | * | 199(14) | 52(4) | 25(2) |

(3)选取样本和实施审计程序

控制测试中，当样本量确定以后，就要选择适当的选样方法，选取足够的样本，然后实施审计程序。

3. 评价样本结果阶段

(1)计算总体偏差率

将样本中发现的偏差数量除以样本规模，就可以计算出样本偏差率。样本偏差率就是注册会计师对总体偏差率的最佳估计。

(2)分析偏差的性质和原因

控制测试中，不仅要考虑偏差的次数，还需要考虑偏差的性质和原因。若发现被审计单位有舞弊情况或相关控制无效时，无论其偏差率是高还是低，可能都要提高重大错报风险评估水平，并相应调整实质性程序。

(3)推断总体结论

注册会计师使用统计抽样方法时通常使用公式、表格或计算机程序直接计算在确定的信赖过度风险水平下可能发生的偏差率上限，即估计的总体偏差率与抽样风险允许限度之和。

①公式法。

②总体偏差率上限的计算公式为：

$$\text{总体偏差率上限}=\frac{\text{风险系数} R}{\text{样本量} n}\times 100\%$$

**【例11—6·案例】** 承例11—4，假设注册会计师对56个项目实施了既定的审计程序，且未发现偏差，则在既定的可接受信赖过度风险下，根据样本结果计算总体偏差率上限如下：

$$\text{总体偏差率上限}(MDR)=\frac{R}{N}=\frac{\text{风险系数}}{\text{样本量}}=\frac{2.3}{56}=4.1\%$$

其中，风险系数根据可接受的信赖过度风险为10%，且偏差数量为0，在表11—7中查得为2.3。这意味着，如果样本量为56且无一例偏差，总体实际偏差率超过4.1%的风险为10%，即有90%的把握保证总体实际偏差率不超过4.1%。由于注册会计师确定的可容忍偏差率为7%，因此可以得出结论，总体的实际偏差率超过可容忍偏差率的风险很小，总体可以接受。也就是说，样本结果证实注册会计师对控制运行有效性的估计和评估的重大错报风险水平是适当的。

**【例11—7·案例】** 承例11—4，如果在56个样本中有两个偏差，则在既定的可接受信赖过度风险下，按照公式计算的总体偏差率上限如下：

$$\text{总体偏差率上限}(MDR)=\frac{R}{N}=\frac{\text{风险系数}}{\text{样本量}}=\frac{5.3}{56}=9.5\%$$

其中，风险系数根据可接受的信赖过度风险为10%，且偏差数量为2，在表11—7中查得为5.3。这意味着，如果样本量为56且有两个偏差，总体实际偏差率超过9.5%的风险为10%。在可容忍偏差率为7%的情况下，注册会计师可以得出结论，总体的实际偏差率超过可容忍偏差率的风险很大，因而不能接受总体。也就是说，样本结果不支持注册会计师对控制运行有效性的估计和评估的重大错报风险水平。注册会计师应当扩大控制测试范围，以证实初步评估结果，或提高重大错报风险评估水平，并增加实质性程序的数量，或者对影响重大错报风险评估水平的其他控制进行测试，以支持计划的重大错报风险评估水平。

③样本结果评价表法。注册会计师也可以使用样本结果评价表评价统计抽样的结果。

**【例11—8·案例】** 承例11—6，注册会计师选择可接受的信赖过度风险为10%的样本结果评价表(即表11—9)来评价样本结果。样本规模为55，当样本中未发现偏差时，应选择偏差数为0的那一列，两者交叉处的4.1%即为总体偏差率上限，与利用公式计算的结果4.1%相同。此时，由于总体偏差率上限小于本例中的可容忍偏差率7%，总体可以接受。也就是说，样本结果证实注册会计师对控制运行有效性的估计和评估的重大错报风险水平是适当的。

**表 11－9　　控制测试中统计抽样结果评价——信赖过度风险 10%时的偏差率上限**

| 样本规模 | 实际发现的偏差数 | | | | | | | | | | |
|---|---|---|---|---|---|---|---|---|---|---|---|
| | 0 | 1 | 2 | 3 | 4 | 5 | 6 | 7 | 8 | 9 | 10 |
| 20 | 10.9 | 18.1 | * | * | * | * | * | * | * | * | * |
| 25 | 8.8 | 14.7 | 19.9 | * | * | * | * | * | * | * | * |
| 30 | 7.4 | 12.4 | 16.8 | * | * | * | * | * | * | * | * |
| 35 | 6.4 | 10.7 | 14.5 | 18.1 | * | * | * | * | * | * | * |
| 40 | 5.6 | 9.4 | 12.8 | 16.0 | 19.0 | * | * | * | * | * | * |
| 45 | 5.0 | 8.4 | 11.4 | 14.3 | 17.0 | 19.7 | * | * | * | * | * |
| 50 | 4.6 | 7.6 | 10.3 | 12.9 | 15.4 | 17.8 | * | * | * | * | * |
| 55 | 4.1 | 6.9 | 9.4 | 11.8 | 14.1 | 16.3 | 18.4 | * | * | * | * |
| 60 | 3.8 | 6.4 | 8.7 | 10.8 | 12.9 | 15.0 | 16.9 | 18.9 | * | * | * |
| 70 | 3.3 | 5.5 | 7.5 | 9.3 | 11.1 | 12.9 | 14.6 | 16.3 | 17.9 | 19.6 | * |
| 80 | 2.9 | 4.8 | 6.6 | 8.2 | 9.8 | 11.3 | 12.8 | 14.3 | 15.8 | 17.2 | 18.6 |
| 90 | 2.6 | 4.3 | 5.9 | 7.3 | 8.7 | 10.1 | 11.5 | 12.8 | 14.1 | 15.4 | 16.6 |
| 100 | 2.3 | 3.9 | 5.3 | 6.6 | 7.9 | 9.1 | 10.3 | 11.5 | 12.7 | 13.9 | 15.0 |
| 120 | 2.0 | 3.3 | 4.4 | 5.5 | 6.6 | 7.6 | 8.7 | 9.7 | 10.7 | 11.6 | 12.6 |
| 160 | 1.5 | 2.5 | 3.3 | 4.2 | 5.0 | 5.8 | 6.5 | 7.3 | 8.0 | 8.8 | 9.5 |
| 200 | 1.2 | 2.0 | 2.7 | 3.4 | 4.0 | 4.6 | 5.3 | 5.9 | 6.5 | 7.1 | 7.6 |

当样本中发现两个偏差时，应选择偏差数为 2 的那一列，两者交叉处的 9.4%即为总体偏差率上限，与利用公式计算的结果 9.5%相近。此时，总体偏差率上限大于可容忍偏差率，因此不能接受总体。也就是说，样本结果不支持注册会计师对控制运行有效性的估计和评估的重大错报风险水平。注册会计师应当扩大控制测试范围，以证实初步评估结果，或提高重大错报风险评估水平，并增加实质性程序的数量，或者对影响重大错报风险评估水平的其他控制进行测试，以支持计划的重大错报风险评估水平。

**(二)"停—走"抽样**

"停—走"抽样是固定样本量抽样一种特殊形式，是从预期总体误差为零开始，通过边抽样边评价来完成抽样审计工作。这种方法能够降低审计费用，有效地提高工作效率。

"停—走"抽样的步骤如下：

(1)确定可容忍误差和风险水平；

(2)确定初始样本量；

(3)进行"停—走"抽样决策。

**(三)发现抽样**

发现抽样是在既定的可信赖程度下，在假设误差以既定的误差率存在于总体之中的情况下，至少查出一个误差的抽样方法。

发现抽样主要用于查找重点非法事件，它能够以极高的可信赖程度(如 99.5%以上)确保查出误差率仅为 0.5%～1%的误差。使用发现抽样时，当发现重大的误差，无论发生次数多少，注册会计师都可能放弃一切抽样程序，而面对总体进行全面彻底的检查。若发现抽样未发现任何例外，注册会计师可得出结论：在既定的误差率范围内没有发现重大误差。

使用发现抽样时，注册会计师需要确定可信赖程度及可容忍误差。然后，在预期总体误差为0的假设下，参阅适当的属性抽样，即可得出所需的样本量。

# 第四节　审计抽样在细节测试中的应用

## 一、变量抽样的概念

变量抽样是指通过对样本的检查结果推断总体金额的审计抽样方法。实质性测试中的抽样广泛应用变量抽样方法。适用于对存货、应收账款等报表项目金额的估计。它通过检查财务报表各项目数据的真实性和正确性，来取得做出审计结论所需的直接证据。

## 二、变量抽样的具体应用

变量抽样主要有均值估计变量抽样、比率估计抽样和差额估计抽样三种方法，这里介绍均值估计变量抽样方法。

均值估计变量抽样是根据样本项目的单位平均值，推算和估计总体货币金额的一种变量抽样审计方法。

其具体步骤如下(在不分层条件下)：

**(一)设计样本**

1. 确定审计目标

例如，审计目标为确定期末应收账款余额是否存在。

2. 确定审计对象总体与抽样单位

根据审计目标确定审计对象总体与抽样单位。总体的确定也要满足相关性与完整性。例如，若审计目标在于审查应收账款余额是否存在，则审计对象总体应确定为应收账款明细账；若审计目标在于审查应付账款是否完整，则审计对象总体不仅包括应付账款明细账，还应包括期后付款、未付发票等。

3. 界定误差

在细节测试中，误差是指错报，注册会计师应根据审计目标，确定构成错报的因素。例如，函证应收账款"存在"，客户在函证日之前支付、被审计单位在函证日之后不久收到的款项不构成误差。而且，被审计单位在不同客户之间误登明细账也不影响应收账款总账余额，因此不判定为错报。被审计单位自己发现并已在适当期间予以更正的错报也不作为错报。

**(二)选取样本**

1. 界定样本规模考虑的因素

(1)可接受的抽样风险，样本规模与它呈反向变动。

(2)可容忍的错报金额(重要性水平)，即为精确度(Δ)，样本规模与它呈反向变动。

(3)可信赖程度，是要求样本能够代表总体的可靠程度(置信度)，样本规模与它呈正向变动。

(4)总体变异性，即反映总体各项目间的标志变异程度或离散程度，其衡量的指标为标准差($SD$)。样本规模与它呈正向变动。标准差的计算公式如下：

$$SD=\sqrt{\frac{\sum(x-\overline{x})^2}{N}}$$

其中,$X$ 为个别项目值,$X$ 为总体平均值,$N$ 为总体项目个数。

在实务中,注册会计师应先确定预备样本(一般选 30～50 个),计算预备样本标准差,以此估计总体标准差。样本标准差的计算公式如下：

$$SD_{样}=\sqrt{\frac{\sum X^2-N\cdot(\overline{X})^2}{N-1}}$$

(5)样本规模的计算。

放回抽样条件下的样本规模($n^*$)的计算公式如下：

$$n^*=\left(\frac{t\cdot SD\cdot N}{\Delta}\right)^2$$

不放回抽样条件下的样本规模($n$)的计算公式如下：

$$n=\frac{n^*}{1+\frac{n^*}{N}}$$

一般地,审计抽样为不放回抽样。

其中,$t$ 为可信赖程度系数,可按表 11－10 确定。

**表 11－10　　可信赖程度系数表**

| 可信赖程度 | 可信赖程度系数 |
| --- | --- |
| 80% | 1.28 |
| 85% | 1.44 |
| 90% | 1.65 |
| 95% | 1.96 |
| 99% | 2.58 |

2. 选取样本和实施审计程序

(1)随机选取补充样本。$n$ 如果大于预备样本量,就可以随机选取补充样本,原预备样本可作为正式样本的一部分。

**补充样本量＝$n$－预备样本量**

(2)审查样本。对样本实施审计程序,计算整个样本平均值、标准差和达成精确度。

整个样本平均值的计算公式如下：

$$\overline{X}=\frac{\sum X}{n}$$

整个样本标准差的计算公式如下：

$$SD_{样}=\sqrt{\frac{\sum X^2-n(\overline{X})^2}{n-1}}$$

达成精确度是指按照样本标准差计算的精确度,一般用 $\Delta^*$ 表示,其计算公式如下：

$$\Delta^*=t\cdot\frac{SD_{样}}{\sqrt{n}}\cdot N\cdot\sqrt{1-\frac{n}{N}}$$

分析评价样本是通过$\Delta^*$与事先确定的可接受精确度($\Delta$)之间的比较而进行的。若$\Delta^* \leqslant \Delta$,说明样本规模符合抽样要求;若$\Delta^* > \Delta$,则说明样本数量不足,可以用$SD_{样}$代替$SD$重新计算和追加样本数量,进行抽样审查和评价,直到$\Delta^* \leqslant \Delta$为止。

**(三)评价样本结果**

1. 考虑错报性质和原因

评价样本结果时,不仅要考虑错报的金额,还需要考虑错报的性质和原因。若发现错报是由舞弊导致的,要判断其对财务报表重大错报的影响。

2. 推断总体错报

用样本平均值指标推断总体指标,并得出结论。

(1)计算总体点估计值$=\overline{X} \cdot N$。

(2)推算总体区间估计值$=\overline{X} \cdot N \pm \Delta^*$。

(3)得出结论。在一定的置信度下,总体的货币金额应在$\overline{X} \cdot N - \Delta^* \sim \overline{X} \cdot N + \Delta^*$之间。

**【例 11-9·案例】** 某企业存货品种有 2 000 种。注册会计师决定可允许的差错金额为 60 000 元,即可接受的精确度为 60 000 元,设置 95%的可信赖程度。为了估计标准差,在总体中随机抽取 30 个预备样本试样。获得平均值为 4 000 元,标准差为 150 元。

首先计算样本规模:

$n^* = [(1.96 \times 150 \times 2\ 000) \div 60\ 000]^2 = 96$(取整数)

$$n = \frac{96}{1 + \frac{96}{2\ 000}} = 92$$

补充样本量=92-30=62

再随机抽取 62 种存货进行审查。

计算 92 种存货的平均价值和标准差。

假设$\overline{X} = 4\ 032.97$(元),$SD_{样} = 136$(元)

$$\Delta^* = 1.96 \times \frac{136}{\sqrt{92}} \times 2\ 000 \times \sqrt{1 - \frac{92}{2\ 000}} = 54\ 288$$

由于$\Delta^* = 54\ 288 < \Delta = 60\ 000$,故可以接受样本结果,并据之进行总体推断。

总体点估计值$=\overline{X} \cdot N = 4\ 032.97 \times 2\ 000 = 8\ 065\ 940$(元)

总体区间估计值为 8 065 940±54 288,即[8 011 652,8 120 228]。

所以,在 95%的可信赖程度下,2 000 种存货的总价值在 8 011 652~8 120 228 元之间。也就是说有 95%的把握断定 2 000 种存货的总价值在 8 011 652~8 120 228 元之间。

如果被审计单位存货账面价值为 8 030 000 元,处于 8 011 652~8 120 228 元之间,推断总体错报金额为 35 940 元(8 065 940-8 030 000),小于可容忍错报 60 000 元,则其存货金额并无重大错报。

如果账面价值为 8 000 000 元,没有落入 8 011 652~8 120 228 元之间,推断总体错报金额为 65 940 元(8 065 940-8 000 000),大于可容忍错报 60 000 元,则其存货金额存在重大错报。

属性抽样与变量抽样的比较如表 11-11 所示。

表 11－11　　属性抽样与变量抽样的比较

| 项　目 | 属性抽样 | 变量抽样 |
|---|---|---|
| 抽样内涵 | 一种对总体中某一事件发生率得出结论的统计抽样方法；设定控制的每一次发生或偏离都被赋予同样的权重，而不管交易的金额大小 | 用来对总体金额得出结论的统计抽样方法 |
| 适用范围 | 控制测试 | 细节测试 |
| 测试目标 | 估计总体既定控制的偏差率(次数) | 估计总体总金额或总体中的错误金额 |
| 测试内容 | 内部控制有效性 | 报表项目 |
| 测试评价 | 定性评价[质量特征] | 定量评价[数量特征] |
| 测试目的 | 确定实质性程序性质、时间和范围 | 确定会计报表是否公允表达 |
| 测试方法 | 固定样本量抽样、"停—走"抽样、发现抽样 | 均值估计、比率估计、差额估计 |
| 测试结论 | 对与错或是与否；得出的结论与总体发生率有关 | 得出的结论与总体金额有关 |

## 思考与实训

### 一、思考题

1. 什么是审计抽样？
2. 什么是非统计抽样和统计抽样？两者有什么区别？
3. 什么是属性抽样和变量抽样？两者如何应用？
4. 怎样选取样本？
5. 怎样设计样本？怎样评价样本？

### 二、实训题

(一)判断题

1. 现代审计已建立和运用了完善的抽样技术，因此，详查法已不再适用。（　）

2. 审计抽样不同于抽查，抽样作为一种技术，用来取得审计依据，使用中并无严格要求。（　）

3. 在审计抽样过程中，无论是统计抽样还是非统计抽样，也不管决策者是否具备设计和使用有效抽样方案的能力，都离不开注册会计师的专业判断。（　）

4. 在样本设计应考虑的因素中，分层不是必做项目。（　）

5. 当误差与账面价值不成比例关系时，通常采用比率估计抽样，否则应采用差额估计抽样。（　）

6. 统计抽样是以概率论和数理统计为理论基础的现代抽样方法，因此，采用统计抽样比采用非统计抽样能选取更加适当的样本。（　）

7. 注册会计师愿意接受的风险越低，样本规模通常越大；但是如果可容忍误差越大，所需的样本规模也越大。（　）

8. 采用随机选样方法时，不仅所选的号码是随机的，而且号码之间的距离也是随机的，但采用系统选样仅能保证所选号码的随机性，不能保证号码间距的随机性。（　）

9. 系统选样，也称等距选样，是指首先计算选样间隔、确定选样起点，然后再根据间隔、顺序选取样本的选样方法。系统选样方法使用方便，并可用于无限总体；但使用系统选样方法要求总体必须是随机排列的，否

则容易发生较大的偏差。（　）

10. 在实质性测试中运用审计抽样时，如果推断的总体误差超过可容忍误差，评估的抽样风险不能接受，应增加样本量或修改实质性测试程序。（　）

（二）单项选择题

1. 下面列示的四种情形中，（　）属于审计抽样中的信赖过度风险。

A. 将实际上有效的内部控制推断为失效的　B. 将实际上有效的内部控制推断为有效的

C. 将实际上失效的内部控制推断为失效的　D. 将实际上失效的内部控制推断为有效的

2. 在控制测试中，影响注册会计师审计效率的抽样风险是（　）。

A. 误受风险　B. 信赖过度风险　C. 信赖不足风险　D. 误拒风险

3. 进行存货计价测试时，由于依据样本结果推断总体特征而导致注册会计师审计效率低下的抽样风险是（　）。

A. 信赖过度风险　B. 误受风险　C. 误拒风险　D. 信赖不足风险

4. 注册会计师由于专业判断的失误造成审计结论与客户的客观事实不符，这种可能性属于（　）。

A. 非抽样风险　B. 信赖不足风险　C. 抽样风险　D. 误受风险

5. 抽样风险中的"误受风险"指的是（　）。

A. 抽样结果使注册会计师没有充分信赖实际上应予信赖的内部控制的可能性

B. 抽样结果使注册会计师对内部控制的信赖超过了实际可予信赖程度的可能性

C. 抽样结果表明注册会计师推断账户余额不存在重大错误而实际上存在重大错误的可能性

D. 抽样结果表明注册会计师推断账户余额存在重大错误而实际上不存在重大错误的可能性

6. 根据控制测试的目的和特点所采用的审计抽样称为（　）。

A. 属性抽样　B. 变量抽样　C. 统计抽样　D. 非统计抽样

7. 下列各项中，（　）的高低与所需审计证据的数量呈反向变动关系。

A. 总体变异性　B. 可接受的抽样风险

C. 预期总体误差　D. 非抽样风险

8. 下列关于注册会计师对审计抽样方法的运用中，不恰当的是（　）。

A. 风险评估程序通常不涉及审计抽样，但如果注册会计师在了解内部控制的同时对内部控制运行有效性进行测试，则可以运用审计抽样

B. 当控制的运行留下轨迹时可以将审计抽样用于控制测试

C. 控制测试过程中注册会计师应当采用审计抽样

D. 审计抽样适用于细节性测试，不适用于实质性分析程序

9. 在总体较大的情况下，与确定样本规模无关的是（　）。

A. 预计总体误差　B. 总体变异性

C. 总体规模　D. 可接受的抽样风险

10. 在对选取的样本项目实施审计程序时可能出现以下几种情况，其中描述不正确的是（　）。

A. 如果注册会计师能够合理确信该收据的无效是正常的且不构成对设定控制的偏差，就要用另外的收据替代

B. 注册会计师对未使用或不适用单据的考虑与无效单据类似

C. 有时注册会计师可能在对样本的第一部分进行测试时发现大量偏差，此时注册会计师应直接放弃控制测试，转而执行实质性程序

D. 如果注册会计师无法对选取的项目实施计划的审计程序或适当的替代程序，就要考虑在评价样本时将该样本项目视为控制偏差

（三）多项选择题

1. 为通过抽样方法确定被审计单位赊销审批签字执行的有效性，注册会计师需要确定审计抽样的样本

规模。在以下各种说法中，正确的有（ ）。

A. 样本规模与总体变异性呈同向变动关系，即总体变异性越大，样本规模越大

B. 样本规模与可容忍偏差率呈反向变动关系，即可容忍偏差率越小，样本规模越大

C. 在既定的可容忍偏差率下，样本规模与预计总体偏差率呈同向变动关系，即预计总体偏差率越大，样本规模越大

D. 样本规模与可接受的抽样风险（可接受的信赖过度风险）呈反向变动关系，即可接受的抽样风险越小，样本规模越大

2. 下列各项中，与注册会计师设计样本时所确定的样本量存在反向变动关系的有（ ）。

A. 可接受的抽样风险 B. 可信赖程度

C. 可容忍误差 D. 预期总体误差

3. 下列有关样本规模的说法中，正确的有（ ）。

A. 在控制测试中，注册会计师确定的总体项目的变异性越低，样本规模就越小

B. 相对于大规模总体来说，对于小规模总体，总体规模越大，需选取的样本越多

C. 注册会计师愿意接受的抽样风险越低，样本规模就越大

D. 在可容忍误差一定的情况下，预计总体误差越大，样本规模越大

4. 下列有关审计抽样的表述中，注册会计师不能认同的有（ ）。

A. 审计抽样适用于所有审计程序

B. 审计抽样的产生并不意味着非统计抽样的消亡

C. 审计抽样能够客观地计量抽样风险，并通过调整样本规模精确地控制风险，因此不涉及注册会计师的专业判断

D. 可信赖程度要求越高，需选取的样本量就应越大

5. 注册会计师必须事先准确定义构成误差的条件，下列对误差的描述中正确的有（ ）。

A. 控制测试中，误差是指控制偏差 B. 控制测试中，误差是指内部控制的缺陷

C. 细节测试中，误差就是可容忍错报 D. 细节测试中，误差是指错报

6. 编制审计计划时，注册会计师需考虑影响样本量大小的有关事项，对审计抽样工作进行规划。以下各项表述中，正确的有（ ）。

A. 可信赖程度要求越高，需选取的样本量越大

B. 划分的次数总体越多，需选取的样本量越大

C. 可容忍误差越小，需选取的样本量越大

D. 预期误差越小，需选取的样本量越大

7. 在抽样风险的种类中，（ ）是最危险的风险，因为它们将导致注册会计师无法达到审计目的、无法达到预期的审计效果。

A. 信赖不足风险 B. 信赖过度风险 C. 误受风险 D. 误拒风险

8. 只要使用审计抽样，总会存在抽样风险，但不同类型的抽样风险对审计工作的影响是不同的。在以下各类抽样风险中，影响审计效果，即可能导致注册会计师发表不恰当的审计意见的审计风险是（ ）。

A. 在实施控制测试时，注册会计师推断的控制有效性高于其实际有效性的风险

B. 在实施控制测试时，注册会计师推断的控制有效性低于其实际有效性的风险

C. 在实施细节测试时，注册会计师推断某一重大错报存在而实际上不存在的风险

D. 在实施细节测试时，注册会计师推断某一重大错报不存在而实际上存在的风险

9. 变量抽样方法主要有（ ）三种方法。

A. 均值估计抽样 B. 比率估计抽样 C. 差额估计抽样 D. 发现抽样

10. 对审计工作效率有一定影响的有（ ）。

A. 信赖不足风险 B. 信赖过度风险 C. 非抽样风险 D. 误拒风险

(四)综合题

1. 注册会计师对ABC公司2015年8月的工资单进行审查时决定:从1 200名职工中抽取30名职工的工资单进行审查,并使用系统选样方法进行选样。

要求:抽样间隔是多少?假设起点为388,向上和向下各选5个数,分别是多少?

2. 假设注册会计师对A公司连续编号为600～6 000的现金支票进行随机选样,希望选取一组样本量为15的样本。首先,注册会计师确定只要随机数表所列数字的后4位与现金支票号码一一对应;其次,确定第8列第3行为起点,选号路线为第8、7、6、5、4、3、2、1列,依次进行;最后,按照规定的一一对应关系、起点及选号路线,选出15个数码。注册会计师运用的随机数表如下:

| 列＼行 | 1 | 2 | 3 | 4 | 5 | 6 | 7 | 8 | 9 | 10 |
|---|---|---|---|---|---|---|---|---|---|---|
| 1 | 32 044 | 69 037 | 29 655 | 92 114 | 81 034 | 40 582 | 1 584 | 77 184 | 85 762 | 46 505 |
| 2 | 23 821 | 96 070 | 82 592 | 81 642 | 8 971 | 7 411 | 9 037 | 81 530 | 56 195 | 98 425 |
| 3 | 82 383 | 94 987 | 66 441 | 28 677 | 95 961 | 78 346 | 37 916 | 9 416 | 42 438 | 48 432 |
| 4 | 68 310 | 21 792 | 71 635 | 86 089 | 38 157 | 95 620 | 96 718 | 79 554 | 50 209 | 17 705 |
| 5 | 94 856 | 76 940 | 22 165 | 1 414 | 1 413 | 37 231 | 5 509 | 37 489 | 56 459 | 52 983 |
| 6 | 95 000 | 61 958 | 83 430 | 98 250 | 70 030 | 5 436 | 74 814 | 45 978 | 9 277 | 13 827 |
| 7 | 20 764 | 64 638 | 11 359 | 32 556 | 89 822 | 2 713 | 81 293 | 52 970 | 25 080 | 33 555 |
| 8 | 71 401 | 17 964 | 50 940 | 95 753 | 34 905 | 93 566 | 36 318 | 79 530 | 51 105 | 26 952 |
| 9 | 38 464 | 75 707 | 16 750 | 61 371 | 1 523 | 69 205 | 32 122 | 3 436 | 14 489 | 2 086 |
| 10 | 594 42 | 59 247 | 74 955 | 82 835 | 98 378 | 83 513 | 47 870 | 20 795 | 1 352 | 89 906 |

要求:请帮助注册会计师选出这10个号码,使这些号码与10张现金支票号码相对应。

# 第十二章　采购与付款循环审计

## 学习目标

了解采购与付款循环内部控制及审查；掌握采购与付款循环主要账户的审计；掌握采购与付款循环其他账户的审计。

## 引导案例

**“蓝田神话”**

湖北蓝田股份有限公司(以下简称蓝田公司)，主要从事农副水产品养殖和加工，自1996年上市以来，业绩优良，创造了中国农业企业的“蓝田神话”，号称“中国农业第一股”。然而，2001年10月，有学者撰文揭露了蓝田公司造假行为，披露了该公司已经无力归还20亿元贷款的事实，“蓝田神话”彻底破灭。

对于蓝田公司历年的财务报表，注册会计师都出具了无保留意见审计报告。实际上种种迹象表明蓝田公司报表存在严重的错报风险，包括其偿债能力不足、收入和资产涉嫌造假等，其中比较典型的是“扔到水里的固定资产”。据蓝田公司解释，其巨额营业收入资金大部分转化为固定资产(如鱼塘工程改造)，造成固定资产大规模增加。但经专家分析，蓝田公司2000年年底固定资产占总资产的76.4%，高于同业平均值1倍多，作为农业企业，固定资产如此高的比重很不正常。而且，由于农业行业的特殊性，资产无法盘点，如在湖里打了几根桩、鱼池里还有多少只甲鱼，注册会计师是无法审计的。

资料来源：http://finance.qq.com/zt2010/fyjjltsh/。

## 第一节　应付账款

应付账款是指因购买材料、商品或接受劳务供应等而发生的债务。这是买卖双方在购销活动中由于取得物资与支付货款在时间上不一致而产生的负债，是评价企业短期偿债能力时必须考虑的一个重要因素，与应付票据共同构成了企业主要商业信用形式。应付账款是容易发生错报的一个项目，通常表现为应付账款的低估，少计应付账款，其目的是表现出较好的财务状况和经营成果。因此，应付账款审计的主要目标是确定应付账款有无低估的情况。另一方面，企业也可能虚构购货业务，或将当期的部分销售收入计入应付账款，从而虚增应付账款，造成营业成本高估和当期利润的低估，然后在以后的会计期间再虚构销售业务，虚增以后的利润。如果企业可能存在这种错报，审计人员应适当关注账龄较长的应付账款明细项目。

## 一、应付账款的审计目标

(1)确定资产负债表中记录的应付账款是否存在；

(2)确定所有应当记录的应付账款是否均已记录；

(3)确定资产负债表中记录的应付账款是否为被审计单位应当履行的现时义务；

(4)确定应付账款是否以恰当的金额包括在财务报表中，与之相关的计价调整是否已恰当记录；

(5)确定应付账款在财务报表中的列报是否恰当。

## 二、应付账款的内部控制

审查应付账款必须结合购货业务进行，因此，应付账款内部控制包括购货业务中经过的请购、订货、验收、付款等一系列程序。应付账款内部控制调查表如表 12－1 所示。

表 12－1　　应付账款内部控制调查表

| 被审计单位名称 | ××部门 | 日期 | | 索引号 | |
|---|---|---|---|---|---|
| 审计项目名称 | 应付账款内部控制调查 | 编制人 | ×××× | | |
| 会计期间或截止日 | 20××年度 | 复核人 | ×× | 页次 | |
| 问　题 | | 是 | 否 | 不适用 | 备注 |
| 1. 验收报告是否传递给请购部门、仓储部门、付款部门 | | | | | |
| 2. 发票的审批职责和付款职责是否分离 | | | | | |
| 3. 每日生产活动报告和已完成生产报告是否经过生产和计划部门复核 | | | | | |
| 4. 购货业务是否及时入账 | | | | | |
| 5. 付款是否经过批准 | | | | | |
| 6. 是否定期与客户对账 | | | | | |
| 审计结论： | | | | | |

审计人员在了解内部控制的情况时，需要观察和询问有关采购和货币支付的职责划分，也要检查各种凭证和调查表，这些凭证和调查表对应付账款内部控制而言是非常重要的。审计人员在对内部控制了解的基础上，通过评估各关键控制和薄弱环节，来评估应付账款的控制风险水平，明确进一步审计程序的性质、时间和范围。

## 三、应付账款审计

### (一)分析性复核

(1)将期末应付账款余额与期初余额进行比较，分析其波动原因。

(2)分析长期挂账的应付账款，要求被审计单位做出解释，判断是偿债能力不强，还是存在利用应付账款隐瞒利润等不正常的现象。

(3)计算应付账款与存货的比率、应付账款与流动负债的比率，并与以前年度相关比率对比分析，评价应付账款的整体合理性。

(4)分析存货和营业成本等项目的增减变动，判断应付账款增减变动的合理性。

**(二)函证应付账款**

(1)函证适用情形。应付账款的函证不是必须执行的审计程序，原因有两个：一是审计人员可随时获得相关的外部凭证来证实应付账款的余额，如购货发票、每月的供应商对账单等；二是函证不能保证查出未记录的应付账款。但是，如果应付账款的控制风险比较高，某应付账款明细账户金额较大或被审计单位处于财务困难阶段时，则应进行应付账款的函证。

(2)函证对象。应选择大额的债权人，以及那些在资产负债表日金额不大甚至为零，但为企业重要供应商的债权人作为函证对象。

(3)函证方式。一般应采用积极的函证方式。

(4)函证的控制。审计人员需要对函证对象的选择、询证函的寄发与回收的全过程进行控制。对债权人未回函的，审计人员应再次发函询证；对于仍得不到回函的重大项目，应执行替代审计程序。可实施的替代审计程序如下：

①检查日后付款。检查日后应付账款明细账户借方发生额及库存现金和银行存款日记账，检查相关的原始凭证(如支票存根及供应商收据)。若存在日后付款记录，则说明日前应付账款这项负债是存在的。

②检查应付账款明细账户贷方发生额，追查至相关的原始凭证(如购货发票、入库单等)，确定货物是否确已收到，核实交易的真实性。

③检查供应商对账单，以验证应付账款的存在与完整性。

④检查验收单、入库单等凭证记录，以验证有无低估情况。

**(三)检查是否存在未入账的应付账款**

(1)检查债务形成的相关原始凭证，如购货发票、验收报告或入库单等，查找有无未及时入账的应付账款，确认应付账款期末余额的完整性。

(2)检查资产负债表日后应付账款明细账贷方发生额的相关凭证，关注其购货发票的日期，确认其入账时间是否合理。

(3)获取供应商对账单(应从非财务部门如采购部门获取)，并将对账单和财务记录之间的差异进行调节，查找有无未入账的应付账款，确定应付账款金额的准确性。

(4)针对资产负债表日后付款项目，检查银行对账单及有关付款凭证，询问知情人员，查找有无未及时入账的应付账款。

(5)结合存货监盘程序，检查在资产负债表日前后的存货入库资料(验收报告或入库单)，检查是否有大额料到单未到的情况，确认相关负债是否记入了正确的会计期间。

**(四)检查应付账款是否存在借方余额**

如有应查明原因，必要时建议被审计单位做重分类调整，将“应付账款”和“预付账款”所属明细科目的期末贷方余额的合计数填列报表“应付账款”项目。

**(五)检查现金折扣**

检查带有现金折扣的应付账款是否按发票上记载的全部应付账款入账，待实际获得现金折扣时，再冲减财务费用项目。

**【例 12－1·案例】** 甲公司 2014 年 12 月 31 日资产负债表“应付账款”项目为 540 000 元，应付账款总账贷方余额为 540 000 元。审计发现：

(1)应付天天公司明细账户借方余额 400 000 元，属于正常交易的预付款项。

(2)应付凯利公司明细账户贷方余额 500 000 元，为被审计单位临时借入款项，用于结算工程价款。

分析要点：

(1)应付账款明细账余额一般在贷方；审计人员如果发现应付账款出现借方余额，应查明原因，属于正常经济业务往来的，建议其做重分类调整。审计调整分录为：

借：预付账款——天天公司　　400 000

　贷：应付账款——天天公司　　400 000

(2)按规定，不属于购销原因引起的应付款项不应在“应付账款”科目反映，注册会计师应建议其调整。审计调整分录为：

借：应付账款——凯利公司　　500 000

　贷：其他应付款——凯利公司　　500 000

## 第二节　预付账款审计

预付账款是指企业按照购货合同或劳务合同的规定，预先支付给供货方或提供给劳务方的账款。预付账款的审计，是审计中不可忽视的环节，它既是资产的重要组成部分，也是资产负债表的主要项目。在会计上，一般单独设置“预付账款”科目，预付账款业务不多的企业，也可将预付账款的货款记入“应付账款”科目的借方。预付账款的审计应结合购货与付款循环的审计进行。

### 一、预付账款审计的目标

(1)确定预付账款是否真实；

(2)确定预付账款的余额是否正确；

(3)确定预付账款和应付账款的分类是否正确；

(4)确定预付账款在会计报表上的披露是否恰当；

(5)确定该企业的资金在预付中的比例，从而了解企业的资产负债率。

### 二、预付账款的内部控制

审查预付账款必须结合购货业务进行，因此，预付账款内部控制同样包括购货业务中经过的请购、订货、验收、付款等一系列程序，其部分内容参见预付账款内部控制调查表，如表 12－2所示。

表 12-2　　预付账款内部控制调查表

| 被审计单位名称 | ××部门 | 日期 | | 索引号 | |
|---|---|---|---|---|---|
| 审计项目名称 | 预付账款内部控制调查 | 编制人 | ×××× | | |
| 会计期间或截止日 | 20××年度 | 复核人 | ×× | 页次 | |
| 问　题 | | 是 | 否 | 不适用 | 备注 |
| 1. 总账和明细账户的登记是否由不同的职员分别登记 | | | | | |
| 2. 出纳是否从事预付账款的记账工作 | | | | | |
| 3. 预付账款的形式是否经过严格的审批，是否严格按照合同规定执行 | | | | | |
| 4. 材料入库后是否及时冲转预付账款 | | | | | |
| 5. 是否建立了坏账损失审批制度 | | | | | |
| 审计结论： | | | | | |

## 三、预付账款审计

(1)实施分析程序。将期末预付账款余额与上期期末余额进行比较，分析其波动原因。同时分析预付账款账龄及余额构成，关注账龄超过 1 年的款项未结转的原因。

(2)函证。选择大额或异常的预付款项重要项目，函证其余额的正确性。对未回函的，可再次函证，也可采用替代方法进行检查，如检查该笔债权的相关凭证资料，或抽查报表日后预付账款明细账及存货明细账，核实是否已收到货物、转销预付款，并根据替代程序检查结果判断其债权的真实性或出现坏账的可能性。

(3)分析预付账款明细账余额，对于出现贷方余额的项目，应查明原因，必要时建议进行重新分类调整。

(4)结合应付账款明细账，检查有无重复付款或将同一笔已付清的账款在“预付账款”和“应付账款”两个账户中同时挂账的情况。

# 第三节　应付票据审计

应付票据审计是指对企业开具或承兑的在短期内兑付的各种票据的审查，包括银行承兑汇票和商业承兑汇票，它通常是企业因购买材料、商品或接受劳务供应等开出、承兑的商业汇票。随着商业活动的票据化，商业票据业务将越来越多，应付票据也将成为一个重要的审计领域。

## 一、应付票据审计的目标

(1)确定应付票据的发生及偿还记录是否完整；

(2)确定应付票据的年末余额是否正确；

(3)确定应付票据在会计报表上的披露是否充分。

## 二、应付票据审计的内容

### (一)核实应付票据的实有数

一是审计人员核实被审计单位应付票据的实有数,并向被审计单位索取或自行编制应付票据明细表,据以与总账中应付票据账簿及应付票据备查簿相核对,检查其是否一致;二是根据各种应付票据凭证与应付票据备查簿及有关账簿进行核对,如发现不符应查明原因;三是通过对应付票据发函询证的方法,索取外部证明,与应付票据各明细账核对,并在此基础上确定应付票据的实有数。

### (二)审查应付票据业务的合法性和合规性

审计人员审查应付票据业务的合法性与合规性,应重点查明以下问题:

(1)审查企业应付票据的原始凭证及合同等,检查企业应付票据是否属于企业业务正常需要,应付票据中所存在的抵押或担保契约是否予以记录;应付票据的计算有无差错,凭证、手续是否齐全,有无遗漏和虚列现象。

(2)审查企业应付票据有无到期而未支付的现象,检查企业应付票据业务中有无违法乱纪行为,如利用应付票据营私舞弊,应予以揭露并查明责任。

(3)审查应付票据利息支出的正确性、合规性。企业开具的票据如果是带息票据,审计人员应根据有关规定和各种凭证,审查利息计算是否正确,是否符合财务会计制度规定,如发现有利用带息票据进行营私舞弊活动,应予以揭露并查明原因。

**【例 12—2·案例】** 某材料厂审计人员审计其“应付票据”项目,在审查“应付票据备查簿”时发现除两种票据为带息票据外,其他应付票据均为不带息票据,部分资料如表 12—3 所示。

**表 12—3　　应付票据备查簿**

编制单位:材料厂　　单位:元

| 种类 | 票号 | 签发日 | 到期日 | 票面金额 | 票面利率 | 合同交易号 | 收款人 | 付款日期 | 付款金额 |
|---|---|---|---|---|---|---|---|---|---|
| 商业承兑 | 略 | 2014.11.1 | 2015.4.1 | 500 000 | 月息 5‰ | 略 | 甲公司 | | |
| 商业承兑 | 略 | 2014.12.1 | 2015.3.1 | 1 000 000 | 月息 5‰ | 略 | 乙公司 | | |
| …… | … | …… | …… | …… | …… | …… | …… | …… | …… |

经账证核对,上表中应付票据发生时的会计处理无误,但在 2014 年年底的相关凭证、账簿中未发现有计提应付票据利息的会计处理。

要求:分析企业会计处理是否正确。

分析要点:公司开出的商业汇票,如为带息票据,应于中期期末或年度终了,计算应付利息。根据本业务,应计甲公司票据利息 5 000 元(500 000×2×5‰),应计乙公司票据利息 5 000元(500 000×2×5‰)。该企业未于期末计息,导致当期利润虚增 10 000 元,所得税费用多计 2 500 元。调整分录如下:

借:财务费用　　10 000

　　贷:应付票据——甲公司　　5 000

　　　　　　　　——乙公司　　5 000

# 第四节　固定资产审计

## 一、固定资产审计的目标

(1)确定资产负债表中记录的固定资产是否存在；

(2)确定所有应记录的固定资产是否均已记录；

(3)确定记录的固定资产是否由被审计单位拥有或控制；

(4)确定固定资产是否以恰当的金额包括在财务报表中,与之相关的计价调整是否已恰当记录；

(5)确定固定资产在财务报表中的列报是否恰当。

## 二、固定资产审计的实质性程序

### (一)固定资产——账面余额的实质性程序

1. 获取或编制固定资产和累计折旧分类汇总表(见表12—4),检查固定资产的分类是否正确并与总账数和明细账合计数核对是否相符,结合"累计折旧""固定资产减值准备"科目与报表数核对是否相符。

表12—4　　固定资产和累计折旧分类汇总表

编制人：　　日期：

被审计单位：　　年　月　日　　复核人：　　日期：

| 固定资产类　别 | 固定资产 | | | | 折旧方法 | 折旧率 | 累计折旧 | | | |
|---|---|---|---|---|---|---|---|---|---|---|
| | 期初余额 | 本期增加 | 本期减少 | 期末余额 | | | 期初余额 | 本期增加 | 本期减少 | 期末余额 |
| | | | | | | | | | | |
| 合　计 | | | | | | | | | | |

2. 实施实质性分析程序。

(1)分类计算本期计提折旧额与固定资产原值的比率,并与上期比较。

(2)计算固定资产修理及维护费用占固定资产原值的比例,并进行本期各月、本期与以前各期的比较。

3. 实地检查重要固定资产,确定其是否存在,关注是否存在已报废但仍未核销的固定资产。

(1)实地检查固定资产的方式

①以固定资产明细账为起点,进行实地追查,以证明会计记录中所列固定资产确实存在,并了解其目前的使用状况。

②以实地为起点,追查至固定资产明细账,以证明实际存在的固定资产均已入账。

(2)实地检查固定资产的范围

检查的重点是本期新增加的重要固定资产,如为首次接受审计,应适当扩大检查范围,有时也可能扩展到以前期间增加的固定资产。

4. 检查固定资产的所有权或控制权。

对于各类固定资产，获取、收集不同的证据以确定其是否归被审计单位所有：对于外购的机器设备等固定资产，审核采购发票、采购合同等；对于房地产类固定资产，查阅有关的合同、产权证明、财产税单、抵押借款的还款凭据、保险单等书面文件；对于融资租入的固定资产，检查有关融资租赁合同；对于汽车等运输设备，检查有关运营证件等；对于受抵押权限制的固定资产，结合有关负债项目进行检查。

5. 检查本期固定资产的增加。

(1)询问管理层当年固定资产的增加情况，并与固定资产明细表进行核对。

(2)检查本年度增加固定资产的计价是否正确，手续是否齐备，会计处理是否正确。

①对于外购固定资产，通过核对采购合同、发票、保险单、发运凭证等资料，抽查测试其入账价值是否正确、授权批准手续是否齐备、会计处理是否正确，尤其关注增值税进项税额的处理是否正确；如果购买的是房屋建筑物，还应检查契税的会计处理是否正确；检查分期付款购买固定资产入账价值及会计处理是否正确。

②对于在建工程转入的固定资产，应检查固定资产确认时点是否合规，入账价值与在建工程的相关记录是否核对相符，是否与竣工决算、验收和移交报告等一致；对已经达到预定可使用状态，但尚未办理竣工决算手续的固定资产，检查其是否已按估计价值入账，并按规定计提折旧。

③对于投资者投入的固定资产，检查其是否按投资各方确认的价值入账，并检查确认价值是否公允、交接手续是否齐全；涉及国有资产的，检查是否有评估报告并经国有资产管理部门评审备案或核准确认。

④对于更新改造增加的固定资产，检查其增加的原值是否符合资本化条件、是否真实，会计处理是否正确；重新确定的剩余折旧年限是否恰当。

⑤对于融资租赁增加的固定资产，获取相关证明文件，检查融资租赁合同的主要内容，并结合“长期应付款”“未确认融资费用”科目检查相关的会计处理是否正确。

**【例 12－3·案例】** 注册会计师检查 ABC 公司固定资产账簿时发现，该公司 2015 年仅有一项固定资产增加，即 2015 年 12 月 15 日购入的一台生产用甲机器设备。抽查相关的凭证得知，甲机器设备的价值为 1 500 000 元，增值税税额为 255 000 元，发生运杂费 8 000 元、安装费 42 000 元，运杂费以银行存款付讫，设备款和安装款均未付，该设备 12 月安装完工并交付生产使用。该公司 12 月的账务处理如下：

借：固定资产——甲设备　　1 755 000
　　管理费用　　50 000
　　贷：应付账款　　1 797 000
　　　　银行存款　　8 000

分析要点：外购固定资产的运杂费和安装费合计 50 000 元应计入固定资产的成本，而不应计入管理费用；生产用机器设备购进时发生的增值税进项税额可以抵扣。审计调整分录为：

借：固定资产——甲设备　　50 000
　　贷：管理费用　　50 000
借：应交税费——应交增值税(进项税额)　　255 000
　　贷：固定资产——甲设备　　255 000

6. 检查固定资产的减少。

检查固定资产的减少，主要目的在于查明已减少的固定资产是否做适当的会计处理，防止高估资产。

(1)结合“固定资产清理”科目，抽查固定资产账面转销额是否正确。

(2)检查出售、盘亏、转让、报废或毁损的固定资产是否经授权批准，会计处理是否正确。

(3)检查因修理、更新改造而停止使用的固定资产的会计处理是否正确。

(4)检查投资转出的固定资产相关会计处理是否正确。

7. 检查固定资产的后续支出。

检查固定资产有关的后续支出是否满足固定资产确认条件；如不满足，检查该支出是否在发生时计入当期损益。

8. 检查固定资产保险情况，复核保险范围是否足够。

9. 检查固定资产的抵押、担保情况。结合对银行借款等的检查，了解固定资产是否存在重大的抵押、担保情况，是否恰当披露。

10. 检查固定资产在财务报表中的列报是否恰当。

**(二)固定资产——累计折旧的实质性程序**

1. 获取或编制累计折旧分类汇总表，复核加计是否正确，并与总账数和明细账合计数核对是否相符。

2. 检查被审计单位制定的折旧政策和方法是否符合相关会计准则的规定，确定其所采用的折旧方法能否在固定资产预计使用寿命内合理分摊其成本，前后期是否一致，预计使用寿命和预计净残值是否合理。

3. 复核本期折旧费用的计提和分配：

(1)了解被审计单位的折旧政策是否符合规定，计提折旧范围是否正确，确定的使用寿命、预计净残值和折旧方法是否合理；如采用加速折旧法，是否取得批准文件。

(2)检查被审计单位折旧政策前后期是否一致。

(3)复核本期折旧费用的计提是否正确。

(4)检查折旧费用的分配方法是否合理，是否与上期一致；分配计入各项目的金额占本期全部折旧计提额的比例与上期比较是否有重大差异。

(5)注意固定资产增减变动时，有关折旧的会计处理是否符合规定，查明通过更新改造、接受捐赠或融资租入而增加的固定资产的折旧费用计算是否正确。

4. 将“累计折旧”账户贷方的本期计提折旧额与相应的成本费用中的折旧费用明细账户的借方相比较，以查明所计提折旧金额是否已全部摊入本期产品成本或费用。

5. 检查累计折旧的减少是否合理、会计处理是否正确。

6. 确定累计折旧的披露是否恰当。

**【例12－4·案例】** 注册会计师在审计ABC公司2015年度固定资产折旧时，发现本年度1月初已投入生产使用并开始计提折旧的设备一台，原价为1 000 000元，预计净残值为100 000元，预计使用年限为5年，使用年数总和法对该项目固定资产计提折旧，其余各类固定资产均用直线法计提折旧，且该公司对这一事项在会计报表附注中未做披露。

分析要点：注册会计师认为该公司的固定资产折旧方法本期出现不一致，且未充分披露，这是违反现行会计制度的。对资产负债表和利润表的影响如下：

该设备用年数总和法计算的年折旧额＝(1 000 000－100 000)×5/15＝300 000(元)

该设备用直线法计算的年折旧额＝(1 000 000－100 000)÷5＝180 000(元)

由于折旧方法的改变，使本年度多提折旧额120 000元，致使资产负债表中的“累计折旧”项目增加120 000元，利润表中的“利润总额”项目减少120 000元。

注册会计师应要求ABC公司在会计报表附注中进行披露。

**(三)固定资产——固定资产减值准备的实质性程序**

1. 获取或编制固定资产减值准备明细表，复核加计是否正确，并与总账数和明细账合计数核对是否相符。

2. 检查计提固定资产减值准备的依据是否充分，会计处理是否正确。

3. 获取闲置固定资产的清单，并观察其实际状况，识别是否存在减值迹象。

4. 检查资产组的认定是否恰当，计提固定资产减值准备的依据是否充分，会计处理是否正确。

5. 实施实质性分析程序，计算本期末固定资产减值准备占期末固定资产原值的比率，并与期初该比率比较，分析固定资产的质量状况。

6. 检查处置固定资产时原计提的减值准备是否同时结转，会计处理是否正确。

7. 检查是否存在转回固定资产减值准备的情况。按照企业会计准则的规定，固定资产减值损失一经确认，在以后会计期间不得转回。

8. 确定固定资产减值准备的披露是否恰当。

## 第五节　其他相关项目审计

### 一、在建工程的实质性程序

1. 获取或编制在建工程明细表，复核加计是否正确，并与总账数和明细账合计数核对是否相符，结合减值准备科目与报表数核对是否相符。

2. 检查在建工程项目期末余额的构成内容，并实地观察工程现场，确定在建工程是否存在及实际完工程度。

3. 检查本期在建工程的增减变动情况，检查其会计处理是否正确。

4. 检查在建工程减值准备的计提是否正确。

5. 检查是否有长期挂账的在建工程。

6. 结合长、短期借款等项目，了解在建工程是否存在抵押情况；如有，检查是否恰当披露。

7. 确定在建工程在财务报表中的列报是否恰当。

### 二、工程物资的实质性程序

1. 获取或编制工程物资明细表，复核加计是否正确，并与总账数和明细账合计数核对是否相符，结合减值准备科目与报表数核对是否相符。

2. 实地检查工程物资，确定其是否存在，是否有呆滞、积压物资。

3. 抽查若干工程物资采购合同、发票、货物验收单等原始凭证，检查其是否经过授权批准、会计处理是否正确。

4. 结合在建工程审计，检查工程物资的领用手续是否齐全、会计处理是否正确。

5. 检查被审计单位是否对工程物资定期盘点，对盘盈、盘亏的处理是否及时，是否符合规定，会计处理是否正确。

6. 检查工程完工后剩余的工程物资转入存货时对所含的增值税进项税额的处理是否正确。

7. 检查工程物资减值准备的计提是否正确。

8. 确定工程物资在财务报表中的列报是否恰当。

## 三、固定资产清理的实质性程序

1. 获取或编制固定资产清理明细表，复核加计是否正确，并与报表数、总账数和明细账合计数核对是否相符。

2. 检查固定资产清理的发生是否有正当理由，是否经有关技术部门鉴定，固定资产清理的发生和转销是否经授权批准，相应的会计处理是否正确：

(1)结合固定资产等账项的审计，检查固定资产、累计折旧和固定资产减值准备等账面转入额是否正确。

(2)检查固定资产清理收入和清理费用的发生是否真实，清理净损益的计算是否正确，会计处理是否正确。

3. 检查有无长期挂账的固定资产清理余额。

4. 确定固定资产清理在财务报表中的列报是否恰当。

**【例 12－5・案例】** 注册会计师在对 ABC 公司固定资产项目进行审计时发现，有一记录固定资产报废的凭证内容为：

借：营业外支出　　250 000

　　累计折旧　　50 000

　　贷：固定资产　　300 000

经检查相关凭证又发现，该项固定资产的净值占原值的比例为 83.33%。通过询问审计程序发现，是固定资产闲置后出售，获得价款 260 000 元。

分析要点：业务处理不符合企业会计准则的要求，固定资产报废的处理应通过“固定资产清理”账户核算。而且，该项固定资产的净值占原值比例高达 83.33%，正常情况下不应报废。因此，应进一步追查报废的原因以及有关的批准手续，并要求 ABC 公司做出合理的解释。此外，还应注意是否假报废而将固定资产出售，私设“小金库”。

注册会计师应要求 ABC 公司做调整分录如下：

借：固定资产清理　　250 000

　　贷：营业外支出　　250 000

同时根据出售的资金调整“固定资产清理”账户：

借：银行存款　　260 000

　　贷：固定资产清理　　260 000

假设支付固定资产清理费用 5 000 元：

借：固定资产清理　　5 000

　　贷：银行存款　　5 000

经批准转入营业外收入：

借：固定资产清理　　5 000

贷：营业外收入　　5 000

## 四、管理费用的实质性程序

1. 获取或编制管理费用明细表，复核加计是否正确，并与报表数、总账数及明细账合计数核对是否相符。

2. 将管理费用中的职工薪酬、无形资产摊销、长期待摊费用摊销额等项目与各有关账户进行核对，分析其勾稽关系的合理性，并做出相应记录。

3. 实施实质性分析程序。

(1)计算分析管理费用中各项目发生额及占费用总额的比率，将本期、上期管理费用各主要明细项目做比较分析，判断其变动的合理性。

(2)将管理费用实际金额与预算金额进行比较。

(3)比较本期各月份管理费用，对有重大波动和异常情况的项目应查明原因，必要时做适当处理。

4. 检查管理费用的明细项目的设置是否符合规定的核算内容与范围，结合成本费用的审计，检查是否存在费用分类错误。

5. 选择重要或异常的管理费用项目，检查其原始凭证，确定费用支出是否正常，会计处理是否正确。

6. 检查管理费用在财务报表中的列报是否恰当。

## 五、无形资产的实质性程序

1. 获取或编制无形资产明细表，复核加计是否正确，并与报表数、总账数和明细账合计数核对是否相符，结合"累计摊销""无形资产减值准备"科目与报表数核对是否相符。

2. 检查"无形资产"科目的核算内容是否符合规定，特别关注土地使用权的核算是否正确。

3. 检查无形资产的权属证书原件、非专利技术的持有和保密状况等，并获取有关协议和董事会纪要等文件、资料，检查无形资产的性质、构成内容、计价依据、使用状况和受益期限，确定无形资产的所有权和存在性。

4. 检查无形资产的增减变动情况，检查其会计处理是否正确。

5. 检查无形资产的摊销是否正确。

6. 检查无形资产减值准备的计提是否正确。

7. 确定无形资产在财务报表中的列报是否恰当。

# 思考与实训

### 一、思考题

1. 应付账款的内部控制制度主要包括哪些内容？

2. 如何查找未入账的应付账款？

3. 如何选择应付账款函证对象?

4. 存货审计的主要程序有哪些?

## 二、实训题

(一)判断题

1. 对大规模企业而言,企业内部各个部门都可填列请购单。为了加强控制,企业的请购单应当预先连续编号。（　　）

2. 支票一经签署,就应在付款凭单和支持性凭证上加盖“付讫”戳或注销,以免重复付款。（　　）

3. 如果应付账款带有现金折扣条件,而被审计单位按照发票上记载的全部应付金额入账,待实际获得现金折扣时再冲减财务费用,注册会计师应当予以认可。（　　）

4. 应付账款通常不需要函证,如函证,最好采用消极式函证。（　　）

5. 因为多数舞弊企业往往低估应付账款,所以函证不能保证查出所有未入账的应付账款。（　　）

6. 注册会计师在检查未入账应付账款的审计程序中,最有效的是函证应付账款。（　　）

7. 对长期挂账的应付账款进行分析,并依据被审计单位对此所做的解释,有助于注册会计师判断被审计单位是否缺乏偿还债务的能力。（　　）

8. 注册会计师对固定资产进行实地检查时,可以固定资产明细账为起点,重点检查本期减少的重要固定资产。（　　）

9. 检查固定资产减少业务的主要目的在于检查因不同原因而减少的固定资产的会计处理是否符合有关规定,相关的数额计算是否正确。（　　）

10. 资产负债表中的固定资产项目按照“固定资产”账户期末余额扣除“累计折旧”账户期末余额后的金额填列,注册会计师应认可这种做法。（　　）

(二)单选选择题

1. (　　)是采购循环的起点。

A. 请购商品和劳务　　B. 订购商品和劳务

C. 验收商品　　D. 保管商品

2. 下列各项目中,不属于固定资产内部控制的是(　　)。

A. 授权批准制度　　B. 预算制度　　C. 定期盘点制度　　D. 分析程序

3. 注册会计师对固定资产取得和处置实施控制测试的不包括(　　)。

A. 审查固定资产的取得和处置是否经过授权批准

B. 审查固定资产的取得、记录、保管、使用、维修、处置等,均应明确划分责任

C. 审查因不同原因减少固定资产的会计处理是否正确

D. 审查固定资产的取得是否与预算相符,有无重大差异

4. 注册会计师从被审计单位的验收单追查至相应的采购明细账,是为了证实采购与付款循环中的(　　)。

A. 存在　　B. 完整性　　C. 计价和分摊　　D. 分类和可理解性

5. 检查未入账的应付账款时,下列程序中审计效果最佳的是(　　)。

A. 检查列入应付账款明细表中债权人寄回的询证函

B. 分析每月应付账款余额和已入账存货之间有无非正常的比例关系

C. 检查资产负债表日前后一周的发票样本,并查明是否已正确记录

D. 检查资产负债表日后一段时间内的付款

6. 注册会计师函证资产负债表日应付账款余额或许是不必要的,其原因是(　　)。

A. 函证与采购截止测试重复

B. 资产负债表日前应付账款余额在审计完成前也许没有支付

C. 可与被审计单位法律顾问联系，从而获取因未付款而造成的可能损失的证据

D. 存在其他可靠的外部凭证证实应付账款的真实性，如购货发票等

7. 下列审计程序中，注册会计师最有可能证实已记录应付账款存在的是(　　)。

A. 从应付账款明细账追查至购货合同、购货发票和入库单等凭证

B. 检查采购文件以确定是否使用预先编号的采购单

C. 抽取购货合同、购货发票和入库单等凭证，追查至应付账款明细账

D. 向供应商函证零余额的应付账款

8. 注册会计师在审计 ABC 公司 2015 年度财务报表时发现，该公司于 2013 年 12 月 31 日购入一项固定资产，其原价为 200 万元，预计使用年限为 5 年，预计净残值为 0.8 万元，采用双倍余额递减法计提折旧。2015 年度该项固定资产应计提的年折旧额为(　　)万元。

A. 39.84　　B. 66.4　　C. 48　　D. 80

9. 一般情况下，注册会计师实地检查固定资产的重点是(　　)。

A. 企业的所有固定资产　　B. 本年度增加的重要固定资产

C. 以前年度增加的固定资产　　D. 在用固定资产

10. 下列审计程序中，注册会计师最有可能获取固定资产存在的审计证据的是(　　)。

A. 观察经营活动，并将固定资产本期余额与上期余额进行比较

B. 询问被审计单位的管理层和生产部门

C. 以检查固定资产实物为起点，检查固定资产明细账和相关凭证

D. 以检查固定资产明细账为起点，检查固定资产实物和相关凭证

(三)多项选择题

1. 下列各项中，属于对采购与付款循环审计时涉及的凭证与记录是(　　)。

A. 请购单与订购单　　B. 验收单

C. 购货发票　　D. 库存现金及银行存款日记账和总账

2. 适当的职责分离有助于防止各种错误或舞弊。采购与付款循环的职责分离包括(　　)。

A. 请购与审批要相互分离　　B. 供应商的选择与审批要相互分离

C. 采购合同的拟订、审核与审批要相互分离　　D. 采购、验收与记录要相互分离

3. 下列能够防止或发现采购与付款循环可能发生错弊的控制有(　　)。

A. 仓库或资产使用部门编制请购单，并经有关负责人批准

B. 采购部门根据经批准的请购单编制预先编号的订购单

C. 验收部门核对订购单与装运单，据以点验到货并编制验收单

D. 内部核查签发支票的金额、收款人与付款凭单的内容是否一致

4. 注册会计师对应付账款进行函证，通常的函证对象包括(　　)。

A. 所有应付账款的付款对象

B. 金额较大的应付账款债权人

C. 在资产负债表日金额为零，但为企业重要供货人的债权人

D. 所有应付账款的债权人都不需要函证

5. 注册会计师在检查 ABC 公司财务报表的应付账款项目时，应核实其应付账款项目是否按照(　　)科目所属明细科目的期末贷方余额的合计数填列。

A. "应付账款"　　B. "应收账款"　　C. "预付账款"　　D. "预收账款"

6. 应付账款一般不需要函证，但(　　)时，注册会计师还应实施函证。

A. 应付账款控制风险较高　　B. 应付账款金额较大

C. 被审计单位陷入财务困境　　D. 被审计单位供货方内部控制薄弱

7. 根据被审计单位实际情况，对应付账款执行实质性分析程序的方法有(　　)。

A. 将期末应付账款余额与期初余额进行比较,分析波动原因

B. 分析长期挂账的应付账款,要求被审计单位做出解释,判断被审计单位是否缺乏偿债能力或利用应付账款隐瞒利润

C. 计算应付账款与存货的比率、应付账款与流动负债的比率,并与以前年度相关比率对比分析,评价应付账款整体的合理性

D. 分析存货和营业成本等项目的增减变动,判断应付账款增减变动的合理性

8. 下列关于实地检查固定资产的说法中,正确的有(　　)。

A. 可以固定资产明细账为起点

B. 可以实地为起点

C. 从实地追查至固定资产明细账,以证明会计记录中所列固定资产确实存在

D. 从固定资产明细账追查至实地,以证明实际存在的固定资产均已入账

9. 注册会计师在审计固定资产项目时,下列说法中正确的有(　　)。

A. 投资者投入的固定资产,按投资方原账面价值作为入账价值

B. 购置的不需要安装的固定资产,按实际支付的买价、包装费、运输费等作为入账价值

C. 购置的不需要安装的生产用设备,增值税进项税额可以抵扣

D. 自行建造的固定资产,按建造该项资产达到预定可使用状态前所发生的必要支出作为入账价值

10. 注册会计师在审计 ABC 公司 2015 年度财务报表时,发现固定资产的以下项目,其中会引起固定资产账面价值发生变化的有(　　)。

A. 计提固定资产减值准备　　B. 计提固定资产折旧

C. 固定资产改扩建　　D. 固定资产大修理

(四)综合题

1. 注册会计师在对 ABC 公司 2015 年度财务报表进行审计时发现,ABC 公司在固定资产的核算中存在以下问题:

(1)未使用固定资产没有计提折旧。

(2)本年的固定资产大修理费用记入了“长期待摊费用”科目。

(3)没有按规定考虑计提固定资产减值准备。

要求:分析以上事项将给报表造成的影响。

2. 注册会计师对 ABC 公司 2015 年 12 月 31 日后数周的购货交易进行检查,发现下列情况:

(1)2015 年 12 月 31 日开出金额为 22 000 元的发票(为运出地交货),该批货物于 12 月 31 日发出,该企业于 2016 年 1 月 5 日才收到,故发票于收货当日入账。

(2)2015 年 12 月 30 日收到一批货物,计 80 000 元(为运出地交货),并于当日实地验收入库,记入存货项下。发票日期为 12 月 29 日,实际于 2016 年 1 月 8 日收到,故应付账款记入 2016 年 1 月份。

(3)一项设备于 2015 年 12 月 27 日安装完毕,计 400 000 元,发票日期是 12 月 28 日,但该企业直到 2016 年 1 月 22 日才付款,所以 2015 年年末未予入账。

(4)2015 年第四季度广告费 12 000 元,发票日期为 2015 年 12 月 31 日,于 2016 年 1 月 12 日付款,同时该企业确认费用与负债入账。

要求:分析上述各项负债的确认是否需要调整并说明原因。

3. 注册会计师对 ABC 公司 2015 年度财务报表进行审计。在实施分析程序时,注册会计师发现以下事项,请代为做出正确的专业判断。

(1)ABC 公司 2015 年度固定资产原值的变动如下表所示。

单位：万元

| 固定资产原值 | 金　额 |
|---|---|
| 年初余额 | 75 000 |
| 本年增加 | 20 000 |
| 本年减少 | 8 000 |
| 年末余额 | 87 000 |

(2)ABC公司2015年12月31日经审计的固定资产原值中，房屋建筑物和机器设备约各占50%。ABC公司房屋建筑物和机器设备的折旧年限分别为30年和10年，预计净残值为零。注册会计师注意到，ABC公司2015年新增的固定资产是9月份达到预定可使用状态的机器设备，2015年减少的固定资产是6月份拆除的房屋建筑物。

要求：假定不考虑其他因素，估算ABC公司2015年度的折旧费用。

# 第十三章　销售与收款循环审计

## 学习目标

理解设计与执行销售与收款循环的实质性程序；掌握"主营业务收入""应收账款""坏账准备"等账户的审计目标以及实质性程序的基本程序。

## 引导案例

**达尔曼之"死"**

1996年12月30日，以生产珠宝、玉器为主业的西安达尔曼实业股份有限公司(以下简称达尔曼)在上海证券交易所上市，当时达尔曼是陕西第一家民营上市公司，享有"中华珠宝第一股"的美誉。2004年4月，却曝出达尔曼2003年年报有重大问题。随后，达尔曼董事长卷款出逃，达尔曼股价也开始狂跌不止。到2004年12月30日，股价以0.96元收于跌停板位，创出中国A股市场成立以来股价的最低纪录。2005年1月10日，达尔曼股票被停牌。

经查，达尔曼"通关"上市，造假8年：(1)虚增销售收入。达尔曼上市8年来，90%以上的收入都是虚假的。(2)虚假采购，虚增存货。(3)虚构生产记录。(4)虚构往来，虚增在建工程、固定资产和对外投资。(5)伪造与公司业绩相关的资金流。为此，达尔曼设立大量"壳公司"融资来支持造假所需资金。

达尔曼所有的采购、生产、销售基本上都是在一种虚拟状态下进行的，是不折不扣的"皇帝的新装"。该公司每年都会制定一些所谓的经营计划，然后，组织有关部门和一些核心人员根据"指标"按照生产、销售的各个环节，制作完全虚假的原料入库单、产品出库单、销售发票、销售合同等。为了做到天衣无缝，该公司不惜以高额税赋作为代价，比如每一笔完成的交易都照章缴纳增值税，形成的利润也正常缴纳所得税。据粗略测算，达尔曼几年来用于作假的成本高达数亿元。

**启示**：注册会计师要重点加强对主营业务收入的审计，提防被审计单位调节利润的情况，同时还要结合应收账款、应交税费等项目一起审计，对于应收账款余额较多、增长较快的情况一定要给予更多的关注。

资料来源：人民网，《大地》，2005年第3期。

# 第一节　营业收入审计

## 一、营业收入的审计目标

(1)确定利润表中记录的营业收入是否已发生,且与被审计单位有关;

(2)确定所有应当记录的营业收入是否均已记录;

(3)确定与营业收入有关的金额及其他数据是否已恰当记录;

(4)确定营业收入是否已记录于正确的会计期间;

(5)确定营业收入是否已记入恰当的账户;

(6)确定营业收入在财务报表中的列报是否恰当。

## 二、营业收入的实质性程序

### (一)主营业务收入的实质性程序

1. 获取或编制主营业务收入明细表,复核加计是否正确,并与总账数和明细账合计数核对是否相符,结合“其他业务收入”科目与报表数核对是否相符。主营业务收入明细表如表 13－1所示。

**表 13－1　　主营业务收入明细表**

被审计单位名称:××××　　审计人员:　　审计日期:　　年　　月　　日

所属期间:　　年　　复核人员:　　审计日期:　　年　　月　　日　　单位:元

| 月　份 | 合　计 | 新闻纸 | 书写纸 |
|---|---|---|---|
| 1 | 443 896 000.00 | 210 000 000.00 | 233 896 000.00 |
| … | … | … | … |
| 12 | 60 660 000.00 | 30 500 000.00 | 30 160 000.00 |
| 合计 | 504 556 000.00 | 240 500 000.00 | 264 056 000.00 |

2. 实施实质性分析程序。

(1)将本期的主营业务收入与上期的主营业务收入进行比较,分析产品销售的结构和价格变动是否异常,并分析异常变动的原因。

(2)计算本期重要产品的毛利率,与上期比较,检查是否存在异常,各期之间是否存在重大波动,并查明原因。

(3)比较本期各月各类主营业务收入的波动情况,分析其变动趋势是否正常,是否符合被审计单位季节性、周期性的经营规律,查明异常现象和重大波动的原因。

(4)将本期重要产品的毛利率与同行业企业进行对比分析,检查是否存在异常。

(5)根据增值税纳税申报表或普通发票,估算全年收入,与实际收入金额进行比较。

**【例 13－1·案例】** 注册会计师对 ABC 公司 2015 年财务报表进行审计。该公司 2015 年度未发生购并、分立和债务重组行为,供、产、销形式与上年相当。该公司提供的未经审计的

2015年度财务报表附注的部分内容见表13－2。

**表13－2**　　**主营业务收入和主营业务成本项目附注**　　单位：万元

| 品　名 | 主营业务收入 | | 主营业务成本 | |
|---|---|---|---|---|
| | 2014年发生额 | 2015年发生额 | 2014年发生额 | 2015年发生额 |
| X产品 | 40 000 | 41 000 | 38 000 | 33 800 |
| Y产品 | 20 000 | 20 020 | 19 000 | 19 019 |
| 合计 | 60 000 | 61 020 | 57 000 | 52 819 |

假定附注内容中的上年比较数均已审定无误。

分析要点：通过分析程序发现该公司可能存在不合理的地方，X产品2015年的销售毛利率为17.56%，远远高于2014年的5%。该公司2015年的供、产、销形式与上年相当，正常情况应维持毛利率水平，所以应重点审计X产品的主营业务收入和主营业务成本。

3. 检查主营业务收入的确认条件、方法是否符合企业会计准则，前后期是否一致；关注周期性、偶然性的收入是否符合既定的收入确认原则、方法。主营业务收入确认的审查一般需结合不同的销货方式及结算方式进行。

(1)采用交款提货销售方式，应于货款已收到或取得收款的权利，同时已将发票账单和提货单交给购货单位时确认收入的实现。对此，注册会计师应着重检查被审计单位是否收到货款或取得收取货款的权利，发票账单和提货单是否已交付购货单位。应注意有无扣压结算凭证，将当期收入转入下期入账，或者虚构收入记账，在下期予以冲销的现象。

(2)采用预收款销售方式，应于商品已经发出时确认收入的实现。对此，注册会计师应重点检查被审计单位是否收到了货款，商品是否已经发出。应注意是否存在对已收货款并已将商品发出的交易不入账、转为下期收入，或开具虚假出库凭证、虚增收入等现象。

(3)采用托收承付结算方式，应于商品已经发出，劳务已经提供，并已将发票账单提交银行、办妥收款手续时确认收入的实现。对此，注册会计师应重点检查被审计单位是否发货，托收手续是否办妥，货物发运凭证是否真实，托收承付结算回单是否正确。

(4)销售合同或协议明确销售价款的收取采用递延方式，实质上具有融资性质的，应当按照应收的合同或协议价款的公允价值确定销售商品收入金额。对此，注册会计师应重点检查被审计单位是否按照应收合同价的公允价值确定销售商品收入金额；应收合同价与其公允价值之间的差额，是否在合同期内采用实际利率法进行摊销，计入当期损益。

4. 获取产品价格目录，抽查售价是否符合价格政策，并注意销售给关联方或关系密切的重要客户的产品价格是否合理，有无以低价或高价结算的方法，相互之间有无转移利润的现象。

5. 抽取本期一定数量的发运凭证，审查存货出库日期、品名、数量等是否与销售发票、销售合同、记账凭证等一致。

6. 抽取本期一定数量的记账凭证，审查入账日期、品名、数量、单价、金额等是否与销售发票、发运凭证、销售合同等一致。

7. 实施销售的截止测试。

注册会计师应关注三个日期：一是发票开具日期或者收款日期，二是记账日期，三是发货日期(或提供劳务日期)。检查三者是否归属于同一适当的会计期间是主营业务收入截止测试的关键。通常的测试方法见表13—3。

表13—3 销售收入截止测试的三条审计路线对比

| 起点 | 方法 | 路线 | 目的 | 优点 | 缺点 |
|---|---|---|---|---|---|
| 以账簿记录为起点 | 逆查法 | 抽查资产负债表日前后几天的账簿记录,追查至发票存根与发运凭证,以证实已入账收入是否在同一期间开具发票并发货 | 证实已入账收入是否在同一期间已开具发票发货,有无多记收入,防止高估销售收入 | 比较直观,容易追查至相关凭证记录 | 缺乏全面性和连贯性,只能查多记,无法查漏记 |
| 以销售发票为起点 | 顺查法 | 抽查资产负债表日前后几天的发票存根,追查至发运凭证与账簿记录,以确定已开具发票的货物是否已发货并于同一会计期间确认收入 | 确认已开具发票的货物是否已发货并于同一会计期间确认收入,防止低估收入 | 较全面、连贯,容易发现漏记收入 | 较费时费力,尤其是难以查找相应的发货及账簿记录,不易发现多记收入 |
| 以发运凭证为起点 | 顺查法 | 抽查资产负债表日前后几天的发运凭证,追查至发票与账簿记录,以确定收入是否已记入恰当的会计期间 | 确认收入是否已记入适当的会计期间,防止低估收入 | 较全面、连贯,容易发现漏记收入 | 较费时费力,尤其是难以查找相应的发货及账簿记录,不易发现多记收入 |

8. 结合应收账款函证,函证本期销售收入,必要时还应函证合同条款以了解付款方式有无特殊安排,是否存在重大口头协议。

9. 检查销售退回与折让、商业折扣与现金折扣。检查相关手续是否符合规定,会计处理是否正确,并结合存货项目审计其真实性。

10. 确定主营业务收入在财务报表中的列报是否恰当。

**【例13—2·案例】** ABC公司2015年的利润表"营业收入"项目为7 650 000元,资产负债表"预收款项"项目为960 000元,各种产品均适用17%的增值税税率。经审计发现:

(1)盘点存货时发现乙产品账面数量大于库存数量200吨,经询问销售部门及仓库保管人员得知,购货方已提货,双方约定1个月后付款,公司以未收到货款为由,没有确认收入,该公司既没有保留继续管理权,也未对其实施控制。该产品销售单价为1 600元,单位成本为800元。

分析要点:根据企业会计准则的规定,采用交款提货销售方式,应于货款已收到或取得收款的权利,同时已将发票账单和提货单交给购货单位时确认收入的实现。因此,该交易符合收入确认条件,应确认为当期销售。注册会计师应提请该公司调整报表。审计调整分录为:

借:应收账款 374 400

　　贷:主营业务收入——乙产品 320 000

　　　　应交税费——应交增值税(销项税额) 54 400

借:主营业务成本 160 000

　　贷:库存商品 160 000

(2)有一笔预收G公司585 000元的货款,甲产品已于2015年11月发出。ABC公司没有确认收入。

分析要点:根据企业会计准则的规定,采用预收款销售方式,应于商品已经发出时确认收入的实现。对于该笔交易，货物已于2015年11月发出，相关的风险和报酬已经转移，符合收入确认的条件，应当确认为销售收入。注册会计师应提请该公司调整报表。审计调整分录为：

借：预收账款 585 000

贷：主营业务收入——甲产品 500 000

应交税费——应交增值税（销项税额） 85 000

(3)2015年12月5日，ABC公司与G公司签订了一项产品销售合同：产品的安装调试由ABC公司负责，合同签订日，G公司预付货款的40%，余款待安装调试完成并验收合格后结清，验收不合格G公司有权退货。2015年12月26日，开具增值税专用发票注明价款500 000元，增值税税额85 000元；12月28日，产品运抵G公司。该批产品成本为380 000元。至2015年12月31日，有关安装调试尚未开始。对于上述交易，ABC公司在2015年确认了销售收入500 000元，并结转销售成本380 000元，对相关的应收账款未计提坏账准备。

分析要点：本案中显然产品的安装是合同的重要组成部分。只有在安装调试完成并验收合格后，才表明产品所有权上的主要风险和报酬的转移，因此，该项交易在发货时不符合收入确认条件，ABC公司不应确认为销售收入。注册会计师应提请该公司调整报表。审计调整分录为：

借：主营业务收入 500 000

应交税费——应交增值税（销项税额） 85 000

贷：预收账款 200 000

应收账款 385 000

借：库存商品 380 000

贷：主营业务成本 380 000

**(二)其他业务收入的实质性程序**

1. 获取或编制其他业务收入明细表，复核加计是否正确，并与总账数和明细账合计数核对是否相符，结合“主营业务收入”科目与营业收入报表数核对是否相符。

2. 计算本期其他业务收入与其他业务成本的比率，并与上期该比率比较，检查是否有重大波动；如有，应查明原因。

3. 检查其他业务收入内容是否真实、合法，收入确认原则及会计处理是否符合规定，抽查原始凭证予以核实。

4. 对异常项目，应追查入账依据及有关法律文件是否充分。

5. 抽查资产负债表日前后一定数量的记账凭证，实施截止测试，追踪到发票、收据等，确定入账时间是否正确。

6. 检查其他业务收入在财务报表中的列报是否恰当。

## 第二节 应收账款审计

### 一、应收账款审计的目标

(1)确定资产负债表中记录的应收账款是否存在；

(2)确定所有应当记录的应收账款是否均已记录;

(3)确定记录的应收账款是否由被审计单位拥有或控制;

(4)确定应收账款是否以恰当的金额包括在财务报表中,与之相关的计价调整是否已恰当记录;

(5)确定应收账款在财务报表中的列报是否恰当。

## 二、应收账款的实质性程序

**(一)获取或编制应收账款明细表**

1. 复核加计是否正确,并与总账数和明细账合计数核对是否相符;结合"坏账准备"科目与报表数核对是否相符。

2. 分析有贷方余额的项目,查明原因,必要时,建议做重分类调整。

3. 标识重要的欠款单位,计算其欠款合计数占应收账款余额的比例。

**(二)检查应收账款账龄分析是否正确**

获取或编制应收账款账龄分析表,分析应收账款的账龄,以便了解应收账款的可收回性、坏账准备计提的充分性。应收账款账龄分析表见表13-4。

**表13-4　　应收账款账龄分析表**

| 客户名称 | 期末余额 | 账　龄 | | | |
|---|---|---|---|---|---|
| | | 1年以内 | 1~2年 | 2~3年 | 3年以上 |
| | | | | | |
| 合　计 | | | | | |

编制此表时,可以选择重要的客户及其余额来列示,不重要的或余额较小的,可汇总列示。应收账款账龄分析表的合计数减去已计提的相应坏账准备后的净额,应该等于资产负债表中的应收账款项目金额。

**(三)实施实质性分析程序**

1. 复核"应收账款"账户借方累计发生额与主营业务收入是否配比,并将当期"应收账款"账户借方发生额占销售收入净额的百分比与管理层考核指标比较,如存在差异,应查明原因。

2. 计算应收账款周转率、应收账款周转天数等指标,并与被审计单位以前年度指标、同行业同期相关指标对比分析,检查是否存在重大异常。

**(四)向债务人函证应收账款**

1. 函证目的

证实"应收账款"账户余额的存在、正确性,防止或发现被审计单位及其有关人员在销售交易中发生的错误或舞弊行为。

2. 函证范围和对象

注册会计师应当对应收账款实施函证,除非有充分证据表明应收账款对财务报表不重要,或函证很可能无效(如注册会计师可能基于以前年度的审计经验,认为被询证者很可能不回函或即使回函也不可信)。如果不对应收账款函证,注册会计师应当在工作底稿中说明理由。如果认为函证很可能是无效的,注册会计师应当实施替代审计程序。

一般情况下，注册会计师应选择如下项目作为函证对象：大额或账龄较长的项目；与债务人发生纠纷的项目；关联方项目；主要客户（包括关系密切的客户）项目；交易频繁但期末余额较小甚至为零的项目；可能产生重大错误或舞弊的非正常的项目。

**【例 13－3·案例】** 注册会计师对 ABC 公司 2015 年财务报表进行审计时考虑对表 13－5 所列应收账款进行函证。在不考虑样本量的前提下，注册会计师应如何选择函证对象？

**表 13－5**

| 客户名称 | 金额(元) | 账　龄 | 备　注 |
|---|---|---|---|
| 甲公司 | 28 000 000 | 2 年 | |
| 乙公司 | 60 000 | 1.5 年 | 因产品质量问题发生纠纷 |
| 丙公司 | 800 | 6 个月 | |
| 丁公司 | 400 | 1.5 年 | 甲公司的重要债务人，本年度交易频繁 |
| 戊公司 | 300 000 | 3 年 | |

分析要点：注册会计师应选择甲、乙、丁、戊公司进行函证。甲公司的账款属于金额巨大的应收账款；乙公司的账款属于有纠纷的应收账款；丁公司的账款属于关联方的应收账款；戊公司的账款属于金额较大、账龄较长的应收账款。

3. 函证方式

(1)积极的函证方式。采用这种函证方式，注册会计师要求被询证者在所有情况下必须回函，确认询证函所列示信息是否正确，或填列询证函要求的信息。具体运用时可以在询证函中列明拟函证的账户余额或其他信息，要求被询证者核对确认；也可以在询证函中不列明账户余额或其他信息，而要求被询证者填写有关信息或提供进一步信息。积极的询证函格式见表 13－6。

**表 13－6**　　**积极的询证函格式**

**企业询证函**

编号：

××(公司)：

本公司聘请的××会计师事务所正在对本公司××年度财务报表进行审计，按照中国注册会计师审计准则的要求，应当询证本公司与贵公司的往来账项等事项。下列数据出自本公司账簿记录，如与贵公司记录相符，请在本函下端“信息证明无误”处签章证明；如有不符，请在“信息不符”处列明不符金额。回函请直接寄至××会计师事务所。

回函地址：

邮编：　　　电话：　　　传真：　　　联系人：

1. 本公司与贵公司的往来账项列示如下：　　单位：元

| 截止日期 | 贵公司欠 | 欠贵公司 | 备　注 |
|---|---|---|---|
| | | | |

2. 其他事项。

本函仅为复核账目之用，并非催款结算。若款项在上述日期之后已经付清，仍请及时函复为盼。

(公司盖章)　年　月　日

结论：

1. 信息证明无误。

(公司盖章)　年　月　日

经办人：

2. 信息不符，请列明不符的详细情况：

(公司盖章)　年　月　日

经办人：

(2)消极的函证方式。采用这种函证方式，注册会计师要求被询证者仅在不同意询证函列示信息的情况下才予以回函。消极的询证函格式见表13－7。

表13－7　消极的询证函格式

企业询证函

编号：

××(公司)：

本公司聘请的××会计师事务所正在对本公司××年度财务报表进行审计，按照中国注册会计师审计准则的要求，应当询证本公司与贵公司的往来账项等事项。下列数据出自本公司账簿记录，如与贵公司记录相符，则无须回复；如有不符，请直接通知会计师事务所，并请在空白处列明贵公司认为是正确的信息。回函请直接寄至××会计师事务所。

回函地址：

邮编：　　电话：　　传真：　　联系人：

1. 本公司与贵公司的往来账项列示如下：　单位：元

| 截止日期 | 贵公司欠 | 欠贵公司 | 备注 |
| --- | --- | --- | --- |
| | | | |

2. 其他事项：本函仅为复核账目之用，并非催款结算。若款项在上述日期之后已经付清，仍请及时核对为盼。

(公司盖章)　年　月　日

××会计师事务所：

上面的信息不正确，差异如下：

(公司盖章)　年　月　日

经办人：

(3)函证方式的选择。

①同时存在下列情况时，注册会计师可考虑采用消极的函证方式：应收账款的重大错报风险评估为低水平；涉及大量较小的账户余额；预期不存在大量的错报；没有理由相信被询证者不认真对待函证。

②注册会计师可采用积极的函证方式或消极的函证方式实施函证，也可将两种方式结合使用。结合使用时，注册会计师可以对所有的或抽取的大额应收账款采用积极的函证方式，而对抽取的小额应收账款采用消极的函证方式。

③积极的函证方式提供的审计证据通常比消极的函证方式提供的审计证据更可靠。

4．函证的时间

注册会计师通常以资产负债表日为截止日，在资产负债表日后适当时间内实施函证。如果重大错报风险评估为低水平，也可选择资产负债表日前适当日期为截止日实施函证，并对所函证项目自该截止日起至资产负债表日止发生的变动实施进一步实质性程序，如检查该期间发生的影响应收账款余额的交易。

5．函证的实施与控制

当实施函证时，注册会计师应当对被询证者的选择、询证函的设计以及询证函的发出和收回保持控制，以确保函证有效。

(1)注册会计师对函证实施过程采取如下控制措施：

①将被询证者的名称、地址与被审计单位有关记录核对。

②将询证函中列示的账户余额或其他信息与被审计单位有关资料核对。

③在询证函中指明直接向会计师事务所回函。

④询证函经被审计单位盖章后，由注册会计师直接发出。

⑤将发出询证函的情况形成审计工作记录。

⑥将收到的回函形成审计工作记录，并汇总统计函证结果。

(2)如果被询证者以传真、电子邮件等方式回函，注册会计师应当直接接收，并要求被询证者寄回询证函原件。

(3)如果采用积极的函证方式实施函证而未能收到回函，注册会计师应当考虑与被询证者联系，要求对方做出回应或再次寄发询证函。如果未能得到被询证者的回应，注册会计师应当实施替代审计程序(应当能够与实施函证提供同样效果的审计证据)。

①检查与销售有关的记录与文件，如销售合同、客户订购单、销售发票及发运凭证等证明销售交易确实已经发生的证据。

②检查应收账款日后收款的记录与凭证，如银行进账单、汇款证明、银行存款日记账等。

③检查被审计单位与客户之间的函电记录，也有助于发现销售交易是否真实发生、双方是否存在争议。

(4)如果有迹象表明收回的询证函不可靠，应当实施适当的审计程序予以证实或消除疑虑。例如，注册会计师可以通过直接打电话给被询证者等方式以验证回函的内容和来源。

在函证实施过程中，具体的控制程序主要集中于询证函的发出及收回环节，主要包括的控制程序要点见图13－3。

6．对不符事项的处理

如果发现了不符事项，注册会计师应当分析不符事项的原因，并做进一步核实。

存在不符事项的原因可能是由于双方登记入账的时间不同，可能是由于一方或双方记账错误，也可能是被审计单位的舞弊行为。登记入账的时间不同而产生的不符事项主要表现为：

(1)询证函发出时，债务人已经付款，而被审计单位尚未收到货款。

(2)询证函发出时，被审计单位的货物已经发出并已做销售记录，但货物仍在途中，债务人尚未收到货物。

(3)债务人由于某种原因将货物退回，而被审计单位尚未收到。

(4)债务人对收到的货物的数量、质量及价格等方面有异议而全部或部分拒付货款等。

如果不符事项构成错报，注册会计师应重新考虑实质性程序的性质、时间和范围。

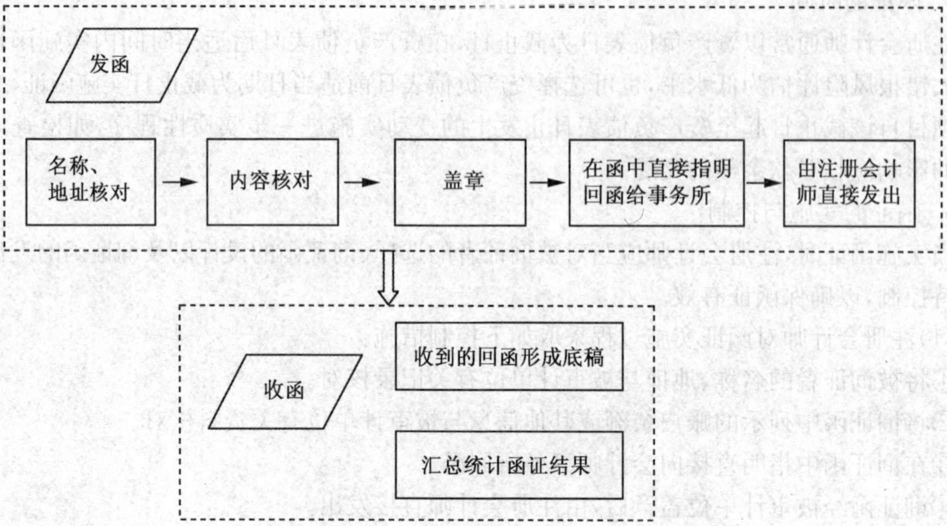


图 13－3　函证实施过程中的控制

7. 对函证结果的评价

注册会计师收回询证函后，应编制应收账款函证结果汇总表，对函证结果进行分析与评价。应收账款函证结果汇总表见表 13－8。

表 13－8　应收账款函证结果汇总表

| 询证函编号 | 债务人名称 | 债务人地址及联系方式 | 账面金额 | 函证方式 | 函证日期 | | 回函日期 | 替代程序 | 确认余额 | 差异金额及说明 | 备注 |
|---|---|---|---|---|---|---|---|---|---|---|---|
| | | | | | 第一次 | 第二次 | | | | | |
| | | | … | | | | | … | … | | |
| | | | | | | | | | | | |

注册会计师对函证结果可做如下评价：

(1)如果函证结果没有差异，则可以据此合理推论，全部应收账款总体是正确的。

(2)如果函证结果存在差异，则应估算应收账款总额中可能的累计差错，且可能进一步扩大函证范围。

**(五)检查未函证的应收账款**

对于未函证的应收账款，注册会计师应抽查与销售有关的记录与文件，如销售合同、客户订购单、销售发票副本及发运凭证等，以验证这些应收账款的真实性。

**(六)检查坏账的确认和处理**

对于发生的坏账损失，应检查其原因是否合理，有无授权批准手续，是否采用备抵法核算；做坏账处理后又重新收回的应收款项，应检查其相应的会计处理是否正确。

**(七)抽查有无不属于结算业务的债权**

注册会计师应抽查应收账款明细账，并追查有关原始凭证，查证被审计单位有无不属于结算业务的债权；如有，应建议被审计单位做适当调整。

**(八)检查应收账款的质押或出售**

结合银行存款和银行借款等询证函的回函，检查会议纪要、借款协议和其他文件，确定应收账款是否已被质押或出售，其会计处理是否正确。

**(九)检查应收账款在财务报表中的列报是否恰当**

根据实际情况，检查应收账款在财务报表中的列报是否恰当。

**【例 13—4·案例】** ××公司审计人员张扬采用函证法审查其 2015 年 12 月 31 日的应收账款，并于 2016 年 1 月 10 日采用积极式函证方式对所有重要客户寄发了询证函。张扬将与函证结果相关的重要异常情况汇总，如表 13—9 所示。

**表 13—9**　　**函证结果差异汇总表**　　单位：元

| 项目 / 单位名称 | 询函编号 | 函证方式 | 函证日期 | 回函日期 | 账面金额 | 回函金额 |
|---|---|---|---|---|---|---|
| 麦派实业 | 001 | 积极 | 1.4 | 1.11 | 9 863 100.00 | 3 428 100.00 |
| 吉利印刷 | 002 | 积极 | 1.4 | 1.10 | 6 764 470.00 | 6 764 470.00 |
| 亚金科技 | 003 | 积极 | 1.4 | 1.12 | 9 759 200.00 | 9 759 200.00 |
| 嘉豪纸业 | 004 | 积极 | 1.4 | 1.10 | 4 867 200.00 | 4 867 200.00 |
| 新华商贸 | 005 | 积极 | 1.4 | 1.9 | 510 000.00 | 0 |

分析要点：

(1)抽取 5 个大额账户和 1 个本期新增客户新华商贸，实施积极函证。其中森工公司无法获取通信地址，决定对其执行替代审计程序(检查原始凭证、检查日后收款)。

(2)经函证，12 月 31 日向麦派实业公司销售 1 100 吨新闻纸，计 6 435 000 元，系目的地交货，检查相关合同亦证实。同时检查客户商品验收确认单，该批商品麦派实业公司为 2016 年 1 月 7 日验收。因此，属于提前确认销售实现，应调整。

(3)经函证，并由应收账款新华商贸明细账追查至记账凭证记 0104 号，2015 年 12 月 31 日被审计单位收新华商贸 3 000 000 元预付款，所附原始凭证为进账单和销售发票(600 吨新闻纸)，未有出库单。又检查 2016 年 1 月应收账款新华商贸明细账，并追查到记 0005 号，所附原始凭证为进账单(510 000 元)和出库单 600 吨新闻纸。因此，属于提前确认销售实现，应调整。

(4)除上述问题外，未发现其他重大异常情况。

## 三、坏账准备的实质性程序

1. 获取或编制坏账准备明细表，复核加计是否正确，并与总账数和明细账合计数核对是否相符。

2. 实施实质性分析程序。通过计算坏账准备余额占应收款项余额的比例，并与以前期间的相关指标比较，分析有无异常，分析其产生重大差异的原因。

3. 核对坏账准备本期计提数与资产减值损失相应明细项目的发生额是否相符。

4. 检查坏账准备的计提与转销及转回是否正确。

(1)检查坏账准备计提的范围、方法、比例、账龄的划分、实际发生坏账时的转销是否合规，是否经股东大会、董事会或厂长(经理)会议或类似权力机构批准。

(2)测算坏账准备本期计提金额是否正确、充分,有无多提或少提,坏账准备计提与转销、转回的相关会计处理是否正确。

5. 确定坏账准备在财务报表中的披露是否恰当。

**【例 13－5 · 案例】** 注册会计师对 ABC 公司 2015 年财务报表进行审计时发现:该公司采用应收款项余额百分比法计提坏账准备,确定的比例为 2%。年末应收账款明细账借方余额为 750 万元,预收账款明细账借方余额为 350 万元,坏账准备期初余额为 20 万元,本期发生坏账损失 30 万元,本期收回前期已核销的坏账 15 万元。期末应收账款中应收 Z 公司货款 60 万元,有确凿证据表明只能收回 30%。ABC 公司年末计提了 10 万元的坏账准备。

分析要点:ABC 公司计提的坏账准备不恰当。按规定,企业应按照"应收账款"和"预收账款"明细账科目的借方余额合计计提坏账准备。应收 Z 公司货款 60 万元有确凿证据表明只能收回 30%,应采用个别认定法计提坏账准备。建议 ABC 公司进行调整。

调整前"坏账准备"账户余额＝20－30＋15＋10＝15(万元)(贷方)

补提坏账准备＝(750＋350－60)×2%＋60×(1－30%)－15＝47.8(万元)

审计调整分录为:

借:资产减值损失　　478 000

　　贷:坏账准备　　478 000

## 第三节　其他相关项目审计

### 一、销售费用的实质性程序

1. 获取或编制销售费用明细表,复核加计是否正确,并与报表数、总账数和明细账合计数核对是否相符。

2. 实施实质性分析程序。

(1)计算分析各个月份销售费用总额及主要项目金额占主营业务收入的比率,并与上一年度进行比较,判断其变动的合理性。

(2)计算分析各个月份销售费用中主要项目发生额及占销售费用总额的比率,并与上一年度进行比较,判断其变动的合理性。

3. 检查各明细项目是否与被审计单位销售商品和材料、提供劳务以及专设的销售机构发生的各种费用有关。

4. 检查广告费、宣传费、业务招待费的支出是否合理,审批手续是否健全,是否取得有效的原始凭证;如超过规定限额,应在计算应纳税所得额时调整。

5. 执行销售费用截止测试。从截止日前后的"销售费用"账户的借方发生额中选取样本,追查至相应的发票等原始凭证,确认发票等原始凭证日期与会计记录日期是否为同一会计期间,看有无跨期现象。

6. 检查销售费用在财务报表中的列报是否恰当。

## 二、营业税金及附加的实质性程序

1. 获取或编制营业税金及附加明细表，复核加计是否正确，并与报表数、总账数和明细账合计数核对是否相符。

2. 结合企业有关的纳税申报表，确定被审计单位的纳税范围与税种是否合规。

3. 检查营业税金及附加的计算是否正确。

(1)根据应纳营业税的销售额，按规定的适用税率测算本年度应纳营业税税额。

(2)根据审定的应税消费品销售额(或数量)，按规定的适用税率测算本年度应纳消费税税额。

(3)根据审定的应税资源税产品的课税数量，按规定的适用单位税额测算本年度应纳资源税税额。

(4)测算城市维护建设税、教育费附加的数额是否正确。

4. 将测算各项税费的结果与应交税费相关项目的计缴数核对。

5. 确定被审计单位减免税的项目是否真实，手续是否完备。

6. 检查营业税金及附加在财务报表中的列报是否恰当。

**【例 13－6・案例】** 注册会计师对 ABC 公司的 2015 年年报进行审计时发现如下情况：2015 年 3 月 10 日将出让无形资产使用权应交的营业税 32 000 元及相应的城市维护建设税(7%)和教育费附加(3%)计入其他业务成本。

分析要点：对于上述事项，ABC 公司的会计处理不恰当，无论是销售商品等为完成其经营目标而从事的经常性活动还是与经常性活动相关的其他活动，所形成的应交税费都应记入“营业税金及附加”科目。审计调整分录为：

借：营业税金及附加　　35 200

　　贷：其他业务成本　　35 200

## 三、应交税费的实质性程序

1. 获取或编制应交税费明细表，复核加计是否正确，并与报表数、总账数和明细账合计数核对是否相符。

2. 首次接受委托时，取得被审计单位的纳税鉴定、纳税通知、减免税批准文件等，了解被审计单位适用的税种、附加税费、计税(费)基础、税(费)率，以及征、免、减税(费)的范围与期限。连续接受委托时，关注其变化情况。

3. 核对期初未交税金与税务机关受理的纳税申报资料是否一致，检查缓期纳税及延期纳税事项是否经过税务机关批准。

4. 取得税务部门汇算清缴或其他确认文件、有关政府部门的专项检查报告、税务代理机构专业报告、被审计单位纳税申报资料等，分析其有效性，并与上述明细表及账面数据进行核对。对于超过法定缴纳期限的税费，应取得主管税务机关的批准文件。

5. 检查应交增值税：

(1)获取或编制应交增值税明细表，复核加计是否正确，并与明细账核对是否相符。

(2)将应交增值税明细表与被审计单位增值税纳税申报表进行核对，比较两者是否总体相符，并分析其差额的原因。

(3)通过“原材料”等相关科目匡算进项税是否合理。

(4)抽查一定期间的进项税抵扣汇总表,与应交增值税明细表相关数额合计数核对,如有差异,查明原因并做适当处理。

(5)抽查重要进项税发票、海关完税凭证、收购凭证或运费发票,并与网上申报系统进行核对,注意进口货物、购进的免税农产品或废旧物资、支付运费、接受投资或捐赠、接受应税劳务等应计的进项税额是否按规定进行了会计处理;因存货改变用途或发生非常损失应计的进项税额转出数的计算是否正确,是否按规定进行了会计处理。

(6)根据与增值税销项税额相关账户审定的有关数据,复核存货销售,或将存货用于投资、无偿馈赠他人、分配给股东(或投资者)应计的销项税额,以及将自产、委托加工的产品用于非应税项目的计税依据确定是否正确以及应计的销项税额是否正确计算,是否按规定进行会计处理。

(7)检查适用税率是否符合税法规定。

(8)取得《出口货物退(免)税申报表》及办理出口退税有关凭证,复核出口货物退税的计算是否正确,是否按规定进行了会计处理。

(9)对经主管税务机关批准实行核定征收率征收增值税的被审计单位,应检查其是否按照有关规定正确执行。

(10)抽查本期已交增值税资料,确定已交款数的正确性。

6. 检查应交营业税的计算是否正确,是否按规定进行了会计处理。

7. 检查应交消费税的计算是否正确,是否按规定进行了会计处理。

8. 检查应交资源税的计算是否正确,是否按规定进行了会计处理。

9. 检查应交土地增值税的计算是否正确,是否按规定进行了会计处理。

10. 检查应交城市维护建设税的计算是否正确,是否按规定进行了会计处理。

11. 检查应交车船使用税和房产税的计算是否正确,是否按规定进行了会计处理。

12. 检查应交土地使用税的计算是否正确,是否按规定进行了会计处理。

13. 检查教育费附加、矿产资源补偿费等的计算是否正确,是否按规定进行了会计处理。

14. 获取或编制应交所得税测算表,结合所得税项目,确定应纳税所得额及企业所得税税率,复核应交企业所得税的计算是否正确,是否按规定进行了会计处理;抽查本期已交所得税资料,确定已交数的正确性。

15. 检查除上述税项外的其他税项及代扣税项的计算是否正确,是否按规定进行了会计处理。

16. 检查被审计单位获得税费减免或返还时的依据是否充分、合法和有效,会计处理是否正确。

17. 抽查若干应交税费相关的凭证,检查是否有合法依据,会计处理是否正确。

18. 确定应交税费的披露是否恰当。

**【例 13—7 · 案例】** ABC 公司 2015 年增值税销项税额为 1 300 500 元,经审计发现,在建工程(厂房)领用自产的甲产品,产品成本共计 93 750 元,计税价为 125 000 元。该公司按产品成本转账且未计算增值税销项税额。

分析要点:对于上述事项,ABC 公司的会计处理不恰当,按规定,在建工程(厂房)领用企业生产的产品应视同销售计缴增值税且不得抵扣。计算增值税销项税额为 21 250 元(125 000

×17%)。审计调整分录为：

借:在建工程　　21 250

　贷:应交税费——应交增值税(销项税额)　　21 250

## 思考与实训

### 一、思考题

1. 简述销售与收款循环的主要业务活动。
2. 销售与收款循环的控制测试主要包括哪些内容?
3. 简述主营业务收入的实质性程序。
4. 如何对主营业务收入实施截止测试?
5. 注册会计师应当采取哪些措施对函证实施过程进行控制?
6. 应收账款由于双方登记入账的时间不同而产生的不符事项有哪些?

### 二、实训题

(一)判断题

1. 应收票据的取得和贴现必须经由保管票据以外的主管人员口头或书面批准。（　）

2. 注册会计师为了确信全部发运凭证均已归档,可以通过检查发运凭证的编号来查明。（　）

3. 无论被审计单位采用何种方式销售商品,注册会计师都不应认可其在没有收到货款的情况下确认主营业务收入。（　）

4. 应收账款在资产总额中的重要性越高,所需函证数量越大。（　）

5. 企业发生销售退回时,不论销售退回的商品是本年销售的还是以前年度销售的,均应冲减本年度的销售收入和销售成本。（　）

6. 对于未曾发货却将销货交易登记入账的情况,注册会计师可以从主营业务收入明细账中抽取几笔,追查有无发运凭证及其他凭证。（　）

7. 注册会计师应当对应收账款实施函证,除非有充分证据表明应收账款对财务报表不重要,或函证很可能无效。（　）

8. 函证应收账款的目的在于证实“应收账款”账户余额的真实性和完整性,防止或发现被审计单位及其有关人员在销售交易中发生的错误或舞弊行为。（　）

9. 函证应收账款的时间,最好选择与资产负债表日最接近的时间,同时也要考虑对方复函的时间。（　）

10. 如果对应收账款实施函证不能获取充分适当的审计证据,注册会计师应当实施替代审计程序。（　）

(二)单项选择题

1. 为了证实已发生的销售业务是否均已登记入账,有效的做法是(　　)。

A. 只审查销售日记账　　B. 由日记账追查有关原始凭证

C. 只审查有关原始凭证　　D. 由有关原始凭证追查销售日记账

2. 对于赊销业务,被审计单位都会设计信用批准制度,目的是为了降低发生坏账的风险,这项控制与应收账款的(　　)认定有关。

A. 存在　　B. 计价和分摊　　C. 完整性　　D. 权利和义务

3. 下列各项中,预防员工贪污、挪用销货款的最有效的方法是(　　)。

A. 记录应收账款明细账的人员不得兼任出纳

B. 收取客户支票与收取客户现金由不同人员担任

C. 请客户将货款直接汇入公司指定的银行账户

D. 公司收到客户支票后立即寄送收据给客户

4. 对被审计单位的销售交易，注册会计师认为不属于产生高估销售的是(　　)。

A. 向虚构的客户发货并进行相应的账务处理

B. 本期已经发生的销售交易均已入账

C. 未曾发货却已将销售交易登记入账

D. 销售交易重复入账

5. 为证实所有销售业务均已记录，注册会计师应选择的最有效的审计程序是(　　)。

A. 抽查出库单　　B. 抽查销售明细账

C. 抽查应收账款明细账　　D. 抽查银行对账单

6. 注册会计师核对资产负债表日前后的销货发票的日期与登记入账的日期是否一致，其主要目的是为了进行(　　)测试。

A. 发生　　B. 完整性　　C. 分类和可理解性　　D. 截止

7. 应收账款函证的时间通常为(　　)。

A. 被审计年度期初　　B. 被审计年度期中

C. 与资产负债表日接近的时间　　D. 在资产负债表日后适当时间

8. 注册会计师执行应收账款函证程序的主要目的是为了(　　)。

A. 符合专业标准的要求　　B. 确定应收账款能否收回

C. 确定应收账款的真实性、正确性　　D. 判定被审计单位入账的坏账损失是否适当

9. 注册会计师在对 ABC 公司的应收账款实施函证程序时，针对下列方面通常难以获取有效审计证据的是(　　)。

A. 应收账款的存在性　　B. 应收账款的可变现净值

C. 应收账款金额的准确性　　D. 应收账款是否归属于 ABC 公司

10. 被审计单位“销售费用明细账”记录以下费用项目，应予以确认的是(　　)。

A. 车间的折旧费　　B. 常设销售机构经费

C. 管理部门人员工资　　D. 为购货单位垫付的运杂费

(三)多项选择题

1. 被审计单位应当建立对销售与收款内部控制的监督检查制度，其监督检查的重点包括(　　)。

A. 是否存在销售与收款业务不相容职务混岗的现象

B. 授权批准手续是否健全，是否存在越权审批行为

C. 信用政策、销售政策的执行是否符合规定

D. 销售退回手续是否齐全、退回货物是否及时入库

2. 对被审计单位以下有关收款业务相关内部控制内容，注册会计师应特别关注的有(　　)。

A. 单位应当定期与往来客户通过核对账单等方式核对应收账款、应收票据、预收账款等往来款项；如有不符，应查明原因，及时处理

B. 单位应将销售收入及时入账，不得账外设账，不得擅自坐支现金

C. 单位应收票据的取得和贴现必须经由保管票据以外的主管人员的书面批准

D. 单位注销的坏账应当进行备查登记，做到账销案存

3. 在对特定会计期间主营业务收入进行审计时，注册会计师应重点关注的与被审计单位主营业务收入确定有密切关系的日期包括(　　)。

A. 收款日期　　B. 发票开具日期

C. 记账日期　　　　　　　　　　　　　D. 发货日期或提供劳务日期

4. 为了证实已发生的销售交易是否均已登记入账，无效的做法是（　　）。

A. 只审查有关原始凭证

B. 只审查主营业务收入明细账

C. 由主营业务收入明细账追查至有关原始凭证

D. 由有关的原始凭证追查至主营业务收入明细账

5. 实施销售截止测试的三种方法是（　　）。

A. 以账簿记录为起点，追查至发票存根与发运凭证

B. 以销售发票为起点，追查至发运凭证与账簿记录

C. 以发运凭证为起点，追查至发票开具情况与账簿记录

D. 以客户订购单为起点，追查至发运凭证

6. 下列说法中，不正确的有（　　）。

A. 企业规定赊销、发货均须经审批，主要目的在于保证销售交易按照企业定价政策规定的价格开票收款

B. 为了测试被审计单位是否按月向客户寄出对账单，注册会计师可以实施的有效控制测试是观察被审计单位指定人员寄送对账单以及检查客户复函档案

C. 由原始凭证追查至明细账与从明细账追查至原始凭证是有区别的，前者用来测试不真实的交易（"发生"目标），后者用来测试遗漏的交易（"完整性"目标）

D. 注册会计师在对被审计单位 2015 年度财务报表进行审计时，发现其 2016 年 2 月 16 日有一笔已经在 2015 年 12 月 26 日确认销售收入的业务发生了销售折让，注册会计师建议被审计单位应在实际发生时冲减折让发生当期的收入

7. 注册会计师应将对应收账款函证的过程和情况记录在工作底稿中，同时还应该评价该函证的可靠性，下列属于注册会计师在评价函证可靠性时应当考虑的因素有（　　）。

A. 对询证函的设计、发出以及收回的控制情况

B. 被询证者的胜任能力、独立性、授权回函情况、对函证项目的了解及其客观性

C. 被审计单位是否同意注册会计师进行函证

D. 被审计单位施加的限制或回函中的限制

8. 下列对询证函的处理方法中，正确的有（　　）。

A. 在粘封询证函时对其统一编号，并将发出询证函的情况记录于审计工作底稿

B. 询证函经会计师事务所盖章后，由注册会计师直接发出

C. 收回询证函后，将重要的回函复制给被审计单位以帮助催收货款

D. 对以电子邮件方式回收的询证函，要求被询证单位将原件盖章后寄至会计师事务所

9. 对应收账款而言，登记入账的时间不同而产生的不符事项主要表现为（　　）。

A. 询证函发出时，债务人已经付款，而被审计单位尚未收到货款

B. 询证函发出时，被审计单位的货物已经发出并已做销售记录，但货物仍在途中，债务人尚未收到货物

C. 债务人由于某种原因将货物退回，而被审计单位尚未收到

D. 债务人对收到的货物的数量、质量及价格等有异议而全部或部分拒付货款

10. 同时存在下列情况时，注册会计师可考虑采用消极的函证方式：（　　）。

A. 被审计单位的重大错报风险评估为低水平　　B. 涉及大量较小的账户余额

C. 预期不存在大量的错报　　　　　　　　　　D. 没有理由相信被询证者不认真对待函证

（四）综合题

1. 注册会计师在对 ABC 公司的内部控制进行了解和测试时，注意到下列情况：

（1）根据批准的客户订购单，销售部编制预先连续编号的一式三联的现销或赊销销售单。经销售部被授权人员批准后，所有销售单的第一联直接送仓库作为按销售单供货和发货给装运部门的授权依据，第二联交

开具账单部门，第三联由销售部留存。

(2)仓库部门根据批准的销售单供货，并编制出库单。装运部门将从仓库提取的商品与销售单核对无误后装运，并编制一式四联预先连续编号的发运单，其中三联及时分送开具账单部门、仓库和客户，一联留存装运部门。

(3)开具账单部门在收到发运单并与销售单核对无误后，编制预先连续编号的销售发票，并将其连同发运单和销售单及时送交会计部门。会计部门在核对无误后，由财务部甲职员据以登记销售收入明细账和银行存款日记账。

(4)由负责登记应收账款备查簿的人员在每月末定期给客户寄送对账单，并对客户提出的异议进行专门追查。

要求：上述四项中，内部控制是否存在缺陷？如有，请指出，并说明理由及提出改进建议。

2. 注册会计师审查ABC公司2015年度利润表时，抽查了该公司12月份的销售业务，发现下列情况：

(1)4日，无偿赠送前锋工厂甲产品800件，未入账。

(2)8日，采用托收承付方式销售给友联工厂乙产品1 600件，商品已经发出，并向银行办妥托收手续，未入账。

(3)12日，该公司将自产乙产品100件用于自行建造的职工俱乐部，未做销售处理，也未结转成本。

(4)20日，支付了下年度的产品广告费520 000元，已计入2015年当期损益。

(5)28日，前锋工厂退回质量有问题的甲产品400件，产品已收到，账中未做处理。

(6)29日，外销乙商品1 000件，已于当日运出，此项商品系CIF付款条件的在运货物，会计部门在产品发出时即贷记"销售收入"账户并结转成本。

(7)30日，向国外某公司出口销售丙产品1 200件，当日的即期汇率为1美元=6.62元人民币，12月1日的汇率为1美元=6.65元人民币，未入账。

经查，甲产品单位售价为100元，成本为70元；乙产品单位售价为200元，成本为150元；丙产品售价为1 000元，成本为900元。该公司的记账本位币为人民币。

要求：分析该公司在核算中存在的问题，并填列下表。

**营业收入、营业利润审定表**

单位：元

| 项　目 | 企业编制金额(未审数) | 调整金额 | 调整后金额(审定数) |
|---|---|---|---|
| 营业收入 | 3 000 000 | | |
| 减：营业成本 | 2 215 000 | | |
| 期间费用 | 937 500 | | |
| 营业利润 | −152 500 | | |

3. 注册会计师对ABC公司2015年财务报表进行审计时发现：该公司2015年12月31日的资产负债表"应收账款"数额为1 652 000元，与应收账款总账余额减去坏账准备相应明细账余额后的差额相符，应收账款Z公司明细账有贷方余额180 000元，经查系Z公司的预付货款，尚未履行供货合同。该公司按应收账款余额的1%计提坏账准备。

要求：指出该公司上述业务中存在的问题，并编制审计调整分录。

4. 注册会计师李明在审计A公司2015年度营业收入时，抽查了该公司12月份的销售业务，发现下列情况：

(1)12月10日，采用交款提货销售方式售给B公司甲产品10 000万元(不含税，增值税税率为17%)，货款已收到，发票账单和提货单交给B公司，但产品仍在仓库，尚未入账。

(2)12月15日，A公司收到C公司退回2015年销售的甲产品2 000万元(不含税，增值税税率为17%)，产品已收到，未做账务处理。

(3)12月20日，A公司确认售给某商场丙产品25 000万元收入(不含税，增值税税率为17%)。相关资料显示：合同规定A公司需对出售的商品负责安装检验，A公司5个月后才能完成安装、检验任务，但A公司在交付丙产品后，马上进行收入实现的账务处理。

(4)12月24日，A公司确认对D公司销售收入计2 000万元(不含税，增值税税率为17%)。相关记录显示：销售给D公司的产品系按其要求定制，成本为1 800万元；D公司监督该产品生产完工后，支付了1 000万元款项；但该产品尚存放于A公司，且A公司尚未开具增值税发票。

(5)12月25日，A公司确认对E公司销售收入计3 000万元(不含税，增值税税率为17%)。相关记录显示：根据双方签订的协议，销售给E公司该批产品所形成的债权直接冲抵A公司所欠E公司原材料采购款；相关冲抵手续办妥后，A公司已经向E公司开具增值税发票，该批产品的成本为2 500万元。

(6)12月27日，A公司确认对F公司销售收入计1 000万元(不含税，增值税税率为17%)。相关记录显示：销售给F公司的产品系A公司生产的半成品，其成本为900万元，A公司已开具增值税发票且已经收到货款；F公司对其购进的上述半成品进行加工后又以1 287万元的价格(含税，增值税税率为17%)销售给A公司，F公司已开具增值税发票且已收到货款，A公司已做存货购进处理。

要求：

(1)指出A公司2015年应调整的主营业务收入的数额。

(2)指出A公司在销货交易中存在的问题。

5. 注册会计师对ABC公司进行审计时，决定对其下列四个明细账户中的两个进行函证。有关资料见下表。

**拟实施函证的明细账户情况一览表**

| 单位名称 | 应付账款年末余额(元) | 本年度供货总额(元) |
| --- | --- | --- |
| A公司 | 42 650 | 66 100 |
| B公司 | — | 2 880 000 |
| C公司 | 85 000 | 95 000 |
| D公司 | 589 000 | 3 032 000 |

要求：

(1)注册会计师应选择哪两位供货人进行函证？为什么？

(2)假定上述四家公司均为ABC公司的采购人，上表中两栏分别是应收账款年末余额和本年销货总额，该注册会计师应选择哪两家公司进行函证？为什么？

# 第十四章 生产与仓储循环内部审计

## 学习目标

了解存货审计的工作任务；了解内部控制及审查；掌握存货主要账户的审计；掌握生产与仓储循环其他账户的审计。

## 引导案例

### 道提斯食品公司事件

美国道提斯食品公司是一家总部设在美国弗吉尼亚普茨茅斯的上市公司。20世纪70年代末，威廉·那斯温特是该公司的销售员。这位雄心勃勃的年轻销售员，以其努力工作及奉献精神，给他的上司留下深刻印象。不久，他被提拔为格雷温斯分部的总经理，并加薪近一倍。格雷温斯分部是一个贮货中心，专门负责批发冰冻食品给东海岸的零售商。那斯温特很快发现，经营大规模批发比一般零售更复杂，而且工作压力更大。他升任后不久，该分部便因业绩不佳受到总部批评。之后，那斯温特又因未能实现目标利润而备受指责。事实上，他认为，这些目标利润的制定是很不切实际的。最后，他决定自己来解决这些问题。为此，他在上报总部的月度业绩报告中虚增存货，并通过提高月末存货余额来降低产品的销售成本，从而虚增毛利。那斯温特虚增该部存货的方法相当简单。1980年，他在该部年度实有存货报告书中，混入3页虚假的存货项目登记表。另外，那斯温特还更改了很多存货项目的计算单位。例如，某产品应为15盒，而他却在存货登记表上改为15箱。1981年，道提斯食品公司引进了存货申请电算化系统后，那斯温特造假更为简单，他只需往该部存货日记账上输入一笔虚构存货即可。

在道提斯食品公司主管部门向美国证券交易委员会披露那斯温特舞弊行为后，政府机构便着手调查1980年和1981年格特曼会计师事务所对道提斯食品公司的审计情况。美国证券交易委员会批评了韦森及波拉在审计工作中的失职行为，尤其对他们没有严格地审核该公司的存货账户深表不满。原因是：第一，存货在道提斯食品公司资产负债表中是最大的主干科目，其金额约占总资产的40%；第二，韦森和波拉都清楚地知道，道提斯食品公司（特别是格雷温斯分部）的存货内部控制制度存在很多薄弱环节，而这些薄弱环节会使利用存货舞弊的可能性增加；第三，在1980年和1981年期间，格雷温斯分部的存货余额大量增加，使得该分部的存货周转率大大低于正常水平。基于这三个原因，美国证券交易委员会认为，应把道提斯食品公司的存货项目视为高风险账户。因此，韦森及波拉在那两年对该公司的存货审计时，应采取不同于常规程序的详查方法。

资料来源：http://wenku.baidu.com/view/ea111323590102020207409cd6.html。

# 第一节　存货审计

存货是指企业在日常生产经营过程中持有以备出售的产成品或商品，或者为了出售仍然处于生产过程的在产品，或者将在生产过程或提供劳务过程中耗用的材料、物料等。存货审计涉及的会计科目包括："材料采购"或"在途物资"、"原材料"、"材料成本差异"、"库存商品"、"发出商品"、"商品进销差价"、"委托加工物资"、"委托代销商品"、"受托代销商品"、"周转材料"、"生产成本"、"制造费用"、"劳务成本"、"存货跌价准备"等。与其他类型资产相比，存货具有三方面特点：①流动性强，周转快；②存货存在于企业周转经营的全过程，形式经常发生变化，但可以通过实地盘点和计算确认其数量；③存货可采用多种计价方法，进而将直接影响销售成本，与当期损益的计算有重大关系。

存货是企业一项重要的项目，其价值在企业流动资产中占有很大的比重。由于存货对于一般企业来说都是很重要的项目，存货问题又比较复杂，存货的重大错报对于流动资产、营运资产、总资产、销售成本、毛利以及净利润都会产生直接影响。因此，审计人员应当特别关注存货审计，将存货盘点和计价作为审查重点。

## 一、存货的审计目标

（1）确定资产负债表中的存货在资产负债表日是否确实存在，其余额是否正确；

（2）确定资产负债表中的存货是否为被审计单位所拥有；

（3）确定在特定期间内发生的存货增减变动业务是否予以记录；

（4）确定存货的品质状况、存货跌价准备的计提是否合理，计价方法是否恰当；

（5）确定存货在财务报表上的分类与披露是否恰当。

## 二、存货的内部控制

存货的内部控制主要包括购货、验收、仓储、生产、销售等职能。存货内部控制调查表如表14－1所示。

表14－1　　存货内部控制调查表

| | | | | | |
|---|---|---|---|---|---|
| 被审计单位名称 | ××部门 | 日期 | | 索引号 | |
| 审计项目名称 | 存货内部控制调查 | 编制人 | ×××× | | |
| 会计期间或截止日 | 20××年度 | 复核人 | ×× | 页次 | |
| 问　题 | | 是 | 否 | 不适用 | 备注 |
| 1. 每次采购是否有请购单、订购单 | | | | | |
| 2. 到货物资是否由独立部门组织认真验收 | | | | | |
| 3. 对验收不合格的采购物资是否及时查明原因并落实责任 | | | | | |
| 4. 生产通知单是否经过计划和控制部门批准 | | | | | |

续表

| | | | | |
|---|---|---|---|---|
| 5. 是否使用和控制预先编号的生产通知单<br>6. 仓库发出材料是否要求有已签字的领料单<br>7. 剩余材料是否办理月末退料手续<br>8. 是否使用记工单来记录生产产品所耗用的人工小时<br>9. 最后的入库单是否由产品仓库人员在收到已完工产品时签字<br>10. 是否只有经过授权的人员才能接触和处置存货<br>11. 是否定期独立盘点存货,并将实际盘点数量与账面数量相核对<br>12. 产品发货前是否核对发票的装箱单<br>13. 提货单是否经客户签字确认 | | | | |
| 审计结论: | | | | |

审计人员应了解被审计单位管理层存货交易的关键因素和关键业绩指标,因为这些将为识别潜在的重大错报风险提供线索,以及是否有证据表明所选取的控制的设计和运行是适当的,是否能够保证管理层采取及时有效的措施来识别错误并处理舞弊行为。

## 三、存货审计

存货审查通常结合有关项目的审计,进行必要的分析性复核,其目的是审查存货的总体合理性,以发现年度内存货项目的重大波动与异常现象,判断存货审计的重点。存货分析程序方法主要有简单比较法和比率分析法。

**【例 14—1·案例】** 审计人员刘一收集了 AC 有限责任公司 2015 年的主营业务收入、主营业务成本和制造费用的数据(本年增加生产设备一套,折旧费用计算无误),如表 14—2 所示。

**表 14—2　　主营业务收入、主营业务成本和制造费用表**　　单位:万元

| 项目 | 主营业务收入 | 主营业务成本 | 制造费用 | | | | | |
|---|---|---|---|---|---|---|---|---|
| | | | 折旧 | 修理 | 水电 | 房租 | 薪酬 | 合计 |
| 本年数 | 14 300 | 11 800 | 3.69 | 0.48 | 1.35 | 0.84 | 5.01 | 11.37 |
| 上年数 | 11 000 | 10 300 | 1.56 | 1.29 | 1.37 | 0.70 | 5.01 | 9.93 |

分析要点:将本年与上年制造费用的各项目进行简单对比分析,除工资与上年度保持一致、修理费和水电费有所下降外,其余项目均呈一定幅度增长,其原因主要是本年度收入增长所致,说明制造费用的变动基本正常,且制造费用占收入的比例较小,审计时对制造费用进行一般关注即可。主营业务毛利率由上年的 6.4%上升到本年的 17.5%,属于异常变动,可能是产品销售结构、产品价格、材料人工生产成本等某些因素发生了较大的变化所致。因此,审计人员应重点审查生产过程中的材料人工费用的耗费,以及新增设备所生产产品的销售、价格、收入确认。

**(一)存货实有数的审查**

审计人员对存货的实际存在和实际结存数量的正确性负有验证的责任,但是责任不是直接盘点,而是监督盘点的过程,以确定存货是否全部进行了盘点。如果审计人员无法做到,则应采取替代程序。

1. 存货监盘计划

审计人员应当根据被审计单位存货的特点、盘存制度和存货内部控制的有效性等情况，在评价被审计单位存货盘点计划的基础上，编制存货监盘计划，对存货监盘做出合理安排。存货监盘计划主要应包括以下内容：存货监盘的目标、范围及实际安排；存货监盘的要点及关注的事项，参加存货监盘人员的分工及抽查的范围。

2. 存货监盘范围

具体监盘范围的选取十分重要。对重要项目和典型存货项目的有代表性的样本应仔细监盘，对可能过时或损坏的项目要仔细查询，并与管理人员分析有些重要项目不在盘点之列的原因。

3. 存货监盘时间

监盘时间以截至期末以前为适当时间，尽量使盘点时间靠近会计期末。如果企业的盘点在会计期末以后进行，则必须编制从盘点日到期末的存货调节表，但尽量使盘点时间靠近会计期间。

4. 存货盘点人员

盘点是整个企业的一件大事，企业各级领导以及包括供应、生产、存储、财务部门的有关人员都应参与。

5. 存货监盘程序

(1)观察程序。在被审计单位盘点存货前，审计人员应当观察盘点现场，确定应纳入盘点范围的存货是否已经适当整理和排列，并附有盘点标识，防止遗漏或重复盘点。对未纳入盘点范围的存货，注册会计师应当查明未纳入的原因。

对所有权不属于被审计单位的存货，审计人员应当取得其规格、数量等有关资料，并确定这些存货是否已分别存放、标明，且未被纳入盘点范围。

审计人员应当观察被审计单位盘点人员是否遵守盘点计划并准确地记录存货的数量和状况。

(2)检查程序。审计人员应当对已盘点的存货进行适当检查，将检查结果与被审计单位盘点记录相核对，并形成相应记录。抽点的样本一般不得低于存货总量的10%。

在检查已盘点的存货时，审计人员应当从存货盘点记录中选取项目追查至存货实物，以测试存货盘点记录的准确性；审计人员还应当从存货实物中选取项目追查至存货盘点记录，以测试存货盘点记录的完整性。

如果检查时发现差异，审计人员应当查明原因，及时提请被审计单位更正。如果差异较大，审计人员应当扩大检查范围或提请被审计单位重新盘点。

6. 特殊情况的处理

如果由于被审计单位存货的性质或位置等原因导致无法实施存货监盘，审计人员应当考虑能否实施替代审计程序，获取有关期末存货数量和状况的充分、适当的审计证据。

审计人员实施的替代审计程序主要包括以下内容：

(1)检查进货交易凭证或生产记录以及其他相关资料。

(2)检查资产负债表日后发生的销货交易凭证。

(3)向客户或供应商函证。

如果无法实施存货监盘，也无法实施替代审计程序以获取有关期末存货数量和状况的充分、适当的审计证据，审计人员应当考虑出具保留意见或无法表示意见的审计报告。如果通过实施存货监盘发现被审计单位财务报表存在重大错报，且被审计单位拒绝调整，注册会计师应当考虑出具保留意见或否定意见的审计报告。

7. 存货监盘结束时的工作

在被审计单位存货盘点结束前，审计人员应当做到以下几点：再次观察盘点现场，以确定所有应纳入盘点范围的存货是否均已盘点。取得并检查已填用、作废及未使用盘点表单的号码记录，确定其是否连续编号，查明已发放的表单是否均已收回，并与存货盘点的汇总记录进行核对，根据自己在存货监盘过程中获取的信息，对被审计单位最终的存货盘点结果汇总记录进行复核，并评估其是否正确反映了实际盘点结果。

**【例 14－2·案例】** 审计人员小李对某公司进行存货监盘时，面临以下问题：①木材、电缆线、镀锌水管不能确定结存的数量或等级；②煤、废钢材在估计存货数量时存在困难；③液体、气体、谷类粮食、流体存货等在估计存货数量、确定存货质量时存在困难；④贵金属、玉器、艺术品与收藏品在存货辨认与质量确定方面存在困难；⑤牲畜、高山中的木材蓄积量在存货辨认与数量确定方面存在困难，可能无法对此类存货的移动实施控制；⑥使用磅秤的存货项目在估计存货数量时存在困难。审计人员应如何进行存货的监盘？

分析要点：①可利用被审计单位企业内有经验的人员。②可运用工程估测、几何计算、高空作业调研；如果存货堆不高可进行实地盘点，或通过旋转存货堆加以估计。③使用容器进行盘点、几何计算加以确定。④选择样品进行化验与分析，或利用专家的工作。⑤通过高空摄影证实其存在性，并可提供不同时点的比较，信赖永续存货记录。⑥在盘点前和盘点过程中均应检验磅秤的精确度、留意磅秤的位置移动与重新调校程序，并与重新称量程序相结合；检查重量尺度的换算问题。

### (二)存货采购的审查

存货采购业务是存货的起点，其相关记录是判断整个存货记录是否恰当的基础，其采购成本及账务处理是否真实正确，直接影响存货业务处理的正确性、合法性。对大额材料采购或在途物资，需要追查至相关的购货合同及购货发票，复核采购成本的正确性，并抽查期后入库情况，必要时发询证函，以确定在途材料的实际成本。

**【例 14－3·案例】** ××制造公司审计人员张亮在审阅材料采购业务时，查阅了当月几笔采购业务的记账凭证，其中 12 月 26 日第 66 号记账凭证及所附的原始凭证如图 14－1、图 14－2、图 14－3、图 14－4 所示。

**记账凭证**

2015 年 12 月 26 日　　　　字第 66 号

| 摘要 | 会计科目 | | 记账 | 借方金额 | | | | | | | | | | | 记账 | 贷方金额 | | | | | | | | | | |
|---|---|---|---|---|---|---|---|---|---|---|---|---|---|---|---|---|---|---|---|---|---|---|---|---|---|---|
| | 总账科目 | 明细科目 | √ | 亿 | 千 | 百 | 十 | 万 | 千 | 百 | 十 | 元 | 角 | 分 | √ | 亿 | 千 | 百 | 十 | 万 | 千 | 百 | 十 | 元 | 角 | 分 |
| 采购甲材料 | 材料采购 | 甲材料 | | | | | | 5 | 8 | 5 | 0 | 0 | 0 | 0 | | | | | | | | | | | | |
| | 管理费用 | | | | | | | | 3 | 0 | 0 | 0 | 0 | 0 | | | | | | | | | | | | |
| | 银行存款 | | | | | | | | | | | | | | | | | | | 6 | 1 | 5 | 0 | 0 | 0 | 0 |
| | | | | | | | | | | | | | | | | | | | | | | | | | | |
| 合计 | | | | | | | ¥ | 6 | 1 | 5 | 0 | 0 | 0 | 0 | | | | | ¥ | 6 | 1 | 5 | 0 | 0 | 0 | 0 |

附单据3张

会计主管：钱庄　　记账：陈华　　出纳：孙广春　　审核：李明　　制单：赵丽

**图 14－1　记账凭证**

<table>
<tr><td>中国工商银行<br>**转账支票存根**<br>XIV00721210<br>附加信息：</td></tr>
<tr><td></td></tr>
<tr><td>出票日期：2015 年 12 月 26 日</td></tr>
<tr><td>收 款 人：××制造公司</td></tr>
<tr><td>金　　额：¥58 500.00</td></tr>
<tr><td>用　　途：购料款</td></tr>
<tr><td>单位主管：　　　会计：</td></tr>
</table>

**图 14—2　原始凭证**

**广州市增值税专用发票**　　No2. 4005010

开票日期：2015 年 12 月 26 日

<table>
<tr><td rowspan="2">购货单位</td><td>名称</td><td colspan="3">贸易公司</td><td colspan="11">纳税人登记号</td><td colspan="10">370982310042173</td></tr>
<tr><td>地址、电话</td><td colspan="3">泰山市东直路 1 号<br>226214</td><td colspan="11">开户银行及账号</td><td colspan="10">工行泰西办事处<br>2403115432</td></tr>
<tr><td colspan="2" rowspan="2">货物或应税劳务名称</td><td rowspan="2">计量单位</td><td rowspan="2">数量</td><td rowspan="2">单价</td><td colspan="10">金　额</td><td rowspan="2">税率(%)</td><td colspan="10">税　额</td></tr>
<tr><td>仟</td><td>佰</td><td>拾</td><td>万</td><td>仟</td><td>佰</td><td>拾</td><td>元</td><td>角</td><td>分</td><td>仟</td><td>佰</td><td>拾</td><td>万</td><td>仟</td><td>佰</td><td>拾</td><td>元</td><td>角</td><td>分</td></tr>
<tr><td colspan="2"></td><td>件</td><td>10</td><td>5 000.00</td><td></td><td></td><td></td><td>5</td><td>0</td><td>0</td><td>0</td><td>0</td><td>0</td><td>0</td><td>17</td><td></td><td></td><td></td><td></td><td>8</td><td>5</td><td>0</td><td>0</td><td>0</td><td>0</td></tr>
<tr><td colspan="2"></td><td></td><td></td><td></td><td></td><td></td><td></td><td></td><td></td><td></td><td></td><td></td><td></td><td></td><td></td><td></td><td></td><td></td><td></td><td></td><td></td><td></td><td></td><td></td><td></td></tr>
<tr><td colspan="2"></td><td></td><td></td><td></td><td></td><td></td><td></td><td></td><td></td><td></td><td></td><td></td><td></td><td></td><td></td><td></td><td></td><td></td><td></td><td></td><td></td><td></td><td></td><td></td><td></td></tr>
<tr><td colspan="2">合计</td><td></td><td></td><td></td><td></td><td></td><td>¥</td><td>5</td><td>0</td><td>0</td><td>0</td><td>0</td><td>0</td><td>0</td><td></td><td></td><td></td><td></td><td>¥</td><td>8</td><td>5</td><td>0</td><td>0</td><td>0</td><td>0</td></tr>
<tr><td colspan="2">价税合计(大写)</td><td colspan="24">×仟×佰×拾伍万捌仟伍佰零拾零元零角零分¥58 500.00</td></tr>
<tr><td rowspan="2">销货单位</td><td>名称</td><td colspan="3">××生产公司</td><td colspan="11">纳税人登记号</td><td colspan="10">539428444010110</td></tr>
<tr><td>地址、电话</td><td colspan="3">广州东大直街 15 号<br>5191284</td><td colspan="11">开户银行及账号</td><td colspan="10">广州建行珠江办事处<br>015—1051—6298010</td></tr>
<tr><td>备注</td><td colspan="25"></td></tr>
</table>

第四联：发票联　购货方记账

**图 14—3　原始凭证**

<table>
<tr><td>中国工商银行<br>**转账支票存根**<br>XIV00721230<br>附加信息：</td></tr>
<tr><td>出票日期：2015 年 12 月 26 日</td></tr>
<tr><td>收 款 人：广州铁路局</td></tr>
<tr><td>金　　额：¥3 500.00</td></tr>
<tr><td>用　　途：运费</td></tr>
<tr><td>单位主管：　　　会计：</td></tr>
</table>

**图 14—4　原始凭证**

问：该公司的做法是否正确？

分析要点：不正确。按采购材料计价范围的规定，购入材料所发生的运杂费在扣除运费的进项税额 210 元(7%的抵扣率)后应计入材料采购成本，不应列作管理费用。企业如此处理，一方面使该批材料的实际成本减少，影响以后经营成果的准确性；另一方面扩大了当月管理费用列支，影响当期损益的计算。同时该批材料的进项税额 8 500 元，也未进行正确处理，同样影响材料采购成本的正确性。建议企业做如下调整分录：

借：应交税费——应交增值税(进项税额)　　8 710

　　贷：管理费用　　3 000

　　　　材料采购——甲材料　　5 710

**(三)存货计价的审查**

1. 审查存货计价基础及方法的合理性

(1)被审计单位采用何种计价基础；

(2)被审计单位运用何种计价方法，是否符合公认会计准则；

(3)存货计价方法是否前后期一致；

(4)存货计价方法若有变动，是否充分说明对当期和以后各期的影响。

2. 抽查存货项目计价的正确性

首先选取抽查样本，一般应从已经验证过的存货盘点汇总表或明细账中，抽取部分存货会计凭证及相关业务资料作为样本。其次进行计价测试，即对抽取的明细账及会计凭证样本进行测试，并记录结果。最后将测试结果与账面记录进行比较，找出存在的差异，并分析其形成的原因。

(1)原材料的计价测试

①检查原材料的计价方法前后期是否一致。

②从原材料明细表中选取适量品种，检查原材料的入账基础和计价方法是否正确。以实际成本计价时，将其单位成本与购货发票核对，并确认原材料成本中不包含增值税；以计划成本计价时，将其单位成本与材料成本差异明细账及购货发票核对，同时关注被审计单位计划成本制定的合理性；检查进口原材料的外币折算是否正确，检查相关的关税、增值税及消费税的会计处理是否正确。

③检查原材料发出计价的方法是否正确。了解被审计单位原材料发出的计价方法，前后期是否一致，并抽取主要材料复核其计算是否正确；若原材料以计划成本计价，还应检查材料成本差异的发生和结转的金额是否正确。编制本期发出材料汇总表，与相关科目勾稽核对，并复核若干月份发出材料汇总表的正确性。

④结合期末市场采购价，分析主要原材料期末结存单价是否合理。

⑤结合原材料的盘点，检查期末有无料到单未到的情况。如有料到单未到的情况，应查明是否已暂估入账，其暂估价是否合理。

(2)周转材料的计价测试

①检查周转材料的计价方法是否正确，前后期是否一致。

②从周转材料明细表中选取适量品种，检查周转材料的入账基础和计价方法是否正确。

③检查周转材料的摊销方法是否正确，前后期是否一致。抽查验证月度发出周转材料汇总表的正确性。

④结合周转材料的盘点，检查期末有无料到单未到的情况。如有，应查明是否已暂估入账，其暂估价是否合理。

⑤检查进口周转材料的外币折算是否正确，检查相关关税、增值税及消费税的会计处理是否正确。

(3)库存商品的计价测试

①检查库存商品的计价方法是否前后期一致。

②从库存商品明细表中选取适量品种，检查库存商品的入账基础和计价方法是否正确。抽查库存商品入库单，核对库存商品的品种、数量与入账记录是否一致；并将入库库存商品的实际成本与相关科目的结转额核对。

③检查外购库存商品的发出计价是否正确。了解被审计单位对库存商品发出的计价方法，并抽取主要库存商品，检查其计算是否正确；若库存商品以计划成本计价，还应检查产品成本差异的发生和结转金额是否正确。编制本期库存商品发出汇总表，与相关科目勾稽核对，并抽查几个月份库存商品发出汇总表的正确性。

④结合库存商品的盘点，检查期末有无库存商品已到而相关单据未到的情况。如有料到单未到的情况，应查明是否暂估入账，其暂估价是否合理。

(4)周转材料的计价测试

①对本期内各月的材料成本差异率进行分析，并与上期进行比较，检查是否有异常波动，计算方法是否前后期一致，注意是否存在调节成本的现象。

②结合以计划成本计价的原材料、周转材料等的入账基础测试，比较计划成本与供货商发票或其他实际成本资料，检查材料成本差异的发生额是否正确。

③抽查若干月发出的材料汇总表，检查材料成本差异是否按月分摊，使用的差异率是否为当月实际差异率，差异的分配是否正确，分配方法前后期是否一致。

**【例14－4·案例】** ××制造公司审计人员张亮对其2015年度存货进行审计，发现甲产品计价异常，有关资料如表14－3所示。

**表14－3　库存商品明细账**

品名：A产品　　单位：元

| 2015 | | 摘要 | 凭证号 | 收入 | | | 发出 | | | 结存 | | |
|---|---|---|---|---|---|---|---|---|---|---|---|---|
| 月 | 日 | | | 数量 | 单价 | 金额 | 数量 | 单价 | 金额 | 数量 | 单价 | 金额 |
| 12 | 1 | 期初结存 | 略 | | | | | | | 100 | 50.00 | 5 000 |
| 12 | 7 | 入库 | | 2 500 | 50.00 | 125 000 | | | | 2 600 | | 130 000 |
| 12 | 13 | 入库 | | 4 000 | 55.00 | 220 000 | | | | 6 600 | | 350 000 |
| 12 | 19 | 出库 | | | | | 3 000 | 55.00 | | 3 600 | | 185 000 |
| 12 | 31 | 出库 | | | | | 1 000 | 55.00 | | 1 600 | | 79 000 |
| | | | | | | | 1 000 | 51.00 | | | | |
| 12 | 31 | 本月合计 | | 6 500 | | 345 000 | | | | 1 600 | 51.00 | 79 000 |

存货发出一直按月末一次加权平均法计价，未经批准变更。

要求：指出存货业务中存在的问题。

分析要点：首先审阅A产品明细账，抽查有关会计凭证，重新按全月一次加权平均法计算结转发出产品实际成本。

$$加权平均单价=\frac{5\ 000+345\ 000}{100+6\ 500}=53.03(元)$$

发出产品实际成本=5 000×53.03=265 150(元)

少转产品实际成本=265 150－271 000=－5 850(元)

存在问题：该企业变更存货计价方法，按后进先出法多转已销产品成本5 850元，最终影响当期利润和所得税费用。

处理意见：随意变更存货发出的计价方法，影响当期利润和所得税费用，提请被审计单位进行调整。调整分录如下：

借：库存商品——A产品　　5 850

　贷：主营业务成本　　5 850

**(四)存货跌价准备的审查**

存货跌价准备是指在年度末对存货进行全面清查，如由于存货遭受毁损、全部或部分陈旧或销售价格低于成本等原因，使存货成本不可收回的部分按可变现净值低于存货成本的差额提取的跌价准备。审查时主要关注以下几个方面：

(1)存货跌价准备的计提依据是否合理；

(2)存货跌价准备的结转是否经授权批准；

(3)存货跌价准备的会计处理是否正确，前后期是否一致；

(4)抽查计提存货跌价准备的项目，其期后售价是否低于原始成本。

## 第二节　生产成本审计

生产成本是生产单位为生产产品或提供劳务而发生的各项生产费用，包括各项直接支出和制造费用。直接支出包括直接材料(原材料、辅助材料、备品备件、燃料及动力等)、直接工资(生产人员的工资、补贴)、其他直接支出(如福利费)；制造费用是指企业内的分厂、车间为组织和管理生产所发生的各项费用，包括分厂、车间管理人员工资、折旧费、维修费、修理费及其他制造费用(办公费、差旅费、劳保费等)。

### 一、生产成本的审计目标

(1)审查生产成本的发生是否存在；

(2)审查生产成本的记录是否完整；

(3)审查生产成本的归集和分配是否正确；

(4)审查生产成本的计算是否正确；

(5)审查生产成本在财务报表上的披露是否恰当。

### 二、生产成本的内部控制

生产成本的内部控制包括实物流转控制、成本费用管理控制、成本费用会计控制、费用支出控制等多项控制制度。生产成本内部控制调查表如表 14－4 所示。

表 14－4　　生产成本内部控制调查表

| 被审计单位名称 | ××部门 | 日期 | | 索引号 | |
|---|---|---|---|---|---|
| 审计项目名称 | 生产成本内部控制调查 | 编制人 | ×××× | | |
| 会计期间或截止日 | 20××年度 | 复核人 | ×× | 页次 | |
| 问　题 | | 是 | 否 | 不适用 | 备注 |
| 1. 是否建立成本核算与管理制度 | | | | | |
| 2. 成本开支范围是否符合有关规定 | | | | | |
| 3. 成本核算制度是否适合生产特点，并被严格执行 | | | | | |
| 4. 各成本项目的核算、制造费用的归集与分配、产品成本的结转是否严格按规定办理，前后期是否一致 | | | | | |
| 5. 是否定期盘点在产品，并作为在产品成本的分配依据 | | | | | |
| 6. 存货计价方法的确定与变更是否经董事会批准 | | | | | |
| 7. 成本计算和费用分配方法的变更是否经授权 | | | | | |
| 审计结论： | | | | | |

审计人员在了解内部控制的前提下，对生产成本内部控制从直接材料、直接人工、制造费用、生产成本在当期完工产品和期末在产品之间分配进行测试，评价成本会计内部控制执行的有效性，并据此确定进一步审计的性质、时间和范围。

## 三、生产成本审计

### （一）直接材料成本的审计

直接材料成本的审计一般应从审阅材料和生产成本明细账入手，抽查有关的费用凭证，验证企业产品耗用直接材料的数量、计价和材料费用分配是否真实、合理。

1. 审查直接材料耗用量的真实性

（1）审查材料用途。抽查领料凭证，并与发料凭证汇总表核对是否相符，审查材料是否按用途分配。检查有无将在建工程、福利部门支出、捐赠支出等非生产用材料计入直接材料费用。

（2）注意已领未用材料是否办理了假退料手续；废料、边角料是否办理了退库或变价处理，并冲减了本期耗用量。

2. 审查直接材料的计价

（1）直接材料按实际成本计价的，应审查其计价方法是否一贯，有关计算是否正确。

（2）直接材料按计划成本计价的，重点审查材料成本差异的形成和分配。有无将不应计入材料采购成本的费用计入材料采购成本；检查材料成本差异率的计算是否正确，材料成本差异的结转、分摊的计算、账务处理是否正确。

3. 审查直接材料费用分配的正确性

审查发出材料汇总分配表、成本计算单、生产成本明细账，检查直接材料成本的计算、分配依据、分配方法、分配结果及有关账务处理的正确性，是否与材料费用分配汇总表中该产品分摊的直接费用相符，并注意分配标准是否合理和一贯。

4. 分析程序

将同一产品本年度的直接材料成本与上年度比较，将本年度若干期的直接材料成本进行对比分析，检查有无异常波动。

**(二)直接人工成本的审计**

获取劳动人事资料、薪酬结算表、薪酬与福利费用分配表、成本计算单、生产成本明细账、产量或工时记录、考勤记录等，检查并计算。

(1)审查直接人工费用的真实性。检查有无将非产品生产人员的薪酬计入直接人工费用。

(2)审查直接人工费用计算的正确性。结合应付职工薪酬的审查，检查薪酬的计算及汇总是否正确；检查职工福利费的计提依据、计提比例及其计算是否正确。

(3)审查直接人工费用分配的正确性。检查直接人工费用的分配标准与计算方法的合理性，分配率和分配结果计算的正确性。注意是否与人工费用分配汇总表相符。

(4)审查直接人工费用账务处理的正确性。

(5)分析程序。将同一产品本年度的直接人工成本与上年度比较，将本年度若干期的直接人工成本进行对比分析，检查有无重大变动。

**【例 14－5·案例】** ××制造公司审计人员张亮审查其材料明细账时，对 2015 年 11 月 10 日一项材料捐赠支出记录产生疑问，调取该笔业务的记账凭证及所附原始凭证，如图 14－5、图 14－6所示。

在询问时，经办人和相关负责人解释为：向灾区捐赠甲材料，价值 40 000 元，但经过查询得知，甲材料为该企业生产 A 产品的专用材料，并不能单独使用，灾区使用这种材料的可能性不大，而且该公司不能提供有效的捐赠凭证。

**记账凭证**

2015 年 11 月 10 日　　　　字第 16 号

| 摘　要 | 会计科目 | | 记账 | 借方金额 | | | | | | | | | | 记账 | 贷方金额 | | | | | | | | | |
|---|---|---|---|---|---|---|---|---|---|---|---|---|---|---|---|---|---|---|---|---|---|---|---|---|
| | 总账科目 | 明细科目 | √ | 亿 | 千 | 百 | 十 | 万 | 千 | 百 | 十 | 元 | 角 | 分 | √ | 亿 | 千 | 百 | 十 | 万 | 千 | 百 | 十 | 元 | 角 | 分 |
| 捐赠材料 | 主营业务支出 | 捐赠支出 | | | | | | 4 | 0 | 0 | 0 | 0 | 0 | 0 | | | | | | | | | | | | |
| | 原材料 | 甲材料 | | | | | | | | | | | | | | | | | | 4 | 0 | 0 | 0 | 0 | 0 | 0 |
| | | | | | | | | | | | | | | | | | | | | | | | | | | |
| | | | | | | | | | | | | | | | | | | | | | | | | | | |
| 合　计 | | | | | | | ¥ | 4 | 0 | 0 | 0 | 0 | 0 | 0 | | | | | ¥ | 4 | 0 | 0 | 0 | 0 | 0 | 0 |

附单据1张

会计主管：钱庄　　记账：陈华　　出纳：孙广春　　审核：李明　　制单：赵丽

**图 14－5　记账凭证**

领 料 单

领料单位:工会

用途:捐赠　　　　2015 年 11 月 10 日　　　　编号:0203

| 产品编号 | 产品名称及型号规格 | 单位 | 数量 | 单价 | 金额 | 备注 |
|---|---|---|---|---|---|---|
| | 甲材料 | 件 | 200 | 200 | 40 000 | |
| | | | | | | |

领料单位负责人:徐力　　领料人:田阳　　发料人:赵丽　　制单:李云

**图 14—6　原始凭证**

要求:根据上述资料,分析该公司的处理是否正确。

分析要点:该公司为了少计当期产品的生产成本,将生产 A 产品领用的甲材料计入了营业外支出,违反了会计准则的规定,这一做法导致当期生产成本中的直接材料虚减 40 000 元,影响当期利润的计算和所得税费用的缴纳。建议调整错误处理,调整分录如下:

借:生产成本——A 产品(直接材料成本)　　40 000

　　贷:营业务支出——捐赠支出　　40 000

**(三)制造费用的审计**

1. 审查制造费用的真实性、合法性

获取或编制制造费用汇总表,并与明细账、总账核对是否相符。

(1)审查制造费用的组成项目是否合规,有无将非本部门的制造费用和不应列入成本费用的支出计入制造费用。

(2)抽查制造费用中的大额项目、升降幅度大的项目,注意是否存在异常会计事项。

(3)结合预提费用等项目的审计,检查企业有无故意多提或少提费用以调节成本的现象。

(4)必要时,对制造费用实施截止测试,确定有无跨期入账的情况。

2. 审查制造费用归集和分配的正确性

(1)对制造费用汇总表进行重新计算、加总,以验证所归集的制造费用总额的正确性。

(2)审查制造费用分配方法是否适合企业自身的生产特点,是否体现受益原则;分配率和分配额的计算是否正确。

3. 分析程序

将本年度的制造费用及其构成项目与上年度比较,将本年度各期的制造费用以及各组成项目所占比例进行对比分析,检查有无重大变动。

**(四)生产费用在完工产品和在产品之间分配的审计**

1. 审查完工产品入库数量的真实性

检查产品入库凭证与完工记录是否相符,仓库的实物记录与财务部门的产品记录是否相符,查明其数量的真实性。检查产品入库凭证是否附有产品检验合格证明,有无将未经检验产品或不合格产品充当合格产品入库。

2. 审查在产品数量的真实性

检查主要产品的在产品台账,计算、核实在产品的数量,并注意审查在产品的加工程度、投料程度及耗用工时记录,以查明其数量的真实性。

3. 审查生产费用在完工产品与在产品之间分配的合理性

审查产品成本计算单、在产品台账和生产成木明细账，核对成本计算单中完工产品的品种数量、在产品的品种数量、加工程度和投料程度是否与产品入库凭证、在产品台账记录相符，检查其分配方法的选用是否符合企业的生产特点和管理上的要求，审查成本计算方法的合理性，验证成本计算数据的正确性。审查有无虚报或虚减在产品数量、提高或降低在产品的加工程度以调节成本的现象。

**【例 14－6 · 案例】** ××制造公司审计人员张亮审查其直接人工成本，该公司 2015 年度每月的工作费用分配等记账凭证和所附原始凭证如图 14－7、图 14－8、表 14－5、表 14－6 所示。

**记账凭证**

2015 年 12 月 31 日　　　　字第 96 号

| 摘要 | 会计科目 | | 记账 | 借方金额 | | | | | | | | | | | 记账 | 贷方金额 | | | | | | | | | | |
|---|---|---|---|---|---|---|---|---|---|---|---|---|---|---|---|---|---|---|---|---|---|---|---|---|---|---|
| | 总账科目 | 明细科目 | √ | 亿 | 千 | 百 | 十 | 万 | 千 | 百 | 十 | 元 | 角 | 分 | √ | 亿 | 千 | 百 | 十 | 万 | 千 | 百 | 十 | 元 | 角 | 分 |
| 分配工资 | 生产成本 | 乙产品 | | | | | | 3 | 5 | 0 | 0 | 0 | 0 | 0 | | | | | | | | | | | | |
| | 制造费用 | | | | | | | 5 | 5 | 0 | 0 | 0 | 0 | 0 | | | | | | | | | | | | |
| | 应付职工薪酬 | 工资费用 | | | | | | | | | | | | | | | | | | 9 | 0 | 0 | 0 | 0 | 0 | 0 |
| | | | | | | | | | | | | | | | | | | | | | | | | | | |
| 合　计 | | | | | | | ¥ | 9 | 0 | 0 | 0 | 0 | 0 | 0 | | | | | ¥ | 9 | 0 | 0 | 0 | 0 | 0 | 0 |

附单据 1 张

会计主管：钱庄　　记账：陈华　　出纳：孙广春　　审核：李明　　制单：赵丽

**图 14－7　记账凭证**

**表 14－5　　工资费用分配表**

2015 年 12 月 31 日　　　　单位：元

| 部门 | 人员类别 | 生产成本 | 制造费用 | 管理费用 | 销售费用 | 在建工程 | 合计 |
|---|---|---|---|---|---|---|---|
| 生产车间 | 生产工人 | 35 000 | | | | | 35 000 |
| | 管理人员 | | 5 000 | | | | 5 000 |
| 销售部门 | 销售人员 | | | | 20 000 | | 20 000 |
| 厂部 | 管理人员 | | | 15 000 | | | 15 000 |
| 在建工程 | 工程人员 | | | | | 15 000 | 15 000 |
| 合计 | | 35 000 | 5 000 | 15 000 | 20 000 | 15 000 | 90 000 |

记账凭证

2015 年 12 月 31 日　　字第 96 号

| 摘　要 | 会计科目 | | 记账 | 借方金额 | | | | | | | | | | | 记账 | 贷方金额 | | | | | | | | | | |
|---|---|---|---|---|---|---|---|---|---|---|---|---|---|---|---|---|---|---|---|---|---|---|---|---|---|---|
| | 总账科目 | 明细科目 | √ | 亿 | 千 | 百 | 十 | 万 | 千 | 百 | 十 | 元 | 角 | 分 | √ | 亿 | 千 | 百 | 十 | 万 | 千 | 百 | 十 | 元 | 角 | 分 |
| 计提工会经费及职工教育经费 | 制造费用 | | | | | | | | 4 | 0 | 5 | 0 | 0 | 0 | | | | | | | | | | | | |
| | 应付职工薪酬 | 工会经费 | | | | | | | | | | | | | | | | | | | 1 | 8 | 0 | 0 | 0 | 0 |
| | 应付职工薪酬 | 职工教育经费 | | | | | | | | | | | | | | | | | | | 2 | 2 | 5 | 0 | 0 | 0 |
| | | | | | | | | | | | | | | | | | | | | | | | | | | |
| 合　计 | | | | | | | | ¥ | 4 | 0 | 5 | 0 | 0 | 0 | | | | | | ¥ | 4 | 0 | 5 | 0 | 0 | 0 |

附单据1张

会计主管：钱庄　　记账：陈华　　出纳：孙广春　　审核：李明　　制单：赵丽

**图 14－8　记账凭证**

**表 14－6**　　**工资附加费用分配表**

2015 年 12 月 31 日　　单位：元

| 应付职工薪酬 | 计提工会经费(2%) | 计提职工教育经费(2.5%) | 合　计 |
|---|---|---|---|
| 90 000.00 | 1 800.00 | 2 250.00 | 4 050.00 |

要求：根据上述资料，分析该公司 2015 年度的会计处理是否正确。

分析要点：不正确。该公司每月管理人员工资 15 000 元、专设销售人员工资 20 000 元、在建工程人员工资 15 000 元不应计入产品成本，应调整，同时工资附加费也应调整。

生产成本金额＝35 000×12×(2%＋2.5%)＝18 900(元)

管理费用金额＝15 000×12×(1＋2%＋2.5%)＝188 100(元)

销售费用金额＝20 000×12×(1＋2%＋2.5%)＝250 800(元)

在建工程金额＝15 000×12×(1＋2%＋2.5%)＝188 100(元)

该公司的不当处理混淆了成本费用界限，虚增了当期产品成本，虚减了在建工程、销售费用和当期利润，影响了当期所得税费用。建议调整错误处理，调整分录如下：

| | | |
|---|---|---|
| 借：生产成本——甲产品 | 18 900 | |
| 　　管理费用 | 188 100 | |
| 　　销售费用 | 250 800 | |
| 　　在建工程 | 188 100 | |
| 　贷：制造费用 | | 645 900 |

# 第三节　营业成本审计

## 一、主营业务成本的审计

(1)获取或编制主营业务成本明细表，复核加计是否正确，并与总账数和明细账合计数核

对是否相符,结合"其他业务成本"科目与报表数核对是否相符;

(2)比较本期与上期各月主营业务成本的波动趋势,并查明异常情况的原因;

(3)检查主营业务成本的内容和计算方法是否符合会计准则规定,前后期是否一致;

(4)编制生产成本与主营业务成本倒轧表,并与相关科目交叉索引;

(5)抽查主营业务成本结转明细清单,比较计入主营业务成本的品种、规格、数量与主营业务收入的口径是否一致;

(6)针对主营业务成本中重大调整事项(如销售退回)、非常规项目,检查相关原始凭证以及会计处理是否正确。

**【例 14—7·案例】** ××生产公司审计人员张扬在审查其 2015 年财务报表时,利用利润表数据,计算该公司毛利率,如表 14—7 所示。

**表 14—7** **毛利率计算表** 单位:元

| 年 份 | 主营业务收入 | 主营业务成本 | 毛利率 |
|---|---|---|---|
| 2014 | 53 000 000 | 45 000 000 | 15.1% |
| 2015 | 52 000 000 | 50 340 500 | 3.19% |

利润表显示该公司利润下降幅度较大,但该公司本年度的收入水平却未下降。于是审计人员审查库存商品明细账,发现许多已销产品未按会计准则规定的方法随意结转成本。

要求:假定近两年市场情况平稳,该公司生产经营情况平稳,审计人员合理确认 2015 年度主营业务收入的数额,请指出主营业务成本项目可能存在的问题。

分析要点:利用 2014 年度的毛利率计算该公司 2015 年度的主营业务成本为 44 148 000 元[52 000 000×(1—15.1%)],则企业多结转主营业务成本 6 192 500 元(50 340 000—44 148 000),导致当期利润和所得税费用虚减。审计人员张扬可建议该公司做如下调整:

借:库存商品 44 148 000

 贷:主营业务成本 44 148 000

## 二、其他业务成本的审计

(1)获取或编制其他业务成本明细表,复核加计正确,并与总账数和明细账合计数核对是否相符,结合"主营业务成本"科目与报表数核对相符;

(2)与上期其他业务收入/成本比较,检查是否有重大波动,如有,应查明原因;

(3)抽查其他业务成本的原始凭证,检查其会计处理是否正确,关注与其他业务收入的相关税费是否记入该科目;

(4)结合对其他业务收入的截止测试,检查其他业务成本是否存在跨期。

**【例 14—8·案例】** ××生产公司审计人员张扬在抽查其 2015 年记账凭证时,发现一张记账凭证,如图 14—9 所示。

**记账凭证**

2015 年 12 月 31 日　　　　字第 76 号

| 摘要 | 会计科目：总账科目 | 会计科目：明细科目 | 记账 √ | 借方金额（亿千百十万千百十元角分） | 记账 √ | 贷方金额（亿千百十万千百十元角分） |
|---|---|---|---|---|---|---|
| 出租办公室 | 银行存款 | | | 4000000 | | |
| | 累计折旧 | | | | | 600000 |
| | 其他业务收入 | 租金收入 | | | | 3400000 |
| | | | | | | |
| | | | | | | |
| 合　计 | | | | ¥4000000 | | ¥4000000 |

附单据1张

会计主管：钱庄　　记账：陈华　　出纳：孙广春　　审核：李明　　制单：赵丽

**图 14—9　记账凭证**

所附原始凭证为租赁合同（合同约定年租金 40 000 元）和银行进账单，如图 14—10 所示。

**中国建设银行　进账单（收账通知）**

2015 年 12 月 31 日　　　　第 0065987 号

| | | | | | |
|---|---|---|---|---|---|
| 付款人 | 全　称 | 长春公司 | 收款人 | 全　称 | ××生产公司 |
| | 账　号 | 4203115432 | | 账　号 | 015—1051—6298010 |
| | 开户银行 | 中行西城办事处 | | 开户银行 | 广州建行珠江办事处 |
| 金额 | 人民币（大写） | 肆万元整 | | 亿千百十万千百十元角分 | ¥4000000 |
| 票据种类 | 转账支票 | | 收款人开户银行签章 | | |
| 票据张数 | 1 | | 开户银行签章 | | |
| 复核　记账 | | | | | |

此联是收款人的收款通知

**图 14—10　原始凭证**

经审查，该固定资产年折旧额为 6 000 元正确无误，但审计人员未发现该出租业务的其他会计处理。（假设该企业使用的营业税税率为 5%）

要求：该公司存在何种问题？

分析要点：该公司对出租业务的账务处理不恰当，将折旧费用 6 000 元冲减其他业务收入，明显不符合配比原则，应将折旧费计入其他业务成本，同时计入本期的营业税 2 000 元（40 000×5%），该公司的处理导致当期其他业务收入、其他业务成本虚减，影响当期利润的计算和所得税费用的缴纳。张扬可以建议该公司做如下调整分录：

借：其他业务成本　　　　6 000

　　贷：其他业务收入　　　　6 000

借：其他业务成本　　　　2 000

　　贷：应交税费——应交营业税　　　　2 000

# 第四节 应付职工薪酬审计

## 一、应付职工薪酬的审计目标

(1)确定资产负债表中记录的应付职工薪酬是否存在;

(2)确定所有应当记录的应付职工薪酬是否均已记录;

(3)确定记录的应付职工薪酬是否为被审计单位应当履行的现时义务;

(4)确定应付职工薪酬是否以恰当的金额包括在财务报表中,与之相关的计价调整是否已恰当记录;

(5)确定应付职工薪酬在财务报表中的列报是否恰当。

## 二、应付职工薪酬的实质性程序

### (一)获取或编制应付职工薪酬明细表

复核加计是否正确,并与报表数、总账数和明细账合计数核对是否相符。

### (二)实施实质性分析程序

1. 比较被审计单位员工人数的变动情况,检查被审计单位各部门各月工资费用的发生额是否有异常波动,若有,则查明波动原因是否合理。

2. 比较本期与上期工资费用总额,要求被审计单位解释其增减变动原因,或取得公司管理当局关于员工工资标准的决议。

3. 结合员工社保缴纳情况,明确被审计单位员工范围,检查是否与关联公司员工工资混淆列支。

4. 核对下列相互独立部门的相关数据:

(1)工资部门记录的工资支出与出纳记录的工资支付数。

(2)工资部门记录的工时与生产部门记录的工时。

5. 比较本期应付职工薪酬余额与上期应付职工薪酬余额,是否有异常变动。

### (三)检查工资、奖金、津贴和补贴

1. 计提是否正确,依据是否充分,将执行的工资标准与有关规定核对,并对工资总额进行测试;被审计单位如果实行工效挂钩的,应取得有关主管部门确认的效益工资发放额认定证明,结合有关合同文件和实际完成的指标,检查其计提额是否正确,是否应做纳税调整。

2. 检查分配方法与上年是否一致,除因解除与职工的劳动关系给予的补偿直接计入管理费用外,被审计单位是否根据职工提供服务的受益对象,分别下列情况进行处理:

(1)应由生产产品、提供劳务负担的职工薪酬,计入产品成本或劳务成本。

(2)应由在建工程、无形资产负担的职工薪酬,计入建造固定资产或无形资产。

(3)作为外商投资企业,按规定从净利润中提取的职工奖励及福利基金,相应记入"利润分配——提取的职工奖励及福利基金"科目。

(4)其他职工薪酬,计入当期损益。

3. 检查发放金额是否正确,代扣的款项及其金额是否正确。

4. 检查是否存在属于拖欠性质的职工薪酬，并了解拖欠的原因。

**(四)检查“五险一金”等会计处理是否正确**

检查社会保险费(包括医疗、养老、失业、工伤、生育保险费)、住房公积金、工会经费和职工教育经费等计提(分配)和支付(或使用)的会计处理是否正确，依据是否充分。

**(五)检查辞退福利、非货币性福利等会计处理是否正确**

检查辞退福利、非货币性福利等会计处理是否正确，是否符合有关规定，是否履行审批程序。

**(六)检查应付职工薪酬的期后付款情况**

关注在资产负债表日至财务报表批准报出日之间，是否有确凿证据表明需要调整资产负债表日原确认的应付职工薪酬事项。

**(七)确定应付职工薪酬在财务报表中的列报是否恰当**

根据实际情况，检查应付职工薪酬在财务报表中的列报是否恰当。

**【例 14—9·案例】** 注册会计师对 ABC 公司的应付职工薪酬进行审计，取得了该公司 2015 年 12 月份的工薪费用分配表，见表 14—8。

**表 14—8**　　**ABC 公司工薪费用分配表**　　单位：元

| 部　门 | 人员类别 | 生产成本 | 制造费用 | 管理费用 | 销售费用 | 营业外支出 |
|---|---|---|---|---|---|---|
| 生产车间 | 生产工人 | 70 500 | | | | |
| | 管理人员 | | 6 700 | | | |
| 销售部门 | 门市部人员 | | | | 900 | |
| 膳食科 | 炊事人员 | | | | | 1 600 |
| 厂　部 | 管理人员 | | | 1 200 | | |
| 其　他 | 固定资产清理人员 | 600 | | | | |
| | 基建人员 | 1 800 | | | | |
| | 内部开发存货管理系统人员 | | | | | 12 000 |

要求：在进行相关测试后，指出存在的问题并提出审计调整建议。

分析要点：ABC 公司工薪费用分配中存在的问题及调整建议：

(1)膳食科炊事人员工资分配有误，应计入管理费用。

(2)固定资产清理人员工资分配有误，应计入固定资产清理。

(3)基建人员工资分配有误，应计入在建工程。

(4)内部开发存货管理系统人员工资分配有误，应计入研发支出——资本化支出。

# 第五节　其他相关项目审计

## 一、材料采购或在途物资的实质性程序

1. 获取或编制材料采购(在途物资)明细表，复核加计是否正确，并与总账数、明细账合计

数核对是否相符。

2. 检查材料采购或在途物资。

(1)对大额材料采购或在途物资,追查至相关的购货合同及购货发票,复核采购成本的正确性,并抽查期后入库情况,必要时发函询证。

(2)检查期末材料采购或在途物资,核对有关凭证,查看是否存在不属于材料采购(在途物资)核算的交易或事项。

(3)检查月末转入"原材料"等科目的会计处理是否正确。

3. 查阅资产负债表日前后若干天的材料采购(在途物资)增减变动的有关账簿记录和收料报告单等资料,检查有无跨期现象,如有,则应做出记录,必要时做调整。

4. 对采用计划成本核算的,审核材料采购项目有关材料成本差异发生额的计算和处理是否正确。

5. 审核有无长期挂账的材料采购(在途物资),如有,应查明原因,必要时提出调整建议。

6. 确定材料采购(在途物资)的披露是否恰当。

## 二、原材料的实质性程序

1. 获取或编制原材料明细表,复核加计是否正确,并与总账数、明细账合计数核对是否相符。

2. 实施实质性分析程序。

(1)比较当年度及以前年度原材料成本占生产成本百分比的变动,并对异常情况做出解释。

(2)比较原材料的实际用量与预算用量的差异,并分析其合理性。

(3)核对仓库记录的原材料领用量与生产部门记录的原材料领用量是否相符,并对异常情况做出解释。

(4)根据标准单耗指标,将原材料收、发、存情况与投入、产出结合比较,以分析本期原材料领用、消耗、结存的合理性。

3. 选取代表性样本,抽查原材料明细账的数量与盘点记录的原材料数量是否一致,以确定原材料明细账的数量的准确性和完整性。

4. 实施截止测试。

5. 原材料计价方法的测试。

(1)检查原材料的计价方法前后期是否一致。

(2)检查原材料的入账基础和计价方法是否正确。

(3)检查原材料发出计价的方法是否正确。

(4)结合原材料的盘点,检查期末有无料到单未到情况,如有,应查明是否已暂估入账,其暂估价是否合理。

6. 审核有无长期挂账的原材料,如有,应查明原因,必要时做调整。

7. 检查投资者投入的原材料是否按照投资合同或协议约定的价值入账,并检查约定的价值是否公允、交接手续是否齐全。

8. 确定原材料的披露是否恰当。

## 三、材料成本差异的实质性程序

1. 获取或编制材料成本差异明细表，复核加计是否正确，并与总账数、明细账合计数核对是否相符。

2. 对材料成本差异率进行分析，检查是否有异常波动，注意是否存在调节成本现象。

3. 结合以计划成本计价的原材料、包装物等的入账基础测试，比较计划成本与供货商发票或其他实际成本资料，检查材料成本差异的发生额是否正确。

4. 抽查若干月发出材料汇总表，检查材料成本差异的分配是否正确，并注意分配方法前后期是否一致。

5. 确定材料成本差异的披露是否恰当。

## 四、库存商品的实质性程序

1. 获取或编制库存商品明细表，复核加计是否正确，并与总账数、明细账合计数核对是否相符。

2. 实施实质性分析程序。

(1)按品种分析库存商品各月单位成本的变动趋势，以评价是否有调节生产成本或销售成本的因素。

(2)比较前后各期主要库存商品的毛利率(按月、按生产线、按地区等)、库存商品周转率和库存商品账龄等，评价其合理性并对异常波动做出解释，查明异常情况的原因。

(3)比较库存商品库存量与生产量及库存能力的差异，并分析其合理性。

(4)核对仓库记录的库存商品入库量与生产部门记录的库存商品生产量是否一致，并对差异做出解释。

(5)核对发票记录的数量与发货量、订货量、主营业务成本记录的销售量是否一致，并对差异做出解释。

(6)比较库存商品销售量与生产量或采购量的差异，并分析其合理性。

(7)比较库存商品销售量和平均单位成本之积与账面库存商品销售成本的差异，并分析其合理性。

3. 选取代表性样本，抽查库存商品明细账的数量与盘点记录的库存商品数量是否一致，以确定库存商品明细账的数量的准确性和完整性。

4. 实施截止测试。

5. 库存商品测试计价方法的测试。

(1)检查库存商品的计价方法是否前后期一致。

(2)检查库存商品的入账基础和计价方法是否正确。

(3)检查外购库存商品的发出计价是否正确。

(4)结合库存商品的盘点，检查期末有无库存商品已到而相关单据未到的情况，如有，应查明是否暂估入账，其暂估价是否合理。

6. 检查投资者投入的库存商品是否按照投资合同或协议约定的价值入账，并同时检查约定的价值是否公允、交接手续是否齐全。

7. 审阅库存商品明细账，检查有无长期挂账的库存商品，如有，应查明原因并做适当处理。

8. 确定库存商品的披露是否恰当。

## 思考与实训

### 一、思考题

1. 生产与存货循环主要有哪些交易流程?
2. 如何进行存货计价测试?
3. 试述存货监盘的要点。
4. 如何对主营业务成本进行审计?
5. 简述应付职工薪酬的审计。
6. 如何对应付职工薪酬进行实质性分析程序?

### 二、实训题

(一)判断题

1. 定期盘点存货,合理确定存货的数量和状况是注册会计师的责任。 ( )

2. 在存货中,对于种类繁多、数量较大、金额不大的存货,也应由注册会计师亲自盘点。 ( )

3. 被审计单位财务负责人认为本公司存货采用永续盘存制,因此可不必对存货进行实地盘点。注册会计师应接受这种意见。 ( )

4. 存货监盘只能对存货的期末结存数量和状况予以确认,为了验证财务报表上存货余额的真实性,还必须对存货的计价进行审计。 ( )

5. 如果由于被审计单位存货的性质或位置等原因导致无法实施存货监盘,注册会计师应当直接发表保留意见或无法表示意见。 ( )

6. 存货监盘作为存货审计的一项核心审计程序,能够证实存货的存在认定、完整性认定以及计价和分摊认定。 ( )

7. 为了验明所有存放于被审计单位存货的实际存在情况,对所有权不属于被审计单位的存货,注册会计师也应要求被审计单位纳入盘点的范围。 ( )

8. 当重大错报风险为低水平时,助理人员准备对所有存货监盘程序不依赖控制测试来获取该类证据,主要采用实质性程序的方式来获取有关存货存在的证据。 ( )

9. 采用不同计价方法计算出来的本期主营业务成本应该是相同的。 ( )

10. 直接材料分配方法审查的核心是分配方法的合理性。 ( )

(二)单项选择题

1. 仓库部门根据从生产部门收到的( )向生产部门发货。

A. 领料单　　B. 入库单　　C. 验收单　　D. 保管单

2. 生产与存货循环可以看成是由两个既相互独立又密切联系的系统组成的,一个涉及商品的实物流程,另一个涉及相关的( )。

A. 加工流程　　B. 成本流程　　C. 人员流程　　D. 收付流程

3. 下列关于注册会计师对存货监盘的表述中,不正确的是( )。

A. 监盘的目的是为了获取有关存货的数量和状况的充分、适当的审计证据

B. 在抽盘时,注册会计师应尽可能地让被审计单位了解自己将抽取测试的存货项目,以便双方协调提高效率

C. 监盘时要观察管理层制定的盘点程序的执行情况

D. 监盘时要评价管理层用以记录和控制存货盘点结果的指令和程序

4. 在对存货实施监盘程序时，下列做法中，注册会计师不应该选择的是（　　）。

A. 对于已作质押的存货，向债权人函证与被质押存货相关的内容

B. 对于受托代存的存货，实施向存货所有权人函证等审计程序

C. 对于因性质特殊而无法监盘的存货，实施向客户或供应商函证等审计程序

D. 被审计单位相关人员完成存货盘点后，注册会计师再进入存货存放地点对已盘点存货实施检查程序

5. 注册会计师监盘客户存货的主要目的是为了（　　）。

A. 查明是否漏盘某些主要的存货项目　　B. 查明存货的计价是否正确

C. 了解盘点指示是否贯彻执行　　D. 获得存货是否实际存在的证据

6. 注册会计师在企业存货的盘点工作中，应当（　　）。

A. 亲自进行独立的存货盘点

B. 参与企业盘点，并对盘点工作进行适当的监督和抽查

C. 观察企业盘点，完全不必亲自盘点

D. 制定盘点计划，由企业进行盘点，将盘点结果汇入工作底稿

7. 注册会计师在选择存货计价测试的样本时，一般可以采用的抽样方法是（　　）。

A. 随机抽样法　　B. 系统抽样法　　C. 分层抽样法　　D. 随意抽样法

8. 下列各项中，属于生产成本审计实质性程序的是（　　）。

A. 对成本实施实质性分析程序

B. 审查有关凭证是否经过适当审批

C. 审查有关记账凭证是否附有原始凭证，以及这些原始凭证的连续编号是否完整

D. 询问和观察存货的盘点及接触、审批程序

9. 存货成本审计不应包括的内容有（　　）。

A. 制造费用的审计　　B. 直接薪酬的审计　　C. 直接材料成本　　D. 管理费用的审计

10. 注册会计师在对应付职工薪酬审计过程中，发现"应付职工薪酬"科目核算的下列内容中有误的是（　　）。

A. 管理人员工资　　B. 企业承担的生产工人医疗保险费

C. 为管理层提供非货币性福利　　D. 离退休人员工资

（三）多项选择题

1. 存货是指企业在生产经营过程中为销售或耗用而储存的各种资产，包括（　　）。

A. 产成品　　B. 半成品　　C. 原材料　　D. 包装物

2. 对存货审计是最复杂、最费时的部分，其原因是（　　）。

A. 存货占资产比重大　　B. 存放放置地点不同，实物控制不便

C. 存货项目的种类繁多　　D. 存货计价方法多样化

3. 下列属于生产与存货循环涉及的主要凭证与会计记录的是（　　）。

A. 生产指令　　B. 工时记录　　C. 成本计算单　　D. 销售发票

4. 生产与存货循环的控制测试包括（　　）。

A. 成本会计制度的控制测试　　B. 存货的计价测试

C. 存货的控制测试　　D. 工薪的控制测试

5. 存货监盘计划应当包括（　　）。

A. 存货监盘的目标　　B. 存货监盘的要点及关注事项

C. 参加存货监盘人员的分工　　D. 检查的范围

6. 如果由于被审计单位存货的性质或位置等原因导致无法实施存货监盘，注册会计师应当考虑能否实施替代审计程序，这些替代审计程序主要包括（　　）。

A. 检查进货交易凭证或生产记录以及其他相关资料

B. 检查资产负债表日后发生的销货交易凭证

C. 检查资产负债表日后付款凭证

D. 向客户或供应商函证

7. 存货截止测试的方法有(　　)。

A. 抽查存货截止日前后的购货发票,并与验收单核对

B. 检查验收部门验收单,查明其相对应的购货发票是否在同期入账

C. 检查成本计算单

D. 检查材料费用分配表

8. 下列支出中,不得列入产品成本的有(　　)。

A. 直接材料　　B. 支付的办公费　　C. 支付的违约金　　D. 企业捐赠支出

9. 下列应计入职工薪酬的项目有(　　)。

A. 工资　　B. 奖金　　C. 福利费　　D. 社会保险费

10. 注册会计师在对被审计单位的应付职工薪酬实施分析程序时,下列分析可能发现数据异常波动的有(　　)。

A. 比较被审计单位员工人数的变动情况,检查被审计单位各部门各月工资费用的发生额

B. 比较本期与上期工资费用总额

C. 结合员工社保缴纳情况,明确被审计单位员工范围,检查是否与关联公司员工工资混淆列支

D. 比较本期应付职工薪酬余额与上期应付职工薪酬余额

(四)综合题

1. 注册会计师负责对 ABC 公司 2015 年度财务报表进行审计。ABC 公司存货占其资产总额的 60%。除自营业务外,ABC 公司还将部分柜台出租,并为承租商提供商品仓储服务。根据以往的经验和期中测试的结果,注册会计师认为 ABC 公司有关存货的内部控制有效,于 2015 年 12 月 31 日实施存货监盘程序。注册会计师进行监盘的情况如下:

(1)在到达存货盘点现场后,监盘人员观察代柜台承租商保管的存货是否已经单独存放并予以标明,确定其未被纳入存货盘点范围。

(2)在 ABC 公司开始盘点存货前,监盘人员在拟抽查的存货项目上做出标识。

(3)对以标准规格包装箱包装的存货,监盘人员没有开箱检查,直接根据包装箱的数量及每箱的标准容量计算确定存货的数量。

(4)在存货监盘过程中,监盘人员除关注存货的数量外,还特别关注了存货是否出现毁损、陈旧、过时及残次等情况。

(5)对存货监盘过程中收到的存货,要求 ABC 公司单独码放,一律不纳入存货监盘的范围。

(6)在存货监盘结束时,监盘人员将除作废的盘点表单以外的所有盘点表单的号码记录于监盘工作底稿。

要求:针对上述事项,逐项指出是否存在不当之处,如果存在,简要说明理由。

2. ABC 公司材料采用计划成本核算,注册会计师在审阅基本生产车间生产成本、原材料和材料成本差异等明细账时,发现甲材料 12 月初“材料成本差异”账户为借方余额 8 340 元,库存原材料计划成本为 320 000 元。12 月份购入甲材料的实际成本为 2 455 000 元,计划成本为 2 500 000 元;12 月份发出甲材料的计划成本为 960 000 元,其中生产车间生产产品领用 920 000 元,生产车间一般耗用领用 12 000 元,行政管理部门领用 8 000 元,销售部门领用 20 000 元;结转耗用材料的实际成本为 931 960 元。

要求:

(1)说明运用的审计程序。

(2)指出企业存在的问题。

(3)提出审计调整建议。

3. 注册会计师在检查ABC公司2015年12月份账目时，发现该公司12月份的生产费用支出和成本计算有下列问题：

(1)该月已领未用材料2 260元，月末未办理假退料手续。

(2)12月份直接薪酬费用中含固定资产清理人员工资1 340元。

(3)查阅该月份领料单，发现某车间领用钢筋和水泥计2 252元，计入制造费用中的物料消耗费，经审查发现系在建工程所用。

(4)“预付账款”账户中有700元应摊入该月制造费用的设备租赁费，漏记未转账。

(5)该公司是生产单一产品的企业，根据账面资料，该月份生产产成品入库1 680件，期末在产品盘存560件。材料在生产开始时一次投入，在产品的加工程度为50%，据此计算的产品成本计算单见下表。

**产品成本计算单**

2015年12月份　　　　单位：元

| 成本项目 | 月初在产品成本 | 本月生产费用 | 生产费用合计 | 月末在产品成本 | 本月产成品成本 |
|---|---|---|---|---|---|
| 直接材料 | 36 000 | 202 560 | 238 560 | 59 640 | 178 920 |
| 直接薪酬费用 | 3 600 | 23 840 | 27 440 | 3 920 | 23 520 |
| 制造费用 | 6 420 | 33 760 | 40 180 | 5 740 | 34 440 |
| 合　计 | 46 020 | 260 160 | 306 180 | 69 300 | 236 880 |

经审查，12月份在产品盘存数应为680件，加工程度为60%。

要求：

(1)应该怎样纠正上述资料中存在的错误？

(2)分析该公司这样做的可能动机。

(3)重新编制产品成本计算单。

4. 注册会计师在审查ABC公司制造费用时，发现如下记录：

(1)企业行政管理部门空调机的修理费用2 000元。

(2)为购货单位垫付运杂费3 500元。

(3)支付车船使用税3 500元。

(4)购入材料的外地运杂费1 500元。

(5)支付广告费1 200元。

要求：

(1)说明审计方法；

(2)指出存在的问题；

(3)提出处理意见。

# 第十五章　资金管理审计

## 学习目标

了解资金管理审计目标；掌握资金管理主要账户的审计及资金管理其他账户的审计。

## 引导案例

### 威塔克公司审计案例

一、威塔克公司的简况及审计的症结

美国威塔克公司是一家大型制造公司，它的股票在纽约证券交易所上市。1971 年秋，威塔克公司准备出售它的一个下属子公司——皇冠铝业公司，为此对皇冠铝业公司库存的原材料、在产品以及产成品等全部存货进行了盘点。盘点结果如下：存货的总账余额虚估高达 630 万美元，高估比例接近 50%。大部分存货盘亏发生在皇冠铝业公司的一家分厂。而就在几个星期前，安德森会计师事务所因审计威塔克公司 1971 年度的财务报表，刚刚监督了该分厂的存货盘点。美国证券交易委员会在 1973 年对此事进行了调查，发现安德森会计师事务所审计小组监督存货盘点的审计程序确实存在诸多缺陷，从而无法查出皇冠铝业公司几年以来针对母公司威塔克公司进行的大宗存货舞弊行为。根据美国证券交易委员会的调查结果，该事务所在监督皇冠铝业公司存货盘点时，没有对该公司用以记录存货数量的标签加以有效的控制。另外，也没有充分审查占存货总价值很大比重的项目。如皇冠铝业公司的雇员将某大号铝线圈的计量单位记为 5 万磅，而实际仅为 5 千磅。经过检查发现，皇冠铝业公司的生产设备能力有限，根本无法容纳重达 5 万磅的铝线圈。这些失误特别令美国证券交易委员会深感痛心，因为安德森会计师事务所在以往皇冠铝业公司的存货中，就发现过重大问题。如在 1969 年和 1970 年都发现过皇冠铝业公司在将存货数量记入电算化的存货账户时，时而利用一些虚假的计数标签。由于过去这些问题的存在，美国证券交易委员会认为，安德森会计师事务所在执行 1971 年度威塔克公司的审计合约时，就应该特别小心谨慎。

二、安德森会计师事务所的妥协与审计隐患

在发现皇冠铝业公司存货缺失后的 1972 年，威塔克公司和安德森会计师事务所取得共识，必须广泛深入地研究评价威塔克公司存货的内部控制制度和会计系统。安德森会计师事务所表示愿意进行这项研究，并按正常价格的一半收费。威塔克公司则坚决要求应该无偿服务。安德森会计师事务所接受了这一要求，但附加条件是，随后根据评价结果进行的“系统工作”要按 50%的收费率收费。

在与安德森会计师事务所谈判的同时，威塔克公司聘用了律师，准备起诉该会计师事务所。威塔克公司暂时隐瞒此事，因此时安德森会计师事务所正在对威塔克公司1972年度的财务报表进行审计。1972年12月，经威塔克公司董事会决定，年度财务报表审计一结束，就立即起诉安德森会计师事务所。在审计过程中，安德森会计师事务所要求审阅1972年12月召开的董事会会议纪要的详细资料。威塔克公司管理当局谎称详细资料还没有整理好，只提供了一份会议摘要。摘要中没有提及计划对安德森会计师事务所采取法律行动。

1973年1月4日，安德森会计师事务所为威塔克公司1972年财务报表签发了审计报告。两天后，威塔克公司正式通知安德森会计师事务所，将对其起诉并索赔300万美元。随后的几个星期里，安德森会计师事务所和威塔克公司的高级主管举行了多次会议，磋商法律诉讼中的有关问题。在其中的一次会谈中，安德森会计师事务所代表通知威塔克公司，其无法对威塔克公司1972年度财务报表的调整分录发表审计意见，因为酝酿中的诉讼损害了事务所的独立性。威塔克公司面临了一个新的难题，由于其是上市公司，除非事务所支持对会计报表的调整，否则公司无法及时向美国证券交易委员会提交年度登记说明书。威塔克公司警告安德森会计师事务所，如果不对会计报表的调整分录发表审计意见，就向即将兴行的股东大会建议，更换会计师事务所。

1973年1月30日，安德森会计师事务所和威塔克公司为了消除分歧达成了妥协。协议内容包括，安德森会计师事务所向威塔克公司支付87.5万美元的现金，并额外免费提供37.5万美元的会计服务；威塔克公司则继续聘请安德森会计师事务所为其提供审计服务。安德森会计师事务所还口头建议，向社会公布协议内容时，不要提及免费提供会计服务一事，威塔克公司同意了这一建议。

双方达成协议后，威塔克公司请求安德森会计师事务所与美国证券交易委员会安排一次会谈，以探明该委员会对此协议持何种立场。威塔克公司担心美国证券交易委员会有可能会认为此协议损害了安德森会计师事务所的独立性，从而取消该事务所对威塔克公司的审计资格。在1973年2月初与委员会的会谈中，威塔克公司和安德森会计师事务所都没有告诉委员会免费提供会计服务一事，也没有披露事务所在皇冠铝业公司存货审计中存在缺陷的信息。只向委员会说明了事务所向威塔克公司支付87.5万美元现金的情况。

美国证券交易委员会的官员出于职业敏感，对支付87.5万美元一事予以关注。为此，他们向安德森会计师事务所的代表询问，是否存在重大的审计失误。事务所表示，他们始终注重审计质量，通过支付赔偿金的方式解决争议，纯粹是为了避免马拉松式的诉讼。

显然，如果委员会知道了安德森会计师事务所对皇冠铝业公司的存货审计中存在缺陷的情况，肯定会认为安德森会计师事务所已经缺乏应有的独立地位。从理论上讲，有缺陷的皇冠铝业公司存货审计至少使安德森会计师事务所在威塔克公司1972年度审计中处于不利位置。威塔克公司管理当局完全可以利用这一审计缺陷拒绝接受该事务所在1972年审计合约执行过程中提出的任何调整修改财务报表的建议。

资料来源：《中国注册会计师》，1996年第12期。

# 第一节　债务资金审计

企业正常经营需要一定的资金，当资金不足时，可向银行或其他金融机构筹资，包括短期借款、长期借款和应付债券。一般情况下，企业不会高估负债，因此，在对短期借款审计时主要防止企业低估负债。低估负债既影响企业的财务状况，还会影响企业对财务成果的反映，所以，审计人员在执行债务资金审计业务时，应将被审计单位是否低估负债作为关注的重点。

## 一、债务资金审计目标

(1)确定资产负债表中记录是否存在；

(2)确定资产负债表中记录是否完整；

(3)确定记录的债务资金是否是被审计单位应当履行的现实业务，会计处理是否正确；

(4)确定利息费用计算及会计处理是否正确，并记录于正确的会计期间；

(5)确定债务资金是否在财务报表中做出恰当披露。

## 二、债务资金的审计

### (一)短期借款的审计

短期借款是指企业用来维持正常的生产经营所需的资金或为抵偿某项债务而向银行或其他金融机构等向外单位借入的、还款期限在一年以下或者一年的一个经营周期内的各种借款。主要包括：经营周转借款、临时借款、结算借款、票据贴现借款、卖方信贷、预购定金借款和专项储备借款等。

1. 获取短期借款的内部控制制度书面资料，审核发现，内部控制制度不完善，资金管理岗位大部分员工无岗位责任制。

2. 获取或编制短期借款明细账，如表15—1所示，复核加计是否正确，并与总账和明细账合计数核对，与报表数核对是否相符，检查非记账本位币短期借款的折算汇率及折算是否正确。

表15—1　短期借款明细账

<table>
<tr><th rowspan="2">贷款银行</th><th colspan="2">借款期限</th><th colspan="2">起初余额</th><th colspan="3">本期增加</th><th colspan="2">本期归还</th><th colspan="2">期末余额</th><th rowspan="2">本期应计利息（万元）</th><th rowspan="2">本期实计利息（万元）</th></tr>
<tr><th>借款日</th><th>约定还款日</th><th>利率</th><th>本金（万元）</th><th>日期</th><th>利率</th><th>本金</th><th>日期</th><th>本金（万元）</th><th>利率</th><th>本金</th></tr>
<tr><td>A</td><td>2013.1.20</td><td>2013.7.19</td><td>5%</td><td>100</td><td></td><td></td><td></td><td>2013.7.19</td><td>100</td><td></td><td></td><td>2.5</td><td>2.5</td></tr>
<tr><td>B</td><td>2013.7.1</td><td>2014.5.31</td><td>5.2%</td><td>200</td><td></td><td></td><td></td><td></td><td></td><td>5.2%</td><td>200</td><td>5.2</td><td>0</td></tr>
<tr><td>C</td><td>2012.9.1</td><td>2013.3.31</td><td>5.1%</td><td>150</td><td></td><td></td><td></td><td>2013.9.1</td><td>150</td><td></td><td></td><td>5.1</td><td>4.905</td></tr>
</table>

从获取的短期借款明细表中发现：从C银行借款1 500 000元，本期少计提利息1 950元；从B银行借款2 000 000元，本期未计提借款利息52 000元。

3. 检查被审计单位贷款卡，核算账面记录是否完整，对贷款卡上列示的信息与账面记录进行分析，关注对外担保信息；该公司未能出示贷款卡，理由是丢失。

4. 对短期借款进行函证，函证内容包括已不使用的账户和余额为零的账户。通过函证发现，D银行借款1 800 000元在账簿上没有记录，借款时间为2013年2月1日，期限为1年，利率为4.95%；本期应计提利息81 675元。

回函发现，D银行借款额有差异，回函记录该公司有借款1 800 000元，与公司有关人员就这一问题交换意见，发现该公司将该借款列入“其他业务收入”账户，该公司为了粉饰财务状况，使资产负债率、流动比率和速动比率指标变好而低估负债。

5. 检查短期借款的增加，对年度内增加的短期借款，检查借款合同和审批，了解借款数额、借款条件、借款用途、借款日期、偿还日期、借款利率，并与相关会计记录进行核对。本期短期借款增加1 800 000元，但未记录于账簿中。

6. 检查减少的短期借款，对年度内减少的短期借款，检查相关记录和原始凭证，核实还款数额，并与相关会计记录进行核对。本期减少的短期借款与明细表相符。该公司短期借款审计工作底稿如表15－2所示。

**表15－2**　　短期借款审计工作底稿

| 被审计单位 | | 编制人 | | 时间 | 年　月　日 |
|---|---|---|---|---|---|
| 审计截止日 | | 复核人 | | 时间 | 年　月　日 |
| 基本事实 | 1. 由D银行借款1 800 000元列入“其他业务收入”账户中，利息81 675元未计提<br>2. 由B银行借款2 000 000元，本期应计提而未计提借款利息52 000元<br>3. 由C银行借款1 500 000元，本期少计提利息1 950元<br>4. 短期借款内部控制制度不完善、内控制度薄弱、存在诸多漏洞 | | | | |
| 审计依据 | 《企业会计准则第17号——借款费用》《内部审计具体准则第5号——内部控制审计》 | | | | |
| 审计结论 | 1. 由D银行借款1 800 000元列入“其他业务收入”账户中，低估企业负债1 800 000元，高估其他业务收入1 800 000元；利息81 675元未计入财务费用，高估利润81 675元<br>2. 由B银行借款2 000 000元，本期应计提而未计提借款利息52 000元，高估本期利润52 000元<br>3. 由C银行借款1 500 000元，本期少计提利息1 950元，高估本期利润1 950元<br>以上会计处理，违背了《中华人民共和国企业所得税法》《企业会计准则》和《企业会计制度》的规定 | | | | |
| 处理意见 | 应予调整，调整分录如下：<br>借：其他业务收入　1 800 000<br>　　贷：短期借款——D银行　1 800 000<br>借：财务费用　135 625<br>　　贷：应付利息——D银行　81 675<br>　　　　——B银行　52 000<br>　　　　——C银行　1 950 | | | | |

**(二)长期借款的审计**

一般情况下，企业不会高估负债。因此，在对长期借款审计时主要防止企业低估负债。低估负债既影响企业的财务状况，还会影响企业对财务成果的反映；同时，借款费用的资本化和费用化对企业的财务状况和经营成果也有很大影响。所以，审计人员在执行长期借款审计业务时，应将被审计单位是否低估负债以及借款费用资本化和费用化作为审计的重点。

1. 编制长期借款及利息费用明细表

2. 询证长期借款

如果长期借款期末余额较大，或有关业务内部控制有薄弱环节，应向贷款银行或其他金融机构发函询证借款额、借款利率、已偿还数额及利息支付情况等。

3. 验证长期借款期末余额

审查账簿记录，验证长期借款期末余额与相关的原始凭证上反映的余额是否一致。

4. 审查长期借款抵押、担保情况

审查抵押资产是否确实存在；该资产抵押前的所有权是否确为企业所有；资产价值和实际状况是否与借款合同的规定相一致；借款有担保人时，查明担保人是否符合法定要求。

5. 对未入账负债的审查

(1)查阅企业管理当局的会议记录，了解企业决定筹集的全部债务资金的来源；

(2)向被审计单位索取债务说明书；

(3)向债权人询证负债金额；

(4)分析利息费用账户：验证利息支出是否合理，确定实际支出利息是否大于账面反映的应付利息，以查明有无付款利息来自于未入账的长期负债；

(5)审查取得资产的融资方式、复核货币资金的收入来源等：通过审核银行存款余额调节表的未达账项确认借款不入账、支出不入账的问题。

6. 审查长期借款合同履行情况

根据长期借款合同有关条款，审查金融机构是否按合同规定及时定额向借款单位发入贷款，借款单位对借款的使用和归还是否履行借款合同的规定，借款的用途和使用是否合理、合法，企业有无违约行为。

7. 审查长期借款分类和记账的准确性

**【例 15—1·案例】** 审计人员在审计某公司 2015 年度的财务报表时，注意到资产负债表中的“长期借款”项目中列示为：“长期借款”850 万元。

资产负债表附注中相关资料的列示如表 15—3 所示。

**表 15—3　相关资料**

| 贷款银行 | 金额(万元) | 借款期限 | 年利率 | 借款条件 |
|---|---|---|---|---|
| 甲银行第二分理处 | 300 | 2012 年 8 月至 2015 年 7 月 | 6% | 抵押借款 |
| 乙银行第一分理处 | 450 | 2011 年 9 月至 2014 年 8 月 | 5% | 抵押借款 |
| 丙银行某办事处 | 100 | 2014 年 1 月至 2015 年 1 月 | 4% | 担保借款 |
| 合　计 | 850 | | | |

要求：根据以上情况，确定审计人员应采取的审计程序。

分析要点：

(1)索要书面资料。索要所有借款合同的复印件，并以合同所载明的借款单位、借款额、借款利率、借款期限、借入日期及借款条件，分别进行审阅并编制长期借款明细表，将合计数与明细账和总账及报表的披露情况相核对。

(2)审查这三笔长期借款的使用是否符合借款合同的规定。

(3)对各笔长期借款项目所计入的利息按照合同规定的利率和实际借入的日期、天数计算确认其正确性，审查其会计处理的正确性。

(4)审查长期借款的抵押资产的所有权是否属于该公司，其价值和现实状况是否与抵押合同中的规定一致。

(5)确认第二项借款450万元未转到资产负债表中的“一年内到期的非流动负债”项目，建议该公司进行调整。

(6)审查被审计年度内该公司向丙银行某办事处借入的100万元的借款合同条款和授权批准情况。

(7)审查该公司是否存在资产负债表外融资的情况。

(8)将所获得的资料和相关信息列示于工作底稿。根据被审计单位是否接受审计人员的建议情况及未调整事项的重要程度，确定对审计意见的影响。

**(三)应付债券的审计**

企业对外发行债券所得资金一般只用于建设项目，它属于长期负债，其特点是期限长、数额大、到期无条件支付本息。发行长期债券是企业筹措长期资金的重要筹资方式之一。企业发行债券形成的溢价和折价，是整个债券存续期间对举债企业利息费用的一项调整。为了调整每期的利息费用，应将溢价、折价额逐期转作利息费用的增加额或减少额，称之为溢、折价摊销。应付债券的实质性程序包括以下内容：

1. 取得或编制应付债券明细表

复核其加计数是否正确，同有关的明细账和总账、报表核对是否一致。

2. 检查债券交易的有关原始凭证与文件

(1)检查债券副本，确定其发行是否合法，各项内容是否同相关的会计记录相一致；

(2)检查其发行债券所收入货币资金的收据、汇款通知单、汇款登记簿及相关的银行对账单和债券存根簿，确定债券发行收入是否收到，入账金额是否完整；

(3)检查用来偿还债券的支票存根等原始凭证，验证利息费用的计算；

(4)检查已偿还债券数额同应付债券借方发生额是否相符；

(5)如果被审计单位发行债券时已作抵押或担保，还应检查相关契约的履行情况。

3. 函证应付债券

为确定应付债券的真实性或完整性，可直接向债权人及承销人进行函证。

4. 检查借款费用、应计利息、债券折(溢)价摊销及其会计处理是否正确

编制或取得“应付债券”账户分析表，检查利息调整是否在债券存续期间内采用实际利率法进行摊销，债券利息、溢折价计算及会计处理是否正确。

5. 检查到期债券的偿还

检查相关会计记录，看其会计处理是否正确。

6. 检查借款费用的会计处理是否正确

7. 检查应付债券是否已在资产负债表上充分披露

检查应付债券是否扣除了将于一年内到期的应付债券并在流动负债类下的“一年内到期的非流动负债”项目单独反映。

**【例15—2·案例】** 某企业为建造新厂房，于2015年1月1日向银行借款600万元，年利息率为10%，借款期限为3年。该厂房于2014年1月1日动工，于2016年12月31日完工，并达到预定可使用状态。该企业将该项借款所有的利息费用都计入财务费用。

要求：试分析企业将借款的利息费用都计入财务费用的目的。

分析要点：企业长期借款在固定资产达到预定可使用状态之前的利息应予以资本化。这

样的会计处理，一方面虚减了企业的资产，另一方面虚增了财务费用，减少了当期的利润，少交了所得税。

## 第二节　股权资金审计

所有者权益是指资产扣除负债后由所有者享有的剩余利益，即一个会计主体在一定时期所拥有或可控制的具有未来经济利益资源的净额，其金额等于企业全部资产减去全部负债后的余额，包括实收资本（股本）、资本公积、盈余公积和未分配利润。

### 一、股权资金的审计目标

(1)确定股权资金是否存在；

(2)确定股权资金的增减变动是否符合法律法规和合同、章程的规定，记录是否完整；

(3)确定股权资金记录的完整性；

(4)确定股权资金余额的正确性；

(5)确定股权资金的披露是否恰当。

### 二、股权资金的审计

#### (一)实收资本（股本）的审计

实收资本是指投资者按照企业章程或合同、协议的约定而实际投入企业的资本，它是企业注册登记的法定资本总额的来源，它表明所有者对企业的基本产权关系。实收资本是企业永久性的资金来源，是保证企业持续经营和偿还债务的最基本的物质基础。

**【例 15－3·案例】** 审计人员张亮在审计某集团公司的实收资本时，在对内部控制调查的基础上采用了下列审计程序：

(1)获取实收资本的内部控制制度书面资料，审核发现，基本未制定内部控制制度。

(2)问卷调查（略）。审计发现：内控制度不完善，风险很高。

(3)检查投资者是否已按合同、协议、章程的约定时间缴付出资额。检查发现：该公司于2013年2月10日登记设立，公司性质为有限责任公司，注册资本为1 000万元，出资人甲公司出资比例为65%，乙公司出资比例为35%。按章程规定，乙公司以其房屋作为出资，截至2013年年末，乙公司没有将投入的资产房屋办理资产转移手续。2014年5月6日，公司吸收新股东丙公司，投入资本350万元，丙公司准备占有该企业注册资本的20%。

(4)编制或取得实收资本明细表，如表15－4所示。

**表 15－4**　　　　实收资本明细表　　　　单位：万元

| 投资人 | 摘要 | 期初余额 | 本期借方发生额 | 本期贷方发生额 | 出资方式 | 占出资比例(%) | 期末余额 | 占出资比例(%) |
|---|---|---|---|---|---|---|---|---|
| 甲公司 | 收到投资 | 650 | | | 货币资金 | 65 | 650 | 48.14 |
| 乙公司 | 收到投资 | 350 | | | 实物资产 | 35 | 350 | 25.93 |
| 丙公司 | 收到投资 | | | 350 | 实物货币 | | 350 | 25.93 |
| 合　计 | | 1 000 | | | | 100 | 1 350 | 100 |

根据编制的实收资本明细表发现，丙公司占注册资本的比例是25.93%而不是20%，原因是记入“实收资本”账户的金额错误。

(5)审查实收资本的存在性。取得实收资本投入有关的记录及文件等，应注意原始凭证所反映的内容。确定投入货币资金是否确实存在于企业开户银行，对原材料和设备等实物资产应审核购货发票；对融资租入固定资产应审核租赁合同；对房地产等固定资产应审核其所有权或使用权证明文件；对投入的无形资产应审查是否办理了法律手续，有无合法的证明文件。

(6)审查实收资本记录的完整性。将实收资本明细表与有关原始文件的记录进行核对，查明其是否一致，以确定实收资本的记录是否完整。如果不一致，应查明原因。经审查，实收资本明细表与有关原始文件的记录相符。

(7)审查实收资本业务的合法性。审阅账册、凭证，查明注册资本是否符合《公司法》等法律要求；投入资本是否按时全部到位，有无违约情况；无形资产投入比例是否符合规定；非货币性资产投入时，资产评估是否合规、合法；有外商投资时，应索取商检报告，以确定投资业务的合法性；审查减资的合法性，查明有无抽逃资本等违法行为。按照公司章程的规定，乙公司以其房屋作为出资，截至2013年年末，乙公司没有将投入的资产房屋办理资产转移手续。

(8)检查实收资本增减变动的原因。查阅其是否与董事会纪要补充合同、章程修正案、协议及其他有关法律文件的规定一致，逐笔追查原始凭证，检查会计处理是否正确。2015年4月6日，公司吸收新股东丙公司，投入资本280万元，丙公司准备占有该企业注册资本的20%；其中投入一套生产设备，双方确认的价值为180万元，生产设备账面原值100万元已存入银行，该笔业务的记账凭证如图15—1所示。

**记账凭证**

2015年4月6日　　字第56号

| 摘要 | 会计科目 | | 记账 | 借方金额 | | | | | | | | | | | 记账 | 贷方金额 | | | | | | | | | | |
|---|---|---|---|---|---|---|---|---|---|---|---|---|---|---|---|---|---|---|---|---|---|---|---|---|---|---|
| | 总账科目 | 明细科目 | √ | 亿 | 千 | 百 | 十 | 万 | 千 | 百 | 十 | 元 | 角 | 分 | √ | 亿 | 千 | 百 | 十 | 万 | 千 | 百 | 十 | 元 | 角 | 分 |
| 接受固定资产投资 | 固定资产 | 生产设备 | | | | 2 | 3 | 0 | 0 | 0 | 0 | 0 | 0 | 0 | | | | | | | | | | | | |
| | 银行存款 | | | | | 1 | 0 | 0 | 0 | 0 | 0 | 0 | 0 | 0 | | | | | | | | | | | | |
| | 实收资本 | 丙公司 | | | | | | | | | | | | | | | | 2 | 8 | 0 | 0 | 0 | 0 | 0 | 0 | 0 |
| | 资本公积 | 资本溢价 | | | | | | | | | | | | | | | | | 1 | 5 | 0 | 0 | 0 | 0 | 0 | 0 |
| | 累计折旧 | | | | | | | | | | | | | | | | | | 3 | 5 | 0 | 0 | 0 | 0 | 0 | 0 |
| 合　计 | | | | | ¥ | 3 | 3 | 0 | 0 | 0 | 0 | 0 | 0 | 0 | | | ¥ | 3 | 3 | 0 | 0 | 0 | 0 | 0 | 0 | 0 |

附单据　张

会计主管：钱庄　　记账：陈华　　出纳：孙广春　　审核：李明　　制单：赵丽

**图15—1　记账凭证**

所附原始凭证略。

2015年3月末该集团所列示的实收资本为800万元，盈余公积为90万元，未分配利润为110万元。为了维护原有投资者的利益，新加入的投资者要付出大于原有投资者的出资额，才能取得与原有投资者相同的投资比例。其中，按投资比例计算的出资额部分，记入“实收资本”

科目,大于部分应记入“资本公积”科目。

$$新投资者最低出资总额=\frac{实收资本+留存收益}{1-欲占注册资本比例}\times欲占注册资本比例$$

$$=\frac{800+90+110}{1-20\%}\times20\%=250(万元)$$

检查相关凭证,显然账务处理错误。

①丙公司投资共280万元,应计入实收资本金额=(800+200)×20%=200(万元),资本溢价80万元;

②固定资产入账价值与投资方账面价值有误,应当按照双方确认的价值180万元入账;

③资本公积入账金额错误。

(9)检查注册资本分类的合理性。主要包括:审查“实收资本”账户及有关原始文件、凭证;查明企业是否根据不同的投资主体在“实收资本”明细科目中核算;有无错记、漏记和作弊行为,特别查明普通股与优先股是否分开记录;投入资本与借入资金的划分是否合理,有无将两者混淆记录的情况。

(10)审查资本业务账务处理的准确性。审查投资者投入资本或股东入股的资本计价是否准确、合理,有无高估或低估资产价值;吸收外币投资时,审查投资的币种、汇率及折算差额的准确性;企业减资时,查明减资业务处理的准确性;核对实收资本明细账与总账余额、报表的一致性。

**(二)资本公积的审计**

资本公积是企业收到投资者的超出其在企业注册资本中所占份额的投资,以及直接计入所有者权益的利得和损失等。资本公积是所有者权益的组成部分,它的增加会直接导致企业净资产的增加,因此,资本公积信息对于投资者、债权人等的决策十分重要。同时在核算资本公积时,要将资本公积与收益项目区分清楚,因此,在对资本公积审计时要尤为关注。

资本公积的审计内容主要包括:编制资本公积形成的合规性和真实性;审查资本公积使用的合规性和正确性、资本年末余额是否正确等。

**【例15—4·案例】** 红星集团公司审计人员对集团控股的华美公司的资本公积进行审计,审计是在对内部控制调查的基础上采用详细的审计方法进行的。具体程序如下:

(1)获取资本公积的内部控制制度的书面资料,审核发现,基本未制定内控制度。

(2)问卷调查(调查表略)。审计结论:内控制度不完善,属于中度风险。

(3)编制或取得资本公积明细表,如表15—5所示。

**表15—5** **资本公积明细表** 单位:万元

| 项 目 | 期初余额 | 本期借方发生额 | 本期贷方发生额 | 期末余额 | 备 注 |
|---|---|---|---|---|---|
| 资本溢价 | 220 | 220 | | 0 | 转增资本 |
| 其他资本公积 | 85 | | 45 | 130 | |
| 合 计 | 305 | 220 | 45 | 130 | |

(4)收集与资本公积变动有关的股东会决议、董事会会议纪要、资产评估报告等文件资料,更新永久性档案。首次接受委托的,应检查期初资本公积的原始发生依据。

(5)根据资本公积明细账,对股本溢价、其他资本公积各明细账的发生额逐项进行审查。经审查发现,贷方发生额是从被投资单位分回的利润。

(6)审查资本公积使用的合法性。审查资本公积明细账的借方发生额及有关凭证、账户的对应关系,查明资本公积使用及其变动的合法性。

**(三)盈余公积的审计**

盈余公积是指企业按照规定从净利润中提取的各种积累资金,主要用于弥补以前年度发生的亏损和按国家有关规定转增资本金。法定盈余公积金是企业按国家规定的比例计算提取的盈余公积金,按税后利润的10%提取,当企业的法定盈余公积超过其资本金总额的50%时,可不再提取。任意盈余公积金是根据企业自身发展的需要,按公司章程或股东大会决议提取的盈余公积,任意盈余公积金的提取比例按公司章程或股东大会确定的比例计算。企业用盈余公积金转增资本时,转增资本金后留存于企业的盈余公积不得少于注册资金的25%。

对盈余公积进行审计时,重点关注盈余公积的提取和使用。审计内容主要包括:税后利润是否按规定提取盈余公积金,数额是否正确;盈余公积的使用是否合法;盈余公积的核算是否正确;会计记录是否全面、完整等。

**(四)未分配利润的审计**

未分配利润是指未作分配的净利润,即这部分利润没有分配给投资者,也未指定用途。未分配利润是企业当年税后利润在弥补以前年度亏损、提取公积金以后加上上年末未分配利润,再扣除向所有者分配的利润后的结余额,也是所有者权益的一个重要组成部分。企业当年实现的利润总额在交完所得税后,其净利润可按以下顺序进行分配:(1)弥补以前年度亏损;(2)提取法定盈余公积;(3)向投资者分配利润。最后剩余即为年终未分配利润。因此,未分配利润审计应结合利润及利润分配审计进行。审计时应重点查明增减变动数额;有无因漏缴或少缴所得税、漏记或少记利润而减少未分配利润的情况;审查确认利润分配比例是否符合合同、协议、章程以及董事会纪要的规定,利润分配额及年末未分配数额是否一致;查明资产负债表与利润分配表中未分配利润数的一致性,以及利润表中净利润的一致性。

**(五)应付股利的审计**

应付股利是企业经董事会或股东大会,或类似机构决议确定分配的现金股利或利润。应付股利是企业实现的利润按照税法及有关规定交税、交费后,分配给投资者但尚未支付的那部分利润。企业能否向投资者分配利润,不在于本期盈利多少,而是取决于企业是否拥有和拥有多少可供分配的利润。企业分配给投资者的现金股利或利润,在实际未支付给投资者之前,形成了一笔负债。

对应付股利的审计主要包括:报表数、总账数及明细账合计数额核对相符;股利分配标准和发放方式是否符合有关规定并经法定程序批准;是否根据董事会或股东大会决定的利润分配方案进行分配;检查股利支付的原始凭证的内容、金额和会计处理是否正确;确定未付股利的真实性和完整性以及应付股利的列报是否恰当等内容。

## 第三节 投资业务审计

投资活动是指企业以购买股票、债券等有价证券的方式或以现金、实物资产、无形资产等方式向企业以外的其他经济实体进行的投资。其目的是为了获取投资收益、分散经营风险、加强企业间的联合、控制或影响其他企业；优化资源配置，提高资产利用率；优化投资组合，降低经营风险；稳定与客户的关系，扩大市场占有率；提高资产的流动性，增强企业的偿债能力。对外投资活动对企业的生产经营、经营成果及现金流量有重大影响，必须将其作为重点领域进行审计；同时也是容易出现舞弊的环节，审计时要特别关注。

## 一、投资业务审计的目标

(1)确定资产负债表中记录是否存在；

(2)确定资产负债表中记录是否完整；

(3)确定记录的投资是否确实为被审计单位所拥有，会计处理是否正确；

(4)确定投资计价是否正确；

(5)确定投资业务是否在财务报表中做出恰当列报。

## 二、投资业务审计的内容

### (一)长期股权投资的审计

长期股权投资是指通过投资取得被投资单位的股份。企业对其他单位的股权投资，通常是为长期持有，以期通过股权投资达到控制被投资单位，或对被投资单位施加重大影响，或为了与被投资单位建立密切关系，保证原材料供应及销售渠道等，以分散经营风险。一般情况下，企业不会低估长期股权投资，因此，在对长期股权投资进行审计时主要关注高估长期股权投资。另外，对长期股权投资的核算方法也要作为审计的重点。高估长期股权投资以及长期股权投资的核算方法的选用对企业的财务状况及经营成果都会产生重要影响。因此，应把是否高估长期股权投资以及核算方法的恰当选用作为审计的重点。

长期股权投资的审计，首先应对内部控制制度进行调查、了解，评价长期股权投资的内部控制是否完善、有效且得到一贯遵守，找出存在风险的环节，确定审计重点，然后进行实质性测试。

**【例 15－5・案例】** 红星集团公司审计人员刘洋对所属子公司 2015 年长期股权投资进行审计，审计采用问卷、调查、询问、测试、核对等方法进行。具体程序如下：

(1)获取长期股权投资的内部控制制度书面资料，审核发现，内控制度不完善，长期股权投资岗位的大部分员工无岗位责任制，有的制度虽然制定了，但未能得到一贯遵守。

(2)问卷调查。通过调查发现，该公司内控制度不完善，制定的制度也未得到一贯遵守；风险程度为中。长期股权投资明细表如表 15－6 所示。

**表 15－6　　长期股权投资明细表**

| 序号 | 被投资单位 | 注册资本(万元) | 投资额(万元) | 占注册资本比例(%) | 控制情况 | 核算方法 |
|---|---|---|---|---|---|---|
| 1 | 华能制造有限公司 | 1 000 | 200 | 20 | 重大影响 | 权益法 |
| 2 | 威海制造有限公司 | 2 000 | 1 200 | 60 | 实施控制 | 成本法 |
| | 合　计 | | 1 400 | | | |

从获取的长期股权投资明细表发现：被审计单位对两家公司投资，其占被投资单位的比例有很大差异，同时核算方法不同，因此，应将投资收益作为审计重点。

(3)检查被审计单位分回利润的核算。

截至2015年12月31日，华能制造有限公司本年净利润为500万元，公司决定将其中的400万元以现金形式向股东分配利润(本年1月1日投资，出资比例为20%)，记账凭证如图15—2所示。

**记账凭证**

2015年12月31日　　　　字第356号

| 摘要 | 会计科目 | | 记账 | 借方金额 | | | | | | | | | | | 记账 | 贷方金额 | | | | | | | | | | |
|---|---|---|---|---|---|---|---|---|---|---|---|---|---|---|---|---|---|---|---|---|---|---|---|---|---|---|
| | 总账科目 | 明细科目 | √ | 亿 | 千 | 百 | 十 | 万 | 千 | 百 | 十 | 元 | 角 | 分 | √ | 亿 | 千 | 百 | 十 | 万 | 千 | 百 | 十 | 元 | 角 | 分 |
| 确认投资收益 | 应收股利 | | | | | | 8 | 0 | 0 | 0 | 0 | 0 | 0 | 0 | | | | | | | | | | | | |
| | 投资收益 | 华能制造有限公司 | | | | | | | | | | | | | | | | | 8 | 0 | 0 | 0 | 0 | 0 | 0 | 0 |
| | | | | | | | | | | | | | | | | | | | | | | | | | | |
| | | | | | | | | | | | | | | | | | | | | | | | | | | |
| | | | | | | | | | | | | | | | | | | | | | | | | | | |
| 合计 | | | | | | ¥ | 8 | 0 | 0 | 0 | 0 | 0 | 0 | 0 | | | | ¥ | 8 | 0 | 0 | 0 | 0 | 0 | 0 | 0 |

附单据　张

会计主管：钱庄　记账：陈华　出纳：孙广春　审核：李明　制单：赵丽

**图15—2　记账凭证**

威海制造有限公司净资产为3 100万元，本年净利润为600万元，公司决定，将以前年度未分配利润中的300万元和本年度净利润600万元，合计900万元，向股东以现金形式分配利润(出资比例为60%)，记账凭证如图15—3所示。

**记账凭证**

2015年12月31日　　　　字第365号

| 摘要 | 会计科目 | | 记账 | 借方金额 | | | | | | | | | | | 记账 | 贷方金额 | | | | | | | | | | |
|---|---|---|---|---|---|---|---|---|---|---|---|---|---|---|---|---|---|---|---|---|---|---|---|---|---|---|
| | 总账科目 | 明细科目 | √ | 亿 | 千 | 百 | 十 | 万 | 千 | 百 | 十 | 元 | 角 | 分 | √ | 亿 | 千 | 百 | 十 | 万 | 千 | 百 | 十 | 元 | 角 | 分 |
| 确认投资收益 | 应收股利 | | | | | 5 | 4 | 0 | 0 | 0 | 0 | 0 | 0 | 0 | | | | | | | | | | | | |
| | 投资收益 | 威海制造有限公司 | | | | | | | | | | | | | | | | 3 | 6 | 0 | 0 | 0 | 0 | 0 | 0 | 0 |
| | 长期股权投资 | 威海制造有限公司 | | | | | | | | | | | | | | | | 1 | 8 | 0 | 0 | 0 | 0 | 0 | 0 | 0 |
| | | | | | | | | | | | | | | | | | | | | | | | | | | |
| | | | | | | | | | | | | | | | | | | | | | | | | | | |
| | | | | | | | | | | | | | | | | | | | | | | | | | | |
| 合计 | | | | | ¥ | 5 | 4 | 0 | 0 | 0 | 0 | 0 | 0 | 0 | | | ¥ | 5 | 4 | 0 | 0 | 0 | 0 | 0 | 0 | 0 |

附单据　张

会计主管：钱庄　记账：陈华　出纳：孙广春　审核：李明　制单：赵丽

**图15—3　记账凭证**

所附原始凭证略。

(4)对上述会计处理进行分析、确认。

①投资华能制造有限公司200万元，占注册资本的20%，对其有重大影响，采用权益法核算，符合《企业会计准则第2号——长期股权投资》的规定，但会计核算错误。《企业会计准则

第2号——长期股权投资》第10条规定:“投资企业取得长期股权投资后,应当按照应享有或应分担的被投资单位实现的净损益的份额,确认投资损益并调整长期股权投资的账面价值。投资企业按照被投资单位宣告分派的利润或现金股利计算应分得的部分,相应减少长期股权投资的账面价值。”

被投资单位本年实现净利润500万元,投资单位应按出资比例计算应享有的份额,即100万元(500×20%),计入投资收益并调整长期股权投资账面价值;被投资单位宣告分派股利应分得的80万元也应减少长期股权投资账面价值。调整分录如下:

借:长期股权投资——华能制造有限公司　　200 000

　　贷:投资收益　　200 000

②投资于威海制造有限公司1 200万元,占注册资本的60%,对其实施控制,采用成本法核算,符合《企业会计准则第2号——长期股权投资》的规定,但会计核算错误。《企业会计准则解释第3号》规定:“采用成本法核算的长期股权投资,投资企业应当按照享有该投资单位宣告发放的现金股利或利润确认投资收益,不再划分是否属于投资前和投资后被投资单位实现的净利润。”

即投资分得利润540万元,全部计入投资收益。调整分录如下:

借:长期股权投资——威海制造有限公司　　1 800 000

　　贷:投资收益　　1 800 000

长期股权投资审计工作底稿如表15—7所示。

**表15—7　　长期股权投资审计工作底稿**

| 被审计单位名称 | | 编制人 | | 时间 | 年　月　日 |
|---|---|---|---|---|---|
| 审计截止日 | | 复核人 | ×× | 时间 | 年　月　日 |
| 基本事实 | 华能制造有限公司宣告分派利润80万元计入投资收益,会计核算错误;威海制造有限公司宣告分派利润540万元,将其中的180万元冲减长期股权投资成本,会计核算错误 | | | | |
| 审计依据 | 《企业会计准则第2号——长期股权投资》《企业会计准则解释第3号》 | | | | |
| 审计结论 | 1. 华能制造有限公司宣告分派利润80万元计入投资收益,违背《企业会计准则第2号——长期股权投资》第10条规定;应当按照享有或应分担的被投资单位实现的净损益的份额,确认投资损益并调整长期股权投资的账面价值。投资企业按照被投资单位宣告分派的利润或现金股利计算应分得的部分,相应减少长期股权投资的账面价值<br>2. 威海制造有限公司宣告分派利润540万元,将其中的180万元冲减长期股权投资成本,违反了《企业会计准则解释第3号》的规定,即“采用成本法核算的长期股权投资,投资企业应当按照享有被投资单位宣告发放的现金股利或利润确认投资收益,不再划分是否属于投资前和投资后被投资单位实现的净利润”。 | | | | |
| 处理意见 | 调整分录如下:<br>借:长期股权投资——华能制造有限公司　200 000<br>　贷:投资收益　200 000<br>借:长期股权投资——威海制造有限公司　1 800 000<br>　贷:投资收益　1 800 000 | | | | |

**(二)交易性金融资产的审计**

交易性金融资产是指企业为了近期内出售而持有的金融资产,主要包括从二级市场购入的股票、债券和基金等。持有交易性金融资产的目的是为了从事短期获利活动。

**【例 15－6・案例】** 红星集团公司审计人员刘洋对所属子公司 2015 年交易性金融资产的内部控制进行审计,审计采用问卷、调查、询问、测试、核对等方法进行。具体程序如下:

(1)获取交易性金融资产及与之有关的内部控制制度书面资料,审核发现内部控制制度不完善,有些岗位和环节无内部控制制度。

(2)问卷调查。通过调查发现,该公司内部控制制度不完善,需进一步改善。内部控制调查表略。

(3)获取股票、债券及基金等交易流水单及被审计单位证券投资部门的交易记录,与明细账核对,检查会计记录是否完整、会计处理是否正确。交易流水单显示:2015 年 3 月 5 日买入 A 股票 10 万股,金额 89 万元,手续费 4 450 元;4 月 10 日买入 B 股票 5 万股,金额 67 万元,手续费 3 350 元,会计记录与交易流水单相符,会计处理正确,未发生其他交易记录。

审计人员认为,购买股票后约 9 个月没有发生交易很不正常,所以重点关注被审计单位提供的交易流水单是否完整,是否存在交易未记录。到交易所有关单位了解发现,2015 年 7 月 9 日发生 2 笔交易,7 月 25 日发生 3 笔交易,扣除交易税,共获利 12.3 万元,于 2015 年 12 月 25 日从账户中提出,以上账目均无记录。

(4)获取、编制交易性金融资产明细表,复核加计是否正确,并与报表数、总账数和明细账合计数核对是否相符,经核对相符。

(5)对期末结存的相关交易性金融资产,向被审计单位核实其持有目的,检查本科目核实范围是否恰当。

(6)监盘库存交易性金融资产,并与相关账户余额进行核对,如有差异,应查明原因,并做出记录或进行适当的调整。

(7)向相关金融机构发函询证交易性金融资产期末数量以及是否存在变现限制。

(8)审核交易性金融资产增减变动的相关凭证,检查其原始凭证是否完整合法,会计处理是否正确。

(9)检查期末计量是否正确。经检查,2015 年 12 月 31 日,A 股票市价为 60 万元,B 股票市价为 45 万元,未按公允价值做账务处理。公允价值变动:A 股票为 29 万元(89－60),B 股票为 22 万元(67－45)。

**(三)持有至到期投资的审计**

持有至到期投资的特点为到期日固定、回收金额固定或可确定,即相关合同明确了投资者在确定的期间内获得或收取现金流量的金额和时间;有明确的意图持有至到期,除非遇到一些企业所不能控制、预期不会重复发生且难以合理预计的独立事件,否则将持有至到期。持有至到期投资一般只包括债券,如果企业持有目的发生变化或持有能力发生改变,不打算将其持有至到期,应当对其进行重分类为可供出售金融资产,并以公允价值进行后续计量。

一般情况下,持有至到期投资在审计年度内发生的业务较少,不注重内部控制制度的建设,因此在会计核算上容易出现错误,从而对会计报告的公允性产生影响。针对上述特点,在对持有至到期投资进行审计时,如果审计年度发生的业务较少,可以采用详查的方法进行审计,审计重点主要是取得投资的成本、溢价和折价的摊销、利息的核算以及账务处理。审计程序如下:

(1)获取持有至到期投资的内部控制制度书面资料。

(2)问卷调查。

(3)获取或编制持有至到期投资明细表,复核加计是否正确,并与总账和明细账合计数核对。

(4)获取持有至到期投资对账单,与明细账核对,并检查其会计处理是否正确。

(5)检查库存持有至到期投资并与账面余额进行核对,如有差异,应查明原因,并做出记录或进行适当调整。

(6)对期末结存的持有至到期投资资产,核实被审计单位持有的目的和能力,检查本科目核算范围是否恰当。

(7)结合"投资收益"科目,复核处置持有至到期投资的损益计算是否准确,已计提的减值准备是否同时结转。

(8)检查当持有目的改变时,持有至到期投资划转为可供出售金融资产的会计处理是否正确。

(9)结合"银行借款"等科目,了解是否存在已用于债务担保的持有至到期投资。

(10)确定持有至到期投资的列报是否恰当,注意一年内到期的持有至到期投资是否已重分类至一年内到期的非流动资产。

**(四)应收利息的审计**

一般情况下,除金融企业外,应收利息的业务量不大,审计时可结合交易性金融资产、可供出售金融资产和持有至到期投资的审计一并进行,不需要单独对其进行审计,审计的重点是应收利息的确认和计量以及利息调整的摊销。

**(五)应收股利的审计**

应收股利是指企业因股权投资而应收取的现金股利以及应收其他单位的利润,包括企业购入股票实际支付的款项中所包含的已宣告发放但尚未领取的现金股利和企业因对外投资应分得的现金股利或利润等,但不包括应收的股票股利。一般情况下,应收股利业务较少,审计可与长期股权投资、可供出售金融资产和交易性金融资产的审计一同进行。

## 思考与实训

**一、思考题**

1. 资金管理的内部控制包括哪些内容?
2. 资金管理的控制测试包括哪些程序?
3. 资金管理的实质性程序包括哪些主要内容?
4. 短期借款与长期借款的审计目标及审计程序是什么?
5. 资本公积与盈余公积的审计目标及审计程序是什么?

**二、实训题**

(一)判断题

1. 在测试Y公司投资业务的内部控制时,为了确保投资业务不相容职务的相互分离,注册会计师应采用观察与询问的方法确定Y公司投资预算的编制与投资业务的记录两项职务是否由不同的人员分别担任。( )

2. 按照《企业会计制度》的规定,企业应将因外币借款而发生的汇兑差额列入资本公积,不能按借款费用处理。( )

3. 审查V公司的持有至到期投资时，注册会计师应结合“银行借款”等科目，了解是否存在已用于债务担保的持有至到期投资。如有，则应取证并做相应的记录，同时提请被审计单位做恰当披露。（　　）

4. 长期股权投资的可收回金额低于其账面价值的，应当将长期股权投资的账面价值减记至可收回金额，减记的金额确认为长期股权投资减值损失，计入当期损益，同时计提相应的长期股权投资减值准备。长期股权投资减值损失一经确认，在以后会计期间不得转回。（　　）

5. 复核投资收益时，应以期末被投资单位各项可辨认资产等的公允价值为基础，对被投资单位的净利润进行调整后加以确认。（　　）

6. 如果被投资单位采用的会计政策及会计期间与被审计单位不一致，注册会计师应当建议按照被审计单位的会计政策及会计期间对被投资单位的财务报表进行调整，据以确认投资收益。（　　）

7. 注册会计师在审查公开发行股票的公司已发行的股票是否真实、是否已收到股票时，应向主要股东函证。（　　）

8. 长期借款形成后，在偿还期限内，很少发生变动。如果审计年度内长期借款没有发生变动，注册会计师可以省略相关的审计程序。（　　）

9. 为确定“应付债券”账户期末余额的合法性，注册会计师应直接向债权人及债券的承销人或包销人进行函证。（　　）

10. 在对长期债权投资项目进行实质性测试时，注册会计师应查实被审计单位每期投资收益是否等于应计利息与溢价摊销额之和或折价摊销额之差。（　　）

（二）单项选择题

1. 注册会计师在了解W公司筹资与投资循环内部控制后，准备对W公司投资业务的内部控制进行测试，以验证所有投资账面余额均是存在的，执行的主要程序有（　　）。

A. 获取或编制投资明细表，复核加计并与合计数核对相符

B. 索取投资的授权批准文件，检查权限是否恰当、手续是否齐全

C. 向被投资单位函证投资金额、持股比例及发放股利情况

D. 检查年度内投资增减变动的原始凭证

2. 为确保被审计单位投资业务的增减变动及其收益均已登记入账，注册会计师最希望被审计单位实施（　　）的控制措施。

A. 投资业务的会计记录，与授权、执行、保管等方面有明确的职责分工

B. 由内部审计人员定期盘点证券投资资产

C. 对投资业务采用符合会计制度规定的核算方法

D. 投资明细账与总账的登记职务分离

3. 被审计单位为了达到其对投资业务的完整性控制目标，最好应规定并依据下列控制措施中的（　　）。

A. 明确投资业务的授权、执行、记录、保管等职责分工

B. 与被投资单位签订合同、协议，并获取其出具的投资证明

C. 将记录投资明细账与记录总账的职务实施严格的分离

D. 由内部审计人员或其他独立人员定期盘点证券投资资产

4. 关于筹资与投资循环的审计，下列说法中不正确的是（　　）。

A. 审计年度内筹资与投资循环的交易数量较少，所以，漏计或不恰当地对每笔业务进行会计处理对财务报表影响不大

B. 审计年度内筹资与投资循环每笔交易的金额通常较大

C. 漏计或不恰当地对每笔业务进行会计处理将导致重大错误，从而对企业财务报表的公允反映产生较大的影响

D. 筹资与投资循环交易必须遵守国家法律法规和相关契约的规定

5. A注册会计师拟对H公司与借款活动相关的内部控制进行测试，下列程序中不属于控制测试程序的

是(　　)。

A. 索取借款的授权批准文件,检查批准的权限是否恰当、手续是否齐全

B. 观察借款业务的职责分工,并将职责分工的有关情况记录于审计工作底稿中

C. 计算短期借款、长期借款在各个月份的平均余额,选取适用的利率匡算利息支出总额,并与账务费用等项目的相关记录核对

D. 抽取借款明细账的部分会计记录,按从原始凭证到明细账再到总账的顺序核对有关会计处理过程,以判断是否合规

6. 如果P公司固定资产的购建活动发生非正常中断,并且中断时间连续超过(　　),则P公司应当暂停借款费用的资本化,将其确认为当期费用,直至资产的购建活动重新开始。

A. 1年　　B. 3个月　　C. 半年　　D. 2年

7. T注册会计师在审计W公司持有目的改变的持有至到期投资时,下列(　　)程序最具有针对性。

A. 核实被审计单位持有的目的和能力,检查本科目核算范围是否恰当

B. 向相关金融机构发函询证持有至到期投资期末数量,并记录函证过程

C. 检查持有至到期投资划转为可供出售金融资产的会计处理是否正确

D. 结合"投资收益"科目,复核处置持有至到期投资的损益计算是否准确,已计提的减值准备是否同时结转

8. 注册会计师发现被审计单位于2013年1月1日将一幢商品房对外出租并采用公允价值模式计量,租期为3年,每年12月31日收取租金100万元。出租时,该幢商品房的成本为2 000万元,公允价值为2 200万元。2013年12月31日,该幢商品房的公允价值为2 150万元。长江公司2013年应确认的公允价值变动损益为(　　)万元。

A. 损失50　　B. 收益150　　C. 收益150　　D. 损失100

9. 按照会计准则规定,下列说法中正确的是(　　)。

A. 投资企业对子公司的长期股权投资,应当采用成本法核算,编制合并财务报表时按照权益法进行调整

B. 投资企业对子公司的长期股权投资应采用权益法核算

C. 投资企业对子公司的长期股权投资既可以采用权益法核算,也可以采用成本法核算

D. 投资企业对子公司的长期股权投资应按公允价值核算

10. 关于可供出售金融资产的实质性测试,下列说法中错误有(　　)。

A. 向相关金融机构发函询证可供出售金融资产期末数量,并记录函证过程,取得回函时应当检查相关签章是否符合要求

B. 注意出售可供出售金融资产时相应的资本公积有无调整

C. 如果可供出售金融资产的公允价值发生较大幅度下降,并且预期这种下降趋势属于非暂时性的,应当检查被审计单位是否计提资产减值准备,计提金额和相关会计处理是否正确

D. 已确认减值损失的可供出售金融资产,当公允价值回升时,债券等债务工具和股票等权益工具应从资本公积转回,不得从当期损益转回

(三)多项选择题

1. 注册会计师在了解W公司筹资与投资循环内部控制后,准备对W公司投资业务的内部控制进行测试,以验证投资增减变动及其投资均已经登记入账,执行的主要程序有(　　)。

A. 观察并描述筹资业务职责分工

B. 了解债券持有人明细资料的保管制度,检查被审计单位是否与总账或外部机构核对

C. 检查年度内借款增减变动的原始凭证

D. 检查授权批准手续是否完备,入账是否及时准确

2. 为证实被审计单位是否存在未入账的长期负债业务,注册会计师可选用(　　)程序进行测试。

A. 函证银行存款余额的同时函证负债业务

B. 分析财务费用，确定付款利息是否异常的高

C. 向被审计单位索取债务声明书

D. 审查年内到期的长期负债是否列示在流动负债类项目下

3. 注册会计师在实施借款业务的实质性程序时，无论是短期借款还是长期借款，其均应实施的实质性程序是（　　）。

A. 评估被审计单位的信誉状况和融资能力

B. 向银行或其他债权人寄发询证函

C. 检查非记账本位币折合记账本位币采用的汇率是否正确

D. 检查一年内到期的长期借款是否转列为流动负债

4. 助理人员正在对关于长期股权投资的工作底稿进行复核，则下列说法中正确的有（　　）。

A. 投资企业对于被投资单位除净损益以外所有者权益的其他变动，应当调整长期股权投资的账面价值并计入当期损益

B. 投资企业按照被投资单位宣告分派的利润或现金股利计算应分得的部分，相应减少长期股权投资的账面价值

C. 投资企业确认被投资单位发生的净亏损，应当以长期股权投资的账面价值以及其他实质上构成对被投资单位净投资的长期权益减记至零为限，投资企业负有承担额外损失义务的除外

D. 投资企业在确认应享有被投资单位净损益的份额时，应当以取得投资时被投资单位各项可辨认资产等的公允价值为基础，对被投资单位的净利润进行调整后确认

5. 下列项目中，投资企业不应确认为投资收益的有（　　）。

A. 成本法核算被投资企业接受实物资产捐赠

B. 成本法核算被投资企业宣告的股利属于投资后实现的净利润

C. 权益法核算被投资企业宣告发放股票股利

D. 权益法核算被投资企业宣告发放现金股利

6. H 注册会计师负责对 C 公司 2015 年度财务报表进行审计。在对 C 公司的筹资和投资循环实施审计程序时，H 注册会计师计划测试 C 公司 2015 年年末长期借款余额的完整性。以下审计程序中，可能实现该审计目标的有（　　）。

A. 了解银行对 C 公司的授信情况

B. 检查长期银行借款明细表中本年新增借款的银行进账单

C. 向提供长期银行借款的银行寄发银行询证函

D. 重新计算并分析 2015 年度长期借款利息

7. 被审计单位设定的下列（　　）内部控制措施有助于其达到确保投资的计价方法和期末余额正确的控制目标。

A. 按每一种证券分别设立明细账，详细记录相关资料

B. 核算方法符合会计制度和会计准则的规定

C. 检查长期股权投资的核算方法是否符合规定

D. 由独立人员定期盘点证券投资资产

8. H 注册会计师计划测试 C 公司 2015 年年末银行长期借款余额的完整性。以下审计程序中，可能实现该审计目标的有（　　）。

A. 了解银行对 C 公司的授信情况

B. 检查长期银行借款明细账中本年新增借款的银行进账单

C. 向提供长期银行借款的银行寄发银行询证函

D. 重新计算并分析 2015 年度长期借款利息

9. 注册会计师审查企业长期借款抵押资产时，应查明（　　）。

A. 抵押资产的所有权是否属于企业

B. 抵押资产的价值状况与抵押契约是否一致

C. 抵押资产的账面原值是否属实

D. 抵押资产的情况是否在资产负债表附注中予以披露

10. 注册会计师李明在检查 ABC 公司本期财务费用时，比较本期各月财务费用，发现下半年财务费用明显比上半年增加。下列情况中能解释这一现象的有(　　)。

A. ABC 公司在当期 6 月份采用分期付款的方式购买了一批商品

B. 9 月份公司账面显示为扩大生产线融资租入一台设备

C. 由于下半年资金短缺，ABC 公司不再享受供应商的现金折扣政策

D. 由于次年需要增加进口原料采购量，公司借入较多的外汇

(四)综合题

某注册会计师和一位助理人员对某公司 2015 年 12 月 31 日会计报表进行审计。该公司用剩余现金购置了数量较大的长期投资有价证券，存放于当地某银行的保险箱，并规定只有公司总经理或财务部经理可以开启保险箱。由于 12 月 31 日公司的总经理和财务经理不能陪同去银行盘点有价证券，经约定，2016 年 1 月 11 日由助理审计人员和财务经理一同去银行盘点。

要求：

(1)假定该助理人员以前未进行过有价证券盘点，该注册会计师应要求其在盘点时执行哪些审计步骤？

(2)假定该助理人员盘点后得知，公司财务经理于 2016 年 1 月 4 日曾开启保险箱，并声称，开启保险箱是为了查阅一份文件。由于财务经理的上述行动，该注册会计师应增加哪些审计程序？

# 第十六章　货币资金审计

## 学习目标

了解货币资金内部控制及审查；掌握货币资金主要账户的审计；掌握货币资金其他账户的审计。

## 引导案例

**天一科技股份有限公司的现金陷阱**

2004年，国家审计署特派办对某会计师事务所2003年度审计业务质量进行检查时发现，该所连续5年出具无保留意见审计报告的天一科技股份有限公司（以下简称天一科技）疑点较多。天一科技前身为地方国有农机制造企业，主营业务为泵类、油田输油设备、电气自动控制设备的制造和销售，于1999年在深圳证券交易所挂牌上市，誉称国内泵业第一股。特派办经过对天一科技的重点延伸检查发现：该公司与当地的开户银行相互串通，伪造银行存款对账单，并给会计师事务所出具虚假的询证回函，欺骗会计师事务所。根据特派办反映的天一科技巨额资金账外运作形成银行存款空洞的情况，国务院组成了由证监会牵头的联合调查组。调查显示：天一科技主要采用银行借款不入账等方法，造成资产、负债、利润均不实。该公司虚假披露2003年年度报告，虚构税前利润6 353.86万元；虚假披露募集资金项目投资规模2 926万元；虚假披露2004年半年度报告，虚构税前利润1 575.89万元；虚增存货、无形资产和应收账款等资产项目合计6 571.7万元；隐瞒控股子公司，不披露也不合并会计报表；未披露累计投入5.6亿元进行股票投资。在深交所和证监局的介入下，天一科技的财务"黑洞"越揭越大，发现其资金账务体外循环高达2.4亿元。截至2004年12月30日，公司第一大股东占用公司资金余额为1.77亿元，公司累计用账外资金投资股票金额为3 411万元。2005年，天一科技因连续亏损被特别处理，并受到行政处罚。

资料来源：http://bbs.tianya.cn/post－828－1139054－1.shtml。

## 第一节　库存现金审计

库存现金是指企业为了满足经营过程中小额支付需要而保留的现金。现金是企业流动性最强的资产，尽管其在企业资产总额中所占的比重不大，但企业发生的舞弊事件大多与现金有关，因此，审计人员应该重视库存现金的审计。

## 一、库存现金审计的目标

(1)确定被审计单位资产负债表的货币资金项目中的库存现金是否确实存在，是否被审计单位所拥有；

(2)确定被审计单位在特定期间内发生的现金收支业务是否均已记录完毕，有无遗漏；

(3)确定库存现金余额是否正确；

(4)确定库存现金在财务报表上的显示是否恰当。

## 二、库存现金的内部控制

库存现金内部控制调查表如表16－1所示。

表16－1　　库存现金内部控制调查表

| 被审计单位名称 | ××部门 | 日期 | | 索引号 | |
|---|---|---|---|---|---|
| 审计项目名称 | 库存现金内部控制调查 | 编制人 | ××× | | |
| 会计期间或截止日 | 20××年度 | 复核人 | ×× | 页次 | |
| 问　题 | | 是 | 否 | 不适用 | 备注 |
| 1. 收付是否有审批手续 | | | | | |
| 2. 是否存在白条抵库 | | | | | |
| 3. 出纳是否兼审核、会计档案保管及收支、费用、债权债务账目登记 | | | | | |
| 4. 库存现金是否置于安全位置，并规定保管责任 | | | | | |
| 5. 用于结算的印章是否分开保管 | | | | | |
| 6. 现金日记账是否定期与总账核对，不一致时及时查找原因 | | | | | |
| 7. 现金日记账是否做到日清月结 | | | | | |
| 8. 零星支出是否掌握在1 000元以下 | | | | | |
| 审计结论： | | | | | |

## 三、库存现金的审计

### (一)现金收付凭证的审查

企业现金收付业务频繁，审计工作量大，一般在实际审查中采用抽查法，重点针对金额较大的收支款项进行抽查。审查中主要应查证现金收付业务的真实性、合理性及合法性，以揭露现金收付业务中的错弊行为。

1. 现金收入业务的审查

现金收入凭证主要是本单位自制的单据或发票，审查时重点应注意有无私开收据和隐匿销货款等错弊情况。审查要点如下：

(1)审查已使用的收据或发票存根，检查其是否连号，作废的发票是否保留齐全，是否加盖“作废”戳记。

(2)审查空白收据或发票是否由专人保管，有无丢失的情况。

(3)审查收据或发票开出的日期与入账日期是否接近,有无间隔期间太长的情况,防止挪用或贪污公款。

(4)审查同一号码的发票和收据的正副联记载的内容是否相同,有无不一致的并从中贪污的情况。

(5)审查收据和发票存根是否全部入账,有无隐匿收入、私设“小金库”的情况。

2. 现金付出业务的审查

现金付出业务中一般主要涉及外来的购货发票和收据,在审查时应注意以下事项:

(1)审查发票及收据是否符合法定要求,用途与名称是否相符,印章是否齐全。

(2)审查出具单位是否存在,有无虚构的情况。

(3)审查接受单位名称与被审计单位是否相符,填制日期与付款日期是否相近。

(4)审查填制单位手续、签章是否齐全,付款印章是否清晰。

(5)审查单据所列内容是否明确,数量、单价及金额计算是否正确,有无涂改现象。

**(二)现金日记账的审查**

核对现金日记账与总账余额是否相符,是测试现金余额的起点。如果有不相符的情况要查明原因,并予以记录或做适当调整。审查要点如下:

1. 审查财务记录是否符合会计制度的要求。包括账证是否相符,入账日期是否相符,摘要是否清楚等。

2. 审查现金日记账余额、小计、合计数的正确性。

3. 审查现金日记账有无每天结算余额,是否存在超过规定库存限额的情况。

4. 审查对应科目账户记录。

**【例 16—1·案例】** 审计人员审查 2015 年现金日记账时发现 2015 年 1 月 1 日的现金日记账余额为 5 000 元,银行对其核定的库存现金限额为 6 000 元。下面为该公司 2015 年 1 月现金日记账的一部分,如表 16—2 所示。

**表 16—2** **现金日记账** 单位:元

| 2015 年 | | 凭证字号 | 摘要 | 对方科目 | 借 方 | 贷 方 | 余 额 |
|---|---|---|---|---|---|---|---|
| 月 | 日 | | | | | | |
| 1 | 1 | | 上年结转 | | | | 5 000.00 |
| | 1 | 1 | 提取现金 | (略) | 2 000.00 | | 7 000.00 |
| | 1 | 3 | 出差借款 | | | 2 000.00 | 5 000.00 |
| | 9 | 22 | 采购原材料 | | | 2 500.00 | 2 500.00 |
| | 15 | 43 | 销售产品 | | 3 000.00 | | 5 500.00 |
| | 17 | 46 | 支付材料运费 | | | 500.00 | 5 000.00 |
| | 21 | 55 | 报销差旅费 | | | 1 800.00 | 3 200.00 |
| | 21 | 58 | 提取现金 | | 2 000.00 | | 5 200.00 |
| | 22 | 65 | 李明力借款 | | | 1 000.00 | 4 200.00 |
| | 23 | 68 | 出售原材料 | | 1 200.00 | | 5 400.00 |

要求：请指出该公司现金收付业务中存在的问题。

分析要点：

(1)该公司现金日记账按凭证编号顺序逐笔登记，每日结算余额、库存余额均未超过银行核定的限额，符合有关规定。

(2)现金收付业务中存在的问题。

①超出规定的结算范围或限额收取现金，例如1月15日销售产品收取现金3 000元、1月23日出售原材料1 200元。

②超出规定的结算范围或限额支取现金，例如1月9日采购原材料2 500元、1月17日支付材料运费500元。

**(三)现金实有数的审查**

对现金进行实地盘点，是用以查明现金是否存在、账实是否相符的一项重要程序。其盘点范围通常包括被审计单位已收到尚未存入银行的现金、零用金、找换金等其他库存有价物品。实施盘点时的主要步骤及要求如下：

1. 制定适当的现金盘点程序。

2. 选择合理的盘点时间，实施突击盘点。盘点的时间一般选择在上午上班前或下午下班后，采用突击方式进行。盘点前应将全部现金集中存入保险柜，必要时可加以封存。若被审计单位现金存放部门有几处，应同时进行盘点。

3. 实施盘点的人员应包括审计人员、现金出纳及财务主管。三方人员同时在场时执行盘点工作，由审计人员进行监盘。若有人需要离开，则应暂时封存现金，等三方同时在场再继续盘点。

4. 检查现金日记账，并与现金收付款凭证进行核对。确认现金日记账的记录与凭证的内容、金额及日期是否相符，确定盘点日现金账面结存余额。

5. 盘点现金实存数，编制库存现金监盘点表。在监盘表上将盘点的结果分币种、面值进行列示，并结出盘点实存数，要求参与盘点的人员均予以签章。

6. 盘点实存数与现金日记账余额相核对。核对以实际盘点数为基础，调整后与现金日记账余额核对。调节公式如下：

现金盘点实存数＝现金日记账余额＋已收款未入账凭证－已付款未入账凭证－白条抵库数额

在盘点过程中，还应注意企业是否严格执行了现金管理制度，有无超过库存现金限额，有无存在以白条抵库、挪用公款、私设“小金库”以及贪污舞弊等问题。若有此类问题，应在盘点表中予以反映，并对相关人员进行询问和调查。

## 第二节　银行存款审计

银行存款是企业存放在银行或其他金融机构的货币资金。按照国家有关规定，凡是独立核算的企业都必须在当地银行开设账户。企业在银行开设账户以后，除按规定的限额保留库存现金外，超过限额的现金必须存入银行；除了在规定的范围内可以用现金直接支付的款项外，在经营过程中所发生的一切货币收支业务，都必须通过“银行存款”账户进行核算。

## 一、银行存款审计的目标

(1)确定被审计单位资产负债表中的银行存款在资产负债表日确实存在,是否为被审计单位所拥有。

(2)确定被审计单位在特定期间发生的银行存款收支业务是否均已记录完毕,有无遗漏。

(3)确定银行存款的余额是否正确。

(4)确定银行存款在财务报表上的披露是否恰当。确定被审计单位在特定期间内发生的现金收支业务是否均已记录完毕,有无遗漏。

## 二、银行存款的内部控制

银行存款内部控制调查表如表16－3所示。

表16－3　　银行存款内部控制调查表

| 被审计单位名称 | ××部门 | 日期 | | 索引号 | |
|---|---|---|---|---|---|
| 审计项目名称 | 银行存款内部控制调查 | 编制人 | ××× | | |
| 会计期间或截止日 | 20××年度 | 复核人 | ×× | 页次 | |
| 问　题 | | 是 | 否 | 不适用 | 备注 |
| 1. 是否按不同银行账号开设银行存款日记账,严格遵守结算纪律 | | | | | |
| 2. 是否不存在出租、出借账户 | | | | | |
| 3. 银行存款日记账是否定期与总账核对,不一致时及时查找原因 | | | | | |
| 4. 是否及时核对银行对账单,编制银行存款余额调节表,未达账项是否及时查找原因并进行处理 | | | | | |
| 5. 支票的保管、授权及签发是否分别由不同的人员分工办理 | | | | | |
| 审计结论: | | | | | |

## 三、银行存款的审计

### (一)银行存款收付凭证的审查

对于银行存款收付业务的真实性、正确性和合法合规性的审查,主要是通过抽查银行存款收付款凭证及原始凭证来完成,其审查内容与现金审计相似,应关注的重点如下:

(1)审查银行存款收付是否属于本单位的营业范围;

(2)审查银行存款收付有无异常现象、有无虚收虚付和收付不入账的情况。

### (二)银行存款日记账的审查

主要审查各收付凭证过账是否正确无误,借贷方向、金额、日期等是否正确,并核对银行存款日记账与有关总分类账、明细账、报表的记录是否相符。

### (三)取得并检查银行存款余额调节表

银行存款实有额的审查,不能像现金一样通过实物盘点来进行,而只能通过与开户银行的核对来验证。检查银行存款余额调节表是证实资产负债表中所列银行存款是否存在的重要程序。银行存款余额调节表可由审计人员自己编制,也可由被审计单位编制。应当注意的是,调节后对账单与账面数相符，并不意味着没有错误存在，还应将银行存款日记账与银行对账单一一核对。注意以下几种情况：

1. 对账单中有而日记账上无的款项。如果不是未达账项，则是漏记，可能存在错弊的情况。

2. 对账单中无而日记账上有的款项。如果不是未达账项，则可能是假账，尤其是反映收入数时，更有弄虚作假的可能。

3. 记账日期颠倒。凡银行收款的业务必然银行先记账，企业后记账；反之，则必然企业先记账，银行后记账。核对时，若发现日期颠倒事项，应注意是否存在挪用或弄虚作假的情况。

4. 银行对账单上短期内出现一收一付金额相同的账项，而日记账上无记录。如刚收到甲公司汇款，几天后又汇给乙公司，或存入转账支票接着又全数提现等，应查明企业是否存在转移或套取现金，以及出租、出借账户的情况。

5. 长期挂账的未达账项，需查明原因。

**【例 16－2·案例】** 审计人员审查某公司 2015 年 1 月份银行存款日记账的收支业务，该公司银行存款日记账、银行对账单情况如表 16－4 与图 16－1 所示。

要求：

(1)编制银行存款余额调节表。

(2)审计人员审计后确认该账户银行存款日记账余额是否正确。

(3)分析公司在银行存款方面可能存在的问题。

**表 16－4　　银行存款日记账**

| 2015 年 | | 凭证字号 | 摘　要 | 对方科目 | 借　方 | 贷　方 | 余　额 |
|---|---|---|---|---|---|---|---|
| 月 | 日 | | | | | | |
| 1 | 1 | | 上年结转 | | | | 142 560.00 |
| | 4 | 46 | 购买材料 | | | 3 510.00 | 139 050.00 |
| | 9 | 47 | 购买材料 | | | 46 800.00 | 92 250.00 |
| | 15 | 49 | 支付广告费 | | | 2 000.00 | 90 250.00 |
| | 21 | 51 | 收到销货款 | | 25 500.00 | | 115 750.00 |
| | 25 | 52 | 提取现金 | | | 4 950.00 | 110 800.00 |
| | 29 | 54 | 收到销货款 | | 64 000.00 | | 174 800.00 |

**银行对账单**

中国银行银企对账回执

机构名称:中国银行南岗支行　　机构地址:泰山市财源大街中段

账户对账单

机构名称:××股份有限公司　　出账日期:2015—2—01

客户地址:哈市西大街23号　　客户账号:27649785332673538

邮政编号:200017　　账页编号:08000002

上页余额:100 000.00

| 记账日期 | 传票日期 | 摘要 | 借方发生额 | 贷方发生额 | 余额 |
|---|---|---|---|---|---|
| 2015.01.03 | (略) | | | | 120 960.00 |
| 2015.01.06 | | 支付材料款 | 3 510.00 | | 117 450.00 |
| 2015.01.11 | | 支付材料款 | 46 800.00 | | 70 650.00 |
| 2015.01.15 | | 支付广告费 | 2 000.00 | | 68 650.00 |
| 2015.01.19 | | 销货 | | 2 000.00 | 70 650.00 |
| 2015.01.20 | | 采购 | 2 000.00 | | 68 650.00 |
| 2015.01.22 | | 提取现金 | 4 950.00 | | 63 7000.00 |
| 2015.01.29 | | 收销货款 | | 35 000.00 | 98 700.00 |
| 2015.01.31 | | 扣除借款利息 | 1 200.00 | | 97 500.00 |

本页余额:97 500.00

对账单中如出现错误或遗漏情况,请于收到的七日内通知我行,否则将视同此对账单无误。请妥善保管对账单,并当您的地址发生变更时,及时书面通知我行。

2015—02—01　　页号:1

**图16—1 原始凭证**

分析要点:

(1)编制银行存款余额调节表,如表16—5所示。

**表16—5　　银行存款余额调节表**

2015年2月15日

编制人:李丽　　日期:2015年2月16日　　索引号

复核人:杨扬　　日期:2015年2月16日　　页次

户别:××股份有限公司　　币别:人民币

项目

银行对账单余额(2015年1月31日)　　97 500.00

加:企业已收、银行尚未入账金额

　其中:1.25 500.00元

　　2.64 000.00元

减:企业已付、银行尚未入账金额

　其中:1.________元

　　2.________元

调整后银行对账单余额:187 000.00元

企业银行存款日记账金额(2015年1月31日):174 800.00元

加:银行已收、企业尚未入账金额

　其中:1.35 000.00元

续表

| |
|---|
| 2.2 000.00 元<br>减：银行已付、企业尚未入账金额<br>其中：1.1 200.00 元<br>2.2 000.00 元<br>调整后企业银行存款日记账金额(2015 年 1 月 31 日)：208 600.00 元 |
| 经办会计人员：张骅　　　　　　　会计主管：李明 |

(2)从银行存款余额调节表可以看出，经过未达账项调整后仍不符，倘若银行不存在问题，则该账户银行存款日记账余额不正确。

(3)可能存在的问题：存在记账错误；另外 12 月 20 日和 12 月 23 日收入和支出支票各一张，金额为 2 000 元，公司银行存款日记账上无此记录，可能出借银行账户。

**(四)函证银行存款余额**

银行存款余额函证是指审计人员在执行审计业务过程中，需要以被审计单位名义向有关单位发函询证，以验证被审计单位的银行存款是否真实、合法、完整。

银行存款余额函证的对象：(1)向被审计单位在本年度内存过款(含外埠存款、银行汇款、银行本票存款、信用证存款)的所有银行发函；(2)包括存款账户已结清的银行，即使银行存款为零，只要存在本期发生额，都应进行函证，因为有可能存款账户虽已结清，但仍有银行借款或其他负债存在；(3)虽然审计人员已直接从某一银行取得了银行对账单和所有已付支票，但仍应向该银行进行函证。

银行询证函应编制一式两份，经被审单位盖章后，由审计人员亲自寄发询证函，并要求银行将结果直接寄给审计人员。审计人员应向被审计单位的所有开户银行发函，即使年末存款余额为零的账户也要发函确认。在收到回函后，应对表中的疑问和未被证实的内容与银行取得联系，进一步确认。

## 第三节　其他货币资金审计

其他货币资金是指企业所拥有的除现金和银行结算户存款以外的货币资金，包括外埠存款、银行汇票存款、银行本票存款、信用卡存款、信用证保证金存款和存出投资款等。其他货币资金的具体审计内容因货币资金种类的不同而有所差异。

### 一、其他货币资金审计的目标

(1)确定被审计单位资产负债表中的其他货币资金在财务报表日是否确实存在，是否为被审计单位所拥有。

(2)确定被审计单位在特定期间内发生的其他货币资金收支业务是否均已记录完毕，有无遗漏。

(3)确定其他货币资金的余额是否正确。

(4)确定其他货币资金在财务报表上的披露是否恰当。

## 二、其他货币资金的内部控制

其他货币资金内部控制调查表如表16－6所示。

表16－6　　其他货币资金内部控制调查表

| 被审计单位名称 | ××部门 | 日期 | | 索引号 | |
|---|---|---|---|---|---|
| 审计项目名称 | 其他货币资金内部控制调查 | 编制人 | | ××× | |
| 会计期间或截止日 | 20××年度 | 复核人 | ×× | 页次 | |
| 问　题 | | 是 | 否 | 不适用 | 备注 |
| 1. 其他货币资金的收支是否有审批手续 | | | | | |
| 2. 其他货币资金是否妥善保管 | | | | | |
| 3. 其他货币资金的收支是否定期及时报账 | | | | | |
| 4. 银行汇票及本票的使用是否符合规定 | | | | | |
| 5. 其他货币资金的收支是否按规定的程序和权限办理 | | | | | |
| 6. 其他货币资金是否定期盘点、核对等 | | | | | |
| 审计结论： | | | | | |

## 三、其他货币资金的审计

### (一)外埠存款的审查

外埠存款是指企业为了到外地进行临时或零星采购，而汇往采购地银行开立采购专户的款项。该账户的存款不计利息、只付不收、付完清户，除了采购人员可从中提取少量现金外，一律采用转账结算。

外埠存款的审查要点如下：

(1)审查外埠存款余额是否真实，可通过函证加以验证；

(2)审查外埠存款的使用是否符合规定，有无擅自挪用的情况；

(3)审查外埠存款的各项支出是否定期及时报账；

(4)审查外埠存款的数额是否合理、有效。

### (二)银行汇票存款和银行本票存款的审查

银行汇票是指由出票银行签发的，由其在见票时按照实际结算金额无条件支付给收款人或者持票人的票据。银行汇票的出票银行为银行汇票的付款人。单位和个人各种款项的结算，均可使用银行汇票。银行汇票可以用于转账，注明“现金”字样的银行汇票也可以用于支取现金。

银行本票是指银行签发的，承诺自己在见票时无条件支付确定的金额给收款人或持票人的票据。单位和个人在同一票据交换区域需要支付的各种款项，均可使用银行本票。银行本票可以用于转账，注明“现金”字样的银行本票可以用于支取现金。

银行汇票存款及银行本票存款的审查要点如下：

(1)审查银行汇票存款及银行本票存款余额的真实性，可通过与银行对账加以验证；

(2)审查银行汇票及本票的使用是否符合规定；

(3)审查银行汇票的转让是否合规，有无挪作他用；

(4)审查银行汇票及本票余款是否及时入账。

**(三)信用卡存款的审查**

信用卡存款是指企业为取得信用卡而存入银行信用卡专户的款项。信用卡是银行卡的一种。信用卡按使用对象分为单位卡和个人卡；按信用等级分为金卡和普通卡；按是否向发卡银行交存备用金分为贷记卡和准贷记卡。

信用卡结算的基本规定如下：

(1)单位卡可申请若干张，持卡人不得出租或转借信用卡。

(2)单位卡账户的资金一律从其基本存款账户转账存入，不得交存现金，不得将销货收入的款项存入其账户。

(3)单位卡不得支取现金，不得用于10万元以上的商品交易、劳务供应款项的结算。

(4)信用卡在规定限额和期限内允许善意透支，金卡单笔透支额最高不超过10 000元，普通卡单笔透支额最高不超过5 000元，透支期限最长为60天。目前，透支利息自签单日或银行记账日起15日内按日息万分之五计算；超过15日按日息万分之十计算；超过30日或透支金额超过规定限额的，按日息万分之十五计算。透支计算不分段，按最后期限或者最高透支额的最高利率档次计息。超过规定限额或规定期限，并且经发卡银行催收无效的透支行为称为恶意透支。持卡人使用信用卡不得发生恶意透支。

信用卡存款的审查要点如下：

(1)审查信用卡存款余额是否真实，可通过与银行对账加以验证；

(2)审查信用卡存款的使用是否符合规定，有无擅自挪用的情况；

(3)审查信用卡存款的各项支出是否及时报账；

(4)审查信用卡存款的数额是否合理、有效。

**(四)信用证保证金存款的审查**

信用证保证金存款是指采用信用证结算方式的企业为开具信用证而存入银行信用证保证金专户的款项。企业向银行申请开立信用证，应按规定向银行提交开证申请书、信用证申请人承诺书和购销合同。

信用证保证金存款的审查要点如下：

(1)审查信用证保证金存款余额是否真实，可通过函证加以验证；

(2)审查信用证保证金存款的使用是否符合规定，有无擅自挪用的情况；

(3)审查信用证保证金存款的各项支出是否及时报账；

(4)审查信用证保证金存款的数额是否合理、有效。

**(五)存出投资款的审查**

存出投资款是指企业已存入证券公司但尚未进行投资的资金。存出投资款的审查要结合短期投资项目来进行，审查要点如下：

(1)审查存出投资款余额是否真实，可通过资金对账单或函证加以验证；

(2)审查存出投资款的使用是否符合规定，有无擅自挪用的情况；

(3)审查存出投资款的各项支出是否及时报账；

(4)审查存出投资款的数额是否合理、有效。

**【例 16—3 · 案例】** 审计人员审阅外埠存款明细账，发现采购结束后，余额挂账。另有一笔收款业务，记账凭证及所附原始凭证如图 16—2、图 16—3 所示。

**记账凭证**

2015 年 8 月 16 日　　　　字第 37 号

| 摘要 | 会计科目 | | 记账 | 借方金额 | | | | | | | | | | | 记账 | 贷方金额 | | | | | | | | | | |
|---|---|---|---|---|---|---|---|---|---|---|---|---|---|---|---|---|---|---|---|---|---|---|---|---|---|---|
| | 总账科目 | 明细科目 | √ | 亿 | 千 | 百 | 十 | 万 | 千 | 百 | 十 | 元 | 角 | 分 | √ | 亿 | 千 | 百 | 十 | 万 | 千 | 百 | 十 | 元 | 角 | 分 |
| 销售材料 A | 其他货币资金 | 外埠存款 | | | | | | 2 | 3 | 4 | 0 | 0 | 0 | 0 | | | | | | | | | | | | |
| | 其他业务收入 | | | | | | | | | | | | | | | | | | | 2 | 0 | 0 | 0 | 0 | 0 | 0 |
| | 应交税费 | 应交增值税(销项税) | | | | | | | | | | | | | | | | | | | 3 | 4 | 0 | 0 | 0 | 0 |
| | | | | | | | | | | | | | | | | | | | | | | | | | | |
| 合计 | | | | | | | ¥ | 2 | 3 | 4 | 0 | 0 | 0 | 0 | | | | | ¥ | 2 | 3 | 4 | 0 | 0 | 0 | 0 |

附单据 1 张

会计主管：张晓　　会计：刘洋　　制证：赵丽

**图 16—2　记账凭证**

**中国工商银行进账单(回单或收账通知)**　　　第　号

| 付款人 | 全　称 | 甲公司 | 收款人 | 全　称 | ××制造公司 |
|---|---|---|---|---|---|
| | 账　号 | 615536675 | | 账　号 | 876058816 |
| | 开户银行 | 工行 | | 开户银行 | 工行 |

| 人民币(大写) | 贰万叁仟肆佰元整 | 千 | 百 | 十 | 万 | 千 | 百 | 十 | 元 | 角 | 分 |
|---|---|---|---|---|---|---|---|---|---|---|---|
| | | | | ¥ | 2 | 3 | 4 | 0 | 0 | 0 | 0 |

| 票据种类 | 转账支票 | 收款人开户行签章 |
|---|---|---|
| 票据张数 | 1 张 | |
| 单位主管　会计　复核　记账 | | |

开票单位(未盖章无效)

**图 16—3　原始凭证**

该批材料成本已结转。

要求：分析该公司的做法是否正确。

分析要点：不正确。采购结束后应将多余的外埠存款转回当地银行，余额挂账，应到所在银行函证是否存在采购人员挪用外埠存款情况。此外，采购专户只付不收，此笔销售材料收款业务应纳入基本账户结算，而不应使用“外埠存款”账户结算。其工作底稿如表 16—7 所示。

审计调整分录如下：

借：银行存款　　　　23 400

　贷：其他货币资金——外埠存款　　　　23 400

表 16-7　　其他货币资金审计工作底稿

| 被审计单位名称 | ××部门 | 编制人 | 王建 | 时间 | 年　月　日 |
|---|---|---|---|---|---|
| 审计截止日 | 2015年12月31日 | 复核人 | ×× | 时间 | 年　月　日 |
| 基本事实 | 采购结束后未将多余的外埠存款转回当地银行，余额挂账；销售材料收入使用采购专户结算。<br>该企业做如下会计处理：<br>借：其他货币资金——外埠存款　23 400<br>贷：其他业务收入　20 000<br>应交税费　3 400 | | | | |
| 审计依据 | 《企业会计准则第14号——收入》 | | | | |
| 审计结论 | 该企业其他货币资金的内部控制不严，超出使用范围，还可能存在人为挪用外埠存款情况 | | | | |
| 处理意见 | 应建议该企业将多余的外埠存款转回当地银行，按规定调整有关账簿记录。调整分录如下：<br>借：银行存款　23 400<br>贷：其他货币资金——外埠存款　23 400 | | | | |

## 思考与实训

### 一、思考题

1. 如何进行库存现金监盘?
2. 货币资金的内部控制主要包括哪几项内容?
3. 库存现金的审计目标有哪些?
4. 银行存款审计的主要程序是什么?
5. 简述审计人员进行库存现金监盘与存货监盘的主要区别。

### 二、实训题

(一)判断题

1. 单位对于重要货币资金支付业务，应当实行集体决策和审批，并建立责任追究制度。（　）
2. 现金截止测试是为了证实现金余额的正确性。（　）
3. 由于库存现金总额不到被审计单位年末总资产的1‰，助理人员认为其金额远远低于报表的重要性水平而不必进行监盘。（　）
4. 监盘库存现金通常采用突击的方式进行，现金保管人员不必始终在场。（　）
5. 监盘库存现金必须有出纳员和被审计单位会计机构负责人参加，并由注册会计师亲自进行盘点。（　）
6. 资产负债表日后进行现金盘点时，应倒推计算调整至资产负债表日的金额。（　）
7. 为了确定结算日被审计单位银行存款余额，注册会计师应取得或编制每一银行的银行存款余额调节表，并进行相应的复核。（　）
8. 银行存款函证的目的不包括查找未入账的银行借款。（　）
9. 通过对银行存款期末余额调节表的审查，可以验证期末存款的真正余额。（　）
10. 若被审计单位某一银行账户已注销，注册会计师可不再向此银行进行函证。（　）

(二)单项选择题

1. 注册会计师了解被审计单位现金收入应于每日存入银行的主要目的是( )。

A. 确保交易经适当批准　　B. 确保交易按授权进行

C. 保护资产安全　　D. 确保现金及收入记录完整

2. 下列与库存现金业务有关的职责中,可以不分离的是( )。

A. 库存现金支付的审批与执行

B. 库存现金保管与库存现金日记账的记录

C. 库存现金的会计记录与定期盘点监督

D. 库存现金日记账与银行存款余额调节表的编制

3. 货币资金内部控制的下列关键环节中,存在重大缺陷的是( )。

A. 财务专用章由专人保管,个人名章由本人或其授权人员保管

B. 对重要货币资金支付业务,实行集体决策

C. 现金收入及时存入银行,特殊情况下,经主管领导审查批准方可坐支现金

D. 指定专人定期核对银行账户,每月核对一次,编制银行存款余额调节表

4. 下列属于控制测试程序的是( )。

A. 取得银行存款余额调节表并检查未达账项的真实性

B. 检查银行存款收支的正确截止

C. 检查是否定期取得银行对账单并编制银行存款余额调节表

D. 函证银行存款余额

5. 对库存现金实有数额的审计应通过对库存现金实施( )进行。

A. 审阅　　B. 核对　　C. 分析　　D. 监盘

6. 核实银行存款的实有数额,采用( )或派人到开户银行取得决算日企业在银行存款数额的证明。

A. 审阅　　B. 函证　　C. 核对　　D. 监盘

7. 如果被审计单位的某开户银行账户余额为零,注册会计师( )。

A. 不需要再向该银行函证　　B. 仍需向该银行函证

C. 可根据需要确定是否函证　　D. 可根据审计业务约定书的要求确定是否函证

8. 下列不属于银行存款函证对象的是( )。

A. 在本年存过款的所有银行

B. 存款账户已注销的银行

C. 已直接取得了银行对账单和所有已付支票的银行

D. 往来单位的开户银行

9. 被审计单位某银行账户的银行对账单余额为 1 585 000 元,在检查该账户银行存款余额调节表时,注册会计师注意到以下事项:在途存款 100 000 元,未提现支票 50 000 元,未入账的银行存款利息收入 35 000 元,未入账的银行代扣水电费 25 000 元。假定不考虑其他因素,注册会计师审计后确认的该银行存款账户余额应该为( )元。

A. 1 535 000　　B. 1 575 000　　C. 1 595 000　　D. 1 635 000

10. 在进行年度财务报表审计时,为了证实被审计单位在临近 12 月 31 日签发的支票未予入账,注册会计师实施的最有效审计程序是( )。

A. 审查 12 月 31 日的银行存款余额调节表　　B. 函证 12 月 31 日的银行存款余额

C. 审查 12 月 31 日的银行对账单　　D. 审查 12 月份的支票存根

(三)多项选择题

1. 良好的货币资金内部控制要求是( )。

A. 控制现金坐支,当日收入现金应及时送存银行

B. 货币资金收付与相关记账岗位分离

C. 全部收支及时准确入账，并且支出要有核准手续

D. 按月盘点库存现金，编制库存现金盘点表，以做到账实相符

2. 货币资金监督检查的主要内容包括(　　)。

A. 是否存在货币资金业务不相容职务岗位混岗现象

B. 是否存在货币资金支出越权审批的行为

C. 是否存在办理付款业务的全部印章交由一人保管的现象

D. 是否存在票据购买、领用、保管的漏洞

3. 为证实资产负债表所列的现金是否存在，应采用监盘库存现金的程序。参与盘点人员有(　　)。

A. 被审计单位出纳人员　　B. 被审计单位管理层

C. 注册会计师　　D. 被审计单位会计机构负责人

4. 函证银行存款的目的是(　　)。

A. 证实银行存款余额的正确性　　B. 了解企业欠银行的债务

C. 发现企业未记账的银行借款　　D. 确定被审计单位银行存款使用的合法性

5. 注册会计师寄发的银行询证函(　　)。

A. 是以被审计单位的名义发往开户银行的

B. 是以会计师事务所的名义发往开户银行的

C. 要求银行直接回函至会计师事务所

D. 包括银行存款和借款余额

6. 资产负债表日后盘点库存现金时，注册会计师应(　　)调整至资产负债表日的金额。

A. 扣减资产负债表日至盘点日库存现金增加额

B. 扣减资产负债表日至盘点日库存现金减少额

C. 加计资产负债表日至盘点日库存现金增加额

D. 加计资产负债表日至盘点日库存现金减少额

7. 下列对监盘库存现金的表述中，正确的是(　　)。

A. 监盘库存现金是证实资产负债表所列库存现金是否存在的一项重要程序

B. 实施突击性检查，最好是在上午上班之前或下午下班时进行

C. 在盘点之前，应由注册会计师将现金集中起来

D. 对现金存放部门有两处或两处以上的，应同时进行盘点

8. 注册会计师在对库存现金和存货实施监盘程序中，不同之处包括(　　)。

A. 监盘时间安排不同

B. 监盘计划中与被审计单位管理层的沟通程度不同

C. 因盘点对象特点而执行的盘点方式不同

D. 监盘的参与人员不同

9. 下列对询证函的处理方法中，正确的有(　　)。

A. 在粘封询证函时对其统一编号，并将发出询证函的情况记录于审计工作底稿

B. 询证函经会计师事务所盖章后，由注册会计师直接发出

C. 收回询证函后，将重要的回函复制给被审计单位以帮助催收货款

D. 对以电子邮件方式回收的询证函，要求被询证单位将原件盖章后寄至会计师事务所

10. 注册会计师实施的下列各项审计程序中，能够证实银行存款是否存在的有(　　)。

A. 分析定期存款占银行存款的比例　　B. 检查银行存款余额调节表

C. 函证银行存款余额　　D. 分析银行存款占货币资金的比例

(四)综合题

1. 注册会计师在对 ABC 公司的货币资金项目进行审计时发现,ABC 公司在总部和营业部均设有出纳部门,且该公司设置了以下关于货币资金的控制:

(1)每日所收入的现金应于当日存入银行。

(2)报销费用时应将所有的附件、单据打孔或盖章注销。

(3)由独立人员核对银行存款日记账和银行对账单,并针对未达账项编制银行存款余额调节表。

(4)开票和收款工作由不同人员担任。

为了证实 ABC 公司库存现金是否存在,注册会计师决定实施监盘程序。为了顺利监盘,注册会计师在监盘前一天通知 ABC 公司会计主管人员做好监盘准备。考虑到出纳日常工作安排,对总部和营业部库存现金的监盘时间分别定在 10 时和 15 时。监盘时,出纳把现金放入保险柜,并将已办妥现金收付手续的交易登入库存现金日记账,结出库存现金日记账余额;然后,注册会计师当场亲自盘点现金,在与库存现金日记账核对后填写“库存现金监盘表”,并在签字后形成审计工作底稿。

要求:

(1)分析被审计单位设置各项控制的特定目的。

(2)指出上述监盘工作中有哪些不当之处,并提出改进建议。

2. 2016 年 1 月 8 日 16 时,注册会计师对 ABC 公司的库存现金进行突击盘点。相关记录如下:

(1)人民币:100 元币 11 张,50 元币 9 张,20 元币 5 张,10 元币 16 张,5 元币 19 张,2 元币 22 张,1 元币 25 张,5 角币 30 张,2 角币 20 张,1 角币 4 张,硬币 5 角 8 分。

(2)已收款尚未入账的收款凭证 2 张,计 130 元。

(3)已付款尚未入账的付款凭证 3 张,计 820 元,其中有 500 元白条。

(4)2016 年 1 月 8 日现金日记账余额为 1 890.20 元;2016 年 1 月 1 日至 2016 年 1 月 8 日收入现金 4 560.16元,付出现金 3 730 元;2015 年 12 月 31 日库存现金账面余额为 1 060.04 元。

开户银行核定的库存限额为 1 000 元。

要求:根据上述资料,编制库存现金盘点表,指出该公司管理存在的问题。

**库存现金盘点表**

| 检查账目记录 | | 现金盘点记录 | | |
|---|---|---|---|---|
| 项　目 | 金　额 | 面　额 | 数　量 | 金　额 |
| 盘点日现金账面余额 | | | | |
| 加:未记账收款金额 | | | | |
| 1. | | | | |
| 2. | | | | |
| 减:未记账付款金额 | | | | |
| 1. | | | | |
| 2. | | | | |
| 盘点日账面应有余额 | | | | |
| 盘点日现金实有金额 | | | | |
| 盘点日现金溢缺 | | 合　计 | | |
| 追溯调整　加:审计截止日至盘点日现金付出总额 | | 审计说明及审计结论: | | |
| 追溯调整　减:审计截止日至盘点日现金收入总额 | | | | |
| 追溯调整　报表日库存现金应有金额 | | | | |
| 库存限额 | | | | |

3. 注册会计师对 ABC 公司的银行存款进行审计,发现该公司在利民支行开户(账号为 40211)。其银行存款日记账 2015 年 12 月 31 日的余额为 84 000 元,银行对账单的余额为 111 000 元,经过逐笔核对,有如下未达账项:

(1)12 月 25 日 ABC 公司收到销货款 3 000 元已登账,银行尚未入账。

(2)12 月 26 日 ABC 公司支付购料款 27 000 元已登账,银行尚未入账。

(3)12 月 28 日银行收到购货方汇来货款 15 000 元已登账,公司尚未入账。

(4)12 月 30 日银行代企业支付购料款 12 000 元已登账,公司尚未入账。

要求:请代注册会计师完成银行存款余额调节表的编制,以验证银行存款余额的存在性和正确性。

**银行存款余额调节表**

户别: 年 月 日 币别:

| 项 目 | 金额(元) | 项 目 | 金额(元) |
|---|---|---|---|
| 银行对账单( 年 月 日) | | 企业银行存款日记账( 年 月 日) | |
| 加:企业已收,银行尚未入账金额 | | 加:银行已收,企业尚未入账金额 | |
| 其中:1. ____ | | 其中:1. ____ | |
| 2. ____ | | 2. ____ | |
| 减:企业已付,银行尚未入账金额 | | 减:银行已付,企业尚未入账金额 | |
| 其中:1. ____ | | 其中:1. ____ | |
| 2. ____ | | 2. ____ | |
| 调整后银行对账单金额 | | 调整后银行存款日记账金额 | |
| 经办会计人员:(签字) | | 会计主管: | |

# 第十七章　审计报告

## 学习目标

了解审计报告的种类，了解已审计财务报表以外的其他信息存在重大错报或者与已审计财务报表中信息存在重大不一致的处理；掌握审计报告的基本内容，掌握不同意见审计报告的编制，掌握对审计报告日后发现事实的不同处理；重点掌握审计报告的基本类型，重点掌握签发不同意见审计报告的条件要求。

## 引导案例

### 从虚假的企业所得税入手

某会计师事务所〔2010〕第×号审计报告：被审计单位A公司，成立于1999年，系民营企业，主营从事锯条、钢砂钢丸及其他钢制品生产。审计会计年度：2009年。审计报告类型：标准无保留意见。

（一）检查思路

经审阅审计报告及工作底稿，发现以下疑点：

1. 审计收费异常。2009年年底A公司资产总额为5.07亿元，审计收费3.5万元，但同等规模的审计项目收费1万元左右。A公司2009年年底短期银行贷款为2.29亿元，该审计报告主要用于银行贷款需要。

2. 审计底稿异常。一是审计底稿有修改痕迹。底稿记录银行保证金账户存款余额为240万元，但该数字有明显修改痕迹，审计人员未取得银行对账单，也未对银行保证金账户发函询证。二是经审计的财务报表数与审计底稿数不符。财务报表显示主营业务成本为3.18亿元，但审计底稿中审定数为3.72亿元，底稿中除罗列成本发生总额外，未执行任何审计程序；财务报表显示固定资产为8 186.19万元，与审计底稿所附固定资产明细表原值7 238.27万元不符，存在明显差别。

3. 企业所得税异常。经审计的财务报表显示企业所得税为915.25万元，但审计底稿中A公司四个季度企业所得税纳税申报表显示所得税合计数仅为63.94万元，在主营业务收入不便的情况下，经审计的利润总额和所得税分别增加了5 675.42万元和851.31万元，增幅达1 331.42%，不符合企业实际核算方法。

| 项　目 | 经审计报表数（万元） | 企业所得税1～4月合计数（万元） | 差异（万元） | 差异率 |
|---|---|---|---|---|
| 主营业务收入 | 41 634.71 | 41 634.71 | 0 | 0 |
| 利润总额 | 6 101.69 | 426.27 | 5 675.42 | 1 331.42% |
| 所得税 | 915.25 | 63.94 | 63.94 | 1 331.42% |

4. 重要会计科目审计程序简单甚至未审计。经审计的财务报表显示，存货期末余额为1.21亿元，占资产总额的23.86%，审计底稿中仅取得了企业期末存货盘点表和几张记账凭证，未履行存货监盘审计程序，抽盘了两个品种存货，也只有数量，没有金额。此外，经审计的财务报表显示，期末资本公积为4 749.93万元、盈余公积为2 371.16万元、未分配利润为1.75亿元，审计底稿中仅有未分配利润审定表，没有资本公积、盈余公积审计底稿。

（二）违规事实

通过努力，检查组取得A公司会计资料。据财务人员介绍，为了获取银行贷款需要，A公司编制虚假财务报表并聘请会计师事务所出具审计报告，允以较高的审计费用，花钱购买审计报告。经检查，经审计的财务报表数与企业实际账面数存在重大差异，虚减业务成本5 462.72万元，虚增利润5 463.17万元，虚增所得税851.31万元，虚增资产1.75亿元，虚减负债6 291.50万元。检查人员从A公司获取同一会计年度的另一份审计报告，该审计报告是工商年检用的，审计收费仅0.6万元。

资料来源：http://www.docin.com/p—515350784.html。

## 第一节　审计报告概述

### 一、审计报告的含义

对于审计报告的定义，目前比较权威的观点有：美国《公认审计准则》“报告准则”第四条指出，报告应当包含针对财务报表整体发表意见，或声明不能发表意见。《萨班斯—奥克斯利法案》对审计报告也给出了类似定义。审计报告是指一份文件或记录：该文件或记录是根据为检查发行证券的公司对证券法规执行情况进行的审计所编制的。在该文件或记录中，会计师事务所对财务报表、报告或其他文件发表意见，或声明无意见可表达。

《中国注册会计师审计准则第1501号——审计报告》第三条指出：审计报告是指注册会计师根据中国注册会计师审计准则的规定，在实施审计工作的基础上对被审计单位财务报表发表审计意见的书面文件。

综上所述，审计报告是审计人员根据有关规范的要求，在对约定事项实施了必要的审计后出具的，用于表明审计意见或声明不发表意见的书面文件。

注册会计师应当根据由审计证据得出的结论，清楚表达对财务报表的意见。财务报表是指对企业财务状况、经营成果和现金流量的结构化表述，至少应当包括资产负债表、利润表、所有者（股东）权益变动表、现金流量表和财务报表附注。无论是出具标准审计报告还是非标准审计报告，注册会计师一旦在审计报告上签名并盖章，就表明对其出具的审计报告负责。

审计报告是注册会计师对财务报表是否在所有重大方面按照财务报告编制基础编制并实现公允反映发表审计意见的书面文件，因此，注册会计师应当将已审计的财务报表附于审计报告之后，以便于财务报表使用者正确理解和使用审计报告，并防止被审计单位替换、更改已审计的财务报表。

## 二、审计报告的作用

注册会计师签发的审计报告，主要具有鉴证、保护和证明三方面的作用。

### (一)鉴证作用

注册会计师签发的审计报告，不同于政府审计和内部审计的审计报告，是以超然独立的第三者身份，对被审计单位财务报表合法性、公允性发表意见。这种意见，具有鉴证作用，得到了政府及其各部门和社会各界的普遍认可。政府有关部门，如财政部门、税务部门等了解、掌握企业的财务状况和经营成果的主要依据是企业提供的财务报表。财务报表是否合法、公允，主要依据注册会计师的审计报告做出判断。股份制企业的股东，主要依据注册会计师的审计报告来判断被投资企业的财务报表是否公允地反映了财务状况和经营成果，以进行投资决策等。

### (二)保护作用

注册会计师通过审计，可以对被审计单位财务报表出具不同类型审计意见的审计报告，以提高或降低财务报表使用者对财务报表的信赖程度，能够在一定程度上对被审计单位的财产、债权人和股东的权益及企业利害关系人的利益起到保护作用。如投资者为了减少投资风险，在进行投资之前，需要查阅被投资企业的财务报表和注册会计师的审计报告，了解被投资企业的经营情况和财务状况。投资者根据注册会计师的审计报告做出投资决策，可以降低其投资风险。

### (三)证明作用

审计报告是对注册会计师审计任务完成情况及其结果所做的总结，它可以表明审计工作的质量并明确注册会计师的审计责任。因此，审计报告可以对审计工作质量和注册会计师的审计责任起证明作用。通过审计报告，可以证明注册会计师在审计过程中是否实施了必要的审计程序，是否以审计工作底稿为依据发表审计意见，发表的审计意见是否与被审计单位的实际情况相一致，审计工作的质量是否符合要求。通过审计报告，可以证明注册会计师对审计责任的履行情况。

## 三、审计意见的形成过程

### (一)评价审计中的重大问题

重大问题涉及会计政策的选择、运用和一贯性的重大事项，包括相关的信息披露。在审计完成阶段，审计人员应考虑的重大问题包括以下五点：

(1)中期复核中的重大发现及其对审计方法的相关影响；

(2)涉及会计政策的选择、运用和一贯性的重大事项，包括相关披露；

(3)就特定审计目标识别的重大风险，对审计策略和计划的审计程序所做的重大修正；

(4)在与管理层和其他人员讨论重大发现和事项时得到的信息；

(5)与注册会计师的最终审计结论相矛盾或不一致的信息。

需要注意的是，如果在审计完成阶段确定的修订后的重要性水平远远低于在计划阶段确定的重要性水平，注册会计师应重新评估已经获取的审计证据的充分性和适当性。如果审计项目组内部、项目组与被咨询者之间、项目合伙人与项目质量控制复核人员之间存在意见分歧，审计项目组应当遵循事务所的政策和程序予以妥善处理。

**（二）汇总审计差异**

1. 编制审计差异调整表

审计差异内容，按是否需要调整账户记录分为核算误差（由于不正确的会计核算）和重分类误差（未按准则制度编表）；对核算误差按重要性原则划分为建议调整的不符事项与未调整不符事项。

为了便于审计项目的各级负责人的判断、分析、决定，需要将建议调整、未调整和重分类误差事项分别汇总在"账项调整分录汇总表""重分类调整分录汇总表"和"未更正错误汇总表"中。

建议调整、还是未调整，或是重分类误差，审计工作底稿中都是以会计分录的形式来反映。调整分录由注册会计师完成，遵循的原则是：①调表不调账。②对照报表项目调整。③不能用以前年度损益调整。④连续调整。

2. 划分建议调整与不调整的原则

(1)划分建议调整的不符事项与未调整不符事项时，应当考虑核算误差的金额和性质两个因素：单笔核算误差超过所涉及财务报表项目（或账项）层次重要性水平的，视为建议调整的不符事项；低于重要性水平但性质重要的，如涉及舞弊与违法行为的核算误差、影响收益趋势的核算误差、股本项目等不期望出现的核算误差，视为建议调整的不符事项；低于重要性水平且性质不重要的，视为未调整不符事项；当若干笔同类型未调整不符事项汇总数超过会计报表项目（或账项）层次重要性水平时，应从中选取几笔转为建议调整的不符事项，使未调整不符事项汇总金额降至重要性水平之下。

(2)确定建议调整的不符合事项和重分类误差后，应以书面方式及时征求意见：对方予以采纳的，应取得同意调整的书面确认；对方不采纳的，分析原因，根据性质和重要程度，确定是否在报告中反映，及如何反映。

3. 编制试算平衡表

试算平衡表是在被审计单位提供未审财务报表的基础上，注册会计师考虑调整分录、重分类等内容以确定已审数与报表披露数的表式。

试算平衡表的具体编制如下：

(1)"期末未审数"和"审计前金额"，按照被审计单位提供的未审报表填列。

(2)"账项调整"和"调整金额"，按照经被审计单位同意的"账项调整分录汇总表"填列。

(3)"重分类调整"，按照经被审计单位同意的"重分类调整分录汇总表"填列。

(4)编制完成的试算平衡表要符合对应的勾稽关系。

**（三）被审计单位持续经营假设是否合理**

持续经营假设是会计确认和计量的四项基本假设之一，持续经营假设是指被审计单位在编制财务报表时，假定其经营活动在可预见的将来会继续下去，不必终止经营或破产清算，可以在正常的经营过程中变现资产、清偿债务。持续经营假设对财务报表的编制和审计关系重大。是否以持续经营假设为基础编制财务报表，将对会计确认、计量和列报产生很大影响。例如，对于固定资产，企业在持续经营假设基础上，以历史成本计价，并在预计使用年限内对该项资产计提折旧。通过此方式，可将资产的成本分摊到不同期间的费用中去，据以核算各个期间的损益。

一般地，只有当所有审计证据汇总完毕并且对财务报表按照审计师的意见进行了调整之后，才能对持续经营能力做出最终评价。在对被审计单位确实存在持续经营能力问题做出评价后，审计师还必须对管理层为规避破产而提出的发展计划进行评价，并对该计划的可行性做出评估。

**(四)复核或有事项和期后事项**

1. 或有事项

或有事项是指过去的交易或事项形成的，其结果须由某些未来事项的发生或不发生才能决定的不确定事项。常见的或有事项主要包括：未决诉讼或仲裁、债务担保、产品质量保证(含产品安全保证)、承诺、亏损合同、重组义务、环境污染整治等。

随着我国市场经济的发展，或有事项这一特定的经济现象已越来越多地存在于企业的经营活动中，并对企业的财务状况和经营成果产生重要影响。或有事项对企业潜在的财务影响究竟有多大，企业因此而承担的风险又究竟有多大，都有必要通过企业的财务报表或财务报表附注予以反映，使财务报表使用者能够获得真实、充分、详细的信息，帮助其进行正确的分析、判断。所以，注册会计师应当对或有事项实施必要的审计程序。特别需要指出的是，由于或有事项本质上属于不确定事项，相应地，其重大错报风险较高，需要注册会计师予以充分关注。

复核或有事项有两方面的好处：一是有利于注册会计师掌握有关或有事项的最新信息，以提高审计效率和效果；二是在审计完成阶段，需要专门实施一些程序，验证或复核或有事项的完整性。注册会计师对或有事项进行审计所要达到的审计目标一般包括：确定或有事项是否存在和完整；确定或有事项的确认和计量是否符合企业会计准则的规定；确定或有事项的列报或披露是否恰当。

2. 期后事项

期后事项是指财务报表日至审计报告日之间发生的事项，以及注册会计师在审计报告日后知悉的事实。财务报表可能受到财务报表日后发生的事项的影响。适用的财务报告编制基础通常专门提及期后事项，将其区分为下列两类：一是对财务报表日已经存在的情况提供证据的事项，即对财务报表日已经存在的情况提供了新的或进一步证据的事项。这类事项影响财务报表金额，需提请被审计单位管理层调整财务报表及与之相关的披露信息。二是对财务报表日后发生的情况提供证据的事项，即表明财务报表日后发生的情况的事项。这类事项虽不影响财务报表金额，但可能影响对财务报表的正确理解，需提请被审计单位管理层在财务报表附注中做适当披露。

**(五)审核工作底稿和财务报表**

会计师事务所应当建立完善的审计工作底稿分级复核制度。对审计工作底稿的复核分为两部分：一是项目组内部复核，二是独立的项目质量控制复核。

1. 项目组内部复核

项目组内部复核又分为两个层次：项目负责经理的现场复核和项目合伙人的复核。

(1)项目负责经理的现场复核。由项目负责经理对工作底稿的复核属于第一级复核。该级复核通常在审计现场完成，以便及时发现和解决问题，争取审计工作的主动。

(2)项目合伙人的复核。项目合伙人对审计工作底稿实施复核是项目组内部最高级别的复核。该复核既是对项目负责经理复核的再监督,也是对重要审计事项的把关。

2. 独立的项目质量控制复核

项目质量控制复核是指在出具报告前,对项目组做出的重大判断和在准备报告时形成的结论做出客观评价的过程。项目质量控制复核也称独立复核。对审计工作底稿进行独立复核有以下好处:一是对审计工作结果实施最后的质量控制。二是确认审计工作已达到会计师事务所的工作标准。三是消除妨碍注册会计师判断的偏见。

在审计结束时,注册会计师运用分析程序对调整后的财务报表进行分析复核。如果识别出以前未曾识别的重大错报风险,注册会计师应考虑重新对全部或部分各类别认定的风险进行评估,并在此基础上重新评价之前计划的审计程序是否充分,是否有必要追加审计程序。在对财务报表的披露情况做最后复核时,许多会计师事务所要求审计师对每项审计业务都完成一份财务报表披露检查表,以便提醒审计师注意那些在审计过程中遇到的财务报表一般性披露问题,同时便于合伙人对整个审计工作进行最终复核。

**(六)评价审计结果**

在完成了包括复核或有事项、期后事项和汇总审计差异的全部工作后,审计师必须整合这些结果,得出一个总体结论,并最终决定是否已取得充分的证据表明被审计单位的财务报表编制符合公认会计原则的要求,以及会计原则的运用与以前年度一致。可以通过以下三个方面来阐述这一问题:

1. 对重要性和审计风险进行最终的评价

(1)按财务报表项目确定可能的审计差异即可能错报金额

可能错报金额由已知错报(已发现的错报),估计、推断的错报,以及通过运用分析性复核程序发现和运用其他审计程序所量化的其他估计错报三部分构成。

(2)确定各财务报表项目可能错报总额对财务报表层次重要性水平和其他与这些错报有关的财务报表总额的影响程度

财务报表层次的重要性水平,是指审计计划阶段确定的重要性水平,如果该重要性水平在审计过程中已做过修正,则当然应按修正后的财务报表层次重要性水平进行比较。

可能错报总额,是指各财务报表项目可能的错报金额的汇总数,但也可能包括上一期间的任何未更正可能错报对本期财务报表的影响。

注册会计师在审计计划阶段已确定了审计风险的可接受水平,随着可能错报总和的增加,财务报表可能被严重错报的风险也会增加:①如果注册会计师得出结论,审计风险处在一个可接受的水平,可以直接提出审计结果所支持的意见。②如果注册会计师认为审计风险不能接受,那么应追加实施额外的实质性程序或者说服被审计单位做必要调整,以便使重要错报的风险被降低到一个可接受的水平,否则应慎重考虑该审计风险对审计报告的影响。

2. 对已审财务报表进行技术性核对

(1)通过填列和复核财务报表检查清单的方式来进行。

(2)该检查清单由负责全面复核审计工作底稿的项目经理来填列完成。

(3)完成后的检查清单应由负责该审计项目的经理和主任会计师加以复核。

(4)审计工作完成核对清单。

3. 形成审计意见并草拟审计报告

审计项目经理应该汇总和评价所有成员的审计结果,综合考虑在审计过程中收集到的所有审计证据，形成审计意见并草拟审计报告。必要时，先由审计项目经理初步完成上述工作，再逐级交给部门经理和项目负责合伙人复核。

**(七)与客户沟通并获取管理层声明书**

审计结束之后，审计师还应与被审计单位进行一些必要的双向沟通，这一沟通要求有四个基本作用：

(1)在财务报告审计中就审计责任进行沟通。这种沟通包括审计师与其讨论财务报告审计是获得关于财务报表是否不存在重大错报的合理保证而非绝对担保，这一沟通还表明，除了财务报表审计的其他限制外，审计师不对财务报告内部控制的有效性发表意见。

(2)提供一个关于审计范围和时间安排的一般看法。这一沟通要求的目的是为审计师和被审计单位提供一个高度的概述，例如对审计师处理重大风险的方法、对内部控制的考虑和对审计时间安排的看法。但是审计程序的具体性质和时间安排不属于这类沟通的内容，所以审计的效果及其审计结果的预测性不在沟通之列。

(3)为被审计单位治理层提供审计过程中发现的重大结果。这些沟通可能包括审计过程中发现的已更正的重大错报、审计师针对重大会计实务和估计等质量方面的看法以及与管理层之间的分歧等审计过程中遇到的重大困难。

(4)从被审计单位治理层获得与审计有关的信息。审计师可以从审计委员会或其他治理层(如全职董事)中获得影响审计程序性质与时间安排的战略决策。

关于审计过程中重大发现的沟通一般都以书面的形式进行，关于其他事项的沟通则可以采取口头或书面的形式，不过以口头形式进行的沟通必须记录在审计记录中。沟通必须及时，以便治理层能够采取适当的措施与行动。一般来说，关于审计师责任和审计范围与时间安排的沟通大多在审计过程的早期阶段，而关于重大发现的沟通则贯穿审计整个过程。

## 四、编制审计报告的步骤

审计报告一般由审计项目负责人编制。编制审计报告时，审计项目负责人应当仔细查阅审计人员在审计过程中形成的审计工作底稿，并要检查审计人员的审计是否严格遵循了审计准则的要求，被审计单位是否按照相关会计制度的要求编制财务报表、进行会计核算等，使审计人员能够在按照审计准则要求进行审计并形成一整套审计工作底稿的基础上，根据被审计单位对国家有关规定和经济关系人有关要求的执行情况，提出公正、客观、实事求是的审计意见。一般来说，编制审计报告需经过以下几个步骤：

**(一)整理和分析审计工作底稿**

在外勤审计过程中，审计人员所积累的审计工作底稿是分散的、不系统的。编制审计报告时，审计人员应根据委托审计的内容、范围和要求，对审计工作底稿进行整理和分析，全面总结审计工作，审计人员及其助理人员都应整理好自己的工作底稿，回顾是否有遗漏的环节，着重列举审计中发现的问题。审计项目负责人应对全部审计工作底稿进行综合分析，并对审计人员在审计过程中是否遵循了审计准则的要求进行检查，对审计工作底稿做出综合结论，形成书面记录。

**(二)被审计单位财务报表的调整**

审计人员在整理和分析审计工作底稿的基础上，向被审计单位通报审计情况、初步结论，以及应调整财务报表的事项，提请被审计单位加以调整。对于被审计单位会计记录或会计处理方法上的错误,审计人员应提请被审计单位改正,并相应调整财务报表的有关项目。审计人员对于被审计单位会计处理不当、期后事项和或有损失,有的应提请被审计单位调整财务报表,有的应提请被审计单位在财务报表附注中加以披露,有的应在审计报告中予以说明。如审计报告用于对外公布目的,除被审计单位财务报表不需要调整外,审计人员应在致送审计报告时后附被审计单位调整后的财务报表。

**(三)确定审计意见的类型和措辞**

审计人员以经过整理和分析的审计工作底稿为依据,并根据被审计单位是否接受其提出的调整意见和是否已做了调整等情况,确定审计意见的类型和措辞。如被审计单位财务报表已根据调整意见做了调整,其合法性和公允性予以确认后,除专门要求说明者外,审计报告不必将被审计单位已调整的事项再做说明。如果被审计单位不接受调整建议,注册会计师应当根据需要调整事项的性质和重要程度,确定审计意见的类型和措辞。对于被审计单位资产负债表日与审计报告日之间发生的期后事项,审计人员应当根据其性质和重要程度,确定审计意见的类型和措辞。对于被审计单位截至报告日仍然存在的未确定事项,审计人员应当根据其性质、重要程度和可预知的结果对财务报表的影响程度,确定审计意见的类型和措辞。

**(四)编制和出具审计报告**

审计人员在整理、分析审计工作底稿和要求被审计单位调整财务报表,并根据被审计单位财务报表调整情况和审计情况确定意见的类型和措辞后,应拟定审计报告提纲,概括和汇总审计工作底稿所提供的资料。标准审计报告可以只拟定简单的提纲,根据提纲进行文字加工就可以编制出审计报告。审计报告一般由审计项目负责人编制,如由其他人员编制时,须由审计项目负责人复核、校对。标准审计报告应按前述规定的审计意见类型、措辞和结构来表述,以便为各使用单位所理解。审计报告完稿后,应经审计组织业务负责人进行复核,并提出修改意见。如审计证据不足以发表审计意见时,则应要求审计人员追加审计程序,以确保审计证据的充分性与适当性。审计报告经复核、修改定稿,应当由审计项目负责人和审计组织负责人签章,再经送委托人及相关部门、单位。

## 五、编制和使用审计报告的要求

为便于审计报告使用者根据审计意见了解和判断被审计单位的财务状况、经营成果和现金流量,发挥审计报告的作用,编制及使用审计报告时,应符合下列基本要求:

**(一)内容要全面完整**

审计报告是审计人员提供给使用者的"产品",使用者要根据审计意见,对被审计单位的财务状况、经营成果和现金流量做出正确判断。所以,审计人员在编制审计报告时,内容一定要全面完整。审计报告的书写格式应当明确表明收件人、签发人、签发单位等有关内容。审计报告应当按照审计准则的要求编制,确保对审计对象、理由和结论等的明确表述。签署审计报告的日期应为审计人员完成审计工作的日期,而不是被审计单位资产负债表日。

**(二)责任界限要分明**

审计人员应当按照审计准则的要求,通过实施适当的审计程序和审计方法,收集必要的审计证据,从而判断被审计单位财务报表的编制是否符合企业会计准则的要求,是否公允地反映了被审计单位的财务状况、经营成果以及现金流量,其他被审事项是否具有合规性、合法性及效益性,并把自己判定的结论即审计意见在审计报告中恰当地表达出来。审计人员应对审计报告的真实性、合法性负责。审计人员的责任并不能替代或减轻被审计单位管理层的责任，因此，必须在审计报告中明确指出这两者的界限。

**(三)审计证据要充分适当**

审计报告是向使用者传递信息、提供决策的依据。因此，审计报告所列的事实必须证据充分、适当，这也是发挥审计报告作用的关键所在。为此，审计报告一定要从实际出发，凭事实说话，不可虚构证据，提供伪证。一方面，审计报告所列事实必须可靠，引用资料必须经过复核；另一方面，审计报告所列事实必须具有充分性，应足以支持审计意见的形成，绝不能凭主观愿望对被审计单位的财务状况、经营成果和现金流量提出审计意见。“事实胜于雄辩”，只有证据充分、适当，才能使审计报告令人信服，达到客观、公正的要求。

## 第二节 审计报告的基本内容

根据《中国注册会计师审计准则第 1501 号——审计报告》和《中国注册会计师审计准则第 1502 号——非标准审计报告》的规定，财务报表审计报告的基本类型有五种：标准无保留意见、带强调事项段的无保留意见、保留意见、否定意见和无法表示意见的审计报告。

### 一、审计报告的要素

**(一)标题**

审计报告的标题应当统一规范为“审计报告”。

**(二)收件人**

收件人是指注册会计师按照业务约定书的要求致送审计报告的对象，一般是指审计业务的委托人。审计报告应当载明收件人的全称。对整套通用目的财务报表出具的审计报告，审计报告的致送对象通常为被审计单位的股东或董事会。

**(三)引言段**

应当包括下列内容：

(1)指出被审计单位的名称；

(2)说明财务报表已经审计；

(3)指出构成整套财务报表的每一财务报表的名称；

(4)提及财务报表附注；

(5)指明构成整套财务报表的每一财务报表的日期或涵盖的期间。

**(四)管理层对财务报表的责任段**

审计报告应当包含标题为“管理层对财务报表的责任”的段落，用以描述被审计单位中负责编制财务报表的人员的责任。管理层对财务报表的责任段应当说明，编制财务报表是管理层的责任，这种责任包括：

(1)按照适用的财务报告编制基础编制财务报表，并使其实现公允反映；

(2)设计、执行和维护必要的内部控制，以使财务报表不存在由于舞弊或错误导致的重大错报。

**(五)注册会计师的责任段**

审计报告应当包含标题为"注册会计师的责任"的段落。注册会计师的责任段应当说明下列内容:

(1)注册会计师的责任是在实施审计工作的基础上对财务报表发表审计意见。

(2)注册会计师按照中国注册会计师审计准则的规定执行了审计工作。中国注册会计师审计准则要求注册会计师遵守职业道德规范,计划和实施审计工作以对财务报表是否不存在重大错报获取合理保证。

(3)审计工作涉及实施审计程序,以获取有关财务报表金额和披露的审计证据。选择的审计程序取决于注册会计师的判断,包括对由于舞弊或错误导致的财务报表重大错报风险的评估。在进行风险评估时,注册会计师考虑与财务报表编制相关的内部控制,以设计恰当的审计程序,但目的并非对内部控制的有效性发表意见。审计工作还包括评价管理层选用会计政策的恰当性和做出会计估计的合理性,以及评价财务报表的总体列报。

(4)注册会计师相信已获取的审计证据是充分、适当的,为其发表审计意见提供了基础。

**(六)审计意见段**

审计报告应当包含标题为"审计意见"的段落。审计意见段应当说明财务报表是否按照适用的财务报告编制基础编制,是否在所有重大方面公允反映了被审计单位的财务状况、经营成果和现金流量。

**(七)注册会计师的签名和盖章**

审计报告应当由两名具备相关业务资格的注册会计师签名盖章并经会计师事务所盖章方为有效。注册会计师在审计报告上签名并盖章,有利于明确法律责任。

**(八)会计师事务所的名称、地址和盖章**

审计报告应当载明事务所的名称和地址,并加盖事务所公章。

**(九)报告日期**

审计报告应当注明报告日期。审计报告的日期不应早于注册会计师获取充分、适当的审计证据(包括管理层认可对财务报表的责任且已批准财务报表的证据),并在此基础上对财务报表形成审计意见的日期。

## 二、标准审计报告

标准审计报告包含的审计报告要素齐全,属于无保留意见,且不附加说明段、强调事项段或任何修饰性用语。否则,不能称为标准审计报告。标准无保留审计报告应以"我们认为"作为意见段的开头,并使用"在所有重大方面""公允反映了"等专业术语。

标准审计报告的参考格式如下:

**审计报告**

ABC股份有限公司全体股东:

我们审计了后附的ABC股份有限公司(以下简称ABC公司)财务报表,包括20×5年12月31日的资产负债表,20×5年度的利润表、现金流量表和股东权益变动表以及财务报表附注。

一、管理层对财务报表的责任

编制和公允列报财务报表是ABC公司管理层的责任,这种责任包括:(1)按照企业会计准则的规定编制财务报表，并使其实现公允反映；(2)设计、执行和维护必要的内部控制，以使财务报表不存在由于舞弊或错误导致的重大错报。

二、注册会计师的责任

我们的责任是在执行审计工作的基础上对财务报表发表审计意见。我们按照中国注册会计师审计准则的规定执行了审计工作。中国注册会计师审计准则要求我们遵守职业道德守则，计划和执行审计工作以对财务报表是否不存在重大错报获取合理保证。

审计工作涉及实施审计程序，以获取有关财务报表金额和披露的审计证据。选择的审计程序取决于注册会计师的判断，包括对由于舞弊或错误导致的财务报表重大错报风险的评估。在进行风险评估时，注册会计师考虑与财务报表编制和公允列报相关的内部控制，以设计恰当的审计程序，但目的并非对内部控制的有效性发表意见。审计工作还包括评价管理层选用会计政策的恰当性和做出会计估计的合理性，以及评价财务报表的总体列报。

我们相信，我们获取的审计证据是充分、适当的，为发表审计意见提供了基础。

三、审计意见

我们认为，ABC 公司财务报表在所有重大方面按照企业会计准则的规定编制，公允反映了 ABC 公司 20×5 年 12 月 31 日的财务状况以及 20×5 年度的经营成果和现金流量。

××会计师事务所　　　　　　　　中国注册会计师：×××
（盖章）　　　　　　　　　　　　（签名并盖章）
　　　　　　　　　　　　　　　　中国注册会计师：×××
　　　　　　　　　　　　　　　　（签名并盖章）
中国××市　　　　　　　　　　　二〇×五年×月×日

## 第三节　审计报告的种类

### 一、按审计报告的格式和措辞的规范性，可分为标准审计报告和非标准审计报告

标准审计报告是指格式和措辞基本统一的审计报告。审计职业界认为，为了避免混乱，有必要统一审计报告的格式和措辞，便于使用者准确理解其含义。标准审计报告一般适用于对外公布。

非标准审计报告是指格式和措辞不统一，可以根据具体审计项目的情况来决定的审计报告。非标准审计报告一般不对外公布。

应当注意的是，由于注册会计师出具的年度财务报表审计报告有规范的格式和措辞，均属于标准审计报告。但人们也习惯于将注册会计师出具的标准无保留意见审计报告称为“标准审计报告”，也称为“标准审计意见”；将注册会计师出具的非标准无保留意见审计报告，具体包括带强调事项段的无保留意见审计报告、保留意见审计报告、否定意见审计报告和无法表示意见审计报告，称为“非标准审计报告”，也称为“非标准审计意见”。

### 二、按审计报告使用的目的，可分为公布目的审计报告和非公布目的审计报告

公布目的的审计报告，一般是用于对企业股东、投资者、债权人等非特定利益关系者公布财务报表时所附送的审计报告。

非公布目的的审计报告，一般是用于经营管理、合并或业务转让、融通资金等特定目的而实施审计的审计报告。这类审计报告是分发给特定使用者的，如经营者、合并或业务转让的关系人、提供信用的金融机构等。

### 三、按审计报告的详略程度，可分为简式审计报告和详式审计报告

简式审计报告，又称短式审计报告，一般是用于注册会计师对公布的财务报表所出具的简明扼要的审计报告，其反映的内容是非特定多数的利害关系人共同认为的必要审计事项，且为法令或审计准则所规定的，具有标准格式。它一般适用于公布目的，具有标准审计报告的特点。

详式审计报告，又称长式审计报告，一般是指对审计对象所有重要经济业务和情况都要做详细说明和分析的审计报告。它主要用于指出企业经营管理存在的问题和帮助企业改善经营管理，其内容丰富、详细，一般适用于非公布目的，具有非标准审计报告的特点。

## 第四节　审计意见的类型

### 一、非无保留意见的审计报告

#### (一)非无保留意见的含义

非无保留意见是指保留意见、否定意见或无法表示意见。

当存在下列情形之一时，注册会计师应当在审计报告中发表非无保留意见：

1. 根据获取的审计证据，得出财务报表整体存在重大错报的结论。财务报表的重大错报可能源于：(1)选择会计政策的恰当性。(2)对所选择的会计政策的运用。(3)财务报表披露的恰当性或充分性。

2. 无法获取充分、适当的审计证据，不能得出财务报表整体不存在重大错报的结论。导致注册会计师无法获取充分、适当的审计证据的情形：(1)超出被审计单位控制的情形。如被审计单位的会计记录已被毁坏、重要组织部分的会计记录已被政府有关机构无限制地查封。(2)与注册会计师工作性质或时间安排相关的情形。如被审计单位需要使用权益法对联营企业进行核算，注册会计师无法获取有关联营企业财务信息的充分、适当的审计证据以评价是否恰当运用了权益法。(3)管理层施加限制的情形。如管理层阻止注册会计师实施存货监盘。

#### (二)确定非无保留意见的类型

注册会计师确定恰当的非无保留意见类型，取决于下列事项：(1)导致非无保留意见的事项的性质，是财务报表存在重大错报，还是在无法获取充分、适当的审计证据的情况下，财务报表可能存在重大错报；(2)注册会计师就导致非无保留意见的事项对财务报表产生或可能产生的影响的广泛性做出的判断。

1. 发表保留意见

当存在下列情形之一时，注册会计师应当发表保留意见：

(1)在获取充分、适当的审计证据后，注册会计师认为错报单独或汇总起来对财务报表影响重大，但不具有广泛性。

(2)注册会计师无法获取充分、适当的审计证据以作为形成审计意见的基础，但认为未发现错报对财务报表可能产生的影响重大，但不具有广泛性。

2. 发表否定意见

在获取充分、适当的审计证据后，如果认为错报单独或汇总起来对财务报表的影响重大且具有广泛性，注册会计师应当发表否定意见。

3. 发表无法表示意见

如果无法获取充分、适当的审计证据以作为形成审计意见的基础，但认为未发现的错报对财务报表可能产生的影响重大且具有广泛性，注册会计师应当发表无法表示意见。

**(三)非无保留意见的审计报告的格式和内容**

1. 导致非无保留意见的事项段

(1)审计报告格式和内容的一致性

如果对财务报表发表非无保留意见，除在审计报告中包含《中国注册会计师审计准则第1501号——对财务报表形成审计意见和出具审计报告》规定的审计报告要素外，注册会计师还应当直接在审计意见段之前增加一个段落，并使用恰当的标题，如“导致保留意见的事项”“导致否定意见的事项”或“导致无法表示意见的事项”，说明导致发表非无保留意见的事项。审计报告格式和内容的一致性有助于提高使用者的理解和识别存在的异常情况。

(2)量化财务影响

如果财务报表中存在与具体金额相关的重大错报，注册会计师应当在导致非无保留意见的事项段中说明并量化该错报的财务影响。如果无法量化财务影响，注册会计师应当在导致非无保留意见的事项段中说明这一情况。

此外，如果财务报表中存在与叙述性披露相关的重大错报或与应披露而未披露信息相关的重大错报，注册会计师应当在导致非无保留意见的事项段中予以说明。如果因无法获取充分、适当的审计证据而导致发表非无保留意见，注册会计师也应当在导致非无保留意见的事项段中说明无法获取审计证据的原因。

2. 审计意见段

(1)标题

在发表非无保留意见时，注册会计师应当对审计意见段使用恰当的标题，如“保留意见”“否定意见”或“无法表示意见”。审计意见段的标题能够使财务报表使用者清楚注册会计师发表了非无保留意见，并能够表明非无保留意见的类型。

(2)发表保留意见

当由于财务报表存在重大错报而发表保留意见时，注册会计师应当根据适用的财务报告编制基础在审计意见段中说明：注册会计师认为，除了导致保留意见的事项段所述事项产生的影响外，财务报表在所有重大方面按照适用的财务报告编制基础编制，并实现公允反映。当无法获取充分、适当的审计证据而导致发表保留意见时，注册会计师应当在审计意见段中使用“除……可能产生的影响外”等措辞。

(3)发表否定意见

当发表否定意见时，注册会计师应当根据适用的财务报告编制基础在审计意见段中说明：注册会计师认为，由于导致否定意见的事项段所述事项的重要性，财务报表没有在所有重大方面按照适用的财务报告编制基础编制，未能实现公允反映。

(4)发表无法表示意见

当由于无法获取充分、适当的审计证据而发表无法表示意见时，注册会计师应当在审计意见段中说明：由于导致无法表示意见的事项段所述事项的重要性，注册会计师无法获取充分、适当的审计证据以为发表审计意见提供基础，因此，注册会计师不对这些财务报表发表审计意见。

3. 非无保留意见对审计报告要素内容的修改

当发表保留意见或否定意见时，注册会计师应当修改对注册会计师责任的描述，以说明：注册会计师相信，注册会计师已获取的审计证据是充分、适当的，为发表非无保留意见提供了基础。

当由于无法获取充分、适当的审计证据而发表无法表示意见时，注册会计师应当修改审计报告的引言段，说明注册会计师接受委托审计财务报表。注册会计师还应当修改对注册会计师责任和审计范围的描述，并仅能做出如下说明："我们的责任是在按照中国注册会计师审计准则的规定执行审计工作的基础上对财务报表发表审计意见。但由于导致无法表示意见的事项段中所述事项，我们无法获取充分、适当的审计证据以为发表审计意见提供基础。"

**(四)非无保留意见的审计报告的参考格式**

1. 保留意见的审计报告

**审计报告**

ABC 股份有限公司全体股东：

我们审计了后附的 ABC 股份有限公司(以下简称 ABC 公司)财务报表，包括 20×5 年 12 月 31 日的资产负债表，20×5 年度的利润表、现金流量表和股东权益变动表以及财务报表附注。

一、管理层对财务报表的责任

编制和公允列报财务报表是 ABC 公司管理层的责任，这种责任包括：(1)按照企业会计准则的规定编制财务报表，并使其实现公允反映；(2)设计、执行和维护必要的内部控制，以使财务报表不存在由于舞弊或错误导致的重大错报。

二、注册会计师的责任

我们的责任是在执行审计工作的基础上对财务报表发表审计意见。我们按照中国注册会计师审计准则的规定执行了审计工作。中国注册会计师审计准则要求我们遵守职业道德守则，计划和执行审计工作以对财务报表是否不存在重大错报获取合理保证。

审计工作涉及实施审计程序，以获取有关财务报表金额和披露的审计证据。选择的审计程序取决于注册会计师的判断，包括对由于舞弊或错误导致的财务报表重大错报风险的评估。在进行风险评估时，注册会计师考虑与财务报表编制和公允列报相关的内部控制，以设计恰当的审计程序，但目的并非对内部控制的有效性发表意见。审计工作还包括评价管理层选用会计政策的恰当性和做出会计估计的合理性，以及评价财务报表的总体列报。

我们相信，我们获取的审计证据是充分、适当的，为发表审计意见提供了基础。

三、导致保留意见的事项

ABC公司20×5年12月31日的应收账款余额××万元，占资产总额的×%。由于ABC公司未能提供债务人地址，我们无法实施函证以及其他审计程序，以获取充分、适当的审计证据。

四、审计意见

我们认为，除前段所述事项产生的影响外，ABC公司财务报表在所有重大方面按照企业会计准则的规定编制，公允反映了ABC公司20×5年12月31日的财务状况以及20×5年度的经营成果和现金流量。

| | |
|---|---|
| ××会计师事务所<br>（盖章） | 中国注册会计师：×××<br>（签名并盖章）<br>中国注册会计师：×××<br>（签名并盖章） |
| 中国××市 | 二〇×五年×月×日 |

2. 否定意见的审计报告

## 审计报告

ABC股份有限公司全体股东：

我们审计了后附的ABC股份有限公司（以下简称ABC公司）财务报表，包括20×5年12月31日的资产负债表，20×5年度的利润表、现金流量表和股东权益变动表以及财务报表附注。

一、管理层对财务报表的责任

编制和公允列报财务报表是ABC公司管理层的责任，这种责任包括：(1)按照企业会计准则的规定编制财务报表，并使其实现公允反映；(2)设计、执行和维护必要的内部控制，以使财务报表不存在由于舞弊或错误导致的重大错报。

二、注册会计师的责任

我们的责任是在执行审计工作的基础上对财务报表发表审计意见。我们按照中国注册会计师审计准则的规定执行了审计工作。中国注册会计师审计准则要求我们遵守职业道德守则，计划和执行审计工作以对财务报表是否不存在重大错报获取合理保证。

审计工作涉及实施审计程序，以获取有关财务报表金额和披露的审计证据。选择的审计程序取决于注册会计师的判断，包括对由于舞弊或错误导致的财务报表重大错报风险的评估。在进行风险评估时，注册会计师考虑与财务报表编制和公允列报相关的内部控制，以设计恰当的审计程序，但目的并非对内部控制的有效性发表意见。审计工作还包括评价管理层选用会计政策的恰当性和做出会计估计的合理性，以及评价财务报表的总体列报。

我们相信，我们获取的审计证据是充分、适当的，为发表审计意见提供了基础。

三、导致否定意见的事项

如财务报表附注×所述，ABC公司的长期股权投资未按企业会计准则的规定采用权益法核算。如果按权益法核算，ABC公司的长期投资账面价值将减少××万元，净利润将减少××万元，从而导致ABC公司由盈利××万元变为亏损××万元。

四、审计意见

我们认为，由于受到前述事项的重大影响，ABC公司财务报表没有在所有重大方面按照企业会计准则的规定编制，未能公允反映ABC公司20×5年12月31日的财务状况以及20×5年度的经营成果和现金流量。

××会计师事务所　　　　　　　　　中国注册会计师：×××
（盖章）　　　　　　　　　　　　　（签名并盖章）
　　　　　　　　　　　　　　　　中国注册会计师：×××
　　　　　　　　　　　　　　　　　（签名并盖章）
中国××市　　　　　　　　　　　　二〇×五年×月×日

3. 无法表示意见的审计报告

**审计报告**

ABC股份有限公司全体股东：

我们审计了后附的ABC股份有限公司（以下简称ABC公司）财务报表，包括20×5年12月31日的资产负债表，20×5年度的利润表、现金流量表和股东权益变动表以及财务报表附注。

一、管理层对财务报表的责任

编制和公允列报财务报表是ABC公司管理层的责任，这种责任包括：(1)按照企业会计准则的规定编制财务报表，并使其实现公允反映；(2)设计、执行和维护必要的内部控制，以使财务报表不存在由于舞弊或错误导致的重大错报。

二、导致无法表示意见的事项

ABC公司未对20×5年12月31日的存货进行盘点，金额为××万元，占期末资产总额的40%。我们无法实施存货监盘，也无法实施替代审计程序，以对期末存货的数量和状况获取充分、适当的审计证据。

三、审计意见

由于上述审计范围受到限制可能性事项的重要性，我们无法获取充分、适当的审计证据以为发表审计意见提供基础，因此，我们不对ABC公司财务报表发表审计意见。

××会计师事务所　　　　　　　　　中国注册会计师：×××
（盖章）　　　　　　　　　　　　　（签名并盖章）
　　　　　　　　　　　　　　　　中国注册会计师：×××
　　　　　　　　　　　　　　　　　（签名并盖章）
中国××市　　　　　　　　　　　　二〇×五年×月×日

## 二、审计报告的强调事项段

### （一）强调事项段的含义

审计报告的强调事项段是指审计报告中含有的一个段落，该段落提及已在财务报表中恰当列报或披露的事项，根据注册会计师的职业判断，该事项对财务报表使用者理解财务报表至关重要。

**(二)增加强调事项段的情形**

如果认为有必要提醒财务报表使用者关注已在财务报表中列报或披露,且根据职业判断认为对财务报表使用者理解财务报表至关重要的事项,注册会计师在已获取充分、适当的审计证据证明该事项在财务报表中不存在重大错报的条件下,应当在审计报告中增加强调事项段。

注册会计师可能认为需要增加强调事项段的情形举例如下:

(1)异常诉讼或监管行动的未来结果存在不确定性。

(2)提前应用(在允许的情况下)对财务报表有广泛影响的新会计准则。

(3)存在已经或持续对被审计单位财务状况产生重大影响的特大灾难。

**(三)在审计报告中增加强调事项段时注册会计师应采取的措施**

如果在审计报告中增加强调事项段,注册会计师应当采取下列措施:

(1)将强调事项段紧接在审计意见之后;

(2)使用“强调事项”或其他适当标题;

(3)明确提及被强调事项以及相关披露的位置,以便能够在财务报表中找到对该事项的详细描述;

(4)指出审计意见没有因该强调事项而改变。

**审计报告**

ABC 股份有限公司全体股东:

一、对财务报表出具的审计报告

我们审计了后附的 ABC 股份有限公司(以下简称 ABC 公司)财务报表,包括 20×5 年 12 月 31 日的资产负债表,20×5 年度的利润表、现金流量表和股东权益变动表以及财务报表附注。

(一)管理层对财务报表的责任

编制和公允列报财务报表是 ABC 公司管理层的责任,这种责任包括:(1)按照企业会计准则的规定编制财务报表,并使其实现公允反映;(2)设计、执行和维护必要的内部控制,以使财务报表不存在由于舞弊或错误导致的重大错报。

(二)注册会计师的责任

我们的责任是在执行审计工作的基础上对财务报表发表审计意见。我们按照中国注册会计师审计准则的规定执行了审计工作。中国注册会计师审计准则要求我们遵守职业道德守则,计划和执行审计工作以对财务报表是否不存在重大错报获取合理保证。

审计工作涉及实施审计程序,以获取有关财务报表金额和披露的审计证据。选择的审计程序取决于注册会计师的判断,包括对由于舞弊或错误导致的财务报表重大错报风险的评估。在进行风险评估时,注册会计师考虑与财务报表编制和公允列报相关的内部控制,以设计恰当的审计程序,但目的并非对内部控制的有效性发表意见。审计工作还包括评价管理层选用会计政策的恰当性和做出会计估计的合理性,以及评价财务报表的总体列报。

我们相信,我们获取的审计证据是充分、适当的,为发表审计意见提供了基础。

(三)导致保留意见的事项

ABC 公司于 20×5 年 12 月 31 日资产负债表中反映的交易性金额资产为××元,ABC 公司管理层对这些交易性金融资产未按照公允价值进行后续计量,而是按照其历史成本进行计量,这不符合企业会计准则的规定。如果按照公允价值进行后续计量,ABC 公司 20×5 年度利润表中公允价值变动损失将增加××元，20×5 年 12 月 31 日资产负债表中交易性金融资产将减少××元，相应地，所得税、净利润和股东权益将分别减少××元、××元和××元。

（四）保留意见

我们认为，除“（三）导致保留意见的事项”段所述事项产生的影响外，ABC 公司财务报表在所有重大方面按照企业会计准则的规定编制，公允反映了 ABC 公司 20×5 年 12 月 31 日的财务状况以及 20×5 年度的经营成果和现金流量。

（五）强调事项

我们提醒财务报表使用者关注，如财务报表附注××所述，截至财务报表批准日，XYZ 公司对 ABC 公司提出的诉讼尚在审理当中，其结果具有不确定性。本段内容不影响已发表的审计意见。

二、按照相关法律法规的要求报告的事项

（本部分报告的格式和内容，取决于相关法律法规对其他报告责任的规定。）

××会计师事务所　　　　　　　　中国注册会计师：×××
（盖章）　　　　　　　　　　　　（签名并盖章）
　　　　　　　　　　　　　　　　中国注册会计师：×××
　　　　　　　　　　　　　　　　（签名并盖章）
中国××市　　　　　　　　　　　二〇×五年×月×日

## 三、审计报告的其他事项段

其他事项段是指审计报告中含有的一个段落，该段落提及未在财务报表中列报或披露的事项，根据注册会计师的职业判断，该事项与财务报表使用者理解审计工作、注册会计师的责任或审计报告相关。

对于未在财务报表中列报或披露，但根据职业判断认为与财务报表使用者理解审计工作、注册会计师的责任或审计报告相关且未被法律禁止的事项，如果认为有必要沟通，注册会计师应当在审计报告中增加其他事项段，并使用“其他事项”或其他适当标题。注册会计师应当将其他事项段紧接在审计意见段和强调事项段（如有）之后。如果其他事项段的内容与其他报告责任部分相关，这一段落也可以置于审计报告的其他位置。

如果拟在审计报告中增加强调事项段或其他事项段，注册会计师应当就该事项和拟使用的措辞与治理层沟通。

## 思考与实训

### 一、思考题

1. 什么是审计报告？审计报告的作用有哪些？
2. 简述审计报告的类型。
3. 标准审计报告的要素有哪些？
4. 注册会计师出具保留意见、否定意见、无法表示意见的审计报告的条件分别是什么？

## 二、实训题

(一)判断题

1. 注册会计师对被审计单位财务报表发表的审计意见，是对被审计单位特定日期的财务状况和所审计期间经营成果和现金流量情况所做的绝对保证。( )

2. 将财务报表与审计报告一同提交给财务报表使用者，可以减少被审计单位管理层对财务报表的真实性、合法性所负的责任。( )

3. 对整套通用目的财务报表出具的审计报告，审计报告的致送对象通常为被审计单位的总经理。( )

4. 审计报告的签署日期为审计报告完稿日期。( )

5. 注册会计师经过审计后，认为被审计单位财务报表就其整体而言是公允的，但因审计范围受到限制，无法按照中国注册会计师审计准则的要求取得充分、适当的审计证据，虽影响重大，但不至于无法表示意见，则应当发表保留意见。( )

6. 附加强调事项段的无保留意见审计报告也是标准审计报告。( )

7. 由于审计范围受到委托人、被审计单位管理层或客观环境的严重限制，不能获取必要的审计证据，以致无法对财务报表整体反映发表审计意见时，注册会计师应当出具否定意见的审计报告。( )

8. 注册会计师明知应当出具否定意见的审计报告时，为了规避风险，可以用无法表示意见的审计报告来代替。( )

9. 无法表示意见就是审计人员不发表审计意见的情形。( )

10. 由于未能取得充分、适当的审计证据，注册会计师对被审计单位财务报表整体不能发表意见，应当出具否定意见的审计报告。( )

(二)单项选择题

1. 在我国，注册会计师的审计报告的标题统一为( )。

A. 会计师事务所审计报告　　B. 查账报告
C. 审计报告　　D. 注册会计师审计报告

2. 下列日期，最应当是审计报告日期的是( )。

A. 撰写审计报告日　　B. 外勤审计工作结束日
C. 接受委托审计日　　D. 已取得充分、适当证据形成审计意见日

3. 当注册会计师表示( )时，审计报告的意见段之前不必增加一个段落以说明与审计意见类型相关的事项。

A. 无保留意见　　B. 保留意见　　C. 否定意见　　D. 无法表示意见

4. 注册会计师出具保留意见的审计报告，如果认为必要，可以在( )增加强调事项段，对重大不确定事项加以说明。

A. 引言段之后　　B. 意见段之后　　C. 意见段之前　　D. 审计报告附注中

5. 注册会计师在出具保留意见、否定意见或无法表示意见的审计报告时，应在意见段之前增加一个段落，以说明所持意见的全部理由，并在可能的情况下指出其对( )的影响程度。

A. 审计意见　　B. 财务报表
C. 审计风险　　D. 被审计单位现金流量

6. 被审计单位对审计范围进行限定，致使某些重要审计程序无法实施，注册会计师出具的审计意见类型应该是( )。

A. 无保留意见　　B. 保留意见　　C. 否定意见　　D. 无法表示意见

7. 某位注册会计师在编写审计报告时，在意见段中使用了“除……可能产生的影响外”措辞，则这种审计报告最可能是( )。

A. 无保留意见审计报告　　B. 保留意见审计报告

C. 否定意见审计报告　　D. 无法表示审计报告

8. 注册会计师无法获取充分、适当的审计证据，且这些事项对财务报表产生或可能产生影响重大且具有广泛性，则应出具的审计报告类型是(　　)。

A. 无保留意见审计报告　　B. 保留意见审计报告

C. 否定意见审计报告　　D. 无法表示审计报告

9. 注册会计师对于被审计单位未更正的财务报表重大错报重大且具有广泛性的情形，应出具的审计报告类型是(　　)。

A. 无保留意见审计报告　　B. 保留意见审计报告

C. 否定意见审计报告　　D. 无法表示审计报告

10. 某位审计人员在编写审计报告时，在意见段后增加了提请财务报表使用者关注事项，但不影响已发表的审计意见，这种审计报告最可能是(　　)。

A. 带强调事项段的保留意见审计报告　　B. 保留意见审计报告

C. 否定意见审计报告　　D. 无法表示审计报告

(三)多项选择题

1. 注册会计师按业务循环完成各财务报表项目的审计测试和一些特殊项目的审计工作后，在审计完成阶段应做好的工作有(　　)。

A. 汇总审计测试结果，进行更具综合性的审计工作

B. 评价审计结果

C. 获取管理层声明

D. 编制并致送审计报告

2. 审计报告的作用有(　　)。

A. 鉴证作用　　B. 保护作用　　C. 证明作用　　D. 惩罚作用

3. 非标准审计报告包括(　　)。

A. 带强调事项段的审计报告　　B. 保留意见审计报告

C. 否定意见审计报告　　D. 无法表示意见审计报告

4. 审计意见的基本类型有(　　)。

A. 无保留意见　　B. 否定意见　　C. 保留意见　　D. 无法表示意见

5. 出现下列情形之一，且不影响已发表的意见，注册会计师可能出具带强调事项段的审计报告：(　　)。

A. 异常诉讼

B. 存在持续对被审计单位财务状况产生重大影响的特大灾难

C. 无保留意见的条件不完全具备

D. 无法表示意见

6. 导致无法获取充分、适当的审计证据也即审计范围受到限制的情形有(　　)。

A. 被审计单位会计记录已被破坏

B. 注册会计师接受审计委托的时间安排，使其无法实施存货监盘

C. 管理层施加的限制

D. 审计抽样造成的限制

7. 需要在意见段前增加一个段落，以说明所持意见的理由的审计报告有(　　)。

A. 无保留意见审计报告　　B. 保留意见审计报告

C. 否定意见审计报告　　D. 无法表示审计报告

8. 注册会计师的责任段应当说明(　　)等几项内容。

A. 注册会计师的责任是在实施审计工作的基础上对财务报表发表审计意见。注册会计师按照中国注册会计师审计准则的规定执行了审计工作

B. 审计工作涉及实施审计程序，以获取有关财务报表金额和披露的审计证据

C. 注册会计师相信已获取的审计证据是充分、适当的，为其发表审计意见提供了基础

D. 执行审计业务的收费标准

9. 审计报告的要素有(　　)。

A. 标题　　B. 管理层对财务报表的责任段

C. 注册会计师的责任段　　D. 审计意见段

10. 审计人员认为被审计单位对会计事项的处理和财务报表的编制存在(　　)情况之一时，应当出具保留意见的审计报告。

A. 重要会计事项的处理违反规定又拒绝进行调整的

B. 财务报表个别重要项目失实又拒绝进行调整的

C. 存在某些重要的未确定事项又无法预计其对财务报表影响的

D. 审计范围受到局部限制未能实施某些必要的审计程序

# 思考与实训参考答案

## 第一章　审计概论

**一、思考题**

略。

**二、实训题**

(一)判断题

1. ×　2. ✓　3. ×　4. ×　5. ✓　6. ✓　7. ×　8. ✓　9. ×　10. ×

(二)单项选择题

1. D　2. A　3. A　4. C　5. A　6. C　7. C　8. A　9. C　10. A

(三)多项选择题

1. ABCD　2. BCD　3. ABD　4. AC　5. BC　6. ABC　7. CD
8. ACD　9. ABCD　10. ACD

## 第二章　审计种类与方法

**一、思考题**

略。

**二、实训题**

(一)判断题

1. ✓　2. ×　3. ✓　4. ×　5. ×　6. ✓　7. ✓　8. ✓　9. ✓　10. ✓

(二)单项选择题

1. C　2. D　3. A　4. D　5. D　6. C　7. D　8. D　9. B　10. C

(三)多项选择题

1. BD　2. CD　3. ABCD　4. ABCD　5. BCD　6. AC　7. BCD
8. AB　9. BD

## 第三章　审计准则

**一、思考题**

略。

**二、实训题**

(一)判断题

1. √　2. ×　3. √　4. ×　5. ×　6. √　7. √　8. ×　9. √　10. √

(二)单项选择题

1. C　2. A　3. A　4. C　5. B　6. B　7. B　8. C　9. B

(三)多项选择题

1. AC　2. AD　3. BCD　4. AC　5. ABCD　6. BCD　7. ABC
8. AD　9. BD　10. CD

## 第四章　审计职业道德与法律责任

**一、思考题**

略。

**二、实训题**

(一)判断题

1. ×　2. √　3. ×　4. √　5. ×　6. √　7. √　8. ×　9. ×　10. ×

(二)单项选择题

1. D　2. D　3. B　4. A　5. B　6. B　7. B　8. D　9. D

(三)多项选择题

1. ABD　2. BCD　3. BC　4. AD　5. ABCD　6. ABD　7. ABD
8. ABD　9. AB

(四)综合题

1. 略。

2. 略。

3.

| 对职业道德基本原则产生不利影响的具体情形 | 产生不利影响的因素 |
|---|---|
| 审计项目组成员与审计客户进行雇用协商 | 自身利益 |
| 会计师事务所与鉴证业务相关的或有收费安排 | 自身利益 |
| 在鉴证客户与第三方发生诉讼或纠纷时，注册会计师担任该客户的辩护人 | 过度推介 |
| 会计师事务所编制用于生成有关记录的原始数据 | 自我评价 |
| 注册会计师接受客户的礼品或享受优惠待遇(价值重大) | 密切关系 |
| 会计师事务所为鉴证客户提供的其他服务，直接影响鉴证业务中的鉴证对象信息 | 自我评价 |
| 项目小组成员的妻子是客户的出纳 | 密切关系 |
| 会计师事务所受到客户的起诉威胁 | 外在压力 |
| 注册会计师被会计师事务所合伙人告知，除非同意审计客户的不恰当会计处理，否则将不被提升 | 外在压力 |

## 第五章　审计程序

**一、思考题**

略。

二、实训题

(一)判断题

1.√　2.×　3.×　4.×　5.√　6.√　7.×　8.×　9.√　10.×

(二)单项选择题

1.B　2.A　3.D　4.A　5.C　6.B　7.D　8.A　9.D　10.B

(三)多项选择题

1.ABD　2.AB　3.AC　4.AC　5.ABC　6.BC　7.ABC
8.BCD　9.ABCD

四、综合题

(1)终结阶段;(2)实施阶段;(3)实施阶段;(4)准备或实施阶段;(5)准备阶段;(6)计划阶段;(7)终结阶段;(8)实施阶段;(9)实施阶段。

## 第六章　审计目标

一、思考题

略。

二、实训题

(一)判断题

1.×　2.√　3.√　4.×　5.×　6.√　7.×　8.√　9.√　10.√

(二)单项选择题

1.A　2.B　3.B　4.C　5.A　6.D　7.A　8.C　9.A　10.C

(三)多项选择题

1.AB　2.ABD　3.AB　4.BD　5.BC　6.ABC　7.ABC
8.BCD　9.ABC　10.ABD

(四)综合题

1.

| 认定 | 各类认定的含义 | 各类认定对应的具体审计目标 |
| --- | --- | --- |
| 发生 | 记录的交易和事项已发生,且与被审计单位有关 | 确认已记录的交易是真实的 |
| 准确性 | 与交易和事项有关的金额及其他数据已恰当记录 | 已记录的交易是按正确金额反映的 |
| 截止 | 交易和事项已记录于正确的会计期间 | 接近于资产负债表日的交易记录已记入恰当的期间 |
| 存在 | 记录的资产、负债和所有者权益是存在的 | 记录的金额确实存在 |
| 权利和义务 | 记录的资产由被审计单位拥有或控制,记录的负债是被审计单位应当履行的偿还义务 | 确认资产归属于被审计单位,负债属于被审计单位的义务 |
| 分类和可理解性 | 财务信息已被恰当地列报和描述,且披露内容表述清楚 | 财务信息已被恰当地列报和描述,且披露内容表述清楚 |

2.

| 财务报表审计时分别发现的事项 | 被审计单位违反的认定 |
|---|---|
| 本期交易推迟至下期记账,或者将下期应当记录的交易提前到本期记录 | 截止 |
| 期末少计提累计折旧错误 | 计价和分摊 |
| 在销售明细账中记录了并没有发生的一笔销售业务 | 发生 |
| 不存在某客户,在应收账款明细表中却列入了对该客户的应收账款 | 存在 |
| 财务报表附注没有分别对原材料、在产品和产成品等存货成本核算方法做恰当的说明 | 分类和可理解 |
| 将不属于被审计单位的债务记入账内 | 权利和义务 |
| 将出售某经营性固定资产(并非企业的日常交易事项)所得的收入记录为主营业务收入 | 分类 |
| 没有将一年内到期的长期负债列为一年内到期的非流动负债 | 分类和可理解 |
| 发生了一项销售交易,但没有在销售明细账和总账中记录 | 完整性 |
| 在销售交易中有如下情况:(1)发出商品的数量与账单上的数量不符;(2)开具账单时运用了错误的销售价格;(3)账单中的乘积或加总有误;(4)在销售明细账中记录了错误的金额 | 准确性 |
| 存在对某客户的应收账款,在应收账款明细表中却没有列入对该客户的应收账款 | 完整性 |
| 关联交易类型、金额没有在财务报表附注中做恰当披露 | 完整性 |
| 关联方和关联交易没有在财务报表中充分披露 | 完整性 |
| 将现销记录为赊销 | 分类 |

## 第七章　审计计划

### 一、思考题

略。

### 二、实训题

(一)判断题

1. √　2. ×　3. ×　4. ×　5. ×　6. √　7. ×　8. ×　9. √　10. √

(二)单项选择题

1. B　2. C　3. C　4. A　5. B　6. B　7. D　8. B　9. B　10. D

(三)多项选择题

1. ABCD　2. ABC　3. ABCD　4. AC　5. ABCD　6. AB　7. AC
8. AB　9. BCD　10. ABCD

(四)综合题

1. (1)16.67%;3%;5%;4%。

(2)情况二需注册会计师获取最多的审计证据,因为风险与审计证据成反向关系。

2. (1)950 万元,870 万元,1 150 万元,1 900 万元,选第二个;(2)反向。

3. 略。

## 第八章 审计证据与审计工作底稿

**一、思考题**

略。

**二、实训题**

1. √ 2. × 3. √ 4. √ 5. × 6. √ 7. × 8. √ 9. × 10. √

(二)单项选择题

1. A 2. D 3. D 4. D 5. D 6. C 7. B 8. C 9. A 10. B

(三)多项选择题

1. ABCD 2. ACD 3. AD 4. BD 5. BCD 6. ABC 7. ABCD
8. BCD 9. AC 10. BD

(四)综合题

1.

| 证据内容 | 所属证据类型 | 使用程序 |
|---|---|---|
| 两张白条 | 书面证据 | 检查记录和文件 |
| 6 000 元不在库 | 实物证据 | 检查有形资产(监盘) |
| 出纳员承认挪用事实 | 口头证据 | 询问 |

2. (1)不能依赖。销货发票副本是被审计单位自己提供的,在内部控制制度具有严重缺陷的情况下,其可靠性较低,所以内部凭证不能依赖。如果该销货发票副本和向购货单位函证结果一致,则可靠性高一些。

(2)能依赖。监盘客户的存货是注册会计师亲自实施的,证明力较强,其可靠程度一般不受内部控制的影响,但不能确定存货所有权归属及其价值情况。

(3)能依赖。律师声明书属于被审计单位外部人员提供的,在内部控制制度有严重缺陷的情况下,其证明力仍较强。

(4)不能依赖。被审计单位管理层声明书是一种可靠性较低的证据,在内部控制制度具有严重缺陷时,它的可靠性更低。

(5)不能依赖。会计记录属于被审计单位自己编制和记录的,在内部控制制度具有严重缺陷时,被审计单位内部凭证记录的可靠性就大为降低甚至不可靠。

## 第九章 内部控制与评审

**一、思考题**

略。

**二、实训题**

(一)判断题

1. × 2. √ 3. × 4. √ 5. √ 6. × 7. √ 8. × 9. × 10. √

(二)单项选择题

1. D 2. D 3. C 4. C 5. A 6. C 7. C 8. B 9. C 10. B

(三)多项选择题

1. ABCD 2. ABCD 3. AB 4. ABC 5. AC 6. ABCD 7. ABCD

8. ABCD　　9. AB

(四)综合题

1. 将(2)、(3)项工作分配给第一位员工,将(4)、(5)、(8)项工作分配给第二位员工,将(1)、(6)、(7)项工作分配给第三位员工。

2. 行洪公司在零用金管理,支票管理,债务账簿的登记、核对,以及银行存款的记账与核对方面存在重大缺陷,出纳员职责范围过大,缺乏必要的职责分离控制。应改进的方面包括:加强银行存款账户管理,支票印章、支付密码与空白支票要分管,禁止出纳员登记债权债务往来账户,设专人负责与客户定期对账,将银行存款调节表交由银行存款非记账人员编制。

3. (1)存货的保管和记账职责分离,可能导致保管人员监守自盗,并通过篡改存货明细账来掩饰舞弊行为,存款可能被高估;(2)仓库保管员收到存货时不填制入库通知单,而是以验收单作为记账依据,将可能导致一旦存货数量或质量上发生问题,无法明确是验收部门还是仓库保管人员的责任;(3)领取原材料为进行审批控制,可能导致原材料的领用失控,造成原材料的浪费或被贪污,以及成本的虚增;(4)用量少材料时未使用领料单和进行审批控制,对剩余材料缺乏控制,将可能导致材料领用失控,造成材料的浪费或被贪污,以及成本的虚增;(5)未实行定期盘点制度,将导致存货账实不符,且不能及时发现,及计价不准确。

## 第十章　风险基础审计

一、思考题

略。

二、实训题

(一)判断题

1. √　2. ×　3. √　4. ×　5. √　6. ×　7. √　8. √　9. √　10. √

(二)单项选择题

1. D　2. A　3. D　4. C　5. A　6. D　7. A　8. A　9. A　10. D

(三)多项选择题

1. BCD　2. ABCD　3. ABCD　4. ABCD　5. ABCD　6. ABCD　7. ABCD

8. ABC　9. ABCD

## 第十一章　审计抽样

一、思考题

略。

二、实训题

(一)判断题

1. ×　2. ×　3. √　4. √　5. ×　6. ×　7. ×　8. √　9. √　10. √

(二)单项选择题

1. D　2. C　3. C　4. A　5. C　6. A　7. B　8. C　9. C　10. C

(三)多项选择题

1. BCD　2. AC　3. CD　4. AC　5. AC　6. AC　7. BC

8. AD　9. ABC　10. ACD

(四)综合题

1. 向上:428、468、508、548、588;向下:348、308、268、228、188。

2. 略。

## 第十二章　采购与付款循环审计

### 一、思考题

略。

### 二、实训题

(一)判断题

1. × 2. √ 3. √ 4. × 5. √ 6. × 7. √ 8. × 9. √ 10. ×

(二)单项选择题

1. A 2. D 3. C 4. B 5. D 6. D 7. A 8. C 9. B 10. D

(三)多项选择题

1. ABCD 2. ABCD 3. ABCD 4. BC 5. AC 6. ABC 7. ABCD
8. AB 9. BCD 10. ABC

四、综合题

1. (1)按照新的企业会计准则的规定，企业未使用的固定资产也应该计提折旧，企业原来的处理方法将会使报表的资产和利润虚增。

(2)按照新的企业会计准则的要求，企业的固定资产的修理费用应作为期间费用处理，所以，将本年的固定资产大修理费用记入了“长期待摊费用”科目，将会使报表的资产和利润虚增。

(3)按照新的企业会计准则的规定，企业在会计期末应检查固定资产的价值，判断固定资产的可收回金额，如果发现其可收回金额低于其账面价值，则应计提减值准备。如果固定资产存在减值情况而不做减值处理，则将会使报表的资产和利润虚增。

2. (1)需要调整。属单到货未到，因为该批货物是运出地交货，运出货物的同时所有权已经转移，所以在运出当日确认负债。

(2)需要调整。属货到单未到，因为货物的发票已经开出，虽尚未收到，但货物已收到，应在当年 12 月按暂估价入账，而被审计单位却在第二年 1 月入账，所以需要调整。

(3)需要调整。因为该设备安装完毕即可入账，但该企业按付款时间入账，推迟了入账时间，所以应调整。

(4)需要调整。按照权责发生制的原则，只要属于当期的费用，无论款项是否支付，都应当作为本期的费用。但该企业没有在当期确认费用，形成推迟入账。

3. 房屋的原值：75 000×50%＝37 500(万元)

房屋每年计提的折旧：37 500÷30＝1 250(万元)

2015 年减少的部分房屋不应该计提折旧：

8 000÷30÷12×6＝133(万元)

房屋在 2015 年计提折旧总金额：

1 250－133＝1 117(万元)

机器设备每年计提的折旧：

37 500÷10＝3 750(万元)

2015 年增加的机器设备应该计提的折旧：

20 000÷10÷12×3＝500(万元)

机器设备在 2015 年计提折旧总金额：

3 750＋500＝4 250(万元)

企业 2015 年折旧费用总额：

1 117＋4 250＝5 367(万元)

## 第十三章　销售与收款循环审计

**一、思考题**

略。

**二、实训题**

(一)判断题

1.× 2.√ 3.× 4.√ 5.× 6.√ 7.√ 8.× 9.× 10.√

(二)单项选择题

1.D 2.B 3.C 4.B 5.A 6.D 7.D 8.C 9.B 10.B

(三)多项选择题

1.ABCD 2.ABCD 3.ABCD 4.ABC 5.ABC 6.ACD 7.ABD 8.AD 9.ABCD 10.ABCD

四、综合题

1.第(1)项存在缺陷。

理由:对于赊销的应当由信用审批部门根据管理层的赊销政策进行确定,以及对每个客户的已经授权的信用额度进行调查。

建议:在由销售部授权人员签字批准后,涉及赊销业务的销售单将先被送交信用管理部门。信用管理部门将销售单与该客户的可用信用额度进行比较,在签署信用审阅意见后将销售单送回销售部。对于可用信用额度不足的赊销业务销售单,需要经过公司其他授权人员批准才能发出。然后,经批准的销售单才能送交仓库作为按销售单供货和发货给装运部门的授权依据。

第(2)项不存在缺陷。

第(3)项存在缺陷。

理由:登记收入明细账和应收账款明细账的职员应当是两个人。

建议:由两个人分别登记收入明细账和应收账款明细账。

第(4)项存在缺陷。

理由:登记应收账款备查簿的人员不能向客户寄送对账单。

建议:由不负责现金出纳和销售及应收账款记账的人员寄发对账单。

2.(1)将自产产品无偿赠送他人,应视同销售。

(2)通常情况下,销售商品采用托收承付方式的,在办妥托收手续时确认收入。

(3)将自产产品自用视同销售。

(4)属于提前计入费用的问题,按权责发生制原则,当年支付的下年度的产品广告费应计入下年度期间费用。对此,应在利润表中调减期间费用 120 000 元。

(5)销售退回的产品一般应在退回时冲减当期销售产品收入,同时冲减当期销售产品成本。

(6)以 CIF 为付款条件的在运货物,此时商品的所有权尚未转移,应作为公司的存货,不应计入销售收入,应在利润表中调减销售收入和销售成本。

(7)出口销售产品,应按即期利率确认收入并结转成本。

**营业收入、营业利润审定表**

单位:元

| 项目 | 企业编制金额(未审数) | 调整金额 | 调整后金额(审定数) |
|---|---|---|---|
| 营业收入 | 3 000 000 | +80 000+320 000+20 000−40 000−200 000+7 944 000 | 11 124 000 |

续表

| 项目 | 企业编制金额（未审数） | 调整金额 | 调整后金额（审定数） |
| --- | --- | --- | --- |
| 减：营业成本 | 2 215 000 | ＋56 000＋240 000＋15 000－28 000－150 000＋7 149 600 | 9 497 600 |
| 期间费用 | 937 500 | －520 000 | 417 500 |
| 营业利润 | －152 500 | | 1 208 900 |

3. 应收账款明细账的贷方余额反映企业预收的账款，属于负债。注册会计师应提请该公司进行重分类调整。审计调整分录为：

借：应收账款——Z公司　　180 000

　贷：预收账款——Z公司　　180 000

借：资产减值损失　　1 800

　贷：坏账准备　　1 800

4. (1)A公司2015年应调整的营业收入的数额为：

10 000－2 000－25 000－1 000＝－18 000(万元)

针对第(1)项，收入已经实现，应当确认当年的收入，应当调增2015年营业收入10 000万元；

针对第(2)项，收到退货，应当冲减收到当月的收入，应当调减2015年营业收入2 000万元；

针对第(3)项，收入不符合实现的条件，不能确认当年收入，需要安装检验后确认收入，调减2015年营业收入25 000万元；

针对第(4)项，收入已实现，应当确认当年收入；

针对第(5)项，收入已实现，应当确认当年收入；

针对第(6)项，实质上是委托加工业务，不能确认收入，应当调减2015年营业收入1 000万元。

(2)A公司在销货交易中存在的问题有：

(1)销售实现不及时入账；

(2)不符合收入条件提前确认收入；

(3)利用复杂交易虚构收入。

5. (1)注册会计师应选择B公司和D公司进行应付账款余额的函证。因为对于应付账款的函证，应选择那些可能存在较大余额以及那些在资产负债表日金额不大甚至为零，但为企业重要供货人的债权人。函证的目的在于查实有无未入账的负债。本年度从B公司和D公司采购了大量商品，存在漏记负债业务的可能性更大。

(2)注册会计师应选择C和D两家公司作为应收账款函证对象。因为函证应收账款的目的，在于证实“应收账款”账户余额的真实性、正确性，防止客户高估应收账款，夸大资产。C和D两家公司在资产负债表日欠客户货款最多，因而高估的风险更大。

## 第十四章　生产与仓储循环内部审计

### 一、思考题

略。

### 二、实训题

(一)判断题

1.×　2.×　3.×　4.√　5.×　6.×　7.×　8.×　9.×　10.√

（二）单项选择题

1. A 2. B 3. B 4. D 5. D 6. B 7. C 8. A 9. D 10. D

（三）多项选择题

1. ABCD 2. ABCD 3. ABC 4. ACD 5. ABCD 6. ABD 7. AB
8. BCD 9. ABCD 10. ABCD

（四）综合题

1. 事项(1)不存在不当之处。

事项(2)存在不当之处。理由：对拟检查的存货做出标识会为 ABC 公司盘点人员所知悉，损害审计程序的不可预测性。

事项(3)存在不当之处。理由：应当进行必要的开箱检查。

事项(4)不存在不当之处。

事项(5)存在不当之处。理由：应当确定收到的存货是否应纳入 2015 年 12 月 31 日的存货。如果需要，应当纳入存货监盘范围。

事项(6)存在不当之处。理由：应当取得所有已填用、作废及未使用盘点表单的号码记录。

2. 审阅生产成本、原材料和材料成本差异等明细账，重新计算本月材料成本差异率并与生产成本、原材料和材料成本差异等明细账进行核对。

材料成本差异率＝(8 340＋2 455 000－2 500 000)÷(320 000＋2 500 000)＝－1.3%

发出材料应分摊的材料成本差异＝960 000×(－1.3%)＝－12 480(元)

应结转耗用材料的实际成本＝960 000－12 480＝947 520(元)

企业实际结转耗用材料的实际成本为 931 960 元，少转材料成本 15 560 元，建议做如下调整：

| | | |
|---|---|---|
| 借：生产成本 | 14 911.67 | |
| 　制造费用 | 194.50 | |
| 　管理费用 | 129.67 | |
| 　营业费用 | 324.16 | |
| 　贷：材料成本差异 | | 15 560 |

3. (1)该月已领未用材料 2 260 元，月末应办理假退料手续。

| | | |
|---|---|---|
| 借：原材料 | 2 260 | |
| 　贷：生产成本 | | 2 260 |

(2)将 12 月直接人工中包含的固定资产清理人员工资 1 340 元，转入固定资产清理。

| | | |
|---|---|---|
| 借：固定资产清理 | 1 340 | |
| 　贷：生产成本 | | 1 340 |

(3)在建工程领用的原材料费用不能计入产品成本，应计入工程成本。

| | | |
|---|---|---|
| 借：在建工程 | 2 252 | |
| 　贷：制造费用 | | 2 252 |

(4)将“预付账款”账户中应由该月分摊的 700 元设备租赁费计入制造费用。

| | | |
|---|---|---|
| 借：制造费用 | 700 | |
| 　贷：预付账款 | | 700 |

(5)该公司确定的 12 月在产品盘存数量及其加工程度有误，导致成本计算单错误，正确的产品成本计算单见下表。

产品成本计算单

2015年12月份　　单位:元

| 成本项目 | 月初在产品成本 | 本月生产费用 | 生产费用合计 | 月末在产品成本 | 本期产成品成本 |
|---|---|---|---|---|---|
| 直接材料 | 36 000 | 200 300 | 236 300 | 68 086.44 | 168 213.56 |
| 直接人工 | 3 600 | 22 500 | 26 100 | 5 100 | 21 000 |
| 制造费用 | 6 420 | 32 208 | 38 628 | 7 548 | 31 080 |
| 合　计 | 46 020 | 255 008 | 301 028 | 80 734.44 | 220 293.56 |

4.(1)审计方法:审阅制造费用明细账,并抽查有关会计凭证。

(2)下列支出不应计入制造费用:

行政部门的修理费应计入管理费用;

垫付运杂费应计入应收账款;

车船使用税应计入管理费用;

购入材料的运杂费应计入材料采购成本;

支付的广告费应计入销售费用。

(3)调整分录:

借:管理费用　　5 500

　应收账款　　3 500

　材料采购　　1 500

　销售费用　　1 200

　贷:制造费用　　11 700

## 第十五章　资金管理审计

**一、思考题**

略。

**二、实训题**

(一)判断题

1.× 2.× 3.√ 4.√ 5.× 6.√ 7.× 8.× 9.× 10.×

(二)单项选择题

1.B 2.A 3.A 4.A 5.C 6.B 7.C 8.A 9.A 10.D

(三)多项选择题

1.AB 2.ABC 3.BC 4.BCD 5.ACD 6.ACD 7.ABC 8.ACD 9.ABD 10.ABCD

(四)综合题

(1)该助理审计员应至少执行以下审计步骤:①取得保险箱中证券存放明细表副本,以查实证券的存在性,并将副本留作工作底稿;②审核保险箱开启记录,确定有无非授权人士曾经开箱,并查实2015年12月31日至2016年1月11日间有无开箱记录;③实际盘点证券时,应让公司财务经理自始至终在场,盘点完毕,填制盘点清单,双方共同盖章;④清点时,要仔细核对证券的名称、登记户名、证券种类、编号、利率、付息日、债券本字和所附息票及到期日、债券面值和股票股数等重点内容;⑤将盘点清单与银行保险箱存放证券的明细表副本、公司长期投资明细账和总账相核对,如遇账实不符或证券本身有明显伪造迹象,应予详细记录,并在盘点后函证证券发行机构。

(2)由于2016年1月4日公司财务经理开启保险箱,审计人员应追加以下审计程序:①调节结账日和盘点日银行存款余额;②函证盘点日银行存款余额;③审核结账日至盘点日银行存款日记账中的投资交易记录,以验证结账日的投资额;④如公司库存现金余额变动异常,应突击清点库存现金;⑤复核自结账日起有关流动资产(如应收票据)和流动负债(如应对票据)的记录,以验证有无替代事项。

## 第十六章 货币资金审计

### 一、思考题

略。

### 二、实训题

(一)判断题

1.√ 2.√ 3.× 4.× 5.× 6.√ 7.√ 8.× 9.√ 10.×

(二)单项选择题

1.C 2.B 3.C 4.C 5.D 6.B 7.B 8.D 9.D 10.D

(三)多项选择题

1.ABCD 2.ABCD 3.ACD 4.ABC 5.ACD 6.AD 7.ABD 8.ABCD 9.AD 10.BC

(四)综合题

1.(1)①将收入尽快地存入银行是为了避免因现金存量太高而保管不慎被盗或被有关人员贪污、挪用或者以收抵支等情况的发生。

②打孔或盖章注销,可以避免日后重复报销。

③由独立人员编制银行存款余额调节表,可以验证银行存款日记账中的记录是否多记或少记,期末账面余额的计算是否正确,避免利用编制银行存款余额调节表的机会掩盖监守自盗或挪用的行为。

④开票与收款工作的职责分离,可以防止少开票、多收款这种直接贪污资金行为的发生。

(2)①提前通知ABC公司会计主管人员做好监盘准备的做法不当,注册会计师应当实施突击性检查。

②没有同时监盘总部和营业部库存现金的做法不当。注册会计师应组织同时监盘总部和营业部的库存现金,若不能同时监盘,则应对后监盘的库存现金实施封存。

③ABC公司会计主管人员没有参与盘点的做法不当。盘点人员应包括出纳、会计主管人员和注册会计师。

④现金盘点操作程序不当。库存现金应由出纳盘点,由注册会计师监盘。

⑤库存现金盘点表签字人员不当。应由公司相关人员和注册会计师共同签字。

⑥库存现金监盘时间分别定在10时和15时不太合适,盘点时间最好安排在上午上班前或下午下班后,但是并不能绝对说明监盘时间不能定在其他时间。

2.

**库存现金盘点表**

| 检查账目记录 | | 现金盘点记录 | | |
|---|---|---|---|---|
| 项　目 | 金　额 | 面　额 | 数　量 | 金　额 |
| 盘点日现金账面余额 | 1 890.20 | 100 | 11 | 1 100 |
| 加:未记账收款金额 | | 50 | 9 | 450 |
| 1. | 130 | 20 | 5 | 100 |
| 2. | | 10 | 16 | 160 |
| 减:未记账付款金额 | | 5 | 19 | 95 |
| 1. | 320 | 2 | 22 | 44 |
| 2. | | 1 | 25 | 25 |
| 盘点日账面应有余额 | 1 700.20 | 0.5 | 30 | 15 |
| 盘点日现金实有金额 | 1 993.98 | 0.2 | 20 | 4 |
| 盘点日现金溢余 | 293.78 | 0.1 | 4 | 0.4 |
| | | 硬币 | | 0.58 |
| | | 合　计 | | 1 993.98 |
| 差异原因分析：1. 白条抵库<br>2. 溢余 793.78 元原因待查 | 500 | 情况说明及审计结论：<br>账实不符现金长款 293.78 元<br>白条抵库 500 元<br>库存现金超库存限额 | | |
| 追溯调整：加:审计截止日至盘点日现金付出数 | 4 120 | | | |
| 减:审计截止日至盘点日现金收入数 | 4 560.16 | | | |
| 审计截止日现金应有金额 | 1 553.82 | | | |
| 库存限额 | 1 000.00 | | | |

3.

**银行存款余额调节表**

户别：　　　　　　　　　　年　月　日　　　　　　　　　　币别：

| 项　目　84 000 | 金额(元) | 项　目　111 000 | 金额(元) |
|---|---|---|---|
| 银行对账单(　年　月　日) | | 企业银行存款日记账(　年　月　日) | |
| 加:企业已收,银行尚未入账金额 | | 加:银行已收,企业尚未入账金额 | |
| 其中:1. 15 000 | | 其中:1. 3 000 | |
| 2. | | 2. | |
| 减:企业已付,银行尚未入账金额 | | 减:银行已付,企业尚未入账金额 | |
| 其中:1. 12 000 | | 其中:1. 27 000 | |
| 2. | | 2. | |
| 调整后银行对账单金额 87 000 | | 调整后银行存款日记账金额 87 000 | |

经办会计人员:(签字)　　　　　　　　　　　　会计主管: